Le Chemin de Vézelay
ou Via Lemovicensis

Itinéraire pour pèlerins et randonneurs à pied

Itinéraire à suivre, commerces, hébergements
et histoire du chemin de Saint-Jacques

**Lepère Éditions
14 rue Saint-Pierre
27270 Grand-Camp**
www.lepere-editions.com

Ce guide est protégé par le code de la propriété intellectuelle et les articles L 122-1, L 122-2, L 122-3. Aucune reproduction sous quelque procédé que ce soit, sans un accord écrit de l'éditeur. Tous droits réservés pour tous pays.

Textes historiques : Céline Heckmann

Maquette couverture et intérieur : Lepère éditions

Illustrations, investigations de terrain, cartographie, coordination : André Dehnel, Philippe Duhalde, Céline Heckmann, Yvette Terrien, François Lepère, Association des pèlerins de Saint-Jacques de la Voie de Vézelay. Vérification et pointage des hébergements en décembre 2021.

Photo : François Lepère, Ville de Châteauroux, Gilles Colosio

© LEPERE EDITIONS 2022-2023
ISBN : 978-2-915156-69-0
Aucune reproduction sans un accord écrit des auteurs

La première édition de ce guide date de janvier 2000, et fut à cette époque **le tout premier guide de la voie de Vézelay**. Cette édition 2022-2023 est la 8e édition remise à jour en décembre 2021. Le parcours en Limousin-Périgord est l'œuvre de l'association des Amis et Pèlerins de Saint-Jacques Limousin-Périgord, reproduit avec l'aimable autorisation de son président. Merci à M. Gautreau pour son aide dans le département de la Dordogne. Les étapes 5, 6, 7 par Saint-Pierre-le-Moûtier sont la propriété de l'association Amis et Pèlerins de la voie de Vézelay. Les descriptifs des étapes 29 à 32 sont l'œuvre de l'Association Landaise des Amis de Saint-Jacques.

Les extraits de cartes figurant dans cet ouvrage sont des données ouvertes disponibles sous licence libre Open Data Commons Open Database License (ODbL) auprès de la Fondation OpenStreetMap (OSMF).
© les contributeurs d'OpenStreetMap

**Tous nos guides en 48 h chez vous
sur le site www.lepere-editions.com
lepereeditions@aol.com**

**Vous avez aimé ce guide ?
Nous vous offrons les frais de port pour votre prochain guide commandé dans la boutique des éditions Lepère.**

Pour bénéficier de cette offre, choisissez votre guide (vous pouvez retrouver tous nos titres sur le site www.lepere-editions.com) et renvoyez-nous ce coupon à l'adresse ci-dessous, accompagné de votre règlement (sans les frais de port qui vous sont offerts), par chèque uniquement, à l'ordre des éditions Lepère. **Attention pour bénéficier de cette offre il est OBLIGATOIRE de nous envoyer l'original de ce coupon, toute photocopie sera refusée.**

Éditions Lepère
14 rue Saint-Pierre
27270 Grand-Camp

Titre du guide que vous souhaitez commander :

Votre adresse postale :

Votre adresse électronique :..@..

(Merci d'écrire en majuscules et lisiblement vos coordonnées)

Sommaire

Présentation et conseils pratiques	p.5
étape 0 D'Avallon à Vézelay	p.19
<u>étapes par Bourges, puis Châteauroux vers Éguzon</u>	<u>p.23</u>
étape 1 De Vézelay à Tannay	p.24
étape 2 De Tannay à Champlemy	p.29
étape 3 De Champlemy à La Charité-sur-Loire	p.34
étape 4 De La Charité-sur-Loire à Baugy	p.40
étape 5 De Baugy à Bourges	p.45
étape 6 De Bourges à Chârost	p.53
étape 7 De Chârost à Neuvy-Pailloux	p.58
étape 8 De Neuvy-Pailloux à Châteauroux	p.65
étape 9 De Châteauroux à Argenton-sur-Creuse	p.72
étape 10 D'Argenton-sur-Creuse à Éguzon	p.79
<u>étapes par Nevers, puis le canal de Berry vers Éguzon</u>	<u>p.84</u>
étape 1 De Vézelay à Bazoches	p.85
étape 2 De Bazoches à Corbigny	p.89
étape 3 De Corbigny à Prémery	p.94
étape 4 De Prémery à Nevers	p.101
étape 5 De Nevers à Grossouvre	p.110
étape 6 De Grossouvre à Augy-sur-Aubois	p.114
étape 7 D'Augy-sur-Aubois à Saint-Amand-Montrond	p.118
étape 8 De Saint-Amand-Montrond au Châtelet	p.124
étape 9 Du Châtelet à La Châtre	p.130
étape 10 De La Châtre à Cluis	p.136
étape 11 De Cluis à Éguzon	p.142
<u>étapes par Nevers, puis Saint-Pierre-le-Moûtier vers Éguzon</u>	<u>p.147</u>
étape 5 bis De Nevers à Saint-Pierre-le-Moûtier	p.148
étape 6 bis De Saint-Pierre-le-Moûtier à Valigny	p.154
étape 7 bis De Valigny à Saint-Amand-Montrond	p.160
<u>étapes communes</u>	<u>p.166</u>
étape 12 D'Éguzon à La Souterraine	p.167
étape 13 De La Souterraine à Bénévent-l'Abbaye	p.173
étape 14 De Bénévent-l'Abbaye aux Billanges	p.177
étape 15 Des Billanges à Saint-Léonard-de-Noblat	p.182
étape 16 De Saint-Léonard-de-Noblat à Aixe-sur-Vienne	p.186
étape 17 D'Aixe-sur-Vienne à Châlus (ou Bussière-Galant)	p.194
étape 18 De Châlus (Bussière-Galant) à La Coquille	p.201
étape 19 De La Coquille à Thiviers	p.205
étape 20 De Thiviers à Sorges	p.209
étape 21 De Sorges à Périgueux	p.213
étape 22 De Périgueux à Saint-Astier	p.220
étape 23 De Saint-Astier à Mussidan	p.225
étape 24 De Mussidan à Sainte-Foy-la-Grande	p.229
étape 25 De Sainte-Foy-la-Grande à Saint-Ferme	p.235
étape 26 De Saint-Ferme à La Réole	p.240
étape 27 De La Réole à Bazas	p.245
étape 28 De Bazas à Captieux	p.252
étape 29 De Captieux à Roquefort-de-Marsan	p.256
étape 30 De Roquefort-de-Marsan à Mont-de-Marsan	p.263
étape 31 De Mont-de-Marsan à Hagetmau	p.270
étape 32 D'Hagetmau à Orthez	p.278
étape 33 D'Orthez à Sauveterre-de-Béarn	p.284
étape 34 De Sauveterre-de-Béarn à Ostabat	p.289
étape 35 D'Ostabat à Saint-Jean-Pied-de-Port	p.294

Le chemin de Vézelay, la Via Lemovicensis
vers Saint-Jacques-de-Compostelle

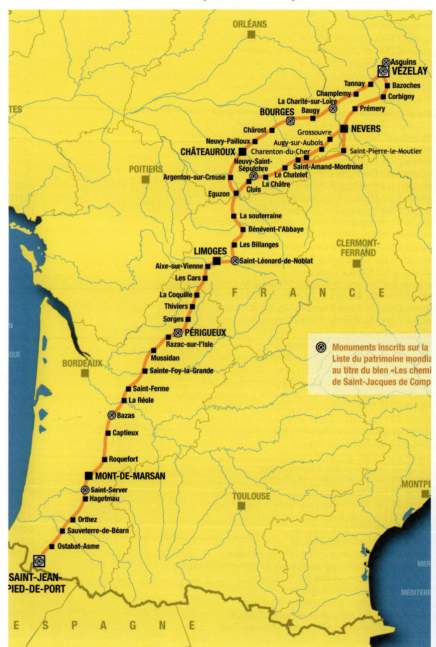

L'histoire du chemin

La translation du corps de saint Jacques vers Compostelle

L'histoire du pèlerinage de Compostelle débute en 42 ap. J.-C., par la décapitation de l'apôtre Jacques le Majeur à Jérusalem, sur ordre du roi Hérode Agrippa. Après l'exécution, Athanase et Théodore, deux des disciples de l'apôtre, auraient transporté le corps sur une barque, traversé la Méditerranée, longé les côtes atlantiques de l'Espagne, remonté la rivière Sar, et rejoint la terre où saint Jacques avait prêché de son vivant.

Arrivés à Padrón, Athanase et Théodore auraient ensuite débarqué le sarcophage pour le transporter jusqu'au mont Libradón et l'y ensevelir. C'est sur ce mont que s'est développée la ville actuelle de Santiago de Compostela.

Un ermite redécouvre le tombeau

En 813, inspiré par un songe, un ermite aurait redécouvert cette sépulture oubliée. Le roi des Asturies, Alphonse II, fait élever une église à l'endroit où se trouve la sépulture. Le tombeau de saint Jacques devient très rapidement un but de pèlerinage pour toute la chrétienté. On convergeait vers ce lieu situé au bout des terres connues alors en suivant la voie lactée… « Compostelle » signifierait « le champ de l'étoile ».

Le long des chemins empruntés sont bâtis chapelles, abbayes et hospices pour accueillir les pèlerins, leur prodiguer des soins, les restaurer, et pour rendre plus sûrs ces chemins où coquillards et bandits guettent le pèlerin.

Le pèlerinage vers Compostelle tombe dans l'oubli…

Les XIVe et XVe siècles sont l'apogée du pèlerinage vers Saint-Jacques-de-Compostelle. Arrivent ensuite les guerres de Religion, le siècle des Lumières et la Révolution française, périodes pendant lesquelles on se soucie bien moins de cheminer vers Compostelle. Le tombeau supposé de saint Jacques tombe alors dans l'oubli.

…avant de renaître à une date récente

Le pèlerinage est remis au goût du jour en 1938, grâce à la traduction française du livre V du *Codex Calixtinus*, intitulée *Le Guide du pèlerin*. Le goût de la marche au long cours réapparaît, conjuguée à une quête spirituelle, et les récits de voyage se multiplient dans les années 1980. Depuis les années 1990, de nombreux marcheurs découvrent les chemins vers Compostelle.

Les itinéraires

Pour aller vers Compostelle, on peut partir du pas de sa porte ! C'était le cas au Moyen-Âge, c'est toujours vrai aujourd'hui pour la plupart des pèlerins. Mais la majorité, pour des raisons pratiques, partent d'un point de départ de routes balisées où les hébergements sont plus nombreux et adaptés aux étapes des pèlerins.

En France, depuis chez soi, on peut rallier quatre principaux chemins :
– la *Via podiensis* (ou chemin du Puy, à partir du Puy-en-Velay), la plus fréquentée et très empruntée par les pèlerins de l'Europe de l'est ;
– la *Via turonensis* (ou voie de Tours) qui part de Paris en passant par Tours et Bordeaux ; elle rassemble les pèlerins de la façade atlantique et de l'Europe du nord ;
– la **Via lemovicensis** (ou voie de Vézelay) qui part de Vézelay en passant par Limoges est empruntée par les pèlerins du nord-est ;
– la *Via tolosana* (ou voie d'Arles) est empruntée par les Français du Midi et les Italiens.

Les trois premières voies citées fusionnent dans le Pays basque à Ostabat, près de Saint-Jean-Pied-de-Port, tandis que la *Via tolosana* atteint les Pyrénées au col du Somport et se poursuit par le *Camino aragonés* jusqu'à Puente la Reina.

Les chemins sont divers aussi en Espagne :
– le *Camino francés* (ou « route intérieure » partant de Puente la Reina), « voie royale » vers Santiago et chemin le plus fréquenté ;
– le *Camino del Norte*, beau chemin, plus « physique », qui longe la côte atlantique au nord de l'Espagne ;
– la *Via de la Plata* au départ de Séville au sud de la péninsule ibérique ;
– le *Camino del Levante* d'est en ouest depuis Valence en passant par la Castille.
Enfin, il faut mentionner le chemin qui traverse le Portugal du sud au nord depuis Lisbonne, en passant par Fatima, Coimbra

et Porto : la *Via lusitana* (ou camino portugais).

En 1987, le Conseil de l'Europe a qualifié les chemins de Compostelle en tant qu'« itinéraires culturels européens ». En 1985, la vieille ville de Santiago de Compostela fut inscrite sur la liste du patrimoine mondial de l'humanité par l'UNESCO, de même que les chemins de Saint-Jacques en Espagne en 1993. En 1998, ce fut au tour des chemins de Saint-Jacques en France d'être inscrits sur cette liste.

Abréviations

APD : accueil pèlerin à domicile
AJ : auberge de jeunessse
av. : avenue
ch. : chambre
½ P : demi-pension
C : camping
CH : chambres d'hôtes
G : gîte
GE : gîte d'étape

H : hôtel
HR : hôtel-restaurant
OT : office du tourisme
PDJ : petit déjeuner
pl. : place(s)
RP : refuge pèlerin
résa : réservation
TLJ : tous les jours
TH : table d'hôtes

Conseils pratiques

Comment sont réalisés les guides des éditions Lepère

Nos guides sont réalisés sur le terrain, à pied ou à vélo, et non derrière un écran d'ordinateur en collectant des informations transmises par les associations jacquaires....

Nous passons avant vous sur l'itinéraire que nous décrivons. Si nous sommes passés avant vous c'est que le parcours est faisable à pied et qu'il est sans danger. Lorsque nous vous proposons une introduction d'étape c'est pour vous transmettre notre expérience sur la journée de marche et vous avertir d'éventuelles difficultés de parcours. Faites-nous confiance, nous marchons depuis 1988 sur les chemins de Saint-Jacques en Europe, et sommes éditeurs de guides depuis 1998. 20 ans d'expérience et près de 19 000 km parcourus à pied et à vélo, par l'un de nos deux marcheurs.

Tous nos guides sont accompagnés de leur mise à jour qui est datée, et téléchargeable sur notre site internet. Celle-ci vous permet de connaître les nouveaux hébergements mis en place depuis que le guide a été imprimé. Nous ne sommes jamais en retard pour vous transmettre des informations fiables et vérifiées.
Vous pouvez nous retrouver notre marcheur sur notre chaîne Youtube :
https://www.youtube.com/c/GuidesLepère

Qui sommes-nous ?

Les éditions Lepère furent le premier éditeur à proposer un guide sur divers itinéraires : la voie de Vézelay en janvier 1999, 6 mois avant M. et Mme Chassain, Vézelay – le Puy-en-Velay en 2003, le camino Portugais (Lisbonne – Porto – Compostelle) en 2008, la voie de Tours partant du pied de la tour Saint-Jacques en 2010, la Via de la Plata (Séville – Compostelle) en 2011, puis la voie des Piémonts permettant de rallier Montpellier à Saint-Jean-Pied-de-Port via Carcassonne en 2013. Parurent aussi des ouvrages sur le *Camino del Norte,* les sentiers des châteaux cathares, la *Via Francigena,* la voie par Chartres, les chemins vers le Mont-Saint-Michel. La gamme des éditions Lepère est la plus large existante sur les grands chemins d'Europe.

Un chemin pas comme les autres

Les Chemins vers Compostelle ne sont pas des chemins comme les autres. Vous vous engagerez sur des routes millénaires qui ont vu défiler des hommes et des femmes de toutes croyances et de toutes origines. La marche sur le Camino est une aventure que chacun doit vivre à sa mesure, à son rythme, avec ses convictions.

Certaines associations exigent pour l'attribution du carnet du pèlerin une lettre de recommandation des autorités religieuses...

Cette démarche est totalement caduque, et croyant ou non, vous pouvez obtenir un carnet du pèlerin (crédenciale).

Le succès du chemin vient des rencontres qu'il génère, de la convivialité des refuges, de la longue marche et du dépouillement matériel que vous allez vivre. Vous allez, durant plus d'un mois, rencontrer aussi un peu de pluie, du vent, ou le soleil du Midi.

Vous allez voir et visiter des lieux d'une grande beauté, des monuments majestueux (Vézelay, Limoges, Saint-Jean-Pied-de-Port…). Très vite, vous allez faire le tri dans votre sac à dos et renvoyer à la maison ce qui vous semblait pourtant indispensable avant votre départ.

N'oubliez jamais que votre attitude doit être irréprochable. Courtoisie et tolérance sont indispensables au bien-être de tous. L'accueil des hospitaliers volontaires n'est pas un dû. Ces bénévoles (souvent d'anciens pèlerins) ont choisi de donner librement de leur temps pour aider à la bonne tenue des refuges. Ils passent beaucoup de temps à trouver les solutions aux petits tracas quotidiens mais aussi à nettoyer les lieux. Ils font de leur mieux pour aider tout le monde mais peuvent (eux aussi) être fatigués. Souvenez-vous, « le pèlerin remercie, le touriste exige ».

Les traces GPS

Pour vous aider dans votre parcours, nous vous proposons de télécharger les traces GPS du chemin que nous décrivons. Vous pourrez les télécharger depuis la rubrique « mises à jour » de notre site (www.lepereeditions.com).

Les cartes OpenStreetMap

Elles viennent en plus du balisage et des explications du chemin à suivre, pour vous permettre de vous situer dans votre parcours. Nos cartes sont très précises, à l'échelle 1:50 000, c'est-à-dire que 1 cm de sur la carte correspond à 500 m sur le terrain. La distance de 500 m est parcourue par un pèlerin au rythme moyen de 6 à 7 minutes de marche. Les noms des lieux-dits notés sur les cartes peuvent être différents de ceux notés dans les explications de texte du chemin à suivre. Si par endroits le balisage est défaillant, reportez-vous à notre texte qui vous guidera quoi qu'il arrive.

Une rose des vents est apposée sur chaque carte et permet de l'orienter avant sa lecture. Les cartes sont numérotées dans l'ordre de lecture.

Pour suivre le chemin et le balisage

L'identification indépendante par des supports de grande dimension représentant la coquille européenne normalisée et la signalisation directionnelle conforme aux principes de la charte et respectant les textes et recommandations de la FFRandonnée constituent la règle de base.

Pour les Chemins de Saint-Jacques sur GR®* ou GRP®*, l'identification jacquaire se fera ainsi en utilisant la coquille européenne normalisée de manière indépendante du support de la FFRandonnée.

Après ses différentes expérimentations et réalisations, l'Association bretonne des amis de Saint-Jacques-de-Compostelle, à l'instar d'autres associations, a en effet validé un certain nombre d'enseignements dont, en particulier, la réduction souhaitable du nombre de types de balisages nécessaires pour les chemins de Saint-Jacques quand les circonstances le demandent et/ou le permettent.

Les balisages proposés et décrits ci-après tiennent compte aussi d'une attente forte des adhérents de nombreuses associations jacquaires et des pèlerins de Saint-Jacques en général quant à l'identification jacquaire des chemins. Ce balisage permet, grâce au petit logo, de distinguer d'une manière satisfaisante les chemins de Saint-Jacques des PR®*.

1 - Le logo jacquaire (de 4,5 cm x 4,5 cm) pour les autocollants ou les balises peintes sur support métallique ou lisse :

2 - Le logo jacquaire (dit « patte d'ours ») (de 4,5 cm x 4,5 cm) au pochoir pour le balisage à la peinture sur arbres ou sur support rugueux :

3 - le petit logo jacquaire (de 1,5 cm x 1,5 cm) pour les autocollants ou les balises peintes sur support métallique :

* GR, GRP et PR sont des marques déposées appartenant à la FFRP.

Pourquoi nos explications diffèrent-elles (parfois) du balisage ?

Si nos explications ne sont pas cohérentes avec le balisage, « ne nous pendez pas au bout d'une corde », celui-ci a pu être modifié depuis notre passage. À ce moment, vous avez le choix de suivre le balisage, ou nos explications de texte. Quel que soit votre choix vous arriverez au même endroit et vous y trouverez de quoi vous loger la nuit. Si vous constatez une différence entre notre texte et le balisage, vous pouvez utiliser la fiche contact « Constatation » (en fin d'ouvrage) et nous signaler quel endroit pose problème. Ou alors un petit courriel en 3 minutes est aussi possible à cette adresse : lepereeditions@aol.com

Merci de préciser le chemin sur lequel vous avez constaté le problème, mais aussi l'étape et si possible la localisation par le nom du hameau ou du lieu-dit, nous gérons plus de 10 000 km de sentiers en Europe… et tous se ressemblent !

À propos de nos choix d'étapes

Le découpage en étapes que nous vous proposons est un choix qui résulte de notre expérience puisque nous sommes passés avant vous. Nous ne sommes influencés par personne, par aucun hébergeur, ou par aucun lobby de l'hôtellerie.

Nous savons qu'un pèlerin ou un marcheur parcourt en moyenne 20 à 30 km selon sa condition physique, la saison, la météo du moment. La possibilité de trouver un hébergement et de quoi se ravitailler dicte aussi le choix des haltes. Les bourgs ou villes de taille moyenne offrent à la fois une pharmacie, une épicerie, un petit bistrot, des amis marcheurs ou des autochtones qui vous parleront avec passion de leur ville. Nous ne publions pas juste une liste d'hébergements en vous laissant vous débrouiller tout seul… Si nous sommes passés avant vous à pied c'est bien pour vous faire profiter de notre expérience. Mais libre à vous de modifier nos étapes selon vos souhaits. Le chemin de Saint-Jacques est un chemin de liberté.

Certaines étapes nous ont été transmises par les associations locales. Qu'elles soient ici remerciées.

Quel matériel prendre ?

Partir le plus léger possible contribuera à la réussite de votre périple. Il faut faire un choix très strict. Un sac bien constitué ne dépasse pas 1/8 du poids de la personne. Par exemple, un marcheur pesant 80 kg devra porter un maximum de 10 kg.

Matériel à emporter pour voyager léger :
Duvet, matelas mousse, nécessaire de toilette allégé, serviette de toilette, affaires de nuit, parka, poncho, chaussures de marche éprouvées, bâton de marche, pull-over, 3 tee-shirts, linge de corps, 3 paires de chaussettes, sandales ou tongs, chapeau, 2 shorts, 1 pantalon long, un foulard, lunettes de soleil, trousse à pharmacie (Compeed, Bétadine, Homéoplasmine, Nifluril, Biafine, Imodium, anti-inflammatoire, pansements, crème solaire, coupe-ongles, épingles à nourrice, 4 pinces à linge), gourde, appareil photo, lampe de poche, lettre de créance, guide pratique, rouleau de papier hygiénique, moyen de paiement international (travellers chèques, carte bleue internationale, eurochèques) et surtout… de très bonnes boules Quiès !

Si vous êtes habitués à marcher avec des bâtons, prenez-les. Ils peuvent faciliter le franchissement des zones montagneuses et boueuses. Un gilet jaune réfléchissant peut être utile pour les tronçons sur le bitume.

L'aventure en VTT

Il est possible de s'aventurer en VTT sur le Chemin, mais il vous faudra quelquefois descendre de vélo, et pousser votre bicyclette. Pensez à vous procurer une bonne carte routière afin de trouver les petites routes qui permettent d'éviter les parties impraticables en vélo.
Pour votre sécurité, il faut absolument inspecter complètement votre vélo et contrôler certains points importants avant de partir. Attention, les cyclistes ne sont pas prioritaires dans les gîtes.

Pensez à vérifier :
- les câbles, qui ne doivent pas être

entamés, ni rouillés,
- la chaîne doit être en bon état. S'il faut la changer, pensez à la roder,
- les vis et points de serrage. Il serait dommage (et même mortel !) de perdre une roue en pleine descente…
- les jantes doivent être en bon état.

Amener en rechange :
- une ou deux chambres à air avec un kit de réparation,
- quelques rayons,
- des patins de freinage,
- des câbles de frein avec leur gaine,
- des lampes de rechange.

La trousse de réparation :
- une clé multifonctions ou sacoche à outils,
- une pompe à vélo,
- une bombe anti-crevaison,
- huile, graisse, chiffons.

Le rôle de la lettre de créance, ou crédenciale

La lettre de créance est le passeport du pèlerin. C'est un document délivré par les associations, à faire tamponner une fois par jour, à chaque étape, afin de prouver votre condition de pèlerin/randonneur et d'avoir ainsi accès aux infrastructures d'accueil. Arrivé au bureau des pèlerins à Compostelle (33 rúa Carretas, derrière l'Hôtel des rois catholiques, tél : 981 568 846, ouvert de 8 h à 21 h de mai à octobre), vous recevrez un certificat (Compostela) prouvant que vous avez effectué le pèlerinage dans un but religieux ou spirituel. Un document analogue mais laïque est délivré pour toute autre motivation. Le parcours minimum exigé est de 100 km à pied et de 200 km à cheval ou à vélo. à chacun son certificat selon ses motivations !

Votre carnet du pèlerin chez :
LEPÈRE ÉDITIONS
14 rue Saint-Pierre
27 270 GRAND-CAMP (voir p. 17)

ou chez nos partenaires :
ASSOCIATION PÈLERINS ET AMIS DE LA VOIE DE VÉZELAY
24 rue Saint-Pierre
89 450 Vézelay
Tél : 03 86 32 38 11

ASSOCIATION DES AMIS DE SAINT-JACQUES EN BERRY
4 rue Louis Billant
18 000 Bourges
stjacquesenberry@free.fr

ASSOCIATION COMPOSTELLE 2000
11 rue Hermel
75 018 Paris
Tél : 01 43 20 71 66

Les types d'hébergement

Nous vous conseillons fortement de réserver vos hébergements à l'avance, car certaines étapes proposent peu de possibilités d'accueil. Attention, la plupart des hébergements sont fermés de la Toussaint à mars.

Vous trouverez sur votre trajet :
- des campings : certains cheminants préfèrent emporter une tente pour être autonomes. Les campings sont les seuls lieux officiels où il est autorisé de camper.

- des auberges de jeunesse : situées dans les grandes villes, elles sont accessibles aux jeunes et moins jeunes. L'accès est conditionné par l'achat d'une carte d'affiliation. Le prix varie de 18 à 25€ la nuit.

- des hôtels : le prix varie de 40 à 80€ la chambre.

- des chambres d'hôtes : chambres chez l'habitant. Vous pourrez parfois y trouver la formule table d'hôtes. Le prix varie de 40 à 80€ la chambre, petit-déjeuner compris.

- des gîtes d'étape ou refuges pèlerin : ce sont souvent des hébergements en dortoirs ; une cuisine permet de préparer vos repas. Vous devez vous munir de votre duvet. Le prix varie de 10 à 15€ pour la nuit.

- des communautés religieuses qui pratiquent l'accueil désintéressé et bénévole des pèlerins aux motivations spirituelles. Mieux vaut réserver à l'avance et prévenir de son arrivée. Quelquefois il faut prévoir son repas. Il faut toujours participer aux frais.

- Accueil pèlerin à domicile (APD) : c'est un accueil chez un particulier, quelquefois un ancien pèlerin qui veut poursuivre son chemin d'une autre façon en aidant les autres. C'est un accueil qui est ponctuel et n'a aucun caractère obligatoire. Il ne vous sera pas demandé de somme d'argent, mais par politesse et surtout par honnêteté il faut toujours participer aux frais en proposant une participation financière (entre 10 et 25€) selon vos possibilités.

La mise à jour mensuelle des hébergements

Une exclusivité Lepère éditions ! Les éditions Lepère garantissent au moment de l'impression du présent guide la fiabilité des hébergements proposés, puisqu'ils ont tous été contrôlés en novembre et décembre 2021.

En effet, nous vérifions régulièrement le bon fonctionnement des refuges, chambres d'hôtes, gîtes d'étape, hôtels, mentionnés dans ce guide. Certains établissements ouvrent leurs portes, et d'autres ferment pour rénovation ou cessation d'activité... Quelque semaines (2 minimum) avant votre départ, rendez-vous sur notre site www.lepere-editions.com, onglet « mise à jour », pour connaître les changements portés à notre connaissance.

Vous n'aurez donc pas de mauvaises surprises avec des hébergements fermés ou en travaux.

À propos de nos choix d'hébergement

Il existe des hébergements de tous types avec des gammes de prix pouvant monter jusqu'à 250€ la chambre. Nous savons qu'un pèlerin doit veiller à son budget car il faut se loger tous les soirs et aussi se nourrir correctement. C'est pour cela que nous n'avons publié que des hébergements à prix bas ou modéré. Chacun a une perception différente de ces adjectifs. Mais il a aussi été important de proposer un choix pour chaque étape, pour respecter le type de confort souhaité par nos amis pèlerins. Nous proposons des gîtes pèlerin à prix bas, mais aussi des chambres d'hôtes et des hôtels qui offrent un meilleur confort. Chacun se logeant selon son budget.

Voilà pourquoi certains hébergements ne figurent pas dans notre guide. Si vous souhaitez des hébergements plus luxueux, il faudra aussi que vous achetiez les guides « Relais et Châteaux » et « chambres d'hôtes de charme ». Évidemment, ça fait du poids en plus dans le sac à dos !

Nous avons aussi choisi de ne pas faire figurer les hébergements dont on nous a signalé plusieurs fois la saleté, la vétusté ou le mauvais accueil. Nous ne prenons pas une telle décision sur un seul témoignage d'un marcheur (ou d'un concurrent qui voudrait porter préjudice à un confrère), d'autant plus que ce genre d'appréciations est très subjectif, mais lorsque plusieurs écrits nous sont adressés, nous contactons l'association jacquaire locale pour avoir un avis objectif et quelquefois, nos marcheurs visitent eux-mêmes incognito ces hébergements signalés comme douteux. Si vous-même tombez sur l'un de ces hébergements, prenez des photos et adressez-nous un courriel.

Nous avons fait figurer les hébergements jacquaires tenus par des associations locales (ou des municipalités sensibles aux valeurs des chemins de Saint-Jacques). Souvent gérés par d'anciens pèlerins, ces lieux sont organisés pour proposer un lit, une cuisine à moindre coût. Les lieux sont tenus bénévolement par des hospitaliers qui consacrent un peu de leur temps libre à maintenir l'esprit d'entraide et les valeurs de partage du chemin. Partout, soyez courtois, participez aux frais qui vous seront demandés et rangez les lieux (cuisine, literie, douche) avant votre départ. Pensez à passer un coup de balai. N'exigez rien, car rien ne vous est dû sur le chemin, « le pèlerin remercie, le touriste exige ».

Les gérants des chambres d'hôtes (notées « CH ») qui figurent dans ce guide connaissent le chemin de Compostelle qui passe dans leur commune. Méfiez-vous des réservations que vous pourriez faire sur des plateformes en ligne, comme AirBnb, Clévacances, Booking, ou Gîtes de France. Certes vous trouverez sans doute de quoi vous loger (pas toujours à bon prix !), mais quand vous expliquerez aux propriétaires qui vous accueillent que vous souhaitez arriver à 13h pour vous doucher et faire une sieste (certains, travaillant jusqu'au soir, ne pourront vous accueillir si tôt), que vous souhaitez le petit-déjeuner à 7h le lendemain matin afin de partir à 7h30, que vous voulez savoir si l'étape du lendemain est facile et si on trouve de l'eau sur le parcours..., vous n'aurez aucune réponse...

Vous comprendrez pourquoi nous avons sélectionné des hébergeurs habitués à recevoir des marcheurs.

Pour les hébergements hors parcours, les hébergeurs viennent vous chercher

Dans les petites villes, les hébergements référencés dans notre ouvrage sont en majorité en centre-bourg, à proximité ou à moins de 400 m. Il est facile d'y aller à pied après quelques explications transmises par celui qui vous recevra.

Cependant nous avons aussi fait figurer des hébergements quelquefois nettement hors du parcours, pour deux raisons.

La première raison est de permettre à chacun de pouvoir choisir l'hébergement qui correspond à son budget. Vous devez avoir le choix le plus large possible, dans les limites de prix évoquées précédemment. La deuxième raison est que les hébergeurs plus éloignés, qui savent très bien que la distance qui s'ajoute à celle parcourue pour l'étape est un problème, proposent presque toujours de venir vous chercher en voiture (si vous en faites la demande) et vous redéposeront le lendemain matin au même endroit, souvent le bourg voisin.

Réservation par téléphone ou courriel ?

Un courriel peut ne pas être lu immédiatement par son destinataire pour de multiples raisons.

Vous l'avez compris, un contact par téléphone est préférable pour être sûr de joindre votre correspondant qui vous confirmera dans l'instant que votre réservation est validée. Téléphonez la veille ou l'avant-veille, pour faciliter votre organisation et celle de votre hôte. Le reste du temps, votre portable restera éteint au fond de votre sac à dos pour quitter routine où vous avez peut-être votre téléphone greffé dans la main ou dans l'oreille. Le Chemin de Saint-Jacques c'est la liberté, des moments de calme et de solitude, c'est marcher pour écouter et voir ce qu'habituellement vous ne voyez pas… Et par souci de sécurité, il est préférable d'économiser la batterie pour un éventuel appel d'urgence.

La libre participation, le donativo

Certains refuges ou particuliers qui vous accueillent ont choisi de ne pas fixer de prix. Nous les signalons par la mention « libre participation », ou « donativo ». Il s'agit de personnes qui ont par le passé elles-mêmes bénéficié d'accueil chez des particuliers, sur les chemins de Saint-Jacques et qui souhaitent donner un peu de cette fraternité à ceux qui parcourent le chemin.

Vous l'avez compris, ces accueils sont désintéressés et ne peuvent subsister que si chaque pèlerin participe aux frais. C'est votre libre conscience qui doit vous éclairer, si vous avez des moyens corrects votre participation sera plus élevée que si vos moyens sont modestes. Si vous bénéficiez d'un accueil en libre don, c'est que ceux qui sont passés avant vous ont laissé leur participation financière.

Si vous pensez que ceux qui accueillent les pèlerins ont le devoir de le faire gratuitement, restez chez vous, car comme tout le monde ces accueillants ont des factures d'eau et de chauffage à payer. Ne soyez pas égoïste, pensez à eux et à ceux qui passeront après vous dans trois mois, dans un an.

Je suis arrivé au terme de mon étape, à quelle heure puis-je entrer dans les lieux ?

Le pèlerin ou randonneur part tôt le matin, souvent avant 7h30. En juillet et août, les fortes chaleurs en début d'après-midi peuvent être dangereuses pour la santé, le chapeau est indispensable. Selon votre rythme de marche (entre 3 et 5 km selon que vous êtes un marcheur moyen ou aguerri), il est fréquent que vous soyez arrivé dans la ville où vous souhaitez faire étape avant 12h, ou aux alentours du déjeuner. Il est tentant d'essayer de bénéficier immédiatement de la chambre ou du lit que vous avez réservé peu avant votre passage. Cependant il faut vous renseigner dès votre réservation téléphonique sur l'heure d'ouvertures des gîtes, refuges, ou chambres d'hôtes, car le responsable doit avoir le temps de remettre en état les lieux, usant de l'aspirateur et des serpillères entre 10 et 14 h.

Il est donc inutile d'arriver avant l'heure que vous ont indiquée les responsables des lieux. De plus certains d'entre eux sont salariés durant la journée et une fois rentrés chez eux débutent leur deuxième journée de travail avec l'accueil les marcheurs. Ou alors orientez-vous vers les campings qui possèdent des locations de mobile homes et qui accueillent les gens toute la journée.

Laver son linge

Chaque jour à l'étape, le pèlerin ou randonneur se douche et lave son linge. Pour voyager léger vous n'avez pas votre armoire à linge sur votre dos. Chaque jour le rituel DLS (douche, lessive, sieste) est le même. Il est possible de laver son linge sale dans tous les lieux où vous dormirez, mais si vous souhaitez qu'il soit sec le lendemain matin, ne le lavez pas à 20h mais dès votre arrivée, et étendez-le dans un endroit ensoleillé ou ventilé, mais surtout pas sur une chaise en bois ou un vieux meuble de votre chambre !

À l'entrée dans les lieux, demandez où vous pouvez laver votre linge, sans gêner les propriétaires, certains d'entre eux n'appréciant pas trop que la lessive soit faite dans les chambres. Presque tous peuvent faire tourner une machine à laver et un sèche-linge pour vous aider, mais presque tous demandent une participation financière. Nous n'avons pas indiqué dans ce guide le coût de ces services car ils sont variables d'un hébergement à l'autre (compter de 2 à 4€). Renseignez-vous avant.

J'ai réservé mon hébergement...

« … et j'ai rencontré un groupe sympathique de randonneurs ou de pèlerins, je souhaite rester avec eux et dormir dans le même endroit qu'eux et changer d'hébergement au dernier moment ».

Les règles de respect et de politesse s'appliquent sur le chemin, comme partout ailleurs.

Et juridiquement voilà la différence entre des arrhes et un acompte.
- L'acheteur qui verse un acompte au vendeur s'engage fermement à acheter, c'est-à-dire à payer le prix. Les sommes versées au titre de l'acompte sont déduites du prix total de la marchandise ou du service. Le vendeur qui reçoit un acompte s'engage fermement à livrer le bien ou à fournir la prestation. En cas de versement d'un acompte, aucune des parties au contrat ne peut annuler la vente.
- Lorsque le document commercial qui mentionne les sommes versées en avance ne précise pas s'il s'agit d'un acompte ou d'arrhes, les avances sont considérées comme des arrhes. L'article 1590 du Code civil prévoit que le versement d'arrhes autorise l'acheteur et le vendeur à annuler la commande. Le consommateur qui annule la vente perd ses arrhes. Le vendeur qui annule la commande doit rembourser au client le double des sommes versées à titre d'avance.
Source : www.demanderjustice.com

Tout d'abord cette pratique de papillonnage d'un hébergement à l'autre est assez discourtoise, si vous vous êtes engagé, vous respectez votre engagement. Si vous êtes dans l'incapacité d'honorer votre réservation pour une cause réelle et sérieuse (tendinite, incapacité physique, maladie, décès d'un proche, accident), il faut ABSOLUMENT prévenir l'hébergeur que vous ne serez pas présent pour la nuit. Si vous avez opté pour la demi-pension, le dîner est préparé à partir de 18h par l'hébergeur et la part de votre repas finira au mieux dans l'estomac d'un autre marcheur, au pire à la poubelle.

Les hébergeurs quelquefois confrontés à des attitudes peu respectueuses demandent de plus en plus des acomptes et non des arrhes. Si vous réservez à l'avance 2 à 4 semaines avant, l'hébergeur vous demandera le versement d'une somme d'argent (arrhes ou acompte). Si vous annulez au dernier moment une réservation, vos arrhes seront perdues ; si c'est un acompte, l'hébergeur est en droit de vous demander le paiement complet de la prestation de demi-pension.

Vous êtes hébergeur et vous voulez figurer dans ce guide ? Vous possédez des chambres d'hôtes, un gîte d'étape, un camping ?

Comme vous l'avez constaté, notre ouvrage, très utilisé par les pèlerins, référence de nombreux hébergements. Si vous ne l'êtes pas encore, il est possible d'être présent dans la prochaine édition de notre guide.

Cependant les éditions Lepère ne publient pas des guides pour les touristes, mais pour les pèlerins à pied ou à vélo. Nous ne référençons que des hébergements qui leur sont adaptés. La « limite haute » pour être présent dans nos guides est de 70 euros pour une chambre double (couple).

Si vous possédez un hôtel 4 étoiles à 200€ la chambre, vous ne pouvez pas être référencé dans notre guide. Quel pèlerin qui doit se loger plusieurs semaines peut mettre une telle somme pour une nuit ?

Pour être référencé dans notre prochaine édition, faites-nous parvenir un courriel à cette adresse : lepereeditions@aol.com ou lepereeditions@gmail.com ou appelez-nous au 02 32 46 34 99, nous vous expliquerons la procédure.

Le budget

Un budget alimentaire de 20€ par jour permettra à un pèlerin/randonneur de cuisiner lui-même ses repas. Un budget d'environ 30€ par jour vous permettra de prendre un repas dans un petit bar de campagne ou dans une auberge.

Les repas de midi (souvent des plats du jour) sont appelés à la campagne « repas ouvriers ». Composés d'une entrée, d'un plat et d'un désert, ils sont l'occasion d'un repas chaud. Profitez d'une éventuelle table commune avec des autochtones pour parler de leur région et des traditions locales.

Pour la nuit, votre budget dépendra du type d'hébergement choisi. Une nuit en gîte d'étape coûte de 10€ à 15€. Il est vivement conseillé d'avoir en sa possession une carte bancaire et de retirer de l'argent au fur et à mesure de vos besoins et de ne pas avoir sur vous tout le budget de votre voyage.

Partez avec le numéro de téléphone de votre établissement bancaire (mais ne le mettez pas dans votre portefeuille !). Vous pourrez, en cas de perte ou de vol de vos moyens de paiement, faire opposition sur l'utilisation de la carte bancaire. Pour financer la suite de votre chemin, vous pouvez recevoir de l'argent en 15 mn au guichet d'une banque agréée par des intermédiaires financiers spécialisés comme Western Union (www.westernunion.fr). Pour cela, un de vos proches devra effectuer un versement en votre faveur et faire lui-même les démarches auprès de l'un de ces intermédiaires.

La diététique du marcheur

Même si la pérégrination n'est pas comparable à une épreuve sportive de haut niveau, il est important de vous nourrir correctement en vue de l'effort physique non habituel que vous allez fournir. Il est naturellement conseillé de manger équilibré et de ne jamais négliger légumes, laitages et viande.

Les sucres lents : pâtes, riz, semoule, féculents, céréales. Assimilés lentement, ils donnent le maximum de leur énergie 9 à 12 heures après le repas. À consommer de préférence le soir.

Les sucres rapides : sucre, confiture, chocolat, jus de fruits, fruits secs, fruits frais. Assimilés rapidement par l'organisme, ils donnent le maximum de leur énergie 15 à 30 mn après le repas. À consommer de préférence le matin et le midi.

Pour permettre la récupération musculaire après l'effort, faire quelques étirements musculaires, afin d'aider les muscles à éliminer l'acide lactique (toxine musculaire de l'effort). S'étirer aussi le matin avant l'effort. Si vous sentez le soir des douleurs musculaires, vous pouvez prendre avec un grand verre d'eau un demi cachet d'aspirine qui fluidifiera le sang, accélérera l'élimination des toxines et la récupération de l'élasticité musculaire (attention, consultez votre médecin afin de vous assurer que l'aspirine n'est pas contre-indiquée pour vous).

Le meilleur des remèdes reste le sommeil. Dans la mesure du possible, des nuits de huit heures seront indispensables.

L'eau potable sur le chemin

Sur les sentiers, il est important de boire régulièrement pour éviter tendinites et déshydratation. Un pèlerin qui fait 20 km par jour doit boire dans la journée presque 2 litres d'eau. Et plus il fait chaud plus il faut boire. L'accès l'eau est facile dans les zones urbaines et dans les petits bourgs. Dès que vous quittez ces zones, remplissez votre gourde. Une astuce de randonneur : les cimetières ont tous un robinet d'eau potable, profitez-en. En dépannage, vous pouvez demander de l'eau à des particuliers.

Les commerces de proximité

Le choix des étapes est en partie dicté par la présence de commerces de proximité. Ces petits commerces ont une amplitude horaire assez large, généralement de 9h à 12h30 et de 15h30 à 19h30, mais sont fermés à l'heure du déjeuner, sauf dans les grandes villes. En général, les commerces sont fermés le dimanche, sauf parfois dans les grandes villes.

Il vous faut donc être attentif à bien anticiper vos haltes des dimanches soirs et lundis soirs. Vous pouvez anticiper l'achat des repas de ces deux jours, mais vous serez confronté à d'autres difficultés ; le poids et la fraîcheur des denrées alimentaires. Il faut donc savoir dès que votre choix d'hébergement est fait, si un repas peut vous être servi ou si vous devez vous-même l'organiser.

Pour résumer, anticipez vos hébergements au moins 48h à l'avance, car vous constaterez aussi qu'un message laissé sur un répondeur peut ne pas être écouté dans l'instant, et que les hébergeurs, bénévoles ou non, prennent aussi des congés.

Votre sécurité et votre santé sur le chemin

L'éditeur de cet ouvrage ne peut être tenu pour responsable d'éventuels dommages corporels qui interviendraient lors de votre progression sur le chemin. ce guide est informatif et ne saurait vous inciter à quitter le sentier. Vous êtes responsable de votre sécurité et êtes tenu d'avoir une attitude ne mettant pas en danger votre intégrité physique.

Sur le Chemin, qui traverse surtout des zones rurales, les agressions et les vols sont extrêmement rares. Ceci ne veut pas dire qu'il ne faut pas être vigilant. Voici quelques règles de sécurité simples qui vous éviteront de mauvaises surprises :

Lorsque vous marchez sur le Chemin, prenez un bourdon, bâton qui vous sera utile si vous rencontrez un chien errant et agressif !

Lorsque vous prenez votre douche dans les refuges, ne laissez pas votre portefeuille dans votre sac à dos. Prenez-le avec vous, sous la douche, dans un sac plastique, ou organisez-vous avec votre groupe d'amis pèlerins pour surveiller vos sacs à tour de rôle.

Évitez de retirer de grosses sommes d'argent dans les distributeurs de billets. En chemin, vous trouverez assez de distributeurs.

Ne laissez jamais votre portefeuille dans votre sac sans surveillance. Prenez un sac banane facilement transportable à la ceinture qui vous permettra d'avoir toujours votre portefeuille et vos papiers importants avec vous.

Évitez de payer vos petites dépenses (café, cartes postales...) en déployant de grosses coupures fraîchement retirées du distributeur. Gardez à portée de main un billet d'une somme moyenne.

Dans toute l'Europe, en cas d'urgence, vous pouvez appeler le 112.

Plusieurs erreurs à ne pas commettre pour réussir son Chemin

Partir avec un sac de plus de 10 kg (femme) et 12 kg (homme).

Partir sans aucun entraînement à la marche…

Partir avec des chaussures neuves… ou de trop vieilles chaussures de randonnée qui ne permettront pas de parcourir l'intégralité du chemin.

Quitter le gîte à 4 h du matin pour arriver à 9 h du matin à la halte suivante : vous ne pourrez pas vous installer avant l'après-midi !

Négliger la sieste de l'après-midi les premiers jours.

Marcher en juillet-août aux heures les plus chaudes, sans chapeau ni crème solaire à très fort indice de protection.

Partir sans crédenciale : l'accès aux gîtes sera impossible !

Partir durant les mois d'hiver : certains passages sont dangereux ou difficiles (passage à gué impossible, sol glissant...).

Parcourir dès les premières étapes une distance supérieure à celle que vous pouvez objectivement accomplir.

Négliger l'hydratation et risquer une tendinite.

Attendre le dernier moment pour organiser le retour en France (train, avion, bus). À certaines périodes, les transports sont complets plusieurs semaines à l'avance.

Laisser ses documents indispensables (carte nationale d'identité, moyens de paiement, passeport) dans son sac à dos sans surveillance quand vous êtes sous la douche.

Comment se rendre à Vézelay ?

Quel que soit le lieu choisi pour commencer le chemin, pensez à réserver vos billets le plus tôt possible afin de bénéficier des meilleurs tarifs !

Vézelay n'est desservi par aucune gare SNCF. Les gares de Sermizelles et

d'Avallon sont les plus proches de Vézelay. Depuis Sermizelles, il existe une ligne de bus desservant Vézelay : il s'agit de la ligne LR505 Sermizelles - Corbigny. Se rendre sur le site viamobigo.fr (transports de la région Bourgogne - Franche-Comté) pour trouver la fiche horaire de la ligne.
Sinon, il reste la possibilité du taxi depuis Sermizelles ou Avallon.
L'étape 0 qui se situe au début de l'ouvrage vous permet de rejoindre Vézelay à pied pour une petite mise en jambe depuis Avallon.

www.oui.sncf
www.ter.sncf.com

Depuis Bayonne, de nombreuses destinations sont desservies en bus par Flixbus, Alsa, Blablabus. Attention, en bus ou en train, les places sont délivrées sur réservation, alors pensez à prendre vos billets à l'avance !
www.flixbus.fr
www.alsa.com
www.blablacar.fr/bus

Comment revenir de Saint-Jean-Pied-de-Port ?

Pour rentrer de Saint-Jean-Pied-de-Port, une seule solution : le train ! Celui-ci vous déposera à Bayonne en un peu plus d'une heure.
Depuis Bayonne, des trains réguliers circulent vers Bordeaux, Toulouse, Tours et Paris.

L'office de tourisme de Saint-Jean-Pied-de-Port récapitule dans un document toutes les solutions de transport disponibles. En téléchargement sur :
www.saintjeanpieddeport-paysbasque-tourisme.com
ou sur : www.chemins-compostelle.com
ou à demander à l'accueil de l'office de tourisme, 14 place Charles de Gaulle, tél : 05 59 37 03 57.

Tous nos guides en 48 h chez vous sur www.lepere-editions.com

L'aventure se poursuit toute l'année chez les éditions Lepère !

 la page Facebook : *www.facebook.com/compostelle*

 les vidéos sur Youtube : *youtube.com/c/GuidesLepère*

ABONNEZ-VOUS À CAMINO

Cyber-bulletin international d'information du pèlerin et du randonneur

Camino, qu'est-ce que c'est ?

Camino est un cyber-bulletin mensuel **gratuit** (12 numéros par an). Vous trouverez dans chaque numéro :
- des rubriques pratiques
- des conseils aux futurs pèlerins et randonneurs
- les nouveaux itinéraires
- les informations des associations jacquaires
- des réflexions et des témoignages sur l'expérience des chemins.

En format A4, chaque numéro comporte de 3 à 6 pages.

Comment s'abonner ?

Pour recevoir **Camino**, il faut avoir une connexion Internet et une adresse électronique. Le bulletin vous est envoyé par courriel, chaque mois. Pour vous abonner, il vous suffit de nous écrire à l'adresse suivante :

bulletincamino@aol.com

Camino est aussi disponible en téléchargement gratuit à cette adresse : **www.lepere-editions.com**

Pèlerin !
Avant de partir,
as-tu pensé
à ta crédenciale ?

Qu'est-ce que c'est ?

C'est en quelque sorte le « passeport » du pèlerin. Sans ce document, vous n'aurez pas accès aux infrastructures d'accueil dédiées aux pèlerins et vous ne pourrez pas obtenir la Compostela, certificat délivré aux pèlerins à Saint-Jacques-de-Compostelle.

Il faut faire tamponner la crédenciale une fois par jour sur votre chemin.

Comment l'obtenir depuis la France ?

Il existe de nombreux organismes et associations informant les pèlerins ou les randonneurs sur tout ce qui touche de près ou de loin aux Chemins de Saint-Jacques-de-Compostelle. Souvent, les responsables de ces associations, pour avoir été eux-mêmes pèlerins dans le passé, connaissent bien le Chemin. Mais toutes les structures ne sont pas en mesure de vous délivrer la crédenciale espagnole souhaitée par le bureau des pèlerins à Compostelle.

Pour obtenir la crédenciale, écrivez-nous :
LEPÈRE ÉDITIONS
14 rue Saint-Pierre
27 270 Grand-Camp
www.lepere-editions.com

Envoyez-nous votre demande par courrier, accompagnée de 12 timbres postaux (français) par passeport demandé (tarif lettre prioritaire 20 g). Il faut un passeport par pèlerin.
À réception de votre demande, votre crédenciale vous parviendra dans un délai de 2 à 3 jours (délai indicatif).

La mise à jour de la partie hébergement

Alors que le chemin de Vézelay s'équipe en refuges et hébergements variés, tandis que des établissements disparaissent ou sont provisoirement fermés, il est désormais possible d'avoir en temps réel les dernières modifications d'hébergements et de refuges constatées sur le parcours. Comment faire ?

Vous possédez une connexion Internet ?
Connectez-vous sur notre site www.lepere-editions.com, allez à l'onglet mise à jour (MAJ), laissez-vous guider et recevez la mise à jour par courriel. C'est GRATUIT.

Vous ne possédez pas de connexion Internet ?
Faites-nous parvenir par la poste une photocopie du petit coupon en bas de la page (pour recevoir la mise à jour par la poste, merci de joindre 5 timbres rouges, tarif lettre), pour que nous puissions vous faire parvenir par courrier la mise à jour de l'ouvrage.

Demandez cette mise à jour une semaine avant votre départ, et non six mois avant, pour avoir les dernières informations.

Inversement, si vous constatez une erreur ou une modification sur l'itinéraire, merci de nous en faire part afin que nous puissions l'intégrer dans la liste des modifications et en faire profiter d'autres randonneurs.

Lepère éditions
14 rue Saint-Pierre
27 270 Grand-Camp

Partie à retourner

Titre : Le Chemin de Vézelay (ISBN : 978 2 915156 69 0)

Votre adresse postale :

Votre adresse électronique
....@...

(Merci d'écrire en majuscules et lisiblement vos coordonnées)

Souhaite la mise à jour de la partie hébergement, avec toutes les modifications (nouveaux refuges) intervenues depuis l'impression de ce guide.

Étape 0   18 km   4 h 30
D'Avallon à Vézelay

À **Pontaubert**, vous avez marché 1 h et parcouru 4,5 km
À **Vault-de-Lugny**, vous avez marché 2 h 10 et parcouru 10 km
À **Domecy-sur-le-Vault**, vous avez marché 3 h 20 et parcouru 15 km
À **Vézelay**, vous avez marché 4 h 30 et parcouru 18 km

Avallon (89200)
Commerces. OT, 6 rue Bocquillot. Tél : 03 86 34 14 19
www.destinationgrandvezelay.com

APD, M. et Mme Hancke, 9 rue des Sources, tél : 03 86 34 22 48, ou 06 83 25 40 78. ½ P 37€ pour 1 pers., 49€ pour 2. Ouvert toute l'année.
lucette.hancke@wanadoo.fr

H Avallon Vauban, 53 rue de Paris, tél : 03 86 34 36 99. Ch. pour 1, 2 ou 3 pers. à partir 49€, 65€, 80€. PDJ 9€. Ouvert toute l'année.
contact@avallonvaubanhotel.com

C municipal Sous Roche, 1 rue sous Roche (vallée du Cousin), tél : 03 86 34 10 39. Ouvert du 01/04 au 15/10.
campingsousroche@ville-avallon.fr
Pour y aller : depuis la place de l'église d'Avallon, suivre la D944 direction Lormes. Parcourir 1,6 km puis tourner à gauche vers Magny par la D427.

CH La Tannerie, M. et Mme Moniot, 12 rue St-Martin (sur le parcours à côté de la rue du Pavé-de-Cousin-le-Pont), tél : 06 82 38 22 03, ou 03 86 34 25 41. Ch. 80€ pour 4 pers., 60€ pour 2. Ne fait pas TH. Cuisine. Ouvert toute l'année.
cecileviollet2@wanadoo.fr

CH Au Bel Air, Mme Mercier, 3 impasse du Bel Air (centre historique), tél : 06 86 76 02 99. Ch. de 44 à 54€ pour 1 pers., de 49 à 60€ pour 2. Ne fait pas TH, proche restaurants. Ouvert toute l'année. bobinette4@wanadoo.fr

Messe : St-Martin 11 h

Vault-de-Lugny (89200)
(5 km après Avallon, sur la D427 très légèrement hors parcours)

GE, M. et Mme Wicker, 9 rue du Moulin, Vermoiron, tél : 03 86 34

Avallon

Cette étape que nous proposons dans ce guide permet aux pèlerins en partance depuis la « colline éternelle » de trouver une petite étape de mise en jambe. En effet, ce sont 18 km (en totalité sur le chemin de randonnée n°13) qu'il faut parcourir, dont le premier tiers suit la vallée du Cousin jusqu'à Vault-de-Lugny, pour monter ensuite sur le flanc de la colline de Montmartre.

C'est ensuite en levant la tête pour apercevoir la basilique Sainte-Madeleine que vous trouverez le chemin, mais tout en continuant à suivre le balisage rouge et blanc qui vous fait soigneusement éviter les portions de route bitumée.

À Saint-Père-sous-Vézelay, il est possible de faire quelques courses à l'épicerie pour un menu simple et déjeuner sur les rives fraîches de la Cure, ou à l'ombre du porche de l'église Notre-Dame. Il y a quelques années encore, on pouvait y trouver une très grande table (L'Espérance, Marc Meneau, 1943 – 2020), avec ses trois étoiles au guide Michelin. Le restaurant est aujourd'hui fermé. Triste nouvelle pour la gastronomie, mais il n'aurait pas été raisonnable, alors que le chemin commence à peine, de vous y attarder !

31 53, ou 06 16 47 44 01, ou 06 28 27 04 74. Nuitée en ch. de 4, 18€/pers. en été, 19€ du 01/11 au 31/03. PDJ 3€. Cuisine. Ouvert toute l'année. francoise.wicker@free.fr

Pontaubert (89200)

H et Spa Le Moulin des Templiers**, tél : 03 86 34 10 80. Ch. à partir de 70€, PDJ 16€, table à partir de 23€, fermé en janvier. contact@hotel-moulin-des-templiers.com

Vézelay (89450)

Voir hébergements et services à l'étape 1 par Bourges.

Descriptif de l'itinéraire pédestre et cycliste

Dos à la gare, emprunter la rue qui oblique légèrement à gauche. 400 m plus loin, prendre à droite une large rue (rue Carnot), puis aux feux tricolores, tourner à gauche rue de Lyon (direction Office de Tourisme).

Continuer tout droit en prenant successivement les rues de Paris, Aristide Briand, Grande Rue et Bocquillot.

Cette rue sort sur une placette puis tourne à gauche et descend en épingle à droite, en devenant route de Cousin-le-Pont. 200 m plus loin, prendre à gauche la rue du Pavé-de-Cousin-le-Pont.

400 m plus loin, descendre à gauche un escalier puis, arrivé à la rue, prendre à droite et arriver au stop. Traverser la place et prendre la route qui passe sous un pont et longe le Cousin.

Suivre le balisage blanc et rouge barré assez longtemps. 150 m plus loin, traverser le Cousin par la passerelle et prendre à droite. Longer les ruines puis emprunter une passerelle sur un bras du Cousin.

En suivant le balisage, rester au plus près du Cousin (quelques passages difficiles protégés par les chaînes) pour arriver à Pontaubert.

Traverser une route pour continuer tout droit sur le chemin de Ronde, pour monter à gauche 100 m plus loin. Arrivé au stop, prendre à droite la D 142 (route de Vault-de-Lugny). 200 m après l'entrée à **Vault-de-Lugny**, tourner à gauche dans le chemin du Borland (balisage blanc et rouge barré). Quand le goudron tourne à droite, continuer tout droit dans un chemin forestier.

En arrivant à une intersection en T avec un chemin de randonnée, monter à gauche. Après une longue montée, dans une intersection en T, prendre à droite (balisage blanc et rouge). Dans une nouvelle intersection en T, prendre à gauche pour descendre à **Domecy-sur-le-Vault**. À la fourche, prendre à droite en laissant à gauche la rue Gomine, pour tourner à droite 40 m plus loin dans la rue de l'Église. À l'approche de l'église, prendre à droite la rue de la Fontaine, traverser une rue pour continuer tout droit sur un sentier qui monte fortement.

Continuer sur un large chemin d'exploitation. À côté des bâtiments agricoles, continuer à monter à droite. Dans une intersection en T, virer légèrement à gauche et tout de suite à droite dans un chemin qui descend assez fortement. À l'intersection suivante (dans la forêt), continuer tout droit, puis entrer à **Nanchèvre** par la rue du Lavoir. À la petite place, tourner à gauche dans la route de Fontette et monter tout de suite à droite un chemin de terre le long d'une clôture.

Arrivé au macadam, prendre à gauche direction Saint-Père puis arrivé à une route (priorité), tourner à droite. À **Saint-Père**, après avoir emprunté le pont, prendre à droite pour suivre le balisage jaune. Arrivé à une route plus importante, prendre à droite et tout de suite à la fourche, choisir à droite la route direction Asquins. 300 m plus loin, monter à gauche un chemin de terre en direction d'une fontaine (balisage jaune). Juste avant celle-ci, emprunter à gauche un chemin de terre qui monte.

Monter sur la départementale en obliquant à droite, l'emprunter à gauche et 20 m plus loin, la traverser et monter à droite le chemin de terre. Arrivé aux remparts, prendre à gauche pour les longer. Arrivé à une place, emprunter à droite la rue Saint-Étienne pour arriver à la basilique de **Vézelay**.

AVALLON

Si vous arrivez à Avallon par le train, vous ne vous apercevrez pas immédiatement que c'est une ville charmante et tout à fait pittoresque. La gare se situe en effet sur un plateau sans caractère particulier, mais de tous les autres côtés, cette ville du Morvan offre la vue de ses remparts et de ses jardins étagés. Avallon est situé sur un escarpement granitique qui domine de cent mètres le ravin du Pautot à l'ouest, l'étroite vallée du Cousin au sud et le ravin des Minimes à l'est.

À la jonction du Morvan, région la plus au nord du Massif Central, et de la Terre-Plaine, région la plus au sud du Bassin Parisien, ce site au relief marqué était idéal pour créer une place forte. Il fut d'abord occupé par un oppidum gaulois. De riches familles gallo-romaines s'installèrent ensuite dans cette ville étape de la via Agrippa (de Lyon à Boulogne-sur-Mer), attirées sans doute par les nombreuses sources et forêts de la région. Un temple, un tribunal et un théâtre y furent érigés.

On construisit le château sur le site de la ville antique. Tout au long du Moyen Âge, la ville fit l'objet de rivalités entre le domaine royal et la Bourgogne. La ville s'est d'abord étendue vers la vallée du Cousin où s'activaient des moulins à farine, à huile et à papier, ainsi que des tanneries. Elle s'est ensuite développée sur la Terre-Plaine où des tuileries puisaient leur argile.

Depuis la gare, vous atteindrez la place Vauban, qui comporte une statue en bronze du célèbre architecte militaire réalisée par Bartholdi, puis l'hôtel de ville, datant de 1770. Au détour des rues, vous pourrez admirer l'hôtel de Condé, l'ancien couvent des Ursulines, la collégiale, fondée au XIIe siècle afin de recevoir les pèlerins venus se recueillir sur les reliques de saint Lazare, le palais de justice, la porte de l'Horloge et sa tour, au point culminant de la ville… Mais c'est depuis la vallée que la ville est la plus belle, alors n'hésitez pas à franchir les remparts pour aller l'admirer !

Le Chemin par Bourges

via La Charité-sur-Loire, Bourges, Châteauroux

De Vézelay à Éguzon, 278,7 km (ou 279,5 km)

10 étapes

Étape 1 par Bourges   22,4 km   5 h 30
De Vézelay à Tannay

À **La Maison-Dieu**, vous avez marché 2 h et parcouru 9 km
À **Asnois**, vous avez marché 3 h 20 et parcouru 14,4 km
À **Domecy-sur-le-Vault**, vous avez marché 3 h 20 et parcouru 15 km
À **Tannay**, vous avez marché 5 h 30 et parcouru 22,4 km

Vézelay (89450)
Commerces.
H Le Compostelle**, 1 place du Champ de Foire, tél : 03 86 33 28 63. Ch. de 60 à 76€. PDJ 9,50€. Casse-croute 10€.
le.compostelle@wanadoo.fr

HR Le Relais du Morvan, route de St-Père, tél : 03 86 33 25 33. Ch. de 59 à 79€, 99€. Casse-croûte 7€. ½ P à partir de 72€. Ouvert de mai à octobre, fermé en décembre et janvier.
lerelaisdumorvan@gmail.com

R de la Colline ou gîte de l'horloge, M. Binet, 79 rue St-Pierre, tél : 09 86 11 68 17 ou 06 19 88 05 41. Nuitée 30€ pour 1 pers., 40€ pour 2. Cuisine. Dîner possible au restaurant La Coquille (entrée, plat, dessert) à 15€, plat du jour 11€. Forfait draps et serviette +5€. Ouvert toute l'année. adpv@neuf.fr

Fraternités Monastiques de Jérusalem, tél : 03 86 33 22 14, 3 maisons d'accueil pour les pèlerins : Centre Ste-Madeleine, rue St-Pierre, Maison St-Bernard, rue des Écoles, et Maison Béthanie, 2 route d'Asquins. Aucune réservation possible pour le refuge pèlerins. S'inscrire sur place, entre 11h30-12h, 16h-17h45, 19h30-21h.
pelerin@basiliquedevezelay.org

CH À L'atelier, 4 route d'Avallon, tél : 03 86 32 38 59. Ch. à partir de 68 et 80€. Ne fait pas TH. Ouvert du 01/03 au 30/10.
contact@atelier-vezelay.fr

AJ, C, route de l'Étang (à 800 m hors de la ville, sur l'itinéraire vers Bourges, route de Fontenay, points bleus 1). Tél : 03 86 33 24 18, ou 06 38 77 15 33 (8h - 11h et 16h - 19h). Nuitée dortoir 15€ (tarif pèlerin), en studio 21€. Cuisine en gestion libre.
aubergecampingvezelay@gmail.com
www.camping-auberge-vezelay.com

Dans la basilique Sainte-Madeleine

Premiers pas sur la voie nord de la via lemovicensis, dans sa variante par Bourges et Châteauroux. Cette première étape, qui rejoint Tannay, propose un grand bol d'air à travers le bois de Molay, pour retrouver très vite le département de la Nièvre. Profitez de la beauté encore préservée du paysage autour de « la colline éternelle » car des projets d'éoliennes polluantes et dangereuses pourraient un jour défigurer le paysage !

Nous avons imaginé une étape courte aujourd'hui, car c'est la première journée de mise en jambe, et même si l'aventure que nous allons vivre au long de ces quelque trente-sept étapes est exaltante, il faut être mesuré dans l'effort. Il aurait été possible de proposer une halte à Varzy ou Cuncy-lès-Varzy, mais ce sont alors 32 km qu'il aurait fallu parcourir. Sans doute trop pour une première journée ! L'origine de Tannay vient du mot celte "tann" qui signifie "chêne". Ville tous commerces, à proximité du canal du Nivernais, elle est une première étape appréciée des pèlerins, pour son calme et la multitude de services qu'elle propose.

Messe : Sainte-Madeleine 11 h

Asnois (58190)

CH, Mme et M. Cougnot, 46 Grande rue P. J. Rigolot, tél : 06 70 52 19 72, ou 06 88 33 54 69. Nuit+PDJ 25€/pers. Repas 12€. Casse-croûte. 3 pl. Ouvert du 01/03 au 15/10.
bernard.cougnot@wanadoo.fr

Tannay (58190)
(hors chemin)

Tous commerces.

GE municipal, 17 rue Émile Regnault (points bleus 1). Contacter la veille de votre arrivée M. et Mme Roy : 06 71 74 60 02. 12 pl. Crédenciale obligatoire. Arrivée souhaitée entre 15h et 18h. Départ le lendemain avant 8h30. Nuitée 12€ l'été, 15€ l'hiver. Cuisine. Ouvert à partir de 15h30, du 15/03 au 31/10.
mairie-tannay@wanadoo.fr

Pour y aller : avant l'arrivée au hameau d'Asnois, après le pont, prendre à gauche le chemin de halage (panneau d'interdiction aux véhicules à moteur). Retrouver les traces du balisage du chemin n°654. Parcourir 2,2 km jusqu'à la double écluse de Tannay. À la route bitumée, tourner à droite vers Tannay (à 2,7 km par la route, 2,8 km par le chemin 654).

APD, Champ d'Étoiles, 1 rue des Fossés nord (ouvert le 15/05/22), M. et Mme Nusbaumer, tél : 06 82 32 61 75, ou 06 86 94 83 18. 5 pl. Cuisine. Dimanche soir : repas partagé. Participation financière laissée à votre libre conscience

CH Le Relais Fleuri, 2 rue de Bèze, Mme Cousin, tél : 07 66 17 57 95. Ch. 60€ pour 1 pers. et 70€ pour 2. Dîner 18€ sur résa. Épicerie de dépannage. Ouvert toute l'année.
relaisfleuri58@gmail.com

Messe 9 h 30

Descriptif de l'itinéraire pédestre et cycliste

Attention : dans cette étape le risque de se tromper est réel car le parcours est en forêt et la trace à suivre peu évidente.

Pour déjeuner : si vous partez avant 7h30, il est possible de déjeuner à Tannay (tous commerces).

Depuis la basilique, prendre en face les rues Saint-Étienne et Saint-Pierre et descendre jusqu'à la Porte de Vézelay, puis tourner à gauche par la D957 vers Saint-Père et Avallon. Au carrefour, tourner à droite vers l'Étang et Fontenay tout en passant devant la gendarmerie et une stèle. Au carrefour suivant, ignorer à gauche le calvaire et la route en direction du camping pour prendre à droite, et continuer tout droit en empruntant le chemin de la Justice.

Passer devant le petit transformateur électrique (lieu-dit La Justice) et tourner à gauche le long du muret. Arrivé au château d'eau, prendre en face le chemin de terre (traces de pavés). Délaisser le chemin et s'engager sur la droite par un sentier tout en longeant une clôture grillagée puis passer une borne en pierre.

Arrivé sur un chemin, prendre à gauche. Au carrefour suivant, poursuivre en face en ignorant le chemin sur la gauche. À l'embranchement, continuer tout droit par un chemin mal dégagé ; au deuxième carrefour, poursuivre encore en face. Arrivé sur une route, traverser la voie et descendre légèrement plus loin en face par un chemin.

Sur un grand chemin (panneau « voie romaine »), tourner à gauche et, 40 m plus loin, poursuivre en face par le chemin de cailloux. Lorsque le chemin dévie sur la gauche, s'engager par un chemin de terre en face (qui oblique sur la droite). Sur la route bitumée, lorsque la voie tourne, s'engager sur la gauche. Avant d'entrer dans la forêt de Maulay, prendre immédiatement le chemin sur la droite en sous-bois. À l'embranchement, délaisser les deux voies de droite et poursuivre tout droit dans un autre chemin.

Au carrefour suivant, suivre le chemin qui tourne sur la droite. Tourner à gauche et continuer de descendre à travers bois. Une fois sur la D165 (pas indiquée comme telle), tourner à gauche en direction de **La Maison-Dieu** (clocher visible à l'horizon), passer devant l'église et, au carrefour de la D42, s'engager en face dans la D165 vers Metz-le-Compte, Tannay. Passer sur le pont.

Quitter la départementale dans le virage et continuer en face par une plus petite route. Lorsque la route n'est plus carrossable, poursuivre par le chemin en face. Sur la D280, prendre en face par la petite route. Laisser un bâtiment sur la droite, et poursuivre le chemin à gauche. S'engager par un chemin qui traverse les champs sur la droite annoncé par les balises d'un chemin de randonnée. Tourner avec le chemin plusieurs fois en descendant jusqu'à arriver à la D985 ; la traverser, puis prendre en face une petite route en direction d'Asnois.

Avant l'arrivée dans le hameau d'**Asnois**, après le pont, prendre à gauche le chemin de halage (panneau d'interdiction aux véhicules à moteur). Vous retrouvez les traces du balisage du chemin n°654. Parcourir 2,2 km, jusqu'à la double écluse de Tannay. À la route bitumée, tourner à droite vers Tannay qui est à 2,7 km par la route, 2,8 km par le chemin 654 (points bleus sur la carte).

Pour aller d'Asnois à Thurigny par le chemin balisé, suivez le texte ci-dessous. À Thurigny, vous retrouverez le balisage et les explications dans l'étape suivante.

À **Asnois**, prendre à droite la rue de la Maison-Dieu (balise) en montant. Au carrefour, poursuivre tout droit par la Grande Rue Paul Jean Rigollot. Au carrefour de la D185 (place de jeu de quilles, croix) : tout droit par la Grande Rue. Laisser la rue de l'Église à gauche. Parcourir 400 m. Au carrefour du monument aux morts : prendre en face, direction Ouagne et Saligny par la Grande Rue. Au carrefour de la D34 : traverser et continuer sur la D185 (à 10 m à gauche) direction Ouagne, Asnois-Gare et Saligny.

Laisser Asnois-Gare à gauche. Faire 1600 m. Passage à niveau. Au carrefour de la C1, poursuivre tout droit (Grande Route). **Saligny** : chapelle. Continuer toujours tout droit sur la D185. Quitter la D185 pour prendre à gauche (presque à la fin des champs à droite) un grand chemin empierré dans les bois (panneau « propriété privée » à gauche).

Le Petit Moutot : le chemin tourne à droite vers la ferme puis de nouveau à gauche (vue sur l'église de Saint-Germain-des-Bois). Laisser le chemin de terre à droite et poursuivre sur le chemin empierré, en descendant. Parcourir 700 m. Arrivé sur la D6, prendre la route à gauche et faire 400 m. Quitter la D6 et prendre à droite en montant la C7 vers **Saint-Germain-des-Bois**, puis laisser l'église du village à droite. Au carrefour-calvaire (1863), continuer la route vers Thurigny par la C4. Réservoir (à gauche) puis croix (à droite). Faire 700 m et arriver à **Thurigny** au carrefour de la D6. La suite des explications se trouve dans l'étape 2.

VÉZELAY

Cette petite ville de la Haute-Bourgogne que l'on découvre de loin rassemblée autour de la basilique de la Madeleine a pour origine un monastère bénédictin du IXe siècle. Elle aurait accueilli aux premiers siècles les reliques de sainte Madeleine pour lesquelles fut construite au début du XIIe siècle la basilique que nous admirons encore. Chef-d'œuvre de l'art roman bourguignon, elle est célèbre pour ses nombreux chapiteaux historiés et l'inoubliable Christ en majesté du portail principal. Au milieu du siècle dernier, c'est l'intervention et les travaux de Viollet-le-Duc qui la sauvera de la ruine. Au fil des siècles, cette colline couronnée deviendra la « colline éternelle ». Bernard de Clairvaux y prêchera la deuxième croisade en 1146.

Richard Cœur de Lion et Philippe Auguste s'y donnèrent rendez-vous pour la troisième croisade. Plus pacifiques furent les pèlerins qui, au long des siècles, partirent de là pour rejoindre Compostelle et le tombeau de l'apôtre Jacques. La colline rassemble encore des pèlerins de notre temps. Ainsi, dès la fin de la dernière guerre, les anciens combattants français et allemands vinrent ensemble y prier pour la paix retrouvée.

SAINT BERNARD À VÉZELAY

Matin de Pâques 1146... Autour de la colline de Vézelay, les brumes qui se mêlent aux fumées bleutées des feux de camp laissent deviner une multitude de tentes, de chariots et de chevaux. Le roi de France Louis VII et ses principaux barons sont réunis pour entendre Bernard, abbé de Clairvaux, messager du pape Eugène III. Il faut, comme au temps d'Urbain II en 1095, reprendre la croix et libérer le tombeau du Christ ! En effet, depuis plusieurs mois déjà les infidèles ont repris l'offensive. Après la mise à sac d'Édesse, les barons francs des États chrétiens sont en danger. Les voies de communication entre Tyr et Antioche sont menacées par des partis de cavalerie musulmane. Or le prince d'Antioche n'est autre que Raymond de Guyenne, oncle de la reine Aliénor d'Aquitaine à laquelle le roi ne veut rien refuser. Il lui faut aussi expier les fautes qui lui valurent l'excommunication. Quatre ans plus tôt, lors de la désastreuse campagne de Champagne, il avait ordonné l'incendie de l'église de Vitry et fait massacrer les habitants. Plein de remords, le roi cherchait une occasion de se racheter.

Ils sont tous là, les grands barons du royaume. Nombreux sont aussi les clercs et cette foule s'assemble autour d'une estrade de bois dressée sur le flanc nord de la colline. Bernard donne lecture de la bulle du pape Eugène : « Prenez la croix et les armes, vous prouverez ainsi que l'héroïsme traditionnel des Francs n'a pas démérité ! » À tous, il donne l'assurance de la protection divine et pour les croisés, la promesse de la rémission de leurs fautes. L'enthousiasme éclate. Bernard met en pièces sa robe de bure pour que certains en fassent la croix qui marquera leurs vêtements. La deuxième croisade est en route ! De cette journée de Pâques 1146 aux conséquences incalculables, il reste une modeste croix plantée au lieu-dit La Cordelle près de la porte Sainte-Croix et à côté de quelques vestiges d'un petit oratoire. Elle marquerait le site de la tribune installée pour l'abbé de Clairvaux.

Étape 2 par Bourges 26 km 6 h 30
De Tannay à Champlemy

À **Cervenon**, vous avez marché 1 h 20 et parcouru 6 km
À **Thurigny**, vous avez marché 1 h 50 et parcouru 8 km
À **Cuncy-lès-Varzy**, vous avez marché 2 h 10 et parcouru 10 km
À **Varzy**, vous avez marché 4 h et parcouru 17 km
À **Champlemy**, vous avez marché 6 h 30 et parcouru 26 km

En chemin avant Varzy

Ouagne (58500)
(hors chemin à 3,5 km)
CH, Le Relais de Maufront, M. et Mme Gelé, Maufront (point bleus 1), tél : 03 86 27 01 36. Nuitée en roulotte de 4 pers. +PDJ à partir de 95€. 14 pl. TH sur résa 23€. Casse-croûte. Ouvert toute l'année. contact@relaisdemaufront.fr
Pour y aller : à Thurigny, prendre la D23 direction Clamecy. Parcourir près de 900 m et prendre la première route à gauche (laisser les grilles d'une propriété à droite). Passer le petit cours d'eau et suivre la route en lacets. Faire 2 km sur cette route unique (donc pas de risque de s'égarer) et entrer à Maufront.

Cuncy-lès-Varzy (58210)
APD, M. Echegaray, Mhers, 10 route de Serres (à 2,3 km du centre-bourg, points bleus 2). Tél : 03 86 27 03 35, ou 06 70 94 55 52. 3 pl. Nuitée+PDJ 20€ (été). Ne fait pas TH. Cuisine en gestion libre, mais courses à prévoir à Tannay. Ouvert du 01/03 du 30/11, et à partir de 16h. Ouvert toute l'année.
Pour y aller : à Cuncy, en face de l'église suivre la D186 direction Parigny-la-Rose. Parcourir 2,4 km. Au fond du hameau de Mhers, prendre la direction de Parigny-la-Rose. Presque face au lavoir, c'est la maison à la plaque n°10.

Vous pouvez vous mettre en chemin l'esprit tranquille pour cette deuxième étape car si vous partez tôt, il sera possible de trouver la table généreusement garnie d'une petite auberge de campagne à Varzy. Ce sera ensuite la traversée de la forêt de Ronceaux. Bien belle, elle est d'un calme absolu. Et c'est en pente douce que vous arriverez à Champlemy. Champlemy qui doit son nom aux mots latins Campus Lemeti (VIe siècle), fut appelé ensuite Camplemesii au IXe siècle. Cela indique la présence, il y a quelque temps, de quelques cousins romains éloignés ! C'est aussi à Champlemy que l'on trouve la source de la Nièvre.

Descriptif de l'itinéraire pédestre et cycliste

Depuis Tannay il n'est pas obligatoire de retourner sur vos pas et de revenir à Asnois pour retrouver le balisage de la voie de Vézelay. Vous pouvez aussi suivre nos explications ci-dessous, par un parcours non balisé. Vous retrouverez le balisage à Thurigny. Si vous préférez retourner sur vos pas jusqu'à Asnois, suivez les explications dans l'étape 1.

Pour déjeuner : nombreuses possibilités à Varzy.

À Tannay, au monument aux Morts (église à gauche), continuer tout droit par une rue tous commerces (direction Metz-le-Comte à droite) et laisser la mairie à gauche (à la sortie du village : supérette alimentaire à droite pour ravitaillement).

Gîte Pèlerin La Grange Treillard, M. et Mme Woindrich, tél : 03 86 27 31 15. 4 pl. Nuitée 30€, draps et serviettes fournis. PDJ 5€. Cuisine, petite épicerie de dépannage sur place. Possibilité repas 16€. Ouvert toute l'année sur résa. pwoindrich@orange.fr
Pour y aller : peu après le bourg de Thurigny.

Varzy (58210)
Supermarché, boulangerie, boucherie, 2 bars.
OT, 3 rue du Faubourg de Marcy, tél : 03 86 26 03 51.
http://officetourismevarzy.e-monsite.com

RP, camping du Moulin Naudin, RD977 (à 1,2 km du bourg), route de Corvol, tél : 03 86 29 43 12, ou mairie au 03 86 29 43 73. 4 pl. Nuitée 6€. Ouvert à partir de 17h30. Courses à prévoir avant. mairievarzy@orange.fr
Pour y aller : derrière l'église, suivre la D977 direction Stade et Camping.

CH La Galerie du Soleil, Mme Isambert, 12 bd Marcy, tél : 03 86 29 43 44, ou 06 08 46 07 54. Ch. simple de 37 à 39€, double de 47 à 50€. TH à partir de 17€. Casse-croûte sur demande. Ouvert du 01/03 au 15/10.

CH Ancien Hôtel de la Poste, M. Housson, 7 faubourg de Marcy, tél : 03 86 26 98 53. Nuitée à partir de 36€ pour 1 pers. et 47€ pour 2. Ne fait pas TH, proche restaurant. Ouvert toute l'année. dominique_housson@orange.fr

CH La Maison d'Eugénie, Mme Guiltat, 2 rue de Vézelay, tél : 06 88 43 56 16. Ch. à partir de 25€, 35€ pour 1 pers., 45€ pour 2. Ne fait pas TH, proche restaurant. Ouvert du 01/05 au 30/10.

Champlemy (58210)
Petit supermarché. Restaurant.

GE Le Montauban, 32 Grande Rue, tél : 03 86 60 10 55. 4 pl. Crédenciale obligatoire. Ch. 30€. Dîner 12€. ½ P 38€. Casse-croûte 6€. Arriver si possible avant 16h30. Fermé le dimanche. le.montauban@orange.fr

CH, Mme Monange, 35 Grande Rue, tél : 03 86 60 15 08. Ch. simple à partir de 53€, double

100 m après le supermarché, à la D34, continuer tout droit vers Cervenon 6 km, Thurigny 8 km, Varzy 20 km (chemin de Saint-Jacques sur un poteau à droite), par la D6. La route descend puis remonte et tourne sur la gauche. On entre dans la forêt domaniale de Tannay. Parcourir 4 km, et laisser à gauche le hameau de Bellevue. En bas de la descente (calvaire à droite, daté de mai 1897), tourner à gauche vers Cervenon 0,6 km par la route C1. Parcourir 150 m, entrer dans **Cervenon** et suivre ensuite le fléchage vers Thurigny 2,5 km, Saint-Germain-des-Bois 2,5 km. Après 1 km, tourner à gauche vers Thurigny 1,5 km.

À **Thurigny**, tourner à gauche vers Varzy et Brinon-sous-Beuvron, puis prendre la D6 sur la droite en direction de Cuncy, Varzy. Passer le pont et aussitôt après le pont monter par un chemin de terre sur la droite.

Au niveau du pylône électrique, continuer en face la montée et, arrivé sur un chemin de pierre, tourner à droite. Passer à gauche de la décharge, puis tourner avec le chemin sur la gauche en longeant la forêt et ensuite à droite. Traverser une petite forêt et poursuivre tout droit à travers champs. Continuer à descendre jusqu'à la D6 et tourner à droite.

Arrivé à Cuncy, ne pas quitter la D6 vers Villiers, Varzy. Passer devant l'église de **Cuncy-lès-Varzy** et poursuivre par la D6 en direction de Varzy. Ignorer la route sur la gauche et continuer tout droit (sur 500 m). Quitter la D6 avant le virage et s'engager sur la gauche puis immédiatement sur la droite dans un chemin de terre, le « chemin de Vertenay » (balisé en rouge et blanc).

En montant, passer devant le calvaire et poursuivre tout droit jusqu'à la route bitumée. Une fois sur la D102, tourner à gauche. Après 600 m, délaisser la départementale et s'engager à droite dans un chemin de terre (balisé en rouge et blanc) afin de contourner le Mont Charlay en le laissant sur votre droite. Faire 1,9 km jusqu'à retrouver la route départementale 278 (calvaire métallique).

Sur cette D278, tourner à droite pour faire 1,2 km et entrer dans Varzy par l'arrière du cimetière communal. Sur la D151, prendre à gauche et entrer dans le bourg de **Varzy**. À l'église de Varzy, emprunter la rue Saint-Pierre et après 100 m à gauche, laisser un lavoir. Emprunter la rue du Chapitre et tourner ensuite à droite pour passer sous la ligne SNCF (désaffectée) par le chemin des Lilas.

Au carrefour suivant, passer entre les maisons à gauche et faire 250 m. Au carrefour suivant, poursuivre tout droit par un chemin bitumé puis de terre, jusqu'à la D151 (ancienne N21 La Charité – Clamecy).

Sur la D151, tourner à droite (attention route dangereuse), parcourir 250 m puis virer à gauche par une toute petite route qui descend vers le centre de stockage des déchets. Parcourir 250 m. À la fourche en Y, poursuivre à gauche par un chemin (en laissant la déchetterie à droite). Après 400 m, au croisement, virer à gauche vers une petite

65€, et 1 ch. pour 4 à 95€ (PDJ inclus). Dîner complet 21€, ou plat unique 12€. Ouvert toute l'année.
marienoellemonange@wanadoo.fr

chapelle (pour visite uniquement). Sinon rester sur la grande allée qui monte, parcourir 400 m.

À la fourche suivante, tourner à gauche, parcourir 2600 m sans quitter la piste principale qui descend et jusqu'à rejoindre la D155 (pas de risque d'erreur). Sur la route départementale 155 (pas indiquée), tourner à gauche. Après 900 m, laisser sur la droite la route vers Bourras-la-Grange et poursuivre tout droit vers Champlemy.

Parcourir 1300 m et laisser de nouveau sur la droite une route vers Bourras-la-Grange. Continuer tout droit sur 1 km. Au lieu-dit Le Berceau, virer à gauche par une toute petite route, puis tout de suite à droite en direction de l'église ou de la place centrale du village. Faire 300 m et au carrefour suivant (D151), virer à droite vers l'église Saint-Maurice de **Champlemy**.

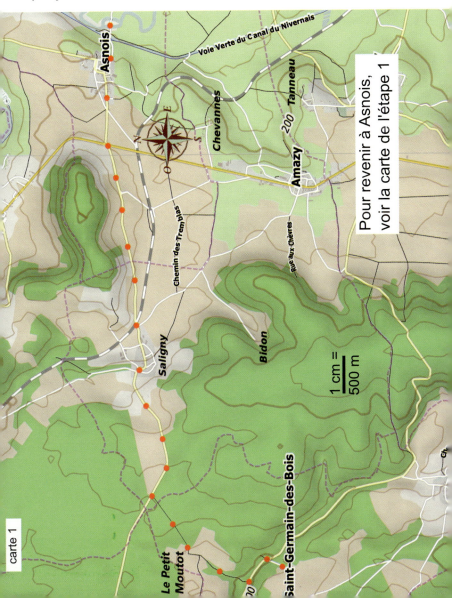

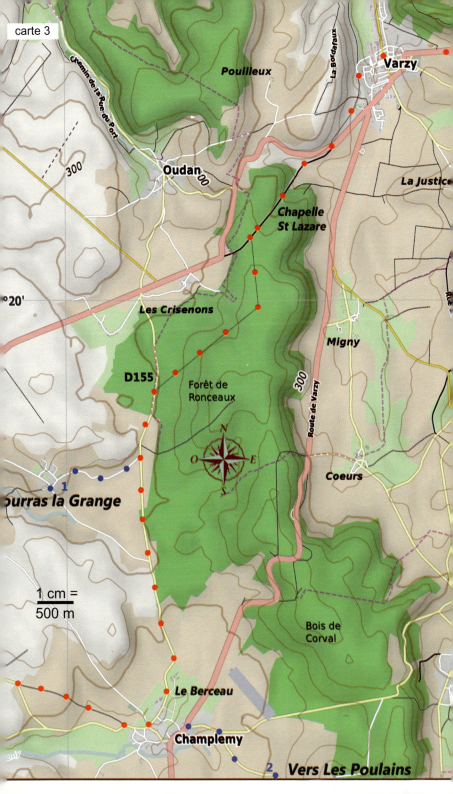

Étape 3 par Bourges   34,7 km   8 h 40
De Champlemy à La Charité-sur-Loire

Au **carrefour de La Rolande**, vous avez marché 1 h 30 et parcouru 7,3 km
À **Arbourse**, vous avez marché 3 h et parcouru 14,3 km
À **Murlin**, vous avez marché 4 h 30 et parcouru 19,5 km
À **Raveau**, vous avez marché 6 h 50 et parcouru 29 km
À **La Charité-sur-Loire**, vous avez marché 8 h 40 et parcouru 34,7 km

Raveau (58400)
Boulangerie, épicerie.

CH La Charbonnière, Mme Tort, 1,5 km hors du bourg (points bleus 3), tél : 06 63 64 45 39. 1/2 P 40€. Ouvert toute l'année. bn.tort@wanadoo.fr
Pour y aller : à la mairie de Raveau, suivre la direction de St-Aubin-les-Forges, Le Grand Soury par la D138. Laisser l'église à droite puis faire 1300 m. Au carrefour, poursuivre tout droit. Après moins de 200 m, à la hauteur du petit puits, prendre à droite vers La Charbonnière (panneau).

Châteauneuf-Val-de-Bargis (58350)
Boulangerie, superette, bar.

GE communal (à 1,6 km au nord du petit village de Chamery, points bleus 2), tél : 03 86 69 22 79 (mairie du lundi au vendredi de 9h à 12h et de 13h30 à 17h, le samedi de 9h à 12h). 14 pl. Cuisine. Clé soit au bar-tabac La Halte de Campagne (03 86 69 25 33) soit à la boulangerie Wiltgen face à l'église (03 86 69 22 60). Nuitée 10€ (été), 15€ (hiver) à régler à la boulangerie ou au bar-tabac. Ouvert toute l'année. Dîner possible à la Halte de Campagne (pizzas, quiches). Résa obligatoire la veille.
mairie.chateauneufvaldebargis@wanadoo.fr
Pour y aller : dans l'explicatif de chemin, lorsque nous indiquons le franchissement du carrefour de la D140, ne pas poursuivre tout droit, mais prendre à droite cette D140. Après 1,8 km entrer à Chamery, poursuivre sur cette route durant 1,7 km puis entrer à Châteauneuf.

Arbourse (58350)
GE communal, tél : 03 86 69 20 06 (M. et Mme Pruvot), ou 03 86

L'église Sainte-Croix-Notre-Dame à La Charité

Première grande étape aujourd'hui avec plus de 34 km à parcourir. Il vaut mieux partir de bon matin, et comme il est possible de déjeuner à Raveau, inutile de trop charger votre sac.

C'est La Charité qui, au terme de la journée, captera toute votre attention. La ville était sans doute au Moyen-Âge une des haltes les plus importantes sur la Via lemovicensis, car on y pratiquait régulièrement la charité envers les pèlerins qui arrivaient affamés ! C'est encore un passage important de nos jours. La municipalité consciente de la renommée des lieux a mis en place derrière l'office du tourisme un refuge pèlerin de six places avec une petite cuisine. Classée au patrimoine mondial de l'Unesco, l'église Sainte-Croix-Notre-Dame recèle des merveilles. En 1840, c'est Prosper Mérimée, inspecteur des Monuments Historiques, qui sauvera l'église Notre-Dame en donnant un avis défavorable au passage de la route royale qui devait couper l'église en deux ! Une très bonne idée assurément !

69 24 29 (Mme Dagniaux), ou 06 09 20 68 53 (Mme Béhal), ou 03 86 69 21 86 (mairie) de 14h à 18h le mardi, jeudi et vendredi. 4 pl. Nuitée 10€. Denrées alimentaires de dépannage au refuge. Pas de résa possible. Ouvert toute l'année. mairie.arbourse@wanadoo.fr

La Charité-sur-Loire (58400)
Commerces. OT, 5 place Ste-Croix, tél : 03 86 70 15 06. lacharitesurloire-tourisme.com contact@lacharitesurloire-tourisme.com

H La Pomme d'Or, 8 av. Gambetta, tél : 03 86 70 34 82. Ch. à partir de 45€, soirée-étape +22€ sur le prix de la chambre ou un plat, frites, salade verte à partir de 13€. PDJ 7€. Dîner à partir de 14€. Casse-croûte. Ouvert toute l'année. info@lapommedor.net

APD Chez Garinée, 1ter rue de la Montée St-Jacques, tél : 06 58 04 81 03. Pas de douche, lavage au gant de toilette ou à la bouteille d'eau dans une bassine d'eau chaude. 2 pl. Ne fait pas le dîner, mais micro-ondes pour réchauffer. Nuitée+PDJ 10€. Sur résa uniquement l'avant-veille. garinee.alcamino@laposte.net

H Le Bon Laboureur**, quai Romain Mollot, Île de Loire, tél : 03 86 70 22 85. 16 ch. à partir de 53, 65, 75€ selon confort. PDJ 8,50€. Dîner au restaurant en face Le Berry à partir de 16€. Ouvert toute l'année. lebonlaboureur@wanadoo.fr

RP, 5 place Ste-Croix, infos à l'OT, tél : 03 86 70 15 06 (avant 18h). 4 pl. Cuisine. Nuitée 14,50€. Ouvert du 15/03 au 01/11. Résa obligatoire. contact@lacharitesurloire-tourisme.com

C municipal***, chemin de La Saulaie, tél : 03 86 70 00 83, ou 03 86 70 15 06 (OT). Emplacement avec votre tente 10€, location de tente treck pour 2 pers. de 20 à 25€. Piscine. Ouvert du 01/04 au 30/09. campinglasaulaie@outlook.fr

CH, Mme Schulz, 5 rue du Gal Augier, île de la Loire, tél : 03 86 70 29 63, ou 06 98 28 63 65. Prix pèlerin (avec credencial), nuit+PDJ 28€ pour 1 pers., 35€ pour 2. Ne fait pas TH. Proche tous commerces et restaurant. Ouvert toute l'année.

Descriptif de l'itinéraire pédestre et cycliste

Déjeuner à prévoir dès Champlemy à la supérette.

À l'église de Champlémy, Prendre la petite route en face de l'église pour arriver sur la D127. Prendre la D127 à droite, par la Grande Rue, direction La Vènerie, la Poste. Prendre à gauche la rue de la Poste (C9) vers La Cour, Les Couées, les Plauts. Passer devant le bureau de poste (à droite). À l'embranchement, prendre à droite par la rue de la Grande Fontaine, puis à 50 m à l'embranchement, poursuivre à gauche jusqu'à la D127.

Retour sur la D127 : prendre à gauche. Faire 300 m. Quitter la D127 pour prendre un chemin de terre, à droite, à travers champs. Faire 1,5 km. Retour sur la D127, prendre tout droit. Au carrefour de Bourras-l'Abbaye, quitter la D127 pour prendre à gauche vers l'ancienne abbaye. Au carrefour, prendre le chemin à droite en face de l'abbaye (attention c'est un chemin privé mais autorisé aux pèlerins).

Pont sur le ruisseau Pèlerin. Au carrefour de la D117 : prendre à gauche, direction Dompierre, faire 1300 m. Au carrefour de La Rolande (à gauche balise du chemin n°654), poursuivre tout droit. Quitter la D117 pour prendre à droite un chemin entrant dans la forêt des Rouesses. Barrière, poursuivre (balise). Au rond-point des Pieds Nus, prendre la deuxième grande allée à gauche (allée de la Grande Ligne) en laissant à droite la balise et faire 900 m. Au rond-point du Pont : poursuivre tout droit sur 700 m.

Au carrefour avec la D140, traverser pour poursuivre par l'allée en face à travers la forêt. Faire 1 km. Au carrefour de chemins, poursuivre tout droit par un chemin herbu. Fin de l'allée et au carrefour de chemins, prendre à droite, sous les arbres.

Faire 400 m. Le chemin tourne vers la gauche, poursuivre sous bois plus ou moins parallèlement à la lisière. Le chemin tourne à droite et sort du bois, poursuivre tout droit à travers champs, puis, à un carrefour, en tournant vers la gauche dans un petit bois.

Faire 1400 m. Arrivé sur la D2, traverser et entrer dans L'Hopitôt par la petite route et poursuivre tout droit par une route à droite. Prendre à droite, puis tout droit au carrefour suivant à 30 m. Au carrefour de la D246 : prendre à gauche, au coin du lavoir. Au carrefour de la mairie (refuge pèlerin) : poursuivre tout droit en descendant. Au carrefour, continuer tout droit en descendant.

Au carrefour, vous êtes à **Arbourse**, église à gauche. Prendre à droite en continuant sur la D246, direction La Celle-sur-Nièvre. Au carrefour (puits), laisser la D246 et prendre en face la C201 direction Chasnay. Quitter la route pour prendre à gauche un chemin de terre, en longeant un dépôt de décharge. Continuer tout droit à travers champs, puis longer la forêt en montant. Entrer dans la forêt, continuer tout droit, toujours en montant régulièrement.

w.ira.schulz@gmail.com
ira@maison-loire.de

Ch. chez Mme Gueugnon, 16 rue des Fossés, tél : 09 51 17 61 37, ou 06 62 52 80 23. Gîte La Petite Maison d'Artiste. Nuit avec votre duvet 30€ pour 1 pers., 40 € pour 2. Cuisine. 15€/lit suppl. PDJ possible 8€. Ne fait pas TH mais proche restaurants. Ouvert toute l'année. 58maisonsdartistes@free.fr

CH Le Dix–Bnb, M. Terrasson, 10 rue des Ponteaux, tél : 06 09 70 51 95. Ch.+PDJ à partir de 50€ pour 1 pers., 60€ pour 2, 110€ pour 3 et 120€ pour 4 pers. Ne fait pas TH, proche restaurants. Ouvert toute l'année. contact@ledix-bnb.fr

CH, M. Dutaut, 2A rue des Ponteaux, tél : 06 81 10 84 75. Ch. double+PDJ 45€. Ne fait pas TH, proche restaurant. Ouvert du 01/05 au 30/09.
jean-luc.dutaut@wanadoo.fr

GE Là Ô refuge, accueil pèlerin, Mme Jacq-Guimiot, 12 bis rue Charles Chevalier, tél : 06 81 27 16 97. Nuitée seule (avec votre sac de couchage) 10€. Cuisine en gestion libre. Dépannage PDJ préparé par le pèlerin (donativo). Attention dortoir non chauffé l'hiver. 12 pl. Ouvert du 15/03 au 30/10. Accueil possible l'hiver mais merci de prévenir. lao.refuge@gmail.com
najagui@hotmail.com

Messe 11 h.

Faire 600 m. Au carrefour, continuer en face toujours tout droit sur 600 m. Traverser un chemin et continuer en face sur le sentier, toujours tout droit. Arrivé sur un grand chemin, prendre à gauche vers la route. Arrivé sur la route, prendre à droite vers Mauvrain, en laissant une petite route tout de suite à droite, descendant vers Saint-Lay - descente douce entre les vignes (calvaire à gauche).

Au carrefour, prendre en face direction Mauvrain, à travers le bois. Après 500 m, arrivé sur la D196, prendre à gauche et continuer tout droit en laissant une petite route à droite à 50 m. Vous êtes à **Mauvrain**. Carrefour avec la D222/C2 : continuer tout droit vers Murlin, en passant un petit pont à 50 m.

Faire 1200 m. Au carrefour avec la D38 (stop), prendre à droite direction La Charité/Pouilly/Narcy en passant sur le Mazon. Quitter la D38 et prendre une petite route à gauche au coin de la scierie, direction Mairie.

Place de la Mairie de **Murlin**, laisser l'église à gauche. Prendre à droite la C1, direction Raveau, et suivre la route toujours tout droit, à travers la forêt. Faire 2 km. Étang de Candie (à gauche) : continuer sur la route, toujours à travers bois sur 700 m. À la fin du goudron, continuer sur la route empierrée. Faire 600 m. Au grand carrefour, traverser la route goudronnée de la Réserve et continuer sur le chemin empierré, en face en descendant. Faire 400 m.

Au croisement d'une grande allée forestière, continuer toujours tout droit. Faire 1100 m. Au carrefour de la route forestière du Bois de Berlière : continuer toujours tout droit sur 400 m. À Sommière du Pré Bourreau, faire 500 m. Au carrefour de la route forestière de Dourdon, continuer toujours tout droit sur 1400 m. Au carrefour de la Maison forestière de la Bertherie, prendre en face la route de Raveau sur 1100 m.

Au panneau Raveau, continuer en longeant le mur d'enceinte du château de Mouchy sur 600 m. Au carrefour avec la D138, prendre à gauche vers l'église. Carrefour avec la D179. Vous êtes à **Raveau**, l'église est à gauche. Prendre la D179 à droite, direction La Charité.

Au carrefour du cimetière (croix de 1827), prendre la route à gauche (C4) et tout de suite à droite (au coin du poteau électrique) le chemin bitumé qui longe le cimetière (balise du chemin n°654). À l'embranchement à gauche (fin du goudron), continuer tout droit par le chemin herbeux. Faire 2,2 km et arriver contre le talus de la RN7. Prendre le chemin à gauche, longeant le talus (laisser un tunnel en face).

Arrivé sur la D245, prendre à droite en passant sous la RN7 (rocade de La Charité) et continuer tout droit. À l'embranchement à gauche (station GDF), continuer tout droit. Au carrefour, continuer tout droit, direction La Charité, cimetière. Continuer tout droit en longeant le cimetière (à gauche) par la rue Francis Bar. Au carrefour, poursuivre à droite par la rue Francis Bar. Quitter la rue et utiliser, à gauche, le passage piéton sous la voie ferrée.

Arrivé place du 11 Novembre/avenue Gambetta, continuer tout droit en descendant par la place au Glui, la place Saint-Pierre (ancienne église), la rue Camille Barrière, la place de Gaulle (Mairie) et la Grande Rue. Arrivée place Sainte-Croix à **La Charité**.

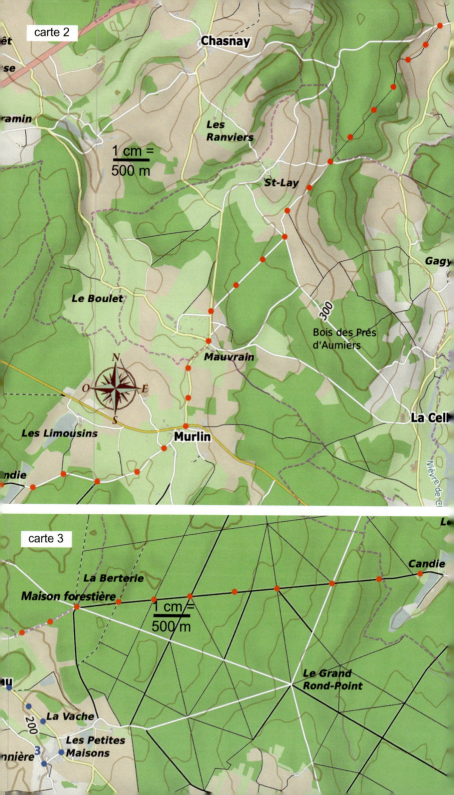

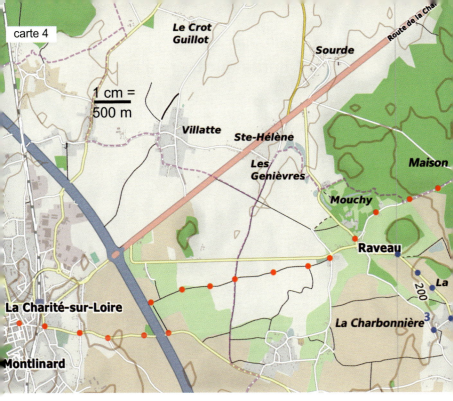

LA CHARITÉ-SUR-LOIRE

On raconte qu'en 771, c'est un raid de barbares ou de Sarrasins qui détruisit le village installé auprès d'un premier monastère. Il faut attendre trois siècles, sans doute vers 1059, pour qu'un seigneur du pays et une poignée de moines provenant de la très riche abbaye de Cluny entreprennent de reconstruire un prieuré. L'affaire est assez vite menée. En effet, en 1107, le pape Pascal II consacre l'église, chef-d'œuvre de l'art roman bourguignon. Les moines dit-on sont alors près de 200.

La qualité de leur accueil est à l'origine du nom de La Charité-sur-Loire. Mais la ville est un point important de franchissement de la Loire et lors des conflits entre Armagnac et Bourguignons au XIVe siècle, elle est occupée par les troupes de Philippe le Bon, duc de Bourgogne. Le prieuré est pillé. Jeanne d'Arc en 1429 tente sans succès de reprendre la ville pour le compte de Charles VII. Mais il faut attendre 1440 pour que la ville revienne au domaine royal. Le sort semble s'acharner. Un incendie au milieu du XVIe siècle ravage une grande part de l'abbaye, et quelques années plus tard éclatent les guerres de Religion. La Charité est l'une des villes remises aux protestants pour célébrer leur culte.

À la Révolution, il ne reste que douze moines. Bientôt on envisage de détruire ces ruines gênantes. L'intervention de Mérimée sauve le site et depuis lors, les efforts de restauration se sont succédé. Récompense de ces efforts, en 1980, l'église prieurale Sainte-Croix-Notre-Dame est inscrite au Patrimoine mondial de l'UNESCO.

À sa construction, l'église, joyau de l'architecture romane en Bourgogne, était après Cluny la plus grande église de France. L'incendie de 1559 a détruit les 5 premières travées de la nef, et de la façade ne subsiste que la tour de gauche, dite tour Sainte-Croix aujourd'hui isolée du reste de l'édifice. Elle conserve pourtant un beau tympan historié, où figurent le Christ en gloire bénissant Gérard, moine fondateur du prieuré, et plusieurs scènes de la vie de la Vierge.

Si la partie restante de la nef est de peu d'intérêt car elle a été mal restaurée au XVIIe siècle, en revanche le chœur et le transept forment un remarquable ensemble roman. La croisée est couverte par une coupole octogonale. Le chœur est entouré de cinq chapelles rayonnantes sur déambulatoire, ornées de chapiteaux sculptés. Les vitraux modernes sont de Max Ingrand. Il faut aussi admirer le chevet vu de l'extérieur. En quittant La Charité, admirez aussi le vieux pont de pierre du XVIe siècle qui permet de franchir la Loire et retournez-vous pour profiter de la vue sur la ville.

Étape 4 par Bourges 29,5 km 6 h 55
De La Charité-sur-Loire à Baugy

À **Saint-Martin-des-Champs**, vous avez marché 2 h et parcouru 9 km
À **Sancergues**, vous avez marché 2 h 15 et parcouru 10 km
À **Charentonnay**, vous avez marché 3 h 10 et parcouru 14 km
À **Couy**, vous avez marché 4 h 40 et parcouru 20 km
À **Baugy**, vous avez marché 6 h 55 et parcouru 29,5 km

Saint-Martin-des-Champs (18140)
Boulangerie, boucherie, épicerie, supérette.

Sancergues (18410)
Commerces.

Chambre au presbytère, tél : 02 48 72 70 41 (Mme Larivée).

Charentonnay (18140)
CH Carentinoise, Mme Gaudry-Chauveau, tél : 02 48 72 88 20, ou 06 31 47 17 66. Ch. à partir de 47€ pour 1 pers., 58€ pour 2, 75€ pour 3. Dîner 15€. Ouvert toute l'année.
chauveau.jacqueline@free.fr

Severy (18140)
APD, Mme Potier, Bondonnat, (1,5 km avant le bourg de Couy, points bleus 1), tél : 02 48 72 74 14, ou 06 50 51 00 42. Nuitée+ PDJ. Participation financière laissée à votre libre conscience, (de 15 à 30€ selon vos moyens). Pour y aller : dans l'explicatif de chemin, quand nous indiquons « Laisser sur la droite la direction La Métairie Haute. Franchir un tout petit ruisseau », 60 m avant de franchir ce ruisseau, prendre à gauche la piste agricole. Elle fait moins de 700 m et débouche au hameau de Bondonnat.

APD, M. et Mme Dousset, la ferme du Domaine de Mésangarde, tél : 02 48 72 72 36, ou 06 67 47 81 67 (à 3 km de Couy, accessible par la D72E, points bleus 2). Participation financière laissée à votre libre conscience. Dîner+PDJ en famille. Prévenir au moins la veille. Ouvert du 01/03 au 30/10. jpdousset@hotmail.com
Pour y aller : dans l'explicatif de chemin, quand nous indiquons « Sur la D72E, tourner à gauche vers Couy à 700 m », ici un petit calvaire blanc est devant vous,

L'arrivée à Charentonnay

L'étape n'est pas très difficile aujourd'hui, mais elle est assez longue. Après le pont sur la Loire, c'est le département du Cher. La première partie de l'étape pour les pèlerins à pied suit plus ou moins la route nationale que l'on devine sur la gauche. Heureusement, le balisage local l'évite soigneusement. Mais ce sera au prix de quelques kilomètres de plus.

À Sancergues, il est conseillé de déjeuner ou de prévoir de quoi grignoter en chemin car on ne trouve ensuite que quelques épiceries de campagne aux horaires d'ouverture incertains.

Ces petits bourgs respirent la France rurale qu'on aime et que l'on découvre avec grand plaisir depuis quatre jours, la France à l'ambiance presque familiale où tout le monde se connaît et où le passant, le pèlerin, n'est pas vu comme un étranger. Ici vous êtes sur un chemin millénaire. Des dizaines de générations ont vu passer des pèlerins.

La deuxième partie de l'étape est sous la protection de saint Martin. En effet, plusieurs églises de la région sont placées sous son patronage. C'est le début de la plaine du

Berry, où le regard porte loin, mais où nos petits pas nous donnent le sentiment de ne plus avancer aussi vite que dans les étapes précédentes.

Veillez à réserver (ou prévenir) assez tôt votre hébergement du soir car la solution choisie conditionnera la fin de votre parcours.

Descriptif de l'itinéraire pédestre et cycliste

Pour déjeuner : achats alimentaires à faire en passant à Sancergues. Courses à faire pour déjeuner demain midi à Baugy.

À l'église Notre-Dame (dans votre dos), s'engager dans la rue du Pont, traverser le quai et passer les deux ponts successifs. Marcher sur la piste parallèle à la N151 (attention route dangereuse) et faire 4 km. Au hameau de l'Étang, prendre le chemin de terre sur la droite en direction du Champ des Renards et lorsque le chemin rejoint une route, poursuivre toujours tout droit sur 500 m.

Franchir le hameau de la Tuilerie. Au carrefour suivant, tourner à gauche en direction de Sancergues. À la N151, prendre la nationale pour arriver à **Saint-Martin-des-Champs** puis traverser le village et marcher jusqu'à Sancergues. Passer au-dessus de la rivière, entrer dans **Sancergues** et rejoindre l'église en centre-bourg.

À la place Saint-Jacques, laisser l'église dans votre dos et poursuivre sur la N151. Au carrefour de la D6 et de la D72, tourner à gauche par la D6 (vers Garigny, Précy, avenue de la Libération). Parcourir 200 m puis tourner à droite vers La Sablonnière.

Après 10 m, virer à droite par la rue qui descend puis prendre à gauche la rue de Tannois. Après 50 m, la route devient un chemin de cailloux qui monte puis descend. Dans le premier quart de la descente (absence de signalétique), tourner à gauche vers un bosquet (à 400 m).

À la route bitumée, tourner à droite par la route qui remonte légèrement et passer derrière des maisons (lieu-dit Les Petites Maisons) et rejoindre Charentonnay à 400 m. À l'église du village (dans votre dos), poursuivre jusqu'au calvaire et tourner à droite par la D51 (mairie à proximité), puis tout de suite après, virer à gauche (avant le transformateur électrique) en direction de Couy en empruntant la D72.

Parcourir 750 m. Au carrefour suivant, virer à droite. Après 400 m, la route devient un chemin de terre sur lequel il faut parcourir 300 m pour rejoindre une route bitumée. À cette route, tourner à gauche et franchir le lieu-dit Pouligny.

Faire 900 m. Laisser sur la droite la direction La Métairie Haute. Franchir un tout petit ruisseau. Sur la D72E, tourner à gauche vers Couy à 700 m droit devant. À **Couy**, laisser l'église sur votre gauche et tourner à droite vers Baugy, Chaumoux par la D53. Après 400 m, tourner à gauche vers

---

tourner à droite et faire 1,3 km. Au carrefour, poursuivre tout droit et à la fourche suivante (entrée de Sévry), prendre à droite. Faire 500 m, la ferme est à droite.

Villequiers (18800)
(hors chemin à 6 km)
Boulangerie, bar.

CH, M. et Mme Lainé, Le Grand Azillon (points bleus 3), tél : 06 81 01 82 41. Ch. simple 50€, double 60€. Repas pèlerin 13€. Ouvert toute l'année.
pierlaine@wanadoo.fr
Pour y aller : dans l'explicatif de chemin, quand nous indiquons en fin de texte « Sur la route bitumée (D93) », ici tourner à gauche et parcourir 800 m. Le Grand Azillon est à gauche.

Couy (18140)
Mairie, tél : 02 48 72 77 23. Bar-restaurant, épicerie.

Accueil pèlerin chrétien Au Pré de la Confiance, lieu-dit L'Omnie, à 1,5 km de Couy et 9 km avant Baugy (points bleus), M. et Mme Mainguené, tél : 06 22 70 29 37, ou 02 36 54 14 68. Donativo (participation libre mais obligatoire), dîner en famille et PDJ. Accueil toute l'année. Dortoir de 6 pl.
aline.mainguene@hotmail.fr
Pour y aller : depuis le bourg de Couy, suivre la direction de Villequiers par la D72. Faire 150 m. À la fourche, laisser à gauche la direction de Villaine et continuer vers Villequiers à 6 km. Faire 1,1 km. Au petit carrefour, tourner à droite vers La Noue et Le Marigny. Après 200 m, tourner à gauche, l'hébergement est à droite après 300 m.

Baugy (18800)
Boulangerie, épicerie, supérette, café, bar. Restaurant le Sully (tél : 02 48 26 18 13).

GE communal, 12 rue du Gué Joye (ancien presbytère), tél : 02 48 26 15 28 (la mairie est ouverte de 9h à 12h et de 14h à 18h tous les jours sauf mardi et vendredi après-midi) ou voir les coordonnées indiquées sur les panneaux d'affichage de la mairie. 4 pl. Participation libre. Cuisine pour réchauffer les plats. Petite épicerie en libre service.
mairie-baugy@wanadoo.fr

Messe 11h.

un calvaire, puis laisser sur votre gauche une maison isolée. Parcourir 200 m. À la route bitumée, virer à droite et faire 900 m. Au carrefour (D53), continuer tout droit par un chemin de terre tout droit (par temps de pluie, pour éviter la boue du chemin, il est aussi possible, pour rejoindre Baugy, de tourner à gauche pour poursuivre tout droit à 3,3 km).

À la fourche suivante, virer à gauche et parcourir 800 m. À un carrefour de deux chemins de terre, continuer tout droit jusqu'à ce que vous retrouviez la route bitumée D53. Sur celle-ci, virer à droite sur 250 m, puis tourner à gauche vers l'Étang de Pignoux. À la ferme, poursuivre tout droit par un chemin qui descend légèrement. Emprunter un petit pont puis virer à droite au croisement suivant. Poursuivre entre les deux clôtures sur 700 m. Sur la route bitumée (D93), continuer tout droit sur 1800 m.

Au lieu-dit Montifaut, poursuivre tout droit par le chemin de terre. Sur la route bitumée, poursuivre tout droit sur 300 m. Au stop, à la D12, tourner à droite vers **Baugy** droit devant.

BAUGY, L'ÉDIFICE SAINT-MARTIN

L'église est certainement construite à l'emplacement d'un monument plus ancien. Elle a été donnée à l'abbaye Saint-Sulpice de Bourges au milieu du IXe siècle, mais nous n'en savons pas davantage. L'église actuelle, sous le vocable de Saint-Martin, remonte au XIe ou XIIe siècle. Elle a subi au XVe siècle un remaniement absolu. L'abside a été démolie et remplacée par un chœur vaste à chevet polygonal, éclairé de larges fenêtres à riches moulures évidées, couvert de voûtes sur nervures ogivales dont l'arc doubleau fournit un profil assez rare : deux gorges de chaque côté et une surface droite à l'intrados, avec un fort boudin saillant au milieu. Ce doubleau repose sur des chapiteaux à tailloir polygonal dont la corbeille est enveloppée de feuillages. L'ancien chœur fut complété de deux chapelles, d'anciennes baies ont été refaites, et deux autres, latérales, furent ouvertes sur les chapelles. À une époque plus récente encore le clocher fut construit. La chapelle de droite était celle des seigneurs de Bar ; leur écusson, fascé trois fois d'or, d'argent et d'azur, gravé au-dessus de la porte extérieure, l'indique. Elle est voûtée sur nervures évidées. Un certain nombre de pierres tombales sont regroupées dans la chapelle de la Sainte Vierge ou chapelle de Bar. Les anciens bancs fermés, bien pittoresques avec leurs petites portes mais en piteux état, ont été remplacés dans les années 1960 ; la voûte en bois de la nef a, elle, été refaite en 1963-1964 et le chœur restauré en 1969.

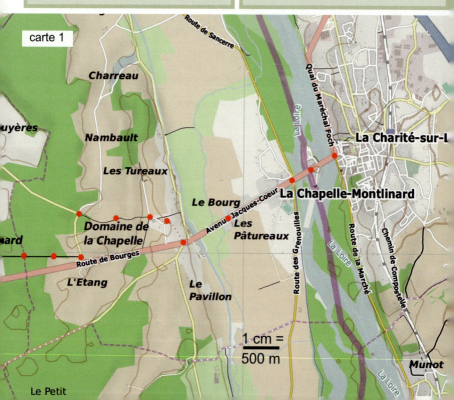

carte 1

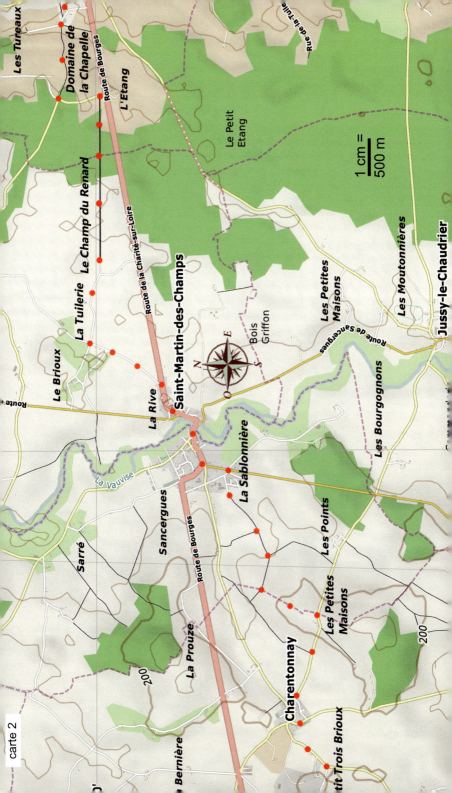

Étape 5 par Bourges   29,4 km   7 h 20
De Baugy à Bourges

À **Villabon**, vous avez marché 1 h 05 et parcouru 4,9 km
À **Brécy**, vous avez marché 2 h 15 et parcouru 10,6 km
À **Sainte-Solange**, vous avez marché 3 h 25 et parcouru 16,7 km
À **Couy**, vous avez marché 4 h 40 et parcouru 20 km
À **Bourges cathédrale**, vous avez marché 7 h 20 et parcouru 29,4 km

Villabon (18800)
Restaurant La Fourchette Villabonaise (fermé le mercredi, tél : 02 48 24 29 08).

R municipal, tél : 02 48 69 21 64 (mairie fermée le mercredi) ou Mme Proisy, tél : 02 48 69 25 54, ou M. Frérard (le maire), tél : 06 87 39 06 14. 10 pl. Cuisine. Grand confort. Le restaurant dans le bourg (qui cherche un repreneur) peut aussi avoir les clés. Prévenir la veille de votre arrivée. Participation aux frais laissée à votre libre conscience. Épicerie de dépannage.
commune.villabon@orange.fr

Brécy (18220)
Boulangerie.

RP municipal, 8 rue St-Firmin, tél : 02 48 66 10 48 (clés à la mairie, ouverte à des horaires aléatoires). Mme Caillette, ou clés au bar-restaurant qui réouvrira en décembre 2021, 2 rue Charles VII, tél : 02 48 66 11 04. 4 lits. mairie.brecy@wanadoo.fr

CH Domaine de Benveau, Mme Ferrand, tél : 02 48 66 12 66, ou 06 77 24 52 98 (points bleus 7). Nuitée 50€ pour 1 pers., 70€ pour 2, PDJ inclus. Dîner 20€. Ouvert toute l'année. Par la D12 à 4 km du bourg de Brécy. Vient vous chercher à Brécy.
lirio.18@orange.fr
Pour y aller : à Brécy prendre la D12 direction Rians. Parcourir 2,5 km, dépasser le hameau de Guilly. Rester sur la D12, faire 1,1 km. Le domaine de Benveau est à gauche.

CH La Fauconnière, Mme Kohl, Francheville (4,3 km à l'est de Brécy, points bleus 1), 7 chemin de la Fauconnière, tél : 02 36 24 00 22, ou 06 60 97 37 30. Ch. double à partir de 59€. Cuisine, mais courses à prévoir à Baugy.

La façade ouest de la cathédrale de Bourges

C'est de très bon matin, dans le village endormi, que vous reprendrez le chemin car il faut arriver tôt à Bourges, et la distance à parcourir est importante. Elle est à peu près équivalente à celle d'hier et le parcours ne quitte pas les petites routes calmes jusqu'à Sainte-Solange où nous retrouverons l'ancienne voie romaine de Bourges à Cosne-Cours-sur-Loire, appelée aussi chemin de Jacques Cœur.

Si vous avez fait étape à la ferme de Benveau (Brécy), Mme Marie-Solange Ferrand pourra (si vous le désirez) vous faire une visite privée de l'église de Sainte-Solange, et vous expliquera avec enthousiasme la région qu'elle aime et connaît fort bien. L'arrivée à Bourges évite au maximum la route et l'on se faufile discrètement dans les faubourgs aux immeubles gris et uniformes. On en serait même venu à accélérer le pas pour rejoindre au plus vite le centre historique de Bourges, car le pèlerin n'est pas à l'aise dans les faubourgs des grandes villes. Le décalage est trop marqué et les regards se font moins accueillants.

Dîner possible. Peut venir vous chercher et redéposer à Brécy. Ouvert toute l'année.
info@lafauconniere.com

Pour y aller : depuis l'église de Brécy, face à la porte de la mairie sur le boulevard, prendre ce boulevard à gauche. Après 170 m, à la fourche, prendre à gauche la D52 vers Étrechy. Parcourir 2,3 km. Au carrefour poursuivre tout droit sur la D52 qui vous dépose à Francheville.

Sainte-Solange (18220)

Boulangerie, boucherie, bar, pharmacie.

CH, M. et Mme Marès, La ferme du Buisson Guillot (à 3,5 km du bourg, points bleus 2), tél : 06 61 25 96 61. Peuvent venir vous chercher en centre-bourg de Ste-Solange. 1/2 P 30€/pers. Attention en juillet-août les ch. sont souvent toutes réservées. Se renseigner avant. Ouvert toute l'année. audedlm@yahoo.fr

Pour y aller : à l'église de Ste-Solange suivre la direction des Aix-d'Angillon par la D46. Faire 3,5 km sans quitter cette route. La ferme est à droite.

Saint-Germain-du-Puy (18390)

CH, M. et Mme Jolly, Domaine de Jacquelin (points bleus 6), tél : 02 48 30 84 97. Ch. 70€ pour 1 pers., 85€ pour 2, possibilité de dîner. Cuisine. Ouvert toute l'année. jolly.jeanpaul@wanadoo.fr

Pour y aller : lorsque vous êtes sur la chaussée de César, après avoir dépassé le chemin qui descend à gauche vers le silo à grains, parcourir 800 m. Au carrefour suivant de pistes agricoles, tourner à gauche, et descendre sur 850 m. Au point bas prendre à droite toujours par une piste agricole. Faire 1,4 km et entrer dans Jacquelin.

Bourges (18000)

OT, 21 rue Victor Hugo, tél : 02 48 23 02 60.
www.bourgesberrytourisme.com
contact@bourgesberrytourisme.com

H Le Central, 6 rue du Dr Témoin. 4 ch. de 29,50€, 34,50€ à 41€ (douche sur le palier), tél : 02 48 24 10 25. Ouvert toute l'année.

APD, Mme Thies, 25 chemin Tortu (points bleus 3), tél : 06 70 37 44 01. Ch. 12€, PDJ 4€. 1/2 P 27€. Peut venir vous chercher à

Cependant le but est grandiose : la cathédrale Saint-Étienne a été quelque peu calquée sur le modèle de Notre-Dame de Paris. Les dimensions sont impressionnantes (124 m de long, 41 m de large et un peu plus de 37 m de hauteur sous voûte). C'est l'une des plus grandes cathédrales gothiques de France et la plus large. C'est aussi la seule cathédrale de France à posséder une façade avec cinq portails majestueux. Dans le déambulatoire, vous admirerez de très beaux vitraux. Il y a huit représentations différentes de saint Jacques dans cette cathédrale ! On vous l'a dit : il faut arriver tôt à Bourges !

Descriptif de l'itinéraire pédestre et cycliste

Pour déjeuner : Les courses faites hier, sinon Sainte-Solange possède une boulangerie et une boucherie.

À l'église de Baugy, emprunter la D12 vers Villabon-Brécy. Parcourir 3,5 km (40 mn à pied) et entrer à **Villabon**. Faire 1 km pour rejoindre le centre-bourg et l'église Saint-Martin. Suivre la direction de Bourges, faire 400 m.

À la Croix Saint-Abdon, quitter la D12 pour prendre à droite la rue de Brécy, qui devient ensuite un chemin de terre vers le bois. Embranchement à droite : poursuivre le chemin tout droit dans la forêt communale de Villabon. Faire 900 m. Au carrefour à la fin de la forêt : prendre l'allée à gauche vers la route et après 400 m sur la D12, prendre à droite. Parcourir 1,2 km jusqu'au carrefour (D157). Prendre à droite vers Brécy. Plus loin, franchir prudemment la N151 et poursuivre tout droit vers vers Brécy à 1,2 km.

À **Brécy** (au café-restaurant), suivre par la D52 (à gauche) la direction Sainte-Solange (Maison-Neuve). Faire 3,5 km et laisser l'exploitation agricole La Maison Neuve sur la gauche. Sainte-Solange est droit devant à 1 km. À l'église du village, prendre la D46 vers Vignoux-sous-les-Aix, Moulins-sur-Yèvre et après 200 m (fourche), emprunter la D155 vers Saint-Germain-du-Puy à droite.

Passer une voie ferrée désaffectée. Après 1,5 km (direction Bois-Colin à la première route à droite), tourner par la deuxième route qui mène plus loin à un chemin d'herbe. Passer au-dessus d'un petit cours d'eau (le Colin) et avancer de 400 m. À la grande ferme, continuer tout droit (passer derrière la ferme).

Au croisement (route en terre, lieu-dit L'Ebée à droite), tourner à droite. Après 500 m, on trouve le carrefour d'un chemin qui vient couper la route bitumée (l'ancienne voie romaine Argenton-sur-Creuse, Bourges, Cosne-Cours-sur-Loire). Tourner à gauche. Après 1 km (silos à grain à gauche), on aperçoit les flèches de la cathédrale de Bourges. Ne pas se soucier des chemins qui viennent couper de temps en temps la voie romaine, continuer toujours tout droit. Après 2 km (D955, route bitumée),

la cathédrale.
caroline.thies@laposte.net

CH, Mme Chavot, 28 rue Samson (proche cathédrale), tél : 06 26 15 92 46. Ch. double 55€. Ne fait pas TH. Ouvert toute l'année. mchavot@gmail.com

Hébergement chez les Sœurs de l'Annonciade, 115 route de Vouzeron (sur la commune de St-Doulchard, à 4,5 km de la cathédrale de Bourges), tél : 02 48 65 57 65 (points bleus 4). Participation aux frais laissée à votre libre conscience (à titre indicatif une somme de 25 à 35€ est honnête). Messe le matin à 8h30, 10h le jeudi et 18h le dimanche.
annonciade@diocese-bourges.org
Pour y aller, les routes sont dangereuses. Le plus sage est d'y aller en bus par la ligne C1 ou C2 que l'on prend depuis la gare SNCF, direction St-Doulchard-Vary, arrêt St-Doulchard, place du 8 Mai 1945. Prix du billet : 1.40€. Infos Agglo-Bus, tél : 02 48 27 99 99.

Hébergement pèlerin Association Tivoli Initiatives, espace Tivoli, 3 rue du Moulon (derrière la gare SNCF), tél : 02 48 23 07 40. Nuitée+PDJ (prix/pers.) 23,75€ en semaine, 21,25 ou 21,50€ le week-end. Attention pas de repas le week-end. Cuisine. Ouvert toute l'année. fabienne.crochet @tivoli-initiatives.fr
direction@tivoli-initiatives.fr

AJ Jacques Cœur, 22 rue Henri Sellier (médiathèque), tél : 02 48 24 58 09. Nuitée 18€. Dîner 12€. PDJ 5€. ½ pension à partir de 34€. Cuisine. Casse-croûte. Ouvert de 18h à 21h, du 01/02 au 01/12. Prévenir la veille à partir de 18h. Les samedis et dimanches pour résa téléphonique ou mail au plus tard le vendredi ou samedi matin. Attention il n'y a personne sur place, anticiper votre contact avec l'AJ.
bourges@hifrance.org

Hébergement possible chez Mme Lemaître, 24 rue de La Chappe, (centre-ville), tél : 06 78 19 62 08, 2 ch. Dîner possible mais pas obligatoire. Proche restaurant. Cuisine. nuitée + PDJ 15€. Appeler la veille si possible ou laisser un message.
lemaitre.elisabeth@gmail.com

continuer tout droit (attention, route D955 dangereuse, propriété privée grillagée à droite). Un peu plus loin, le chemin d'herbe donne accès à une route bitumée (D151, transformateur électrique à gauche).

Au carrefour de la D151 (danger), traverser pour poursuivre en face sur chemin de terre. Tourner à droite pour remonter le long de la rocade jusqu'au pied de la D38. Prendre à gauche, traverser le pont, puis à la sortie du pont prendre à gauche le chemin en calcaire le long de la rocade. Prendre à droite la voie romaine. Arriver sur le goudron (rue de Turly).

Au stop, prendre en face l'avenue Arnaud de Vogüé en descendant. Au grand carrefour de la N151 (route de La Charité) traverser pour prendre la passerelle métallique piétons au-dessus des voies ferrées. Sortie de passerelle, prendre en face l'avenue Marx Dormoy en passant sur l'Yèvre. (Prendre vers la gare et direction Saint-Doulchard pour le monastère de l'Annonciade).

Au pont sur la Voiselle, continuer tout droit par la rue Édouard Vaillant. Faire 400 m. Place Saint-Bonnet (église Saint-Bonnet), traverser la place et le boulevard de la République pour prendre en face la rue Jean Girard. Place Gordaine (vieilles maisons - aboutissement de la voie romaine) : traverser pour prendre à droite la rue piétonne de Coursarlon, en montant (vieilles maisons à colombages). Tourner à gauche dans la rue de la Porte Jaune jusqu'à la cathédrale. Après 300 m, vous arrivez place Étienne Dolet. Vous êtes à **Bourges**.

BOURGES

La ville est située au centre de la campagne berrichonne sur le versant d'une colline que protégeaient lors de sa fondation deux petits cours d'eau, l'Yèvre et l'Auron, ainsi qu'un ensemble de marais. Elle fut d'abord la capitale d'un peuple celte, les Bituriges, avant de devenir *Avaricum* lors de la conquête des Gaules par César. Sa résistance à l'envahisseur romain lui valut d'être détruite. Elle ne retrouve une certaine importance administrative qu'au IVe siècle. À la fin du XIIe siècle, Bourges est le siège d'un archevêché, on entreprend alors la construction d'une cathédrale dédiée à saint Étienne, à l'emplacement d'un édifice roman.

Mais la grande époque de Bourges reste à venir. C'est Jean duc de Berry, frère de Charles V, qui en fait la capitale de son duché. Prince cultivé et amateur d'art, il rassemble autour de lui une cour brillante. Quelques années plus tard, lors de la guerre de Cent ans, le royaume est en grande partie occupé par les troupes anglaises ; Charles VII se réfugie à Bourges, qui devient de fait la capitale.

C'est dans cette grande période d'instabilité que Jacques Cœur, fils d'un fourreur de la ville, commence une prodigieuse carrière commerciale. D'abord marchand, il devient banquier et armateur, créant un réseau commercial avec l'Orient qui rivalise avec Venise et Gênes. Devenu proche du roi, il est chargé de missions diplomatiques qu'il remplit avec habileté. Son immense fortune fait alors de lui un créancier de la couronne et de beaucoup de seigneurs. Il fait construire un palais qui suscite bien des envies. Accusé de malversations, il est arrêté et condamné au bannissement, à la saisie de ses biens et au versement d'une amende. Mais il s'évade, se réfugie auprès du pape et obtient de celui-ci le commandement d'une flotte lors d'une campagne

CH et gîte Les Bonnets Rouges, M. Llopis, 3 rue de la Thaumassière, tél : 06 64 25 94 16, ou 02 48 65 79 92. Ch. de 1 ou 2 pers. à partir de 67, 72, 78, 82€. Ne fait pas TH, proche restaurant. Cuisine en gestion libre.
contact@bonnetsrouges-bourges.fr
www.bonnetsrouges-bourges.fr

CH Le Mozaïc, 3 rue Bertin, tél : 02 48 26 58 08, ou 06 62 24 44 81. Ch. prix pèlerin (avec crédenciale) 56€ pour 1 pers., 61€ pour 2. Cuisine en gestion libre. Casse-croûte 8€. Ouvert toute l'année.
anne-marie.jacquemin@orange.fr

CH Le Pélican, 82 rue Bourbonnoux (proche cathédrale), Mme Sanogo, tél : 06 06 45 42 11. Ch. 50€ pour 1 ou 2 pers. Ne fait pas TH, proche restaurants. Ouvert oute l'année.
https://cbodelet.wixsite.com/lepelicanbourges
c.bodelet@yahoo.fr

Messe à la cathédrale 11 h.

Attention, tous les ans lors de la 2e semaine d'avril, les nombreux spectateurs du Printemps de Bourges (manifestation de musique) occupent tous les hébergements. C'est une période à éviter !

lancée pour secourir les îles chrétiennes de Méditerranée orientale. Il meurt de maladie à Chio en 1456.

L'université créée à Bourges par Louis XI en 1463 fait de la ville au XVIe siècle un grand centre intellectuel. Certains étudiants venus d'Allemagne introduisent les idées nouvelles de Luther et c'est ainsi que Calvin, alors étudiant à Bourges, entreprend et publie son *Institution de la religion chrétienne*. Quelques années plus tard les guerres de Religion font de la région un véritable champ de bataille. La ville s'endort alors en ne conservant qu'un rôle administratif et ce n'est que le retour d'une activité industrielle au XIXe siècle qui lui redonne prospérité.

La cathédrale Saint-Étienne impose l'admiration et il faut observer avec soin les cinq portails de sa façade occidentale. Faites le tour extérieur du chevet pour observer l'ordonnance des arcs-boutants à double volée qui dégagent harmonie et force. Le plan sans transept, les doubles bas-côtés et les dimensions de l'édifice forcent l'étonnement. Saint-Étienne est l'une de nos plus grandes cathédrales gothiques. Elle possède aussi un exceptionnel ensemble de vitraux dont une part importante date du XIIIe siècle. Quant au palais Jacques-Cœur, c'est sans doute l'un des plus beaux exemples d'hôtels du XVe siècle que l'on puisse visiter.

Le palais de Jacques Cœur à Bourges

carte 1

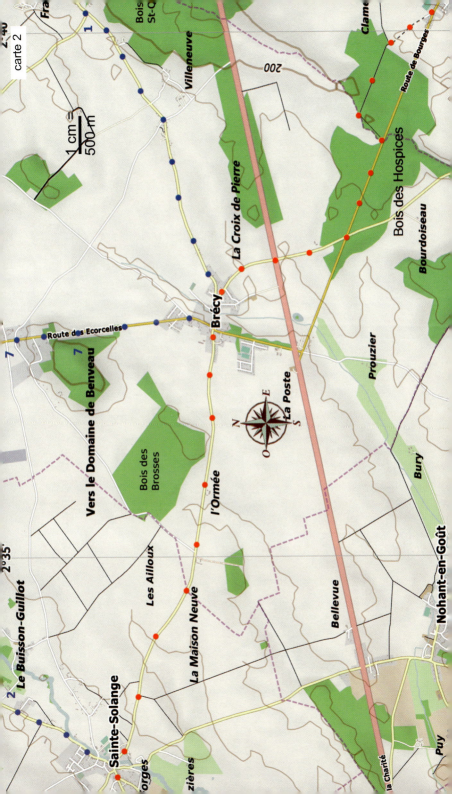

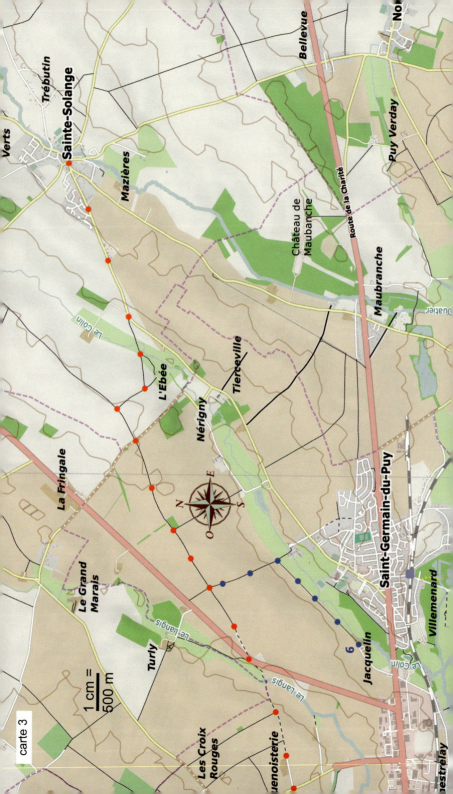

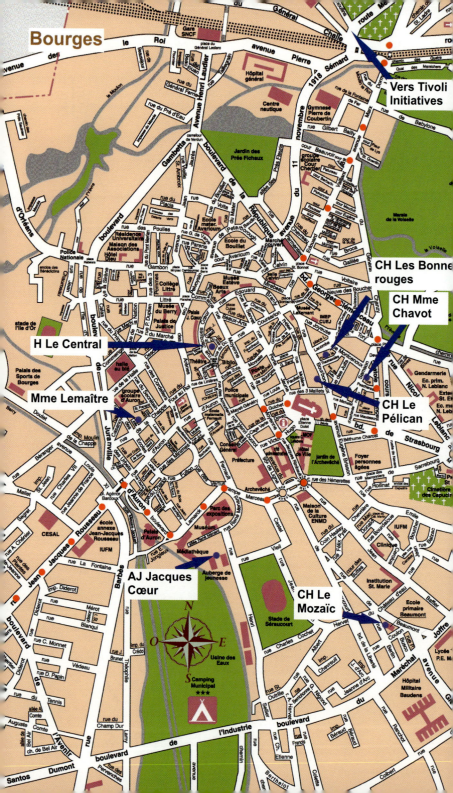

Étape 6 par Bourges 25,1 km 5 h 30
De Bourges à Chârost

À **La Chapelle-Saint-Ursin**, vous avez marché 1 h 40 et parcouru 7,6 km
À **Morthomiers**, vous avez marché 2 h 30 et parcouru 12,3 km
À **Villeneuve-sur-Cher**, vous avez marché 3 h 30 et parcouru 16,1 km
Au **carrefour avec la D184**, vous avez marché 4 h 50 et parcouru 22,3 km
À **Chârost**, vous avez marché 5 h 30 et parcouru 25,1 km

L'agréable village de Chârost

La Chapelle-Saint-Ursin (18800)
Supérettes, bar, boulangerie, pharmacie, banque.

APD, Mme Rouillard, 7 route de Marmagne, tél : 02 48 26 46 23. 1/2 P 25€ (prévenir avant). rouillardfm@gmail.com

CH Ma Pousada, 12 rue des Larges, Mme Alves, tél : 06 87 66 91 68. Ch. 45€ pour 1 pers., 75€ pour 2. Ne fait pas TH. Cuisine. Ouvert toute l'année. contact@mapousada.fr

Villeneuve-sur-Cher (18400)
Petit bar-restaurant Le Ripaillon qui sert des repas et des sandwichs. Fermé le mardi après-midi et le mercredi, tél : 02 36 24 00 84.

C La Noue de l'Anse (salle pour pèlerins), 2 route de Chârost, tél : 02 48 55 04 50 (mairie), ou 02 48 23 22 08 (communauté de communes). Nuitée 5€. Ouvert du 15/06 au 02/09.

CH, M. Barbellion, château de Villeneuve (points bleu 1), tél : 02 48 55 04 42, ou 06 66 06 03 55. Ch. 60€. Ne fait pas TH. Cuisine pour réchauffer. Ouvert toute

On sort très vite de Bourges aujourd'hui, bien plus vite que l'on est entré hier dans la cité de Jacques Cœur. La traversée des faubourgs nous avait semblé bien longue hier. Mais aujourd'hui, un kilomètre après La Chapelle-Saint-Ursin, le pont au-dessus de l'autoroute A71 marque déjà le premier tiers de l'étape. Ensuite un peu de forêt puis Villeneuve-sur-Cher.

La deuxième partie de l'étape entre Villeneuve et Chârost, soit un peu plus de 7,5 km, se déroule sur la D16 qui n'est pas dangereuse mais sur laquelle il faut rester vigilant à l'approche des véhicules.

À Chârost si vous dormez au gîte municipal, vous pouvez faire quelques courses et trouver à la boulangerie les célèbres croquets de Chârost, un petit biscuit léger et croustillant appelé aussi « l'os de grenouille ».

Descriptif de l'itinéraire pédestre et cycliste

Pour déjeuner : courses à La-Chapelle-Saint-Ursin (supérette, boulangerie), ou déjeuner à Chârost (supérette, boulangerie, restaurant).

Bourges, départ du portail central de la cathédrale que vous laissez dans votre dos. Prendre en face la petite rue du Guichet. Prendre à droite la rue Moyenne.

l'année.
barbellion.karine@me.com
Pour y aller : dans le bourg suivre la direction de Saint-Florent-sur-Cher par la D35, faire 800 m.

Saint-Florent-sur-Cher (18400)
(5,2 km hors parcours au sud de Villeneuve-sur-Cher)
CH La Faisanderie, allée de la Barrière rouge (points bleus 3), Mme Medina, tél : 02 48 26 46 04, ou 06 61 68 19 01. Nuitée à partir de 60€ pour 1 pers., 65€ pour 2. Dîner 13€. Cuisine. Ouvert toute l'année.
lafaisanderie4@wanadoo.fr
Pour y aller : dans Villeneuve, tourner à gauche vers l'église (clocher visible), c'est la route qui va à St-Florent. Faire 800 m. Au niveau du château vous verrez votre droite, prendre à gauche par le chemin de randonnée. Après 280 m, celui-ci tourne sur la gauche. Faire 2,4 km (30 mn de marche), dans la forêt en ligne droite. Peu avant la fin de la forêt, au carrefour en étoile (2 allées à droite et 2 à gauche), s'engager à droite à 90°C (allée de la Barrière rouge). La Faisanderie est à 220 m.

Plou (18290)
(2 km hors parcours)
R, Mme Bernard, tél : 02 48 26 28 71, ou 06 70 96 68 67. Cuisine. Nuitée 20€/pers. PDJ 7€. Panier-repas 12€. 26 pl. Ouvert toute l'année. En semaine arriver avant 17h, et avant 13h le mercredi et le vendredi.
gitedeplou@cc-fercher.fr
Pour y aller : dans notre descriptif, au « carrefour avec la D184 », tourner à droite vers Plou. Parcourir 1,3 km jusqu'au carrefour avec des arbres au milieu (calvaire), poursuivre tout droit vers Les Brissards. Plou est tout droit à 2,7 km.

Chârost (18290)
Épicerie, restaurant, bar, supérette, boulangerie.

R municipal, 11 rue des Fossés, tél : 02 48 26 20 26 (mairie). Nuitée 12€. Cuisine. Épicerie de dépannage. 5 pl. Accessible à partir de 16h45 les lundi, mardi, jeudi, vendredi (l'école est en dessous), le mercredi pas d'horaire. Départ le lendemain à 8h15 au plus tard. Résa impérative auprès de la mairie pour obtenir le code d'accès. Le

Face à la poste, tourner à gauche vers l'enclos des Jacobins et la rue d'Auron pour traverser l'enclos des Jacobins : galerie marchande couverte avec deux escaliers successifs. En face du second escalier, prendre la rue d'Auron, en descendant toujours tout droit (à l'angle, maison natale de Jacques Cœur).

Arrivé sur le boulevard d'Auron : traverser et prendre en face le pont sur l'Auron. Poursuivre tout droit par la rue Jean-Jacques Rousseau, direction Châteauroux (N151). Au carrefour du boulevard de l'Avenir (à droite, église Saint-Henri), continuer tout droit en montant par l'avenue Marcel Haegelen.

Au carrefour du cimetière du Lantier, prendre à droite le chemin de Villeneuve, toujours tout droit. Au carrefour (stop) : continuer tout droit, faire 1 km. Sortie de Bourges, continuer tout droit. Laisser à gauche le panneau La Chapelle-Saint-Ursin et continuer tout droit sur le chemin de Villeneuve (en impasse).

Continuer tout droit par le sens interdit et suivre la route (panneau de la Voie de Vézelay). Sortie de Bourges. Passer le pont sur la rocade. À la sortie du pont, au carrefour de chemins, prendre tout droit le chemin empierré vers le clocher de La Chapelle-Saint-Ursin. Après 600 m, arrivé sur le goudron (stop), prendre à droite la rue de Piecot jusqu'au bout. Au carrefour suivant (stop), prendre à gauche la rue des Vignes.

Au carrefour (feux), prendre à droite la rue Parmentier puis à gauche, à 50 m, vers l'église de **La Chapelle-Saint-Ursin**. Prendre en face la D16, direction Morthomiers, Villeneuve, Chârost (rue de la Gare). Sortie de La Chapelle Saint-Ursin (croix).

Pont : traversée de l'A71. Poursuivre tout droit, avenue Louis Billant, à travers la ZI, sur 700 m. Au carrefour, prendre à droite par la voie des bus, toujours sur la D16, direction Morthomiers. Au passage à niveau, poursuivre en longeant l'usine d'armements Luchaire/GIAT Industries, puis en laissant à droite le chemin empierré des Bordes.

Au carrefour, prendre à gauche la D135, direction Morthomiers, en longeant toujours la clôture de l'usine Luchaire à travers le bois de la Corne. Entrer dans **Morthomiers** (restaurant) par la route de La Chapelle. Au carrefour giratoire, continuer tout droit en descendant. Au carrefour (monument aux morts), continuer sur la D135 (route de Villeneuve), direction Le Bourg. Au carrefour, prendre à gauche la rue du Bourg et passer un petit pont. Au carrefour, continuer tout droit par la rue du Bourg. Continuer tout droit par le chemin de terre vers le bois.

Entrer dans le bois de la Coudre, puis passer sous une ligne électrique. Faire 500 m. Au carrefour de chemins, continuer tout droit et sortir du bois.

Au carrefour de chemins : continuer tout droit, direction Villeneuve, en entrant dans le bois. Au niveau d'un chemin

Café des Sports (Chez Navy, tél : 02 48 26 27 76) peut dépanner pour les repas. Si le refuge est plein, il est possible de dormir au gîte de Saugy (option sud, étape suivante), mais c'est 2 km plus loin, des courses pour dîner sont à prévoir à Chârost.
mairiedecharost@orange.fr

CH La Maison Berrichonne, Mme Thévenin, centre-bourg, tél : 02 48 26 26 22, ou 06 86 25 39 33. Ch. partir de 47€ pour 1 pers., 70€ pour 2. Ne fait pas TH, restaurant dans le bourg, si voyage en voiture au restaurant +5€. Résa souhaitée.
michele18290@orange.fr

à gauche, continuer tout droit. Au niveau d'un autre chemin à gauche (panneau propriété privée), continuer tout droit en sortant du bois pour suivre la lisière sur 500 m. Passer sous deux lignes à haute tension successives. Continuer tout droit à travers bois, puis champs, vers le clocher de Villeneuve.

Au cimetière : arrivé sur la route, continuer tout droit vers l'église par le chemin du Montet. Au carrefour avec la D16 (stop), vous êtes à **Villeneuve-sur-Cher**. Prendre à gauche, puis tout droit direction Chârost. Passer le pont sur le Cher, faire 900 m. Au carrefour avec la D27 (stop), continuer tout droit sur la D16, parcourir 2,3 km. Au carrefour avec la D190, continuer tout droit sur la D16 sur 2 km (attention c'est une route fréquentée).

Laisser à droite une petite route. Après 800 m, au carrefour avec la D184, continuer tout droit (laisser La Poncerie à gauche), faire 1,8 km. Au carrefour avec la D16E, quitter la route et prendre en face la route goudronnée jusqu'au Centre de Secours.

Poursuivre tout droit dans un lotissement neuf. Au carrefour (stop), continuer en face par la rue de Castelneau en descendant. Au carrefour avec la D18, prendre en face le chemin des Guilérons puis tourner à gauche à la fin du goudron pour prendre le passage piéton entre les maisons vers le N151. Arrivé sur la N151, prendre à droite (attention : route à grande circulation). Puis 150 m après le pont sur l'Arnon, quitter la RN151 pour prendre à droite la rue du Moulin à **Chârost**.

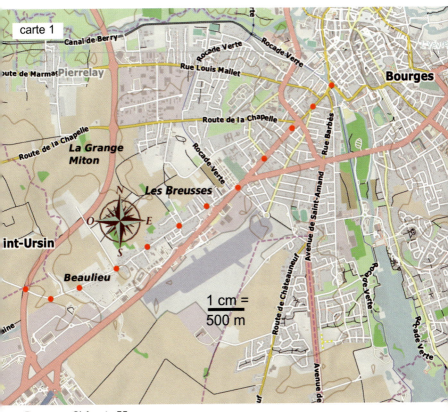

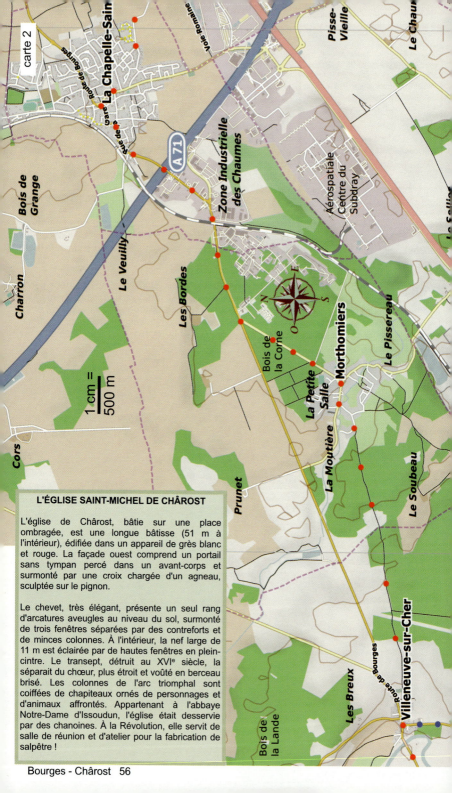

L'ÉGLISE SAINT-MICHEL DE CHÂROST

L'église de Chârost, bâtie sur une place ombragée, est une longue bâtisse (51 m à l'intérieur), édifiée dans un appareil de grès blanc et rouge. La façade ouest comprend un portail sans tympan percé dans un avant-corps et surmonté par une croix chargée d'un agneau, sculptée sur le pignon.

Le chevet, très élégant, présente un seul rang d'arcatures aveugles au niveau du sol, surmonté de trois fenêtres séparées par des contreforts et de minces colonnes. À l'intérieur, la nef large de 11 m est éclairée par de hautes fenêtres en plein-cintre. Le transept, détruit au XVIe siècle, la séparait du chœur, plus étroit et voûté en berceau brisé. Les colonnes de l'arc triomphal sont coiffées de chapiteaux ornés de personnages et d'animaux affrontés. Appartenant à l'abbaye Notre-Dame d'Issoudun, l'église était desservie par des chanoines. À la Révolution, elle servit de salle de réunion et d'atelier pour la fabrication de salpêtre !

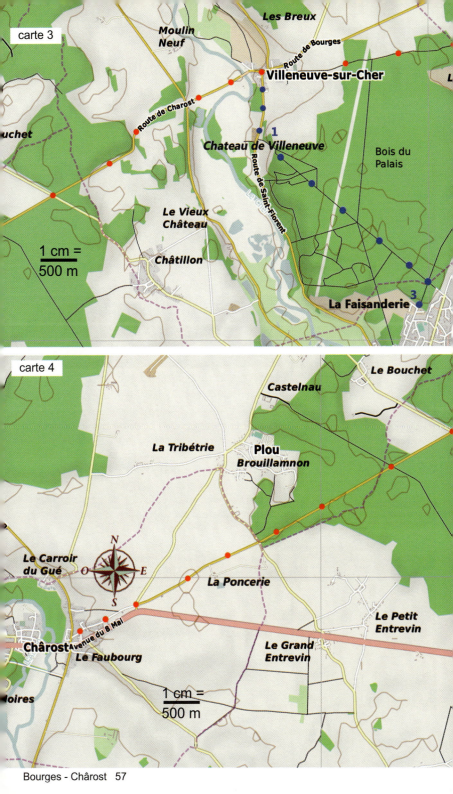

Étape 7 par Bourges   27,7 ou 28,5 km   5 h 30
De Chârost à Neuvy-Pailloux

OPTION NORD	**OPTION SUD**
À **St-Georges-s/-Arnon**, 30 mn et 2,3 km	À **Saugy**, 35 mn et 2,5 km
À **Issoudun**, 3 h 20 et 13,1 km	À **Issoudun**, 3 h 30 et 13,5 km
À **Thizay**, 5 h et 22,4 km	À **Thizay**, 5 h et 22,5 km
À **Neuvy-Pailloux**, 5 h 50 et 27,7 km	À **Neuvy-Pailloux**, 6 h et 28,5 km

Saugy (18800), option sud
Aucun commerce.

R municipal. Il est impératif de prévenir la mairie, tél : 02 48 26 26 21 (ouverte uniquement les lundi, mardi, jeudi, vendredi de 9h30 à 12h). 6 pl. Cuisine. Nuitée 10€. Épicerie de dépannage. mairiesaugy@orange.fr

Issoudun (36100)
Commerces. OT, place St-Cyr, tél : 02 54 21 74 02.
www.issoudun.fr
tourisme@issoudun.fr

HR La Locomotive (gare SNCF), 7 bd Pierre Favreau, tél : 02 54 21 11 59. Ch. à partir de 39€, double de 45 à 50€. Menu à partir de 16€. Fermé début mai. lalocomotive36@gmail.com

H Ste-Catherine, 1 rue St-Martin, tél : 02 54 21 01 65. Ch. à partir de 28€ (tarif pèlerin crédenciale obligatoire). PDJ 5€. Ouvert toute l'année.
hotel.st.catherine@orange.fr

C municipal Les Taupeaux, 37 route de Reuilly, 1,8 km au nord de la ville (points bleus 3), tél : 02 54 03 13 46, ou 02 54 21 74 02 (OT). Emplacement (avec votre tente), à partir de 8€.
Pour y aller : dos à l'entrée principale de la basilique N.-D.-du-Sacré-Cœur, prendre à droite et rejoindre le bd Estienne d'Orves. Au rond-point suivant, poursuivre par la rue du Faubourg de la Croix-Rouge. Au rond-point suivant, poursuivre tout droit et passer au-dessus des voies ferrées. Faire 300 m puis tourner à droite vers Vierzon, Reuilly. Faire 500 m. Au rond-point suivant, prendre à droite vers Bourges, La Châtre (D918). Le camping est à 150 m.

APD, Catherine et Jean Robert, 2 rue des Alouettes. Résa par tél : 06 85 32 89 12. Nuitée 15€.

La Tour Blanche à Issoudun

Avant de partir, assurez-vous de l'hébergement du soir (hôtel Berry-Relais à Neuvy-Pailloux, ou l'hébergement APD). Si ni l'un ni l'autre ne pouvait vous recevoir, il y aurait encore 19 km à parcourir pour rejoindre le gîte des pèlerins de Déols qui s'ajouteraient aux 28,5 km déjà parcourus, ce qui est évidement irréalisable en une journée.

Aujourd'hui vous avez le choix entre deux parcours entre Chârost et Issoudun, l'un par le nord, l'autre par le sud. Alors, la différence demanderez-vous ? L'option nord est un tout petit peu plus courte de moins de 800 m, mais doit franchir la N151. L'option sud évite le franchissement de la N151, assez dangereuse le matin et en fin d'après-midi. Mais une chose est logique sur cette étape, la pause de midi (et son ravitaillement) ne peut se faire qu'à Issoudun.

À Issoudun, avant de repartir vers Neuvy-Pailloux, nous profiterons d'une visite au musée de l'hospice Saint-Roch qui accueillait et hébergeait les pèlerins au XIIe siècle et/ou d'une petite visite à la Tour Blanche pour prendre un peu de hauteur sur les 180 km déjà parcourus depuis Vézelay.

Descriptif de l'itinéraire pédestre et cycliste

Issoudun offre toutes possibilités pour déjeuner.

1/2 P 35€. Accueil à partir de 16h. 9 pl. Dortoir de 5 places + autres pièces.
catherine.robert36100@gmail.com

Messe Saint-Cyr 10h30.

Thizay (36100)
APD, M. et Mme Apert, 3 rue des Tilleuls, tél : 02 54 21 29 40, ou 06 76 39 97 07. 4 pl. en 2 ch. (draps et serviettes fournis). Nuitée+PDJ 20€/pèlerin, 1/2 P 30€/pèlerin. Ouvert sur résa 24h à l'avance.
mfassmat36@orange.fr

Neuvy-Pailloux (36100)
Bar, épicerie, boulangerie.

HR Berry-Relais**, 9 RN151 (points bleus 2), tél : 02 54 49 50 57. Ch. simple 48€, double de 58€ à 68€ (prix pèlerin). Menu de 18 à 26€ + carte. Restaurant fermé le vendredi et dimanche soir. Fermé en janvier et du 19/08 au 04/09.
berry.relais36@orange.fr
Pour y aller : à Neuvy-Pailloux, prendre plein nord vers La Champenoise et vers la RN151. Sur cette route, prendre à droite vers Bourges. Le Berry-Relais est à moins de 100 m.

APD, Mme Richard, 16 rue Pasteur, tél : 02 54 49 55 26, ou 06 66 17 49 92. 1/2 P 30€. Cuisine. Ouvert toute l'année. Téléphoner la veille.
moniquerichard62@gmail.com

Option nord

Départ de l'église de Chârost, traverser la place de la Mairie en diagonale et prendre la D88 à droite, direction Saint-Georges-sur-Arnon. Dépasser une ligne à haute tension, puis la borne départementale Cher/Indre à Thoiry. Faire 700 m et arriver à Saint-Georges par la D88/D2. Au carrefour de la D9A, continuer tout droit sur la D2. Après 300 m, au carrefour de la D34, prendre la D34 à gauche, direction Sainte-Lizaigne/Paudy. Dans le creux de la route, quitter la D34 et prendre le chemin à gauche, face à un poteau électrique (carrefour de lignes). Parcourir 1 km.

Au carrefour de chemins, ne pas prendre à gauche vers le bosquet mais continuer tout droit sur 1,2 km. Au carrefour de chemins, prendre le chemin à gauche et passer le pont sur l'ancienne voie ferrée. Au carrefour, prendre à droite le chemin à travers champs et continuer tout droit jusqu'au petit bois, au loin sur 1000 m.

Dépasser une première, puis deuxième, puis troisème borne de champ, en pierre. Après 600 m, arriver au petit bois et au carrefour de chemins, continuer tout droit le long du bois. Au carrefour de chemins, prendre à gauche le chemin herbeux, le long du bois, vers les maisons. Passer entre les maisons du Petit Chenevière (attention aux chiens). Après 500 m, au carrefour avec une petite route, continuer en face par le chemin herbeux entre les champs et faire un gros kilomètre. Au carrefour de chemins, prendre à gauche pour rejoindre la N151.

Arriver sur la N151 (attention route dangereuse à grande circulation), traverser pour prendre en face la route de Pied-Girard. Après 300 m, fin du goudron dans Pied-Girard, continuer tout droit sur le chemin légèrement empierré en montant. Le chemin tourne à droite. Discret embranchement de chemins, le long d'une haie : continuer sur celui de droite en longeant un enclos (blanc). Au carrefour de chemins, prendre à gauche. *Variante (initiée par de nombreux pèlerins) - Au carrefour de chemins : continuer tout droit vers la zone commerciale que l'on aperçoit. Le chemin se termine dans une friche que l'on traverse sur quelques mètres.*

Arriver sur la zone commerciale Les Coinchettes (boulangerie, restauration rapide et coin repos L'Atelier de Michel, Intersport, etc.). Atteindre la rocade (N151) au niveau d'Intersport ; la franchir vers Intermarché ; traverser les parkings à gauche d'Intermarché pour rejoindre la rue Georges Brassens au niveau du Pepsi, juste après le carrefour avec la rocade (N151) qui est dans le texte suivant.

Arriver sur la petite route de La Pomme, prendre à droite sur un gros km. Carrefour avec la rocade (N151). C'est le début du balisage au sol, en coquilles de bronze, mis en place par la ville d'Issoudun jusqu'au rond-point de l'avenue de la Caserne. Prendre en face la rue Georges Brassens entre la zone commerciale et le centre Pepsi.

Au carrefour giratoire : poursuivre en face par la même rue (sens unique), qui devient plus étroite, le long du mur de la maison de retraite Saint-Bernard. Angle de la place de la Chaume, prendre en face la rue Saint-Lazare. Au carrefour de la place de la Libération (ou place de la Croix-de-Pierre) : prendre à gauche, puis au fond de la place, à droite, la rue de la République. Vous êtes à **Issoudun**. À l'église Saint-Cyr, traverser la place Saint-Cyr, la place du 10 Juin, passer sous le beffroi, traverser la place de la Poste et prendre la rue Pierre Semard en descendant. Tourner à gauche et descendre par la rue du Puits-y-Tasse.

Au rond-point, prendre en face la rue des Deux-Ponts pour traverser la Théols. Continuer tout droit par la rue des Alouettes. Au carrefour-rond-point de l'avenue de la Caserne, prendre en face la rue de Chantejot (sens interdit), à droite. Continuer en suivant toujours la route le long du lotissement (chemin de Jean Varenne), puis le long du chemin de fer. Laisser un chemin privé à droite (pont) et suivre la route en tournant à gauche, faire 500 m. Arriver sur la D82, prendre à droite et parcourir 1,7 km. Laisser à droite la route de la Sarrauderie et continuer sur la D82 durant 1,4 km. Virage à droite, quitter la D82 pour prendre un chemin de terre tout droit sur 900 m. Au carrefour de chemins, continuer tout droit. Au carrefour avec une petite route continuer, en face par un chemin sur 1,9 km.

Au carrefour avec une petite route, prendre à droite. Cimetière à droite et entrée dans **Thizay** par la rue de la Villette. Au carrefour avec la D82, prendre à gauche (rue de la Forêt). Au carrefour avec la D12E, continuer tout droit sur la D12E direction Sainte-Fauste, en laissant à gauche la route de Lisson/Les Arrivets, faire 1,3 km. Laisser à droite la route de la Bastille et continuer sur la D12E, faire 700 m. Laisser le golf des Sarrays (à gauche), ancien monastère. Carrefour avec la route de Neuvy-Pailloux qui est à droite à 2 km.

Option sud
À l'église de Chârost, revenir sur la place du village. Tourner ensuite à droite en laissant le château dans le dos. Après 150 m, tourner à gauche par la D149 fléchée vers Saugy 2,5 km. Laisser la salle polyvalente à droite et entrer dans **Saugy** (mairie à droite). Depuis le gîte des pèlerins de Saugy que vous laissez dans votre dos, aller à droite. Après 20 m, tourner à gauche par la rue des Cailloux et poursuivre sur 150 m. Emprunter sur la droite le chemin rural et caillouteux qui monte (chemin du Gouffre). Suivre sans interruption le chemin du Gouffre sur 2,2 km, jusqu'à la ferme abandonnée du Gouffre. Après 150 m, au croisement de chemins ruraux, prendre à droite.

À 1,1 km, laisser à droite ferme des Guibourets. Continuer tout droit, reprendre une petite route goudronnée. Parcourir 200 m. Au petit carrefour, poursuivre tout droit (à droite la route d'Avail). Parcourir 600 m. À un autre petit carrefour, poursuivre tout droit. Parcourir encore 600 m et laisser à gauche l'usine des Midors. Parcourir 2,3 km jusqu'à un pylône de télécommunication. Parcourir 1,2 km. Trouver le panneau d'entrée d'Issoudun. Faire 200 m.

Au premier rond-point, poursuivre en face vers la rue Georges Brassens et le centre-ville (ou prendre à droite jusqu'au deuxième rond-point, vous êtes à proximité de l'Etap Hotel). La rue Georges Brassens débouche sur la rue Saint-Lazare à prendre gauche. Après 120 m, tourner à gauche par la rue de l'Étape au Vin, et après 30 m, tourner à droite par la rue des Guédons. Emprunter la première à gauche, rue du Jeu de Paume, et tourner encore à la première à gauche rue Petit Narette. À la rue de la République, rejoindre la place Saint-Cyr d'**Issoudun** à droite à 100 m.

GASTRONOMIE

En passant dans la région, sans doute avez-vous vu dans les petites épiceries un fromage en forme de cône. Il s'agit du Pouligny-Saint-Pierre, fromage de chèvre à pâte molle. Il se présente sous forme d'une pyramide tronquée élancée, à la base carrée, d'une hauteur de 12,5 cm et dont le sommet est un petit carré de 2,5 cm de côté. Sa croûte fine est recouverte de moisissures superficielles, blanches et bleutées.

L'aire d'appellation s'étend sur un territoire restreint de 22 communes de l'ouest du Berry, au cœur du Parc Naturel Régional de la Brenne. C'est le « pays des mille étangs », composé de vastes étendues de bois et de landes. La pauvreté des sols, le climat particulier, chaud et sec, la singularité de la flore, espèces odorantes, épineux et chênes, luzerne et sainfoin, expliquent la tradition de l'élevage des chèvres.

Le lait des chèvres de race Alpine, Saanen ou Poitevine, entier et cru, est mis à cailler lentement par adjonction de présure de caillette de chevreau pendant au moins 18 heures. Ensuite, le caillé ferme et régulier est moulé à la louche. Il s'égoutte pendant au moins 24 heures. Après démoulage, le fromage est salé sur toutes ses faces puis mis à sécher environ trois jours, avant d'être affiné en hâloir pendant au moins sept jours.

Peu affiné, le Pouligny-Saint-Pierre a un goût léger, apprécié en salade ou sur des toasts chauds. Légèrement piqué de bleu, il offre un goût de noisette. Affiné bleu, il a un goût affirmé. On l'accompagne d'un vin blanc sec et fruité des coteaux du Cher et de la Loire : Reuilly, Quincy, Menetou-Salon, Sancerre ou Sauvignon.

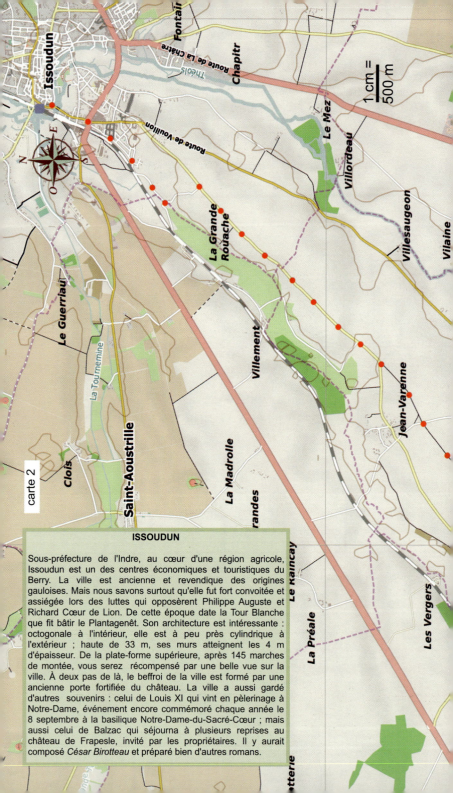

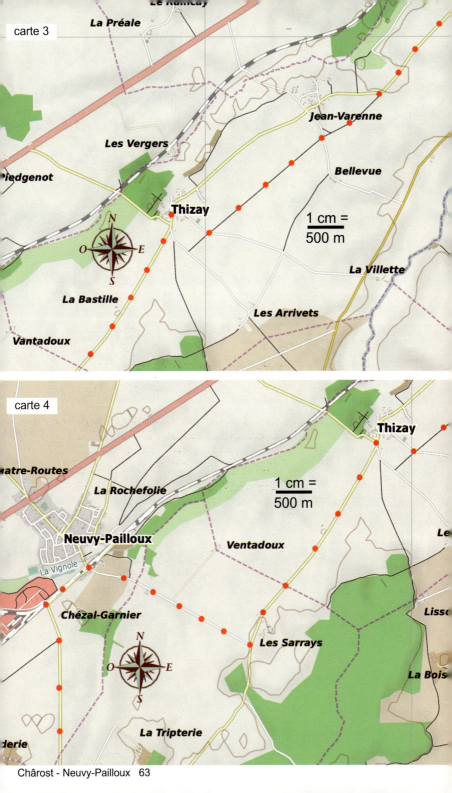

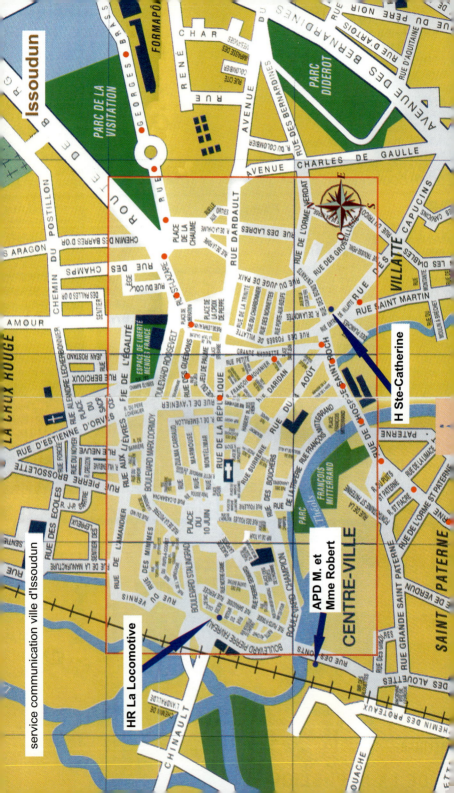

Étape 8 par Bourges   21,3 km   4 h 30
De Bourges à Châteauroux

À **la route de la Bibauderie**, vous avez marché 45 mn et parcouru 3,4 km
À **la chapelle Notre-Dame-des-Ailes**, vous avez marché 1 h 40 et parcouru 8 km
À **Déols**, vous avez marché 4 h et parcouru 18,9 km
À **Châteauroux**, vous avez marché 4 h 30 et parcouru 21,3 km

Sainte-Fauste (36100)
APD, M. et Mme Gerbier, La Tripterie (option sud, point bleus 1), tél : 06 21 57 45 73, ou 06 21 57 45 80. Petit local indépendant. Cuisine. Participation financière laissée à votre libre conscience. Il est conseillé de prévenir avant. Ouvert de mars à octobre.
la.tripterie@wanadoo.fr
Pour y aller : dans l'explicatif de chemin « Poursuivre sur cette D12 et faire 2,1 km » : ici, poursuivre sur 600 m. Ste-Fauste est tout proche.

Déols (36130)
Commerces. Musée lapidaire (qui fait office de point information), 6 rue de l'Abbaye, tél : 02 54 07 58 87. www.ville-deols.fr
musee.deols@gmail.com

R municipal, tél : 02 54 07 58 87 (fermé le lundi) + n° affiché sur la porte. Situé au 1 rue Victor Hugo, mais les clés sont à prendre au musée 6 rue de l'Abbaye (attention, musée fermé le dimanche et le lundi en basse saison). 6 pl. Nuitée 10€. Cuisine (supérette à proximité). Résa possible. Ouvert toute l'année.
musee.deols@gmail.com

Messe : 10h

Châteauroux (36000)
Commerces. OT, 1 pl. de la République, tél : 02 54 34 10 74.
accueil@chateauroux-tourisme.com
www.chateauroux-tourisme.com

H de La Gare**, 5 pl. de la Gare, tél : 02 54 22 77 80. Ch. à partir de 35€, 42€, 46€, 55€, 70€ (selon confort). PDJ buffet 9€. Dîner 15€. Restauration légère. Ouvert toute l'année.
hoteldelagare36@gmail.com

H Brogard, Mme Brogard, 5 rue des Halles, tél : 02 54 34 53 45. Ch. à partir de 20€, 23€, 28€, 30€, 35€, 39€ (selon confort et période). PDJ 5€ dès 7h30 en

L'église Notre-Dame de Déols

La fin de l'étape aujourd'hui est à Châteauroux. Mais il est bien plus astucieux de loger à Déols dans le petit refuge des pèlerins puis de rejoindre Châteauroux pour visiter les lieux et y passer une partie de l'après-midi. Cela est possible puisque l'étape est assez courte.

Châteauroux fut précédé dans l'histoire par la construction de Déols et c'est le seigneur Raoul le Large qui délaissa Déols en 937 pour bâtir un château sur la rive gauche de l'Indre. La construction prit le nom de Château de Raoul, ce qui donna plus tard Châteauroux.

Si vous préférez rester à Déols pour vous reposer, vous pouvez - et même devez - aller saluer la statue de l'apôtre Jacques dans l'église sur la place du village en face du refuge (dans une chapelle à gauche en entrant). Il veille sans doute sur vous depuis le départ.

semaine et 8h le WE. Fermé samedi soir. Ouvert toute l'année. hotelbrogard@gmail.com

HR Maurice, 7 rue Ampère, M. Augay, tél : 02 54 22 02 53. Ch. de 39€ à 42€ pour 1 pers., double 52€. Menus à partir de 10,60€, 12,60€. Ouvert toute l'année. hotel.maurice@bbox.fr

CH Le Fassardy, M. et Mme Pignol, 32 rue des Pavillons, (sortie de Déols, entrée de Châteauroux), tél : 02 54 07 92 75, ou 06 62 38 63 39. Ch. 40€ pour 1 pers., 50€ pour 2. Ne fait pas TH, proche nombreux restaurants. Casse-croûte. Résa souhaitée. www.lefassardy.com lefassardy@gmail.com

APD, M. et Mme Calza, tél : 06 28 25 57 07. 4 pl. Participation libre, mais à ne pas oublier ! Il est préférable de prévenir au moins la veille. Ne pas arriver avant 17h. fcalza@hotmail.fr

CH, Mme Jambrun, 97 rue des Etats-Unis (quartier St-Denis), tél : 02 54 22 40 92, ou 06 76 56 68 53. Nuitée+PDJ 40€ pour 1 pers., 55€ pour 2 pers. Ne fait pas TH. Micro-ondes pour réchauffer, proche commerces. Ouvert toute l'année. jambrun.bernadette@wanadoo.fr

Foyer de jeunes travailleurs, résidence Pierre Perret, 8 rue Michelet (quartier St-Jean), tél : 02 54 34 34 97, ou 02 54 34 66 74. 75 pl. Nuitée en chambre 18€, en studio 20€, en studio T1bis 20€ pour 1 ou 30€ pour 2 et T5 15€/pers. Résa préférable quelques jours avant. fjt-ccas@chateauroux-metropole.fr www.habitatjeunes.ccas-chateauroux.fr

APD, M. et Mme Barthoux, 3 rue de la Bièvre, tél : 06 77 74 04 56. Accueil en 1/ P. Participation aux frais. 4 pl. en 3 ch. Téléphoner 2-3 jours avant. j.barthoux@orange.fr

Hébergement au centre technique du football (CTF), M. Lebeau, fondation Blanche de Fontarce, 10 rte de Velles (points bleus 2, voir carte étape 9), tél : 02 54 60 24 60, ou 06 78 88 39 85. Ch. 32€, 47€. PDJ 5€. 1/2 P de 32 à 42€. Casse-croûte 6,10€. sebastien.lebeau@centre.fff.fr
Pour y aller : sur la rocade de

Descriptif de l'itinéraire pédestre et cycliste

Pour déjeuner : si vous partez avant 8h, Châteauroux possède de nombreux restaurants.

Depuis Neuvy-Pailloux, revenir sur vos pas, franchir la voie ferrée et suivre sur la droite les directions de Sainte-Fauste 3 km, Ardente 18 km par la D12. Parcourir 650 m. Au niveau d'un passage protégé (barrières à droite), la route amorce un large virage sur la gauche. Poursuivre sur cette D12 et faire 2,1 km. Au carrefour, s'engager à droite vers La Bidauderie (ici on retrouve le balisage jacquaire) et laisser la ferme de La Bibauderie sur la droite, il faut descendre vers le ruisseau.

Franchir un pont et à un carrefour avec un chemin herbeux, parcourir 600 m, prendre ensuite à droite sur 900 m. Au croisement d'un chemin herbu, prendre à droite. Après 500 m, arriver à la forêt de Diors. Tourner à droite sur 500 m environ, laisser à gauche la ferme de L'Age. Retrouver ensuite du goudron.

Tourner à gauche et parcourir 1,7 km pour retrouver la D925 (château de Diors et chapelle de Notre-Dame-des-Ailes). Suivre le bord gauche de la chaussée et entrer dans le bourg de Fourches-Diors par un chemin empierré. Dans **Fourches**, devant la mairie, prendre à droite. À la sortie du bourg, prendre le chemin de terre à gauche (balise). Faire 1,2 km, et passer derrière la ferme de Montvril, le balisage indique de rejoindre la D925 en virant à droite (route très dangereuse) visible à 300 m.

Il est aussi possible de poursuivre tout droit par le chemin d'herbe sur une distance de 700 m (borne incendie à gauche). Nous quittons pour quelques centaines de mètres le balisage pour des raisons de sécurité et pour vous épargner 1 km le long de la D925.

À la ferme de Montvril : attention vous êtes ici dans un passage de ferme privé. Alors rester discret, courtois, et bien sûr ne pas laisser de traces de votre passage... pas de papiers, pas de détritus...

Au sortir du corps de ferme, emprunter la piste blanche pour rejoindre la D925. Sur cette D925, tourner à gauche. Soyez très prudent et marchez du côté gauche de la chaussée pour être face au danger, s'il fait sombre utilisez votre téléphone portable en mode torche pour que les automobilistes vous voient.

Au rond-point, aller tout droit. Passer entre les deux parties de l'ancienne caserne de La Martinerie. Fin de l'ancien camp militaire : quitter la D925 au nouveau rond-point et prendre à droite une petite route, en continuant à longer la nouvelle clôture grillagée de l'ancien camp. Fin de l'ancien camp : passer sur la digue d'un étang. Au carrefour de Beaumont, prendre le chemin empierré en face. Passage à niveau (danger, ligne Paris-Toulouse) : passer les voies et prendre le chemin herbu à gauche le long de la voie. Après 100 m, prendre à droite à travers champs.

> Châteauroux, marcher sur la piste cyclable en vous dirigeant vers la droite (est). Parcourir 75 m. Au rond-point suivant, tourner à gauche vers Velles par la D40, le panneau est tourné dans le sens des automobilistes. Le CTF est à gauche à 300 m.
>
> Messe St-André : 11h (dimanche)
> St-Jacques : 18h (samedi)
> St-Jean : 9h30 (dimanche)
> Notre-Dame : 9h30 (dimanche)

Embranchement : prendre à gauche à angle droit, au milieu des champs. Montboury : traverser le groupe de maisons. Après le dernier bâtiment, prendre à droite le chemin entre les champs, en laissant la route en face. Au virage (pont inutile à droite) puis ponceau, suivre toujours le chemin (passage sous une ligne à haute tension). Bois-Robert : poursuivre tout droit sur le goudron par le chemin de Bois-Robert.

Au carrefour, prendre à droite la rue de Beaumont. Au carrefour giratoire de la N151 (passage supérieur sur la N20), prendre à gauche vers le pont et continuer tout droit, direction Châteauroux/Déols-centre. Passer le deuxième carrefour giratoire et continuer en face, direction Châteauroux/Déols-centre (route d'Issoudun). Panneau Déols, Halte sur les chemins de St-Jacques. Au carrefour (feux) : prendre à droite la rue Gambetta, puis à gauche la rue Lamartine, vers l'église. Début du balisage au sol, en coquilles de bronze, emblèmes de la Voie de Vézelay.

Vous êtes à **Déols**. Ruines de l'abbaye Notre-Dame de Déols. Quitter l'abbaye par l'avenue du Général de Gaulle, vers Châteauroux. Pont de l'Indre : entrée dans Châteauroux. Continuer toujours tout droit par l'avenue de Paris (D51) ou avenue Marcel Lemoine. Lycée Jean Giraudoux (à droite). Place de La Fayette : remonter toute la place et prendre à gauche la rue Saint-Luc. Vous êtes à **Châteauroux**, église Saint-André (place Voltaire).

crédits : ville de Châteauroux, Gilles Colosio

CHÂTEAUROUX

Située au nord de la ville actuelle de Châteauroux, l'abbaye de Déols est à l'origine de l'agglomération. Importante abbaye bénédictine fondée en 917, elle comptait au Moyen-Âge parmi les plus importantes du royaume.

Le château des seigneurs de Déols, planté sur un escarpement dominant l'Indre, fut construit vers la même époque. Il fut vite appelé « Chastel Raoul », du nom de la plupart des seigneurs de la lignée, et de là vint le nom actuel de Châteauroux.

Sur l'emplacement de la forteresse du Xe siècle, c'est un château du XVe siècle que l'on peut voir aujourd'hui depuis le pont sur l'Indre. Quant à l'abbaye, il n'en subsiste guère de vestiges. Seul un clocher orné de quatre clochetons a résisté au temps et aux hommes.

La ville garde avec fierté le souvenir du général Bertrand, enfant du pays qui fut le plus fidèle des compagnons de l'empereur Napoléon Ier. Jeune officier du génie, il participa à la campagne d'Égypte. En 1805 à Austerlitz, il devint l'aide de camp de l'Empereur. Plus tard à Wagram, il sera à la tête des pontonniers qui permettront à la Grande Armée de franchir le Danube. Devenu Maréchal du Palais, il suivra Napoléon à l'île d'Elbe, sera à ses côtés à Waterloo, et partira à Sainte-Hélène pour l'exil avec sa famille. Témoin de la mort de l'Empereur, il participera aussi au retour des cendres en 1840. Sa statue par Rude orne l'une des places de la ville et à deux pas de là, dans son ancienne propriété, est installé un petit musée. On y trouve des souvenirs du général, mais aussi de nombreux documents et des objets évoquant des personnalités du Berry.

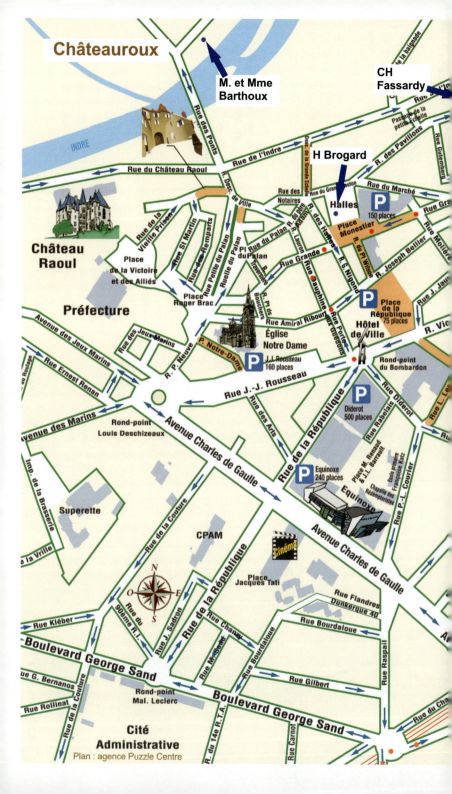

Étape 9 par Bourges   39,9 km   8 h 15
De Châteauroux à Argenton-sur-Creuse

Au **rond-point des Druides**, vous avez marché 1 h 20 et parcouru 6,4 km
À **Beauregard**, vous avez marché 3 h et parcouru 14,2 km
À **Velles**, vous avez marché 4 h 50 et parcouru 17,8 km
À **Saint-Marcel**, vous avez marché 7 h 45 et parcouru 37,9 km
À **Argenton-sur-Creuse**, vous avez marché 8 h 15 et parcouru 39,9 km

Velles (36330)
Boulangerie, restaurant, épicerie.

GE, Mme Aucante, 23 route de Mosnay, tél : 02 54 36 73 22. Nuitée + PDJ 22€. 1/2 P 30€. Cuisine. Casse-croûte.
colette.aucante@orange.fr

Saint-Marcel (36200)
H Le Prieuré***, 44 rue du Rio (route d'Argenton), tél : 02 54 24 05 19. Ch. simple de 61 à 75€ selon la saison, chambres doubles de 68 à 80€ selon la saison. PDJ 10€. Service du linge offert aux pèlerins. Casse-croûte. Ouvert toute l'année.
contact@restaurant-leprieure.com

Argenton-sur-Creuse (36200)
Commerces. OT, 13 place de la République, tél : 02 54 24 05 30.
http://ot-argenton-sur-creuse.fr
office-de-tourisme-argenton@wanadoo.fr

H Beauséjour, 3 place de la République, Mme Léger, tél : 02 54 24 12 91. Ch. simple 35€, double 40€, triple 50€. PDJ 7,50€. Dîner 15€. Casse-croûte. Ouvert toute l'année.
contact@hotel-argenton.com

C municipal Les Chambons***, 37 rue des Chambons (direction St-Marcel), tél : 09 66 84 06 01, ou 06 47 81 59 35. Emplacement avec votre tente à partir de 9,20€ pour 1 pers. et 13,40€ pour 2. Ouvert toute l'année.
campingleschambons@gmail.com

HR Le Cheval Noir, 27 rue Auclert Descottes, tél : 02 54 24 00 06. Chambre à partir de 90€, PDJ 8,50€. Dîner 24€. Casse-croûte. Ouvert toute l'année.
hotellechevalnoir@wanadoo.fr

Messe : 11 h

Moulin à foulon entre Velles et Argenton

Aujourd'hui, l'étape de presque 40 km offre deux possibilités de parcours bien différentes. Elle peut (elle doit) aussi être fractionnée en deux parties en faisant halte à Velles, où l'on trouve tous services, et à moindre prix pour la nuitée ! La première possibilité pour rejoindre Velles emprunte une route en forêt par les allées des Orangeons, puis la route de Beauregard. Ces chemins sont privés, mais les propriétaires tolèrent le passage des pèlerins. Notez que ce parcours rallonge l'étape de 2 km mais permet de se restaurer à Velles dans un petit bistrot de campagne, c'est ce que nous appelons le parcours balisé (sur les cartes). La deuxième option (non balisée) emprunte un chemin forestier en ligne droite, traverse la forêt de Gireugnes, et rejoint Velles en seulement 15 km. Voilà une belle occasion de quitter le bitume et de retrouver le calme des grands espaces. C'est ce que nous appelons le chemin direct (sur les cartes).

Surnommée « la Venise du Berry », Argenton-sur-Creuse a succédé à la cité gallo-romaine d'Argentomagus anciennement située à Saint-Marcel. Si vous déambulez dans la vieille ville, vous pourrez découvrir des maisons Renaissance à colombages et à tourelles, et aussi l'ancienne hôtellerie à l'enseigne de Notre-Dame-de-Lorette. À la chapelle de la Bonne-Dame qui domine la vallée, vous pourrez observer l'ensemble de la ville qui laissa à Saint-Exupéry cette remarque : « Argenton-sur-Creuse, cet adorable petit patelin ! »

Descriptif de l'itinéraire pédestre et cycliste

Pour déjeuner : Velles possède une boulangerie et une épicerie.
Attention, peu de points d'eau avant et après Velles (surtout si vous empruntez le chemin en forêt). Voyagez gourde pleine dès le départ.

Départ dos au chevet de l'église principale de Châteauroux (Saint-André). Descendre tout droit vers la gare sur 250 m. Suivre la rue Bourdillon (gare à gauche) sur 500 m. Emprunter le pont au-dessus des voies ferrées. À la sortie du pont, prendre à droite la rue Pierre Gaultier puis prendre la cinquième à gauche, avenue de Verdun (sur 2,2 km) qui nous mènera tout droit à la rocade. Laisser à droite le Centre Hospitalier de Châteauroux à 400 m. Laisser à gauche le quartier Saint-Jean puis le quartier Saint-Jacques où se trouve une église Saint-Jacques récente. Prendre à droite sur la rocade durant 200 m. La traverser. Prendre à gauche un chemin de terre qui mène tout droit à la forêt de Châteauroux.

Début du balisage. Passer derrière la commune du Poinçonnet. À 1,1 km, couper la route goudronnée nommée allée des Vignes. À 1,2 km, couper une route goudronnée à angle droit (allée des Chintes). À 1 km, en agglomération, arriver sur une grande route, prendre à droite sur 50 m puis immédiatement à gauche (allée de la barrière d'Arnault). Vous êtes en lisière de la forêt de Châteauroux. À 100 m, prendre le chemin forestier à droite. 100 m plus loin, prendre le chemin forestier à gauche. Laisser à droite la maison forestière de La Barrière-d'Arnault. À 2,4 km, dans l'allée de l'Épot : rond-point des Druides. À 1,2 km, route N.-D.-du-Chêne. Poursuivre tout droit à 0,3 km jusqu'au carrefour du Pèlerin.

Carrefour du Pèlerin, continuer tout droit. Indication Beauregard inscrite en grand sur un panneau à gauche. Parcourir 1 km. Au carrefour-rond-point du Pin, prendre à droite la route forestière du Chemin Noir (route empierrée). Parcourir 1 km. Retour sur la D40 (étang à droite), prendre à gauche (attention circulation) sur 1,6 km. Château de **Beauregard**, continuer sur la D40 en prenant le pont sur la Bouzanne.

Quitter la D40 et prendre à gauche la D14 vers Arthon et Ardentes. Faire 400 m. Prendre à droite le chemin de terre du Grand Pont. Passer devant un hangar de ferme et poursuivre tout droit le chemin. Au loin à droite, château d'eau. Faire 600 m. Laisser à droite le chemin engravillonné desservant le château d'eau et poursuivre tout droit sur le chemin de terre entre les champs.

Prendre le chemin à droite à angle droit qui s'incurve vers la gauche et le poursuivre sur 400 m. Passer le portail en fer et poursuivre le chemin tout droit à travers champs encore sur 400 m. Grosse haie à gauche : poursuivre tout droit. Au carrefour de chemins : poursuivre tout droit. Faire 500 m. Passer devant un portail grillagé et poursuivre le chemin. Arriver sur le goudron. Stade à gauche. À droite, bâtiment municipal. **Entrer à Velles** par la route dite du chemin creux puis sur la D40. La prendre à gauche vers l'église de Velles.

Parcourir 500 m, puis traverser Vauzelles. Au carrefour, quitter la D40 et prendre à gauche la C6, direction Les Bouesses/Les Loges, pour faire 700 m. Étang de Madagascar (à gauche). Faire 400 m. Les Sapins (à gauche), 20 m avant, prendre le chemin de terre à droite. Ferme de Bellevue (à droite) : prendre le chemin goudronné en face. Au carrefour : prendre à droite la Chaussée de César. Les Gabettes (à gauche) : étang à droite.

Fin du goudron, continuer sur le chemin empierré sur 400 m. Au carrefour : prendre à droite le chemin, laisser un chemin à droite et passer sous une ligne à haute tension. Faire 600 m. Au carrefour des Pèlerins, prendre la petite route à droite au sortir du chemin. Au carrefour (panneau erroné du carrefour des Pèlerins) : prendre la petite route à droite (suite d'étangs à gauche en contrebas de la route). Ligne à très haute tension. Faire 600 m. Passage d'un petit pont. Au carrefour avec la D40 (stop) : prendre à gauche en montant. Traverser Yvernaud (en laissant à gauche la route d'Yvernaud). Au carrefour : prendre à droite la route de la Chaise, direction Vallée de la Bouzanne et parcourir 1,3 km. Au carrefour : laisser à gauche Le Terreau (impasse). Faire 400 m.

Château de La Chaise Saint-Éloi (musée de Saint-Éloi) : poursuivre en montant pour suivre la Bouzanne en contrebas à droite, sur 1,3 km. Au loin, à droite, le donjon du château de Mazières. Faire 700 m. Au moulin à foulon, continuer sur la route. Laisser à droite le château de Mazières. Faire 1,1 km. Au carrefour avec la D30 (stop), prendre à droite direction Tendu en longeant l'enceinte du château des Sallerons (à droite, en descendant). Faire 700 m.

Au carrefour de la Maison-Dieu, quitter la D30 et prendre à gauche en montant. Embranchement : prendre à gauche en montant. Faire 1,9 km. Au hameau des Gabats : continuer la route à travers bois puis champs sur 900 m. Poursuivre sur la petite route sur 1,5 km. Au carrefour avec la D137 (danger) : traverser pour prendre la petite route en face (impasse du Haut des Courattes). Fin du goudron : continuer à droite en longeant la clôture le long de la D927. Après 500 m, au carrefour de chemins, prendre à gauche, au coin de la cabane de vigne (en face, l'A20) et parcourir 600 m. Au carrefour avec la C5, prendre à gauche et passer sous le pont de la D927. Panneau Saint-Marcel. Au carrefour : continuer tout droit. Entrer par la rue Saint-Jacques et passer devant la chapelle jaune Saint Marcel-Saint-André à droite. Au carrefour de la porte de Lorette (stop) : prendre à gauche la rue de Lorette en passant entre la porte et l'ancienne hôtellerie. Vous êtes à **Saint-Marcel**.

Contourner l'église par la gauche et descendre à droite l'avenue Sadi Carnot. En descendant, cimetière à droite, poste à gauche, site d'Argentomagus à gauche et théâtre antique à droite. Au carrefour avec la D927E : prendre à gauche, direction Argenton. Pont sur le chemin de fer : entrer par la rue Jean-Jacques Rousseau et continuer tout droit. Place Voltaire : ancienne église Saint-Étienne. Place de la République (Pont Neuf à droite) : traverser la place et prendre en face à droite la rue Grande. Vous êtes à **Argenton-sur-Creuse**.

<u>Par un chemin en forêt très peu bitumé et calme entre Châteauroux et Velles, puis Argenton :</u>
Au rond-point du Bombardon, emprunter la rue Diderot, puis la première à droite (rue Paul Louis Courier), et laisser sur la droite la médiathèque de la ville (Equinox). Sur le grand boulevard (Général de Gaulle), continuer tout droit vers Le Poinçonnet par la rue Raspail. Au premier feu, continuer tout droit et passer au-dessus des voies ferrées. Après 150 m, au carrefour, continuer tout droit vers Velles, Grands-Champs, Centre Hospitalier (avenue Kennedy). Après 400 m, face au centre de néphrologie, à la fourche, tourner à droite par la rue Patrice Colombiaud (caserne Charlier, ASPTT). Laisser l'enceinte de l'escadron de gendarmerie mobile sur la droite, et plus loin laisser à droite le groupe scolaire Descartes. Au rond-point, prendre à droite la rue de Gireugne et après 400 m, passer au-dessus de la N20 (rocade de Châteauroux) et quitter Châteauroux. Laisser ensuite le CAT L'Espoir à droite. Après 200 m, poursuivre tout droit (ne pas prendre à droite vers le centre départemental des Grands-Chênes-Saint-Denis).

Parcourir 1,5 km et sur la D67 (fléchée vers Le Poinçonnet 4 km, Saint-Maur 6 km), emprunter tout droit le petit chemin discret en sous-bois. Parcourir 1,5 km. Au carrefour (portail métallique à gauche), poursuivre tout droit à travers une parcelle de chênes. Après 900 m, au carrefour plus petit, aller tout droit et laisser une parcelle Terrain militaire à droite. Parcourir 2 km, puis laisser à droite le bâtiment abandonné du 517 RT. À la route bitumée, poursuivre tout droit par le chemin qui descend légèrement vers la forêt visible à 300 m.

À l'orée de la forêt (fourche), poursuivre tout droit en sous-bois. Parcourir 2,8 km, puis à la ferme à gauche (Le Grand Vernusse), emprunter à droite la route bitumée qui rejoint après 1 km une route bitumée plus passante (panneau de bois Grand Vernusse à droite). Franchir cette route pour poursuivre tout droit sur 1 km et franchir un petit ruisseau (profondeur de 10 à 15 cm, selon la saison). Lorsque l'on rejoint une autre route bitumée (qui tourne à gauche), poursuivre tout droit pour rejoindre la D14, après 500 m. À cette route, tourner à gauche vers Velles (clocher visible à l'horizon).

Parcourir 700 m et franchir la Bouzanne (ici pour poursuivre vers Argenton en évitant Velles et gagner 2 km, suivre le descriptif ci-dessous), et entrer à **Velles** par la grande allée bordée d'arbres. Rejoindre l'église puis suivre les explications de la page précédente en gras.

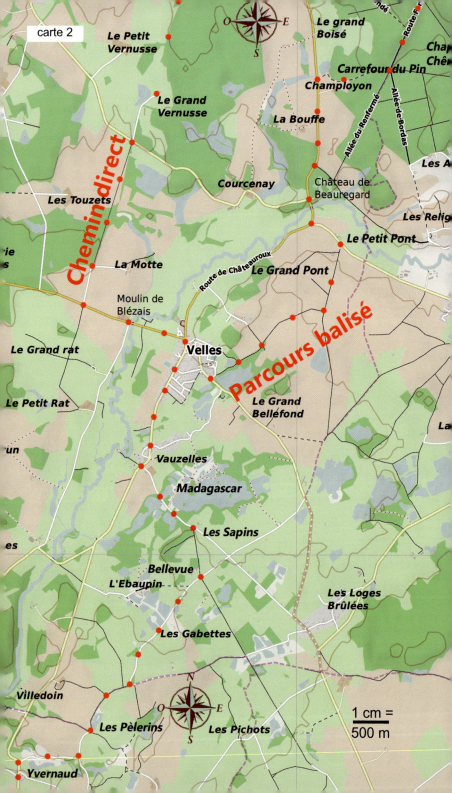

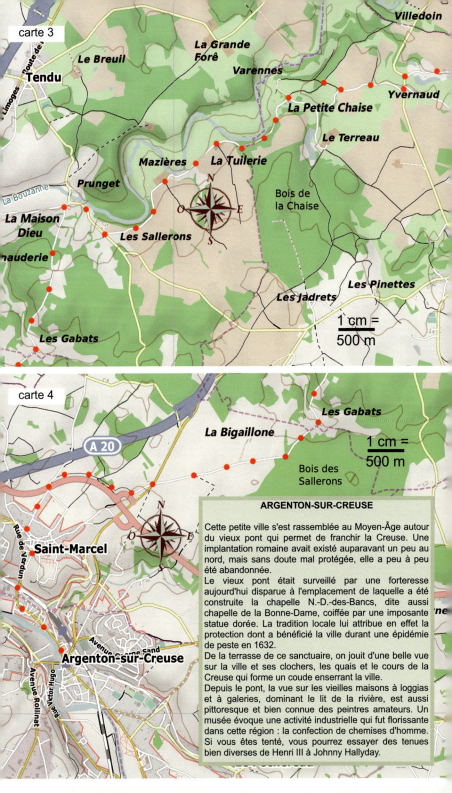

ARGENTON-SUR-CREUSE

Cette petite ville s'est rassemblée au Moyen-Âge autour du vieux pont qui permet de franchir la Creuse. Une implantation romaine avait existé auparavant un peu au nord, mais sans doute mal protégée, elle a peu à peu été abandonnée.

Le vieux pont était surveillé par une forteresse aujourd'hui disparue à l'emplacement de laquelle a été construite la chapelle N.-D.-des-Bancs, dite aussi chapelle de la Bonne-Dame, coiffée par une imposante statue dorée. La tradition locale lui attribue en effet la protection dont a bénéficié la ville durant une épidémie de peste en 1632.

De la terrasse de ce sanctuaire, on jouit d'une belle vue sur la ville et ses clochers, les quais et le cours de la Creuse qui forme un coude enserrant la ville.

Depuis le pont, la vue sur les vieilles maisons à loggias et à galeries, dominant le lit de la rivière, est aussi pittoresque et bien connue des peintres amateurs. Un musée évoque une activité industrielle qui fut florissante dans cette région : la confection de chemises d'homme. Si vous êtes tenté, vous pourrez essayer des tenues bien diverses de Henri III à Johnny Hallyday.

Étape 10 par Bourges   23,3 km   5 h 30
D'Argenton-sur-Creuse à Éguzon

Au **Pêchereau**, vous avez marché 20 mn et parcouru 1,4 km
Au **Menoux**, vous avez marché 1 h 20 et parcouru 6 km
Au **barrage de La Roche-Bat-l'Aigue**, vous avez marché 1 h 55 et parcouru 9,5 km
Aux **Chocats**, vous avez marché 2 h 40 et parcouru 11,5 km
À **Gargilesse**, vous avez marché 3 h 10 et parcouru 13,3 km
À **Cuzion**, vous avez marché 4 h 20 et parcouru 18,3 km
À **Éguzon**, vous avez marché 5 h 30 et parcouru 23,3 km

Le Pêchereau (36200)

Supermarché, restaurant l'Escapade, tél : 02 54 24 26 10.

R municipal (à côté de la mairie), château du Courbat, tél : 02 54 24 04 97. Nuitée 17,20€. 15 pl. Cuisine mais courses à prévoir. Clés à aller chercher en mairie jusqu'à 16h30. Ouvert toute l'année. mairie.dupechereau@orange.fr

Écogîte ou CH, R, M. et Mme François, 3 rue du Manoir (près de l'église), tél : 06 67 57 45 38. 6 places maxi. 1/2 P 49€. Nuitée seule+PDJ 39€. Cuisine (courses à prévoir au Pêchereau). Fermé aux congés scolaires de la zone B. 1001nuitsenberry@gmail.com

Le Menoux (36200)

Boulangerie, boucherie faisant épicerie.

CH Le Manoir du Menoux, M. et Mme Rives, 15 rue Haute, tél : 02 36 27 91 87, ou 06 60 10 20 57. Ch. à partir 65€ pour 1 pers., 70€ pour 2. Ne fait pas TH, restaurant dans le village (fermé dimanche, lundi, mercredi). Pas de cuisine. Ouvert toute l'année, mais susceptible de fermeture en 2022. rivesme@wanadoo.fr

Pour les hébergements à Gargilesse, Le Pin, Cuzion, Éguzon, voir l'étape 11 par Nevers.

Le village pittoresque de Gargilesse

On quitte discrètement Argenton-sur-Creuse par l'arrière de la ville, en passant à proximité du château du Courbat puis en longeant la Creuse. Une première difficulté se trouve au barrage de La Roche-Bat-l'Aigue car le sentier monte au début très fortement, et si les pierres sont humides il faut même faire particulièrement attention de ne pas glisser ; c'est là la seule difficulté de l'étape.

À mi-étape on découvre Gargilesse qui abrita George Sand à partir de 1858, dans une modeste maison paysanne. Reconstituée en 1958 sur les conseils de la petite-fille de l'écrivain, elle abrite actuellement les collections de documents et objets personnels de George et Maurice Sand. Et c'est presque à regret que l'on tourne le dos à Gargilesse, car ce petit village discret donnerait presque envie de trouver un chevalet, une palette, quelques toiles de coton ou de lin et de peindre pour retrouver l'ambiance romantique du XIXe siècle.

Si vous le désirez, si le temps est incertain, si la fatigue se fait sentir, il est tout à fait possible de faire halte pour la nuit à Gargilesse. Le gîte est somptueux, prenez-en particulièrement soin, et veillez à le laisser comme vous l'avez trouvé : rangé, propre et ordonné ! La mairie de Gargilesse a beaucoup investi dans ce gîte et compte sur les pèlerins pour le conserver au mieux. À Cuzion, il est possible de se ravitailler facilement.

Descriptif de l'itinéraire pédestre et cycliste

Pour déjeuner : prévoir dès Argenton un repas froid. Sinon, tous commerces à Éguzon.

Départ de la place de la République (dos à l'office du tourisme), emprunter sur la droite la rue Grande (nombreux commerces), puis laisser sur la gauche l'église Saint-Sauveur. Après 150 m, emprunter à gauche la rue d'Orjon puis laisser la rue du

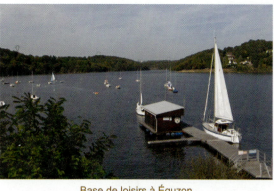

Base de loisirs à Éguzon

Moulin de Bord sur la droite. Parcourir 400 m toujours tout droit et passer sous la voie ferrée, la Creuse sur votre droite. Avancer de 200 m. À l'intersection suivante (calvaire au milieu), tourner à droite vers Gargilesse - Le Menoux. Parcourir 400 m et à l'embranchement, tourner à gauche vers le Château du Courbat et parcourir 1,5 km. Au stop, tourner à droite en laissant le cimetière à gauche (faire 400 m) jusqu'au calvaire métallique (château du Courbat en face).

Prendre la première à gauche qui devient plus loin un chemin de terre. Après 150 m, à la fourche, virer légèrement par le chemin de droite. Lorsque l'on croise la route bitumée, tourner à gauche et 250 m après, prendre sur la droite le petit sentier communal (barrière en bois). Faire 2 km tout droit vers le hameau du Menoux.

Au hameau du **Menoux** (laisser dans le bourg l'ancienne gare SNCF à droite), suivre tout droit le balisage rouge et jaune du chemin. Au stop de la rue Haute (église visible à droite), poursuivre tout droit par la rue qui descend (rue Basse). Traverser le village, à la sortie, prendre à droite vers Le Bourgoin, et après 10 m emprunter sur la gauche l'allée de Saint-Antoine (chemin gravillonné en sous-bois).

Avant la cabane préfabriquée en bois (à droite), tourner à droite par le sentier étroit qui descend vers des maisons et vers la route en contrebas. Sur la route bitumée (D48), tourner à gauche (fléchage sur un poteau en face). Suivre cette route sur environ 700 m puis emprunter sur la droite la voie sans issue qui descend vers le barrage de La Roche-Bat-l'Aigue - Le Moulin-Loup. Longer la Creuse en la laissant sur la droite. Au barrage de La Roche-Bat-l'Aigue, prendre à gauche le sentier qui monte au-dessus du barrage. Attention, le sentier monte en lacets très prononcés au début puis moins marqués ensuite.

Lorsque le sentier rejoint une petite maison (point d'eau possible, il est conseillé de demander avant de vous servir), poursuivre par le sentier mal bitumé qui rejoint une grande route (D40, lieu-dit Châtillon). Sur cette route, tourner à droite (coquille sur le poteau électrique en face), et quitter le lieu-dit. Trouver ensuite le lieu-dit **Les Chocats** (pour hébergement au Pin, poursuivre tout droit sur 2 km par la route D40 qui descend. Le lendemain, Gargilesse est accessible directement par cette D40 à 2 km).

Au lieu-dit Les Chocats, virer à gauche entre les maisons par un chemin de pierres. Après 80 m, au carrefour suivant, tourner à droite. Suivre le chemin qui vire sur la droite. Au deuxième carrefour, tourner à gauche vers des parcelles de vigne par le chemin qui descend en virant de-ci de-là sur 300 m.

À la fourche, virer très nettement à gauche (chemin plus large) sur 80 m, puis suivre à droite une piste d'herbe très discrète qui descend. Sur la route bitumée que vous rejoignez après 150 m, continuer tout droit, puis virer à gauche par la D40. Rejoindre le centre-bourg de **Gargilesse** à 100 m. Depuis Gargilesse suivre les explications dans l'étape 11, texte en gras commençant par « Traverser la départementale et poursuivre tout droit en direction de la mairie ».

GARGILESSE ET GEORGE SAND

À l'âge de cinquante-trois ans, George Sand, écrivain à l'apogée de sa renommée littéraire, mais lassée de sa vie de châtelaine à Nohant, trop célèbre, entourée de gens du monde parasites et inintéressants, rêve d'une retraite, d'un havre de paix, bref, d'un lieu où « se poser ».

Ce sera Gargilesse. Elle s'y installe en 1857 avec Alexandre Manceau, un jeune graveur bien moins connu que ses amants précédents, Musset, Chopin ou Jules Sandeau, mais qu'elle suivra par amour après que Maurice, son propre fils, eût chassé celui-ci de Nohant. Car la maison de George Sand à Gargilesse, cette petite maison de poupée à deux pièces, mitoyenne avec d'autres habitations en plein village, c'est d'abord un cadeau d'amoureux, celui d'Alexandre. Très vite, Gargilesse se révèle être un paradis pour George Sand que la beauté de la nature alentour, la simplicité des contacts avec les gens du pays et les plaisirs d'une vie saine (promenades, chasse aux papillons, pêche à la truite, cueillette...) ne cessent d'inspirer. Les *Carnets de voyage à Gargilesse* retracent, au fil des pages, tout le bonheur que cette petite bourgade du Berry a procuré à l'écrivain.

Mais ce bonheur ne se fera pas au détriment de son travail d'écriture, bien au contraire : entre 1857 et 1862, elle rédigera pratiquement treize romans, deux volumes d'essais et trois pièces. Son ouvrage *Elle et lui* (1859) contant son aventure avec Alfred de Musset, sera écrit en 25 jours, soit 620 pages !

La maison de Gargilesse est, actuellement, propriété de la commune depuis 1959. Grâce à la restauration de sa petite-fille, Aurore, ce lieu est aujourd'hui un musée qui témoigne admirablement (au travers des meubles et objets familiers qui ont appartenu à l'écrivain) de la simplicité de vie à laquelle George Sand, toute renommée qu'elle fût, n'a cessé d'aspirer.

LE LAC D'ÉGUZON

Le lac du barrage d'Éguzon, d'une superficie de 312 hectares, est le plus grand plan d'eau de la région Centre et c'est aussi le plus profond (65 m). Lors de sa mise en eau, plusieurs moulins, une partie du village de Chambon et le pont sur la Creuse reliant Chambon à Fougères furent engloutis. Des vestiges fantomatiques de maisons apparaissent encore à chaque vidange du lac. Le pont, sous une vingtaine de mètres d'eau, est encore parfaitement conservé. Il fut en 1926 l'un des premiers barrages construits en Europe. Long de 300 m à son sommet, il crée un lac de retenue sur la Creuse qui s'étend sur 15 km. Sa production énergétique est importante : environ 900 millions de KWh par an.

Bien entendu, le lac forme un site exceptionnel pour la plupart des sports nautiques ; il y en a pour tous les goûts et pour tous les âges.

Le site du château de Crozant à l'extrémité sud du lac, au confluent de la Creuse et de son affluent la Sédelle, mérite largement un crochet. Crozant, dans une position inexpugnable, fut l'une des plus grandes forteresses du centre de la France. Son enceinte fortifiée par dix tours se développait sur plus d'un kilomètre et sa garnison pouvait comprendre plus d'un millier d'hommes. Cette position dite « clef du Limousin » appartint longtemps aux comtes de la Marche et joua un rôle important au Moyen-Âge et pendant les guerres de Religion. Elle fut démantelée au XVIIe siècle sur ordre de Richelieu. Mais depuis la mise en eau de la vallée, les ruines de Crozant sont devenues encore plus romantiques.

carte 1

1 cm = 500 m

Argenton-sur-Creuse - Éguzon

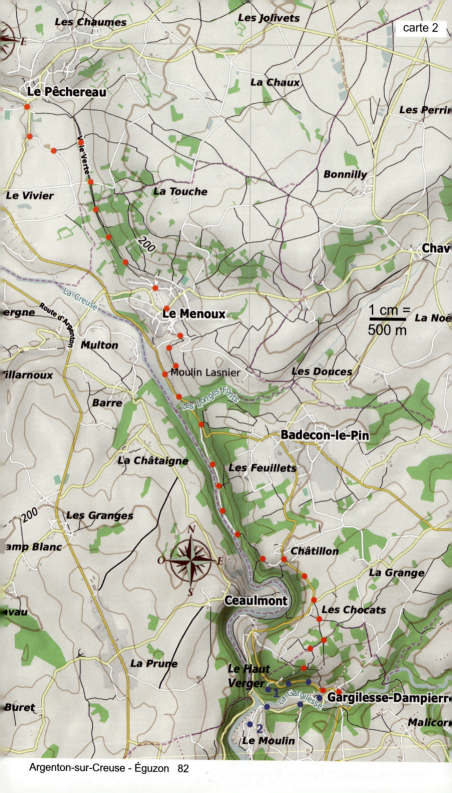

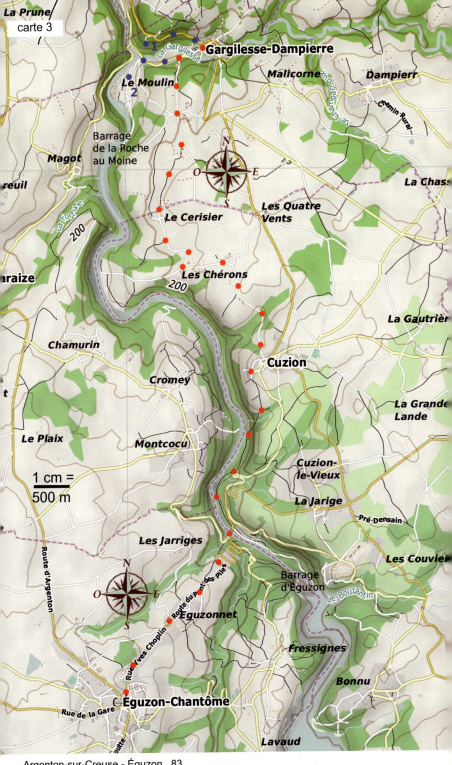

Le Chemin par Nevers

via Nevers, Sancoins, Saint-Amand-Montrond, La Châtre

De Vézelay à Éguzon
292 km

11 étapes

Étape 1 par Nevers 15,2 km 3 h 30
De Vézelay à Bazoches

À **Saint-Père-sous-Vézelay**, vous avez marché 35 mn et parcouru 2,6 km
À **Pierre-Perthuis**, vous avez marché 1 h 40 et parcouru 8,1 km
À **Domecy-sur-Cure**, vous avez marché 2 h 20 et parcouru 11,1 km
À **Bazoches**, vous avez marché 3 h 30 et parcouru 15,2 km

Vézelay (89450)
Voir les hébergements dans l'étape 1 par Bourges.

St-Père-sous-Vézelay (89450)
Épicerie, boulangerie, bar, restaurant.

R Le Refuge, M. Derivaz, 27 rue du Colombier, tél : 06 30 30 88 00. Nuitée 8€/pers. PDJ 5€. Dîner 16€. Casse-croûte 10€. 12 pl. lerefugesaintpere@gmail.com

C municipal, rue du Gravier, tél : 03 86 33 36 58 (camping, en saison), ou 03 86 33 26 62 (mairie, hors saison). Ouvert du 01/04 au 30/09. Emplacement à partir de 4,28€, branchement électrique 2,50€.
mairie-saint-pere@orange.fr

Foissy (89450)
(1,5 km hors chemin, points bleus)
Bar pour plats simples.

R chez Mme David, 6 place de l'Église (points bleu 2), tél : 03 86 33 28 40, ou 06 78 94 23 30. Nuitée 22€, PDJ 8€. 14 pl. Cuisine. Ouvert toute l'année. nicoledavid1@yahoo.fr

Pour y aller : dans notre explicatif du chemin « en traversant entre autres une route goudronnée », à cette route goudronnée, tourner à droite et descendre pour franchir la Cure par le pont. Poursuivre sur 700 m, franchir la D758 et poursuivre en face vers Foissy-lès-Vézelay à 700 m.

Domecy-sur-Cure (89450)
Hébergement en studio 4 pers., M. et Mme Perriot, 2 rue de la Guette, tél : 03 86 32 31 12, ou 06 24 17 68 82, ou 06 19 62 25 40. Nuitée+PDJ 28€. Ravitaillement de dépannage. Cuisine. Prévenir la veille. Ouvert d'avril à octobre.
chantal.perriot@gmail.com

CH, Mme Schwer, 3 Grande Rue, hameau de Cure (à 1,3 km par la

En arrivant à Bazoches

Après quelques mois de préparation à scruter les cartes topographiques mises patiemment bout à bout, nous voici au pied de la basilique Sainte-Madeleine pour le jour du départ. Devant nous, plus de 800 km à parcourir à pied ou à vélo, avec, nous le savons, des joies simples chaque jour, de beaux paysages à admirer et le hasard des rencontres... Mais aussi sans doute des journées plus dures avec de la pluie et les grandes villes comme Limoges à traverser !

Cette première étape est courte car il nous faut prendre le rythme lent du marcheur, et c'est dans la retenue que l'on appréciera les grands espaces et le calme. Nous quittons donc au petit jour la basilique, alors que la brume enveloppe encore dans la vallée le village de Saint-Père, notre premier objectif à 2,6 km. C'est à Saint-Père que se trouvait la première abbaye dédiée à sainte Madeleine, qui fut déplacée sur la colline de Vézelay pour des raisons de sécurité, après son saccage par les Normands en 887. Ce soir à Bazoches, après 15 km de marche, nous serons déjà dans le département de la Nièvre. Situé à la lisière de la forêt et dominant légèrement le bourg au cœur de ce qui fut la Gaule romaine, le château de Bazoches veille sur la vallée depuis le XIIe siècle. L'ancienne forteresse fut

D127, points bleus 3), tél : 03 86 32 32 55. Chambre 1 pers. 50€, 2 pers. 53€, 3 pers. 75€ (PDJ inclus). Résa souhaitée. Ouvert d'avril à octobre.
danielle.schwer@orange.fr
Pour y aller : dans Domecy-sur-Cure, pendre sur la gauche la D127 vers Uzy, Cure, Avallon. Parcourir 1,2 km.

Bazoches (58190)

CH Le Relais Vauban, M. Pouzache, tél : 06 61 99 53 28, ou 09 80 61 14 60. Chambre à partir de 35€ pour 1 pers., et 45, 50, 60€ pour 2. PDJ 7€, boisson à emporter à partir de 5€.
lerelaisvauban@outlook.fr

CH Les Vieilles Vignes, Mme Léon-Dufour, 9 route des Vieilles Vignes, Champignolles-Les-Bas (1,8 km hors de Bazoches, sur la voie romaine, points bleus 5, voir carte étape suivante), tél : 03 86 22 12 83, ou 06 82 06 71 88. Chambre 65€ pour 1 pers., 75€ pour 2 pers., TH 25€. Camping possible avec votre tente dans le jardin.
sabineleondufour@hotmail.com
Pour y aller : à l'église de Bazoches, suivre la direction Champignolles-les-Bas. Parcourir 1,8 km.

CH Le Moulin De Serres, 10 route de Corbigny, tél : 09 77 74 36 58 (mais très cher pour un budget pèlerin et ne font pas de réduction pour les pèlerins, chambre à 90€.)

rachetée par Sébastien Le Prestre de Vauban en 1675 après la bataille de Maestricht (Maastricht), grâce à une forte somme d'argent (on parle de 80 000 livres) que lui accorda Louis XIV. Le château deviendra une garnison militaire jusqu'à la mort du Maréchal de France en 1707. Comme un symbole à la fin de votre marche en Basse-Navarre, à Saint-Jean-Pied-de-Port, vous retrouverez encore une ville fortifiée par Vauban… Assurez-vous dès le départ de la possibilité de la halte du soir car Bazoches est pauvre en possibilités d'hébergements, et si tout est complet il faudrait alors prolonger l'étape de 11 km vers Le Chemin, soit plus de 2 heures de marche (voir étape suivante).

En chemin

Descriptif de l'itinéraire pédestre et cycliste

Pour déjeuner : repas froid à prévoir dès le départ.

Dos au portail principal de la basilique, descendre la rue Saint-Étienne et arrivé à la D957, l'emprunter à gauche, direction Saint-Père. À la fourche, continuer à gauche direction Saint-Père et 50 m après la sortie de Vézelay, dans un virage, quitter le macadam à droite pour emprunter un chemin de terre.

250 m plus loin, tourner à gauche dans un chemin de terre. À la fourche 250 m plus loin, prendre à gauche pour arriver à Saint-Père. Arrivé au macadam, prendre à gauche, c'est-à-dire continuer tout droit. À l'intersection suivante, prendre la deuxième rue à droite (rue de Pierre). Arrivé à un carrefour, prendre à gauche en direction de l'église, passer devant celle-ci et continuer tout droit puis tourner à droite au stop.

Emprunter le pont et prendre à droite la D36 direction Usy. Après l'entrée du camping, prendre à droite un chemin de terre et le suivre (en traversant entre autres une route goudronnée) durant une bonne heure. Dans une intersection en T (macadam), à l'entrée de Précy-le-Moult, prendre à droite et continuer tout droit.

Traverser **Pierre-Perthuis** en passant devant l'église. Avant d'arriver sur une route importante, descendre à gauche la rue des Deux-Ponts. À la fourche 200 m plus loin, descendre à gauche puis quitter le macadam pour prendre à droite un chemin de terre qui emprunte un pont sur un affluent de la Cure. Continuer tout droit sur ce chemin qui monte, puis arrivé au macadam, poursuivre tout droit. Passer à côté d'un château à votre gauche, tourner à gauche. Après une place, touner à droite en direction de **Domecy-sur-Cure**.

Continuer tout droit sans entrer dans le centre de la localité, jusqu'à la sortie du village. Peu de temps après l'entrée de la forêt, emprunter à droite un chemin de terre qui monte légèrement. Continuer durant une demi-heure et après un mur à votre droite, à la fourche, descendre à droite sur un chemin goudronné. Passer à côté du château et 150 m plus loin, dans une fourche, prendre à droite.

À l'intersection suivante avant l'entrée de Bourg-Bassot, tourner à gauche (chemin goudronné) en direction de l'église de **Bazoches**.

VÉZELAY

Voir l'étape 1 par Bourges.

BAZOCHES

Le Château féodal de Bazoches construit au XIIe siècle par Jean de Bazoches et modifié par Vauban (1633-1707) présente une architecture trapézoïdale constituée de quatre tours et d'un donjon entourant une cour intérieure. Quarante propriétaires appartenant à vingt familles différentes habitèrent successivement dans le château de Bazoches. De nos jours, les actuels propriétaires issus des deux souches principales (Les Chastellux et les Vauban) descendent chacun de leur côté de Jean de Bazoches, le constructeur en 1180. À proximité du château, vous pouvez découvrir la pierre tombale de Vauban inhumé dans la chapelle de l'église de Bazoches.

SÉBASTIEN LE PRESTRE DE VAUBAN

Maréchal de France (1633-1707) sous le règne de Louis XIV, il se présenta comme un grand spécialiste des fortifications de châteaux et des techniques de siège. Ingénieur militaire au service du roi, il mit au point une technique d'attaque révolutionnaire et reprenant les travaux de ses prédécesseurs, porta à son apogée l'art de la fortification bastionnée grâce à son expérience et à son bon sens. Il créa neuf villes fortifiées. Il fut également un grand économiste de son époque. Vauban dirigea plus de 50 sièges, consolida quelque 270 forteresses et en conçut plus de 30. Il développa la technique du tir à ricochet et inventa en 1687 la baïonnette à bague de fixation creuse, qui permettait de faire feu même avec la baïonnette fixée au bout du mousquet.

Il chercha systématiquement à adapter ses principes à la configuration propre à chaque site, afin d'éviter les dégâts causés par les canons, protéger les troupes et retarder le plus possible l'assaillant et laisser aux secours le temps d'arriver.

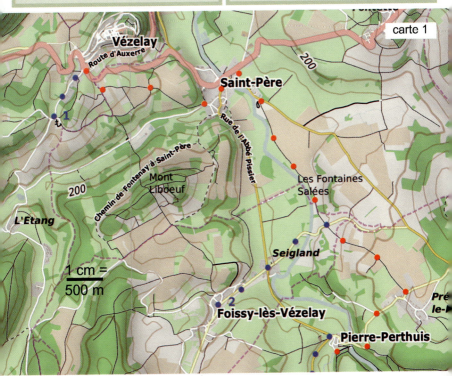

carte 1

Étape 2 par Nevers   22 km   4 h 50
De Bazoches à Corbigny

À **Neuffontaines**, vous avez marché 50 mn et parcouru 4,1 km
À **Anthien**, vous avez marché 2 h 20 et parcouru 11 km
À **Sancy-le-Bas**, vous avez marché 3 h et parcouru 14,8 km
À **Charpuis**, vous avez marché 3 h 15 et parcouru 16 km
À **Corbigny**, vous avez marché 4 h 50 et parcouru 22 km

Anthien (58000)
RP L'Esprit du Chemin, chez Huberta et Arno, Le Chemin, 1 km avant le bourg d'Anthien (sur le chemin), tout confort, possibilité de repas, résa, tél : 03 86 22 02 85, ou 06 52 65 60 59. 14 pl. Ouvert du 30/03 au 01/10. Libre participation.
info@espritduchemin.org
www.espritduchemin.org

RP, M. et Mme Raisonnier, Charpuis (sur le parcours, mais 3,8 km après le bourg), maison de l'Herminière, tél : 03 86 22 07 02, ou 06 63 13 41 14. Nuitée 15€, PDJ 5€, 1/2 P 30€.
jcraisonnier@hotmail.fr

R, Mme Barrier-Pasquero, Le Chemin, tél : 03 86 27 92 47. Nuitée 30€ pour 1 pers., 60€ pour 2, +5€ en hiver pour le chauffage. Dîner 12€. Casse-croûte 7€. Ouvert toute l'année.
am_68200@hotmail.fr

Chitry-les-Mines (58800)
1,4 km hors chemin, mais très près du parcours.
APD, Mme Pomponne, 9 rue Paul Frankeur, hameau de Combres (points bleus) ; tél : 03 86 20 17 14, ou 07 50 83 67 55. 1/2 P 28€. Casse-croûte 10€. Ouvert de mars à octobre.
herveetcatherine.pomponne@sfr.fr
Pour y aller : dans notre explicatif, au passage du pont sur l'Auxois, rester sur la route qui remonte sur 500 m. Prendre la première route à droite vers Cropigny. Parcourir 250 m et après le dernier bâtiment agricole à droite, prendre à gauche. Faire 600 m jusqu'à buter sur la D985. Prendre cette route à gauche sur 250 m et tourner à droite vers Combres.

Corbigny (58800)
Tous commerces. OT, 8 place de l'Hôtel de ville, tél : 09 82 56 94

L'abbaye de Corbigny

Après deux heures de marche, nous quittons aujourd'hui le Parc naturel régional du Morvan, que nous laissons au loin sur notre gauche avec ses forêts humides, denses et drues. Les lieux-dits et les villages que nous franchirons portent des noms qui ne trompent pas sur la destination de nos pas. En effet le hameau du Chemin (situé sur la commune d'Anthien) ne semble pas là par hasard ! Dans ce hameau calme, à proximité du calvaire central, Huberta et Arno, anciens pèlerin hollandais, accueillent (entre mars et septembre) les pèlerins et les marcheurs depuis plusieurs années au refuge de L'Huis Perreau.
Corbigny est à mi-chemin entre les pays du Morvan et du Nivernais. L'abbaye est classée monument historique depuis 1999. Mais une polémique fit rage au XIIe siècle dans ce petit bourg tranquille : en effet, les moines de l'abbaye auraient arrangé le nom d'un saint voisin prénommé Léotard pour le transformer en Léonard, afin d'attirer la foule des pèlerins. C'est « la guerre des reliques », pratique assez courante au Moyen-Âge ! Les pèlerins pensaient naïvement prier saint Léonard en passant à Corbigny, mais lorsqu'ils passaient à Saint-Léonard-de-Noblat (étape 16 de ce guide) 10 jours après, d'autres moines leur affirmaient la même chose. Stupéfaction !

98. www.corbignytourisme.com
contact@corbigny.org

HR** La Buissonnière, 36 av. St-Jean, tél : 03 86 20 02 13, ou 06 82 23 60 40. Chambre à partir de 60€ pour 1 pers., et 75€ pour 2. PDJ 8,50€. 1/2 P (prix pèlerin) 75€ pour 1 pers., 110€ pour 2. Ouvert toute l'année.
labuissonniere.hotel@hotmail.fr

HR de l'Europe**, 7 Grande Rue, tél : 03 86 20 09 87. Chambre à partir 57€ pour 1 pers., 77€ pour 2, 101€ pour 3. Menus 13€ le midi et 23€ le soir, PDJ 10€. Ouvert H24. Fermé le dimanche soir et lundi.
hoteleuropelecepage@orange.fr

Hébergement communal (pèlerin avec crédenciale), 1 rue du Petit Fort, tél : 03 86 20 11 98 (mairie). Le week-end, clés à La Boutique des Saveurs. Nuitée 12,50€. 5 pl., cuisine en gestion libre. Ouvert à partir de 15h30. Ouvert du 26/03 au 31/10. Si problème de clés, contacter Mme Peltier (maire) : 06 08 05 77 41, M. Delavault (1er adjoint) : 06 71 99 74 81, ou M. Nachin (garde-champêtre) : 06 84 60 46 17.
accueil@corbigny.fr

APD, M. et Mme Guida, 4 rue de l'Anguison, tél : 03 86 20 02 27, ou 06 08 90 47 15. Crédenciale obligatoire. Nuitée+PDJ 25€, dîner à l'extérieur chez Didine. Prévenir au moins la veille.
pierre.guida0817@orange.fr

Messe : Saint-Seine 11 h

Mais qui croire alors ? C'est ainsi qu'après une enquête approfondie, on découvrit la supercherie ! Malgré l'absence des reliques de saint Léonard, les pèlerins poursuivront leur passage tout au long des siècles.

Descriptif de l'itinéraire pédestre et cycliste

Pour déjeuner : acheter à votre hébergeur (à Bazoches) un gros sandwich, ou déjeuner à Corbigny, car aucun commerce sur le parcours.

Dos à la façade de l'église, descendre une petite rue à sens unique en face. 50 m plus loin, traverser le macadam et s'engager dans un chemin herbeux. Continuer à le monter et en arrivant sur le macadam, prendre à gauche c'est-à-dire continuer tout droit. Dans le premier virage à droite, quitter le macadam pour prendre à gauche un chemin de terre.

Ce chemin évolue entre les champs et dans la forêt (pas de risque de se tromper). Dans une intersection (la forêt est à votre droite, le chemin s'engage dans la forêt), prendre à gauche pour rester à la lisière de la forêt. Un peu plus loin, si le chemin est inondé, contourner le bourbier en le longeant par les champs à gauche. 80 m après être entré dans la forêt, à la fourche, prendre à droite. Ignorer deux chemins à gauche (espacés de 80 m) et continuer tout droit à la lisière de la forêt.

Continuer tout droit sur le macadam (D128) à l'approche de **Neuffontaines**. À côté de l'église, tourner à gauche pour prendre la C4 direction Chitry. Continuer tout droit sur cette route en ignorant toutes les intersections. À la fourche, à côté des containers à ordures, quitter la C4 pour emprunter à gauche un chemin goudronné qui monte légèrement. À l'approche de **Vignes-le-Haut**, le chemin descend un peu, passe à côté d'un lavoir puis monte. 100 m après le point le plus bas, monter à gauche un chemin pierreux.

Arrivé au macadam, à côté de la mairie, continuer tout droit. En suivant le goudron, arriver à **Vignes-le-Bas**. Dans une intersection en T, prendre à droite pour traverser le hameau en admirant un beau lavoir à votre gauche (boîte postale). 50 m avant la sortie du hameau, prendre à gauche un chemin de terre. 50 m plus loin dans une intersection en T, prendre à droite un chemin de terre qui avance entre les champs puis monte.

On arrive ainsi au hameau du Chemin. Arrivé à Anthien dans **Le Chemin**, à l'embranchement (puits), prendre à droite, puis prendre à gauche en montant. Carrefour et place du hameau (beau calvaire et puits) : prendre le chemin herbu au coin du calvaire à gauche, en descendant (rue de la Messe). Arrivée sur la D6 (croix de mission), prendre à gauche vers l'église (pigeonnier).

À **Anthien** (église), prendre la rue à droite de l'église. À 50 m, au carrefour, prendre la D284 à droite et poursuivre tout droit. Petit pont sur le ruisseau de Drémont. Au carrefour (Chasseigne à droite), continuer tout droit. Carrefour. Quitter la D284 pour prendre la C3 à droite, direction Sancy-le-Bas et Charpuis. À **Sancy-le-Bas** (croix), poursuivre tout droit. À l'embranchement suivant, poursuivre à droite sur la C3 (lavoir). Au carrefour, tourner à droite, direction Charpuis. Faire 600 m.

À la croix de Charpuis, continuer tout droit sur 800 m. Au carrefour, prendre à gauche. Au pont sur l'Auxois, 50 m plus loin, prendre à gauche le chemin de terre. Au carrefour de chemins, prendre en face l'ancienne voie romaine, d'abord chemin puis goudronnée à partir des Buissons.

Arrivé sur la route (carrefour des Buissons à **Cropigny**), prendre la route à gauche. Au carrefour (panneau Corbigny), continuer tout droit. Tuilerie de la chapelle, vue sur les toits et le séquoia de Saint-Léonard. À la croix et chapelle de Sarre (à droite), quitter la route pour descendre vers le cimetière par un sentier à gauche, passant à 50 m devant la Fontaine Sainte-Agathe.

Au cimetière (point d'eau), continuer tout droit par l'allée de la Fontaine Sainte-Agathe. Au carrefour, continuer en face par la rue de la Coulemelle (ancienne enceinte de l'abbaye). Prendre à droite la rue Gabereau. Au carrefour, prendre à gauche la rue des Capucins. Au carrefour, continuer tout droit jusqu'au stop, puis à droite pour traverser successivement deux bras de rivière par la rue Saulet. Vous êtes à **Corbigny**.

CORBIGNY

Les origines de Corbigny sont très anciennes (gauloises). Il est probable qu'un village lacustre celte ait existé, établi sur les bras de la rivière Anguison, dont le cours fut modifié par la suite. La présence romaine a également laissé des traces. Plus tard, en 864, un monastère dépendant de l'abbaye de Flavigny-sur-Ozerain (Côte-d'Or) y fut fondé par saint Égile, évêque d'Auxerre. En 882, ce monastère reçut les reliques de (soi-disant !) saint Léonard, devenant un lieu de pèlerinage très fréquenté sur la route de Vézelay à Saint-Jacques-de-Compostelle. À partir de 1180, incendies et pillages se succédèrent en dépit des importantes fortifications. La guerre entre Armagnac et Bourguignons au XVe siècle, puis les guerres de Religion eurent des conséquences désastreuses pour la ville et son abbaye. Celle-ci, reconstruite en 1754, est devenue propriété de la commune à la Révolution. Mais des fortifications anciennes ne demeurent que quelques murs et 5 tours dont 4 se trouvent au bord de l'Anguison.

LE REFUGE DE L'HUIS-PERREAU

Le gîte est situé au carrefour de deux routes anciennes : la voie de Saint-Jacques, ancienne route pèlerine (Via Lemovicensis) et une ancienne voie romaine. Le bâtiment, ancien logis du comte de Choiseul, est dans un périmètre classé à cause d'un calvaire, la Croix du Chemin. La grange a été construite au Moyen-Âge et était probablement une dépendance d'une abbaye à proximité. Les propriétaires ont décidé de nommer le gîte « L'Esprit du Chemin ». Quelle coïncidence : « L'Esprit du Chemin » au hameau du Chemin...

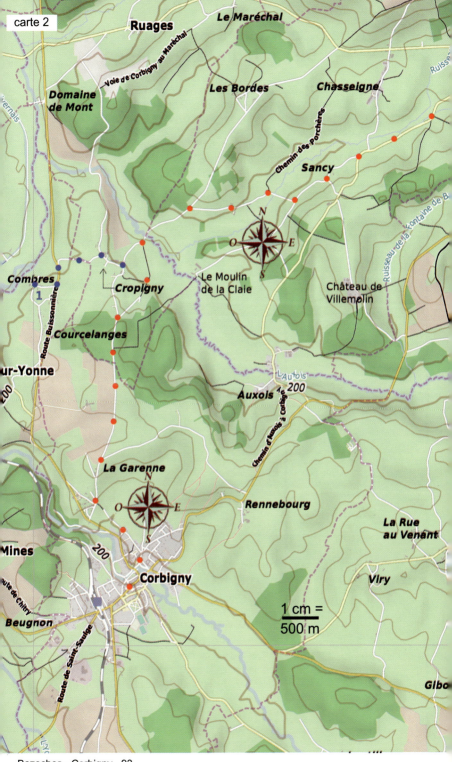

Étape 3 par Nevers   37 km (34 km) 8 h
De Corbigny à Prémery

À **Chitry-les-Mines**, vous avez marché 40 mn et parcouru 3,3 km
À **Guipy**, vous avez marché 2 h 30 et parcouru 12,9 km
À **Saint-Révérien**, vous avez marché 4 h et parcouru 20,2 km
À **Sancenay**, vous avez marché 4 h 30 et parcouru 22,2 km
À **Moussy**, vous avez marché 5 h et parcouru 25,3 km
À **Vilaine**, vous avez marché 6 h 50 et parcouru 31 km
À **Prémery**, vous avez marché 8 h et parcouru 37 km

Chitry-les-Mines (58800)
CH Le Clos de Chitry, M. et Mme Faure, Chaumot, tél : 03 86 20 21 78. Nuitée+PDJ 40€ pour 1 pers., à partir de 55€ pour 2. Ne fait pas TH. Petit restaurant à proximité en saison estivale. closdechitryreservation@orange.fr

Camping et restaurant L'Ardan, Chaumot, 58 gare de Chaumot-Chitry, tél : 03 86 20 07 70, ou 06 43 21 81 61. Nuitée possible avec votre tente, tarifs à négocier. Déjeuner possible à partir de 12€.
info@camping-bourgogne.com
www.camping-bourgogne.com

Guipy (58420)
Épicerie, bar, café du Commerce, restauration légère. Poste.

CH et camping (1 km avant Guipy, points bleus 1), Mme Leyenhorst, le Domaine d'Ainay, tél : 03 86 29 07 11. Ch.+ PDJ 55€ pour 1 pers., 67,50€ pour 2, 95€ pour 3. TH 25€ sur résa. contact@domaine-ainay.com
Pour y aller : à Guipy, emprunter à droite la D977bis vers Chitry-les-Mines, faire 1,2 km. Le domaine d'Ainay est sur la gauche.

Saint-Révérien (58420)
RP municipal, M. et Mme Debeer, place de la Mairie, tél : 03 86 29 05 67, ou 06 35 95 11 91, entrée par code secret, ou clés à la mairie. 14 pl. Cuisine. Nuitée 10€. Ouvert de mars à octobre. mairie.saint-reverien@wanadoo.fr

Lurcy-le-Bourg (58700)
Bar-épicerie Le Cheval Blanc, Mme Bournonville, route des Ouches, tél : 03 86 70 07 60, ou 06 50 35 45 88. Repas possible le midi à partir de 7€ (saucisse frites sur résa), sandwich possible. Projet de location de chambre pour pèlerin pour 2023. cyrile.89@hotmail.fr

Le château de Prémery

Aujourd'hui, l'étape de 37 km est longue à parcourir. Mais elle peut être partagée en deux étapes plus petites pour ceux qui le désirent, avec deux possibilités de halte, la première au petit gîte municipal des pèlerins de Saint-Révérien, la deuxième à l'excellent refuge de Boulon (Lurcy-le-bourg), chez M. et Mme Cabarat où l'on sait accueillir au mieux pèlerins et marcheurs. À chacun son rythme journalier et son choix de kilomètres à parcourir. Nous vous signalons aussi qu'à la sortie de Corbigny, vous avez un choix à faire pour rejoindre Guipy, soit par Chitry-les-Mines (nord, points rouges), et qui est décrit dans le texte, soit par Pazy (sud, points bleus), en sachant que l'option par Pazy est plus courte

APD, M. et Mme Cabarat, Boulon (6 km après Moussy, sur le parcours à l'intersection de la D977bis et de la D107), tél : 03 86 68 06 81, ou 06 82 05 12 17. Nuitée de 30 à 35€ pour 1 pers., 40 à 45€ pour 2, plateau repas 14€. Casse-croûte. Résa conseillée. gillelenecabarat@orange.fr

Prémery (58700)
OT, Tour du Château, tél : 03 86 37 99 07. www.mairie-premery.fr
o.t.premery@gmail.com

HR Le Relais des Copains, 8 route de Lurcy-le-Bourg, tél : 03 86 37 97 59, ou 06 09 45 50 50. Ch. à partir de 30€, 40€. Nuitée (dortoir de 4) 20€. PDJ 6€, dîner 14€, ou plat du jour 10€, panier repas ou sandwich sur résa. Pas de dîner le vendredi, samedi, dimanche. Fermé vendredi soir, sauf si vous arrivez avant 14h. Résa préférable par téléphone.

CH La Chatelière, M. et Mme Lacaze, chemin des Gobets, Cervenon (points bleus 2), tél : 03 86 38 96 74, ou 06 83 33 33 95. Possibilité de ch. (points bleus 2) avec cuisine, SBD et WC partagés à partir de 40€/ch. Nuitée+PDJ 60€ pour 1 pers., 70€ pour 2. Repas pèlerin 16€ (sans boisson). Chemin balisé par le bois. Téléphoner avant. Ouvert toute l'année.
lachateliere@orange.fr
Pour y aller : 2 km avant Prémery, sur la D38, 200 m après la borne km 33, lorsque vous avez sur la droite le panneau La Coudroy, prendre à gauche la piste qui monte en forêt. Après 500 m (fourche) poursuivre à droite en face et monter encore, traverser la forêt. La piste redescend vers Cervenon.

C municipal (à côté du plan d'eau), chemin des Prés de la Ville, caravane pour pèlerin (2 lits), résa préférable au 06 42 81 01 64. Nuitée 2,60€ + électricité 1,80€. Pas de cuisine, repas froid (ou à réchauffer) à prévoir. Ouvert du 01/04 au 30/09.
camping@ville-premery.fr

Hébergement pèlerin Un pas à la Fois, Mme Jourdan et M. Dubé, 6 route de Vilaine, Le Breuil (sur le parcours 3 km avant Prémery), tél : 03 86 38 07 06 69, ou 06 78 91 39 23. 11 pl. en ch. et dortoir, 1/2 P en libre participation,

de 3 km, ce qui n'est pas négligeable quand on doit faire 37 km dans la journée. Les explications pour y aller sont en fin d'étape. Si vous décidez de rejoindre Prémery pas trop tard dans l'après-midi, essayez de visiter le château des Évêques de Nevers et la collégiale Saint-Marcel, vous y verrez une très belle statue d'une piéta du XVIe siècle.

Descriptif de l'itinéraire pédestre et cycliste

Pour déjeuner : si vous dormez à Saint-Révérien, le déjeuner et le dîner doivent être prévus dès Corbigny. Si vous dormez ce soir à Prémery, seul le déjeuner doit être prévu.

Dos à l'église, s'avancer jusqu'à la rue, prendre à droite et arrivé au stop face à la place de la Mairie, prendre à gauche la Grande Rue puis poursuivre tout droit par la rue des Forges. 300 m après le passage à niveau, dans un square triangulaire fleuri, obliquer à droite (à 1 heure). Cette rue se transforme en chemin de terre. Le suivre en ignorant toutes les intersections.

On parvient ainsi à **Chitry-les-Mines**, entre les habitations à la fourche (à côté d'une annonce du stop à votre gauche), prendre à droite. 100 m plus loin (calvaire à votre gauche), prendre encore à droite. Dans une intersection en T, monter une rue à gauche.

Juste après le monument de Jules Renard, descendre une rue à droite. 100 m plus loin, dans une intersection en T, tourner à droite puis emprunter le pont sur l'Yonne. Continuer tout droit. Entrer à **Chaumont** en longeant la départementale à droite, emprunter le pont sur le canal du Nivernais et arrivé à une patte d'oie, prendre à gauche (10 heures) la route qui monte le plus. Quelque 350 m plus loin, prendre à gauche direction Le Bouquin.

Continuer tout droit en ignorant toutes les intersections en passant à côté du cimetière de Pazy. Arrivé à une départementale, prendre à gauche. 200 m plus loin, prendre la première route à droite en légère descente. 300 m plus loin, à côté d'un centre de tri de déchets à votre gauche, prendre à droite puis croiser une route plus large pour continuer tout droit dans une rue (2 T).

Elle se transforme en chemin de terre - continuer tout droit pour arriver à **Prélichy**. Continuer tout droit sur la D146 jusqu'à **Guipy**. À la place Saint-Michel, prendre à droite, puis arrivé à la rue Saint-Jacques-de-Compostelle (D977 bis), prendre à gauche. 400 m plus loin, prendre à gauche la C1 direction Vitry-Laché. 100 m plus loin, prendre à droite la rue des Bouchons.

Elle devient goudronnée. Continuer tout droit en ignorant toutes les intersections en direction de Saint-Révérien. On arrive à une intersection (Saint-Révérien 2 km). Continuer tout droit puis 200 m après un pont, prendre à gauche un chemin de terre qui monte à **Saint-Révérien**. Arrivé au

déjeuner sur demande, épicerie de dépannage. Cuisine. Ânes et chevaux à l'attache acceptés. Tentes acceptées. Anglais parlé. Ouvert toute l'année.
talchan5@hotmail.fr

GE, Mme Conseil, 60 Grande Rue, tél : 06 38 04 59 15. 8 couchages en lit superposés répartis sur 2 chambres. Cuisine en gestion libre. PDJ fourni. Libre participation aux frais.
sophie.conseil@gmail.com

CH À Saint-Jacques, M. et Mme Mole, 37 route de Lurcy, tél : 07 78 05 09 78. 1/2 P 35€ pour 1 pers., 68€ pour 2. Casse-croûte 10€. Ouvert du 15/03 au 30/10.
marcmole2@gmail.com

Messe : St-Marcel 11 h

macadam, prendre à gauche pour atteindre le centre du village et sa belle église. Continuer sur la D977bis (direction Prémery) même quand elle tourne à gauche.

200 m après un carrefour (la D34 part à gauche), quitter la D977bis pour prendre à droite (2 heures) un chemin de terre (inscription « Voie Romaine »). Continuer tout droit et arrivé au macadam, prendre à gauche pour atteindre la D977bis. L'emprunter à droite durant une demi-heure. Prendre à droite une petite route qui monte, puis à l'intersection suivante poursuivre tout droit (11 heures). Cette route s'approche de la D977bis, mais 50 m avant d'y arriver, prendre à droite une route qui descend.

Obliquer à gauche pour arriver à l'église de **Moussy**. Après l'église, continuer tout droit. Rejoindre la D977bis, la prendre à droite et continuer tout droit durant une heure. Arrivé à **Boulon**, prendre à gauche la D107 direction Lurcy-le-Bourg. Après avoir traversé le pont sur la Nièvre, prendre la première route à droite.

Dans un hameau sur une place avec une fontaine et un arbre au milieu, prendre à droite. Arrivé au stop, prendre à droite une route plus importante. Continuer tout droit sur cette D977, entrer à **Prémery**, traverser un pont de chemin de fer et poursuivre par la rue de Lurcy. Après le numéro 23, tourner à droite dans la rue du Pavé. Au bout de la rue, obliquer à gauche et passer à côté du palais, puis tourner à gauche. Arrivé place de la Halle, prendre à droite, poursuivre sur la Grande Rue et arriver à l'église.

De Corbigny à Guipy, par le sud :
Proposition de chemin plus court, points bleus sur la carte, prudence, la première partie (2,4 km) de Corbigny au canal du Nivernais a de nombreux passages de véhicules, signalez-vous avec un gilet fluorescent et ne marchez pas au crépuscule ou à la nuit tombée.

Dos à l'église de Corbigny, s'avancer jusqu'à la rue, prendre à droite et arrivé au stop face à la place de la Mairie, prendre à gauche la Grande Rue puis poursuivre tout droit par la rue des Forges. 75 m après le passage à niveau, à la fourche, prendre à gauche la D958 vers Saint-Saulge 24 km et Nevers 59 km.

Parcourir 2,2 km sur cette route D958, jusqu'à passer au-dessus du canal du Nivernais. Après le canal du Nivernais, à la fourche en Y, prendre à droite la D146 vers Pazy 3 km. Entrer dans Ancray puis plus loin dans **Pazy**. Laisser l'église puis le château d'eau sur la droite. Rester sur cette D146 en direction de Guipy 4 km. Passer le hameau de Prélichy, après 2,6 km entrer dans **Guipy**.

Le château de Prémery

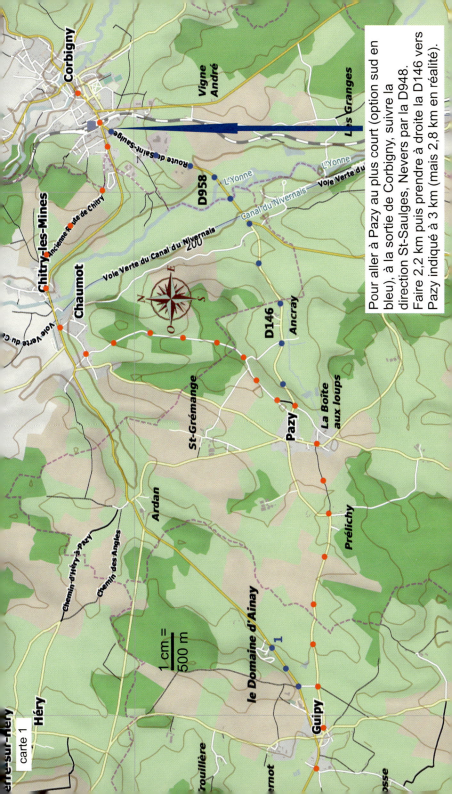

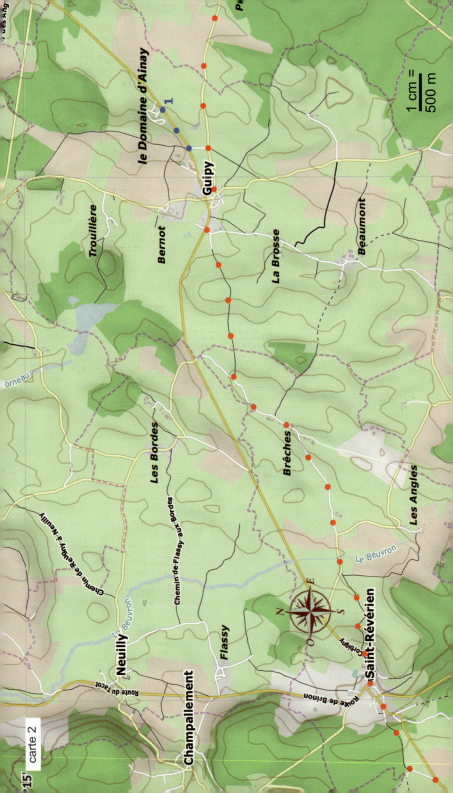

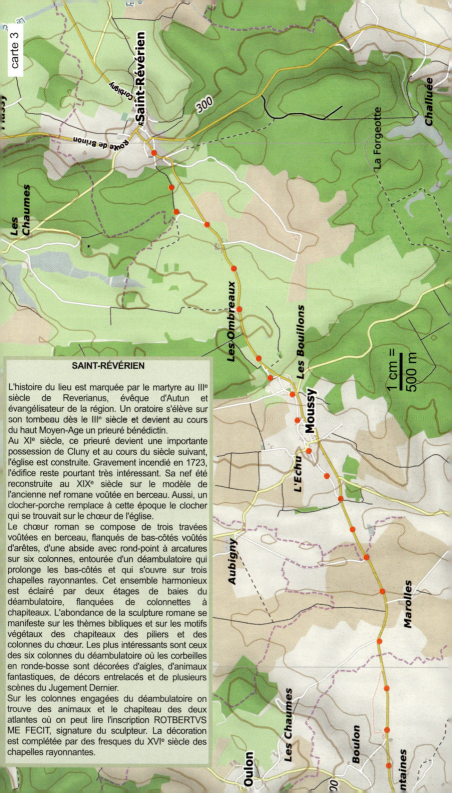

SAINT-RÉVÉRIEN

L'histoire du lieu est marquée par le martyre au IIIe siècle de Reverianus, évêque d'Autun et évangélisateur de la région. Un oratoire s'élève sur son tombeau dès le IIIe siècle et devient au cours du haut Moyen-Age un prieuré bénédictin.

Au XIe siècle, ce prieuré devient une importante possession de Cluny et au cours du siècle suivant, l'église est construite. Gravement incendié en 1723, l'édifice reste pourtant très intéressant. Sa nef été reconstruite au XIXe siècle sur le modèle de l'ancienne nef romane voûtée en berceau. Aussi, un clocher-porche remplace à cette époque le clocher qui se trouvait sur le chœur de l'église.

Le chœur roman se compose de trois travées voûtées en berceau, flanqués de bas-côtés voûtés d'arêtes, d'une abside avec rond-point à arcatures sur six colonnes, entourée d'un déambulatoire qui prolonge les bas-côtés et qui s'ouvre sur trois chapelles rayonnantes. Cet ensemble harmonieux est éclairé par deux étages de baies du déambulatoire, flanquées de colonnettes à chapiteaux. L'abondance de la sculpture romane se manifeste sur les thèmes bibliques et sur les motifs végétaux des chapiteaux des piliers et des colonnes du chœur. Les plus intéressants sont ceux des six colonnes du déambulatoire où les corbeilles en ronde-bosse sont décorées d'aigles, d'animaux fantastiques, de décors entrelacés et de plusieurs scènes du Jugement Dernier.

Sur les colonnes engagées du déambulatoire on trouve des animaux et le chapiteau des deux atlantes où on peut lire l'inscription ROTBERTVS ME FECIT, signature du sculpteur. La décoration est complétée par des fresques du XVIe siècle des chapelles rayonnantes.

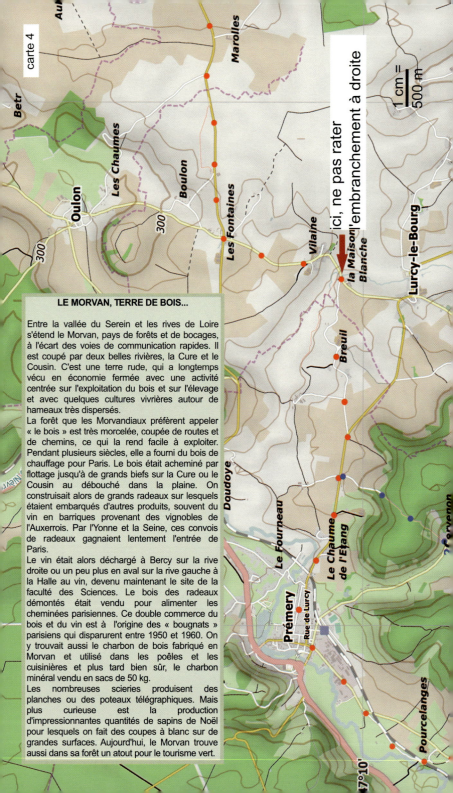

LE MORVAN, TERRE DE BOIS...

Entre la vallée du Serein et les rives de Loire s'étend le Morvan, pays de forêts et de bocages, à l'écart des voies de communication rapides. Il est coupé par deux belles rivières, la Cure et le Cousin. C'est une terre rude, qui a longtemps vécu en économie fermée avec une activité centrée sur l'exploitation du bois et sur l'élevage et avec quelques cultures vivrières autour de hameaux très dispersés.

La forêt que les Morvandiaux préfèrent appeler « le bois » est très morcelée, coupée de routes et de chemins, ce qui la rend facile à exploiter. Pendant plusieurs siècles, elle a fourni du bois de chauffage pour Paris. Le bois était acheminé par flottage jusqu'à de grands biefs sur la Cure ou le Cousin au débouché dans la plaine. On construisait alors de grands radeaux sur lesquels étaient embarqués d'autres produits, souvent du vin en barriques provenant des vignobles de l'Auxerrois. Par l'Yonne et la Seine, ces convois de radeaux gagnaient lentement l'entrée de Paris.

Le vin était alors déchargé à Bercy sur la rive droite ou un peu plus en aval sur la rive gauche à la Halle au vin, devenu maintenant le site de la faculté des Sciences. Le bois des radeaux démontés était vendu pour alimenter les cheminées parisiennes. Ce double commerce du bois et du vin est à l'origine des « bougnats » parisiens qui disparurent entre 1950 et 1960. On y trouvait aussi le charbon de bois fabriqué en Morvan et utilisé dans les poêles et les cuisinières et plus tard bien sûr, le charbon minéral vendu en sacs de 50 kg.

Les nombreuses scieries produisent des planches ou des poteaux télégraphiques. Mais plus curieuse est la production d'impressionnantes quantités de sapins de Noël pour lesquels on fait des coupes à blanc sur de grandes surfaces. Aujourd'hui, le Morvan trouve aussi dans sa forêt un atout pour le tourisme vert.

Étape 4 par Nevers 31 km 7 h 45
De Prémery à Nevers

À **Pourcelange**, vous avez marché 35 mn et parcouru 2,5 km
À **Guérigny**, vous avez marché 3 h 30 et parcouru 17 km
À **Nevers**, vous avez marché 7 h 45 et parcouru 31 km

Guérigny (58130)
Tous commerces.
HR Le Commerce, 2 Grande Rue, tél : 03 86 37 32 77. Ch. à partir de 52€, PDJ à partir 7€. Dîner à partir de 10€. Fermé le lundi et mardi.
lesforgesrestauration@outlook.fr

RP municipal, 24 av. du Gal Cheutin. Contacter la mairie au 03 86 90 78 50 (9h - 12h et 14h - 18h) pour en obtenir les clés, cuisine en gestion libre. Nuitée à 13€. 4 pl. Ouvert du 15/03 au 15/10. Prévenir la veille.
mairie.guerigny@wanadoo.fr

CH Le Clos des Forges, Mme Emery-Dumas, 1 place du 14 Juillet, tél : 06 09 17 51 10. Ch.+PDJ à partir de 55€ pour 1 pers., 60€ pour 2, 80€ pour 3, 100€ pour 4. Dîner 20€ Cuisine. Ouvert toute l'année.
emery-dumas@orange.fr

Parigny-les Vaux (58320)
Chambre, Mme Robiche, 43 rue d'Egypte, Pinay (6 km hors chemin), tél : 03 86 68 52 91, ou 07 89 00 54 63. Nuitée 30€ pour 1 pers., 50€ pour 2, 66€ pour 3, 80€ pour 4. Dîner possible sur résa 15€ (uniquement pour les randonneurs de St-Jacques-de-Compostelle, présenter la crédenciale). Draps 5€. Peut venir vous chercher à Guérigny.
guillamat-freddy58@orange.fr
Pour y aller : à Guérigny, suivre la direction de Parigny-les-Vaux par la D8. Faire 4 km jusqu'à l'église de Parigny-les-Vaux (attention route passante). Suivre la direction de Pougues-les-Eaux, et après 200 m, avant le monument aux morts, s'engager à droite vers le cimetière. Après 50 m, à la fourche tourner à droite. Faire 1,5 km pour trouver Pinay.

GE (à 4,2 km de Guérigny, hors chemin), tél : 03 86 90 77 90 (mairie). Si la mairie est fermée, s'adresser au Café-tabac Au

Nevers

Cette étape d'une distance assez importante pour une quatrième journée de marche peut être fractionnée en deux puisque Guérigny possède un refuge pèlerin à prix modeste. Pour ceux qui souhaitent arriver à Nevers dans l'après-midi, il ne faut pas partir trop tard, car quel que soit le choix de votre hébergement, il est préférable de ne pas y arriver trop tard. Le vrai plaisir de cette étape c'est la forêt, car elle est présente partout et 75% de l'étape s'y déroule sur de petites routes de campagne. C'est le franchissement de l'A71, peu après le château de Luanges, qui marque la fin de la forêt. L'entrée à Nevers se fait au mieux pour éviter au maximum les grands axes bruyants et préserver le pèlerin et sa tranquillité.

À Nevers où les signes jacquaires sont nombreux, ne manquez pas de visiter la cathédrale Saint-Cyr qui abrite une très belle statue de l'apôtre Jacques, et le palais ducal qui fut, de la fin du XVe siècle à la chute de l'Ancien Régime, la résidence des comtes puis des ducs de Nevers.

Rendez-vous de la Jeunesse, au 03 86 68 84 00. Nuitée 19€/pers. (été), ou 21€ (hiver). Pas de PDJ. Cuisine en gestion libre.
accueil@mairie-parigny-les-vaux.fr
Pour y aller : à Guérigny, suivre la direction de Parigny-les-Vaux par la D8. Faire 4 km jusqu'à l'église de Parigny-les-Vaux (attention route passante).

Urzy (58130)

GE Jeunot, Mme Widemann, hameau de Jeunot (points bleus A), tél : 06 59 73 64 23. 12 places. Nuitée en ch. partagée à partir de 24€/pers. Cuisine. PDJ 8€. Peut venir nous chercher sur le chemin au cimetière d'Urzy bourg. Ouvert toute l'année.
contact@gitejeunot.com
Pour y aller : dans notre explicatif, quand après le cimetière d'Urzy nous indiquons de tourner à gauche vers le Pont-St-Ours, ne pas tourner à gauche mais poursuivre tout droit (panneau 70 km/h à droite). Faire 1,8 km (soit 20 à 22 mn de marche) puis prendre à droite vers Fontaine Cavalier (route qui descend, interdite aux camions de plus de 3,5 T). Faire 700 m. Le gîte est sur la droite.

APD Aux P'tios Bonheurs Simples, M. et Mme Phoebe, 6 route de la Brosse (points bleus B), tél : 06 11 43 59 27. Nuitée à partir de 10€ en chambre et à 7€ en toile de tente. Dîner+PDJ 10€. Possibilité de prendre les pèlerins au point d'arrêt nature à l'étang de Niffond.
phoebesamuel1@gmail.com
Pour y aller : dans notre explicatif, au cimetière d'Urzy, au carrefour, poursuivre tout droit en laissant le cimetière sur la droite. Ça monte. Passer les rails en laissant la maison du garde-barrière à droite. Depuis les voies ferrées, faire 900 m. Au carrefour en T, tourner à droite vers un virage à gauche visible à 150 m. Faire 1,9 km (soit entre 20 et 25 mn de marche) puis prendre à gauche vers Varennes-Vauzelles. Parcourir 1,5 km. Au stop (panneau route de la Plaine et croix à droite), laisser le panneau vers Varennes-Vauzelles, tourner à droite sur 35 m (panneau Pignelin) puis à gauche. Vous êtes dans la rue de La Brosse.

GE du Pont-St-Ours (projet d'ouverture pour 2023), 131 rue

La porte du Croux à Nevers

Descriptif de l'itinéraire pédestre et cycliste

Pour déjeuner : tous commerces à Guérigny, (bar-restaurant, supérettes).

Face à l'église, prendre à droite. Longer l'église en l'ayant à votre gauche. Arriver sur la Grande Rue, traverser la place de la Halle et continuer sur la Grande Rue. Au bout, poursuivre tout droit rue Auguste Lambiotte (D148) direction Nolay. Dans un virage à gauche (signe passage à niveau, deux barres), quitter la route pour continuer tout droit sur un chemin empierré. Il longe la ligne de chemin de fer à votre gauche puis la traverse.

Entre les maisons, prendre à droite puis dans une intersection en T, tourner à droite à nouveau dans un chemin de terre en longeant une ligne de moyenne tension. Arrivé à la départementale, monter à droite. À l'intersection suivante, prendre à droite direction Rigny. Continuer tout droit en ignorant toutes les intersections et après un passage à niveau, tourner à gauche pour longer la ligne de chemin de fer. Emprunter un pont après un transformateur à votre droite. Prendre à gauche, traverser un passage à niveau et prendre tout de suite à droite une route goudronnée.

400 m après la sortie de Mauvron, monter à gauche (flèche La Fontaine du Bois). Arrivé à une intersection en T (une maison à gauche avec signe cul-de-sac), prendre à droite. À la fourche à proximité d'une aire de pique-nique, prendre à droite une route goudronnée plus large et la suivre jusqu'à la sortie de la forêt. Au stop, emprunter une rue à droite, continuer tout droit sur une succession de rues puis sur la route pour arriver à **Guérigny**.

des Buttes (950 m hors parcours, points bleus C), tél. mairie : 03 86 38 52 78. Prix et détails d'hébergement en mairie.

Nevers (58000)
Tous commerces. OT, Palais Ducal, 4 rue Sabatier, tél : 03 86 68 46 00.
contact@nevers-tourisme.com
www.nevers-tourisme.com

H Beauséjour, 5 bis rue St-Gildard, tél : 03 86 61 20 84. Ch. à partir de 42€, et 55€, 60€ (selon confort). PDJ buffet 8,50€. Local à vélo. Petite réduction pour les pèlerins avec crédenciale.
hbeausejour@wanadoo.fr

Accueil pèlerin, Espace Bernadette Soubirous, 34 rue St-Gildard, tél : 03 86 71 99 50. Nuitée+PDJ 26€ (sur présentation de la crédenciale), dîner 16€. 75 pl. Résa préférable. Ch. dans le bâtiment principal ou au gîte St-Michel, en ch. d'1 ou 2 pers. Lave-linge, local à vélo avec nécessaire de réparation. Ouvert toute l'année.
contact@espace-bernadette.com

Accueil au Monastère de la Visitation, 49 route des Saulaies, (à 30 mn à pied du centre-ville, points bleus 1, sur la carte de l'étape 5), tél : 03 86 57 37 40. Résa préférable. Participation laissée à votre libre conscience. (Pour un ordre de grandeur : repas 12€, nuitée+PDJ 20€). Ouvert sous réserve que la pandémie de covid-19 soit maîtrisée.
visitation.nevers@orange.fr
Pour y aller : départ du pied du pont sur la Loire (sans l'avoir franchie donc rive droite au nord). Descendre les escaliers et prendre le chemin de halage en laissant la Loire sur la gauche. Passer sous les voies ferrées. Faire 500 m toujours sur le chemin de halage (piste) et rejoindre une route bitumée (D504). Marcher sur les trottoirs, faire 850 m, le monastère est à droite (panneau).

C de Nevers***, tél : 03 86 36 40 75 (en saison), ou 03 86 37 95 83 (hors saison). Logement en mobile home de 4 à 6 pers. à partir de 68€ (basse saison), et à partir de 32€ en tente équipée.
camping.nevers@aquadis-loisirs.com

Au stop, traverser tout droit puis obliquer tout de suite à droite pour traverser un square et arriver à la place de la Liberté et vers l'église. La longer à votre gauche, puis traverser en diagonale la place Jean Jaurès et prendre à gauche la D 977. Continuer sur le trottoir de cette route et enchaîner sur le passage par **Urzy**. Dans un virage à gauche, quitter la route pour prendre à droite la rue de l'Usine, passer à côté de l'usine, traverser deux ponts et continuer tout droit sur cette D207. Dans une intersection, à côté d'un cimetière, poursuivre tout droit sur la D148.

500 m après cette intersection, tourner à gauche en direction de Pont-Saint-Ours et continuer tout droit sur cette route en traversant les hameaux. 50 m après un conteneur à verre et avant l'entrée du hameau Les Buttes, prendre à droite un chemin pierreux. Ce chemin entre dans la forêt, traverse un pont de l'autoroute et devient goudronné. Quand il tourne à gauche, le quitter pour poursuivre tout droit sur un chemin de terre.

Arrivé à une rue (céder la priorité), prendre à gauche et continuer tout droit par la rue des Filles puis descendre à droite par le chemin du Moulin à Vent. Arrivé à une rue (céder la priorité), prendre à gauche et à un rond-point (entrée de Nevers), continuer tout droit par la rue de la Pique. Dans une intersection en T, prendre à droite la rue de Mademoiselle Bourgeois, puis dans un rond-point, prendre (à 1 heure) la rue Jean Jaurès (flèche centre-ville).

Sur une placette, continuer (à 10 heures) rue de la Barre (sens unique). À la première intersection, continuer à gauche rue de la Barre. À l'intersection suivante, prendre à gauche la rue des Charniers et s'approcher de la l'église Saint-Étienne. Ressortir par une petite ruelle face à sa façade et prendre à gauche rue Saint-Étienne.

Au bout, traverser à droite la place Guy Coquille, puis prendre à gauche rue François Mitterrand. En suivant la ligne bleue au sol, traverser la place Mancini puis monter à droite la rue des Récollets (sens unique). Traverser l'Esplanade du Château et aboutir sur l'abside de la cathédrale de **Nevers**.

GUÉRIGNY

Guérigny est situé au confluent de trois rivières, la Nièvre de Champlémy, la Nièvre de Prémery et la Nièvre de Saint-Bénin. Réunies, elles forment la Nièvre qui rejoindra la Loire à Nevers. Cette petite ville de 3000 habitants environ semble devoir son nom à Warinius, chef wisigoth établi dans la région. Sa terre s'est alors appelée « Villa Wariniacum », transformée en « Garianicum », puis en Guérigny.
On sait avec davantage de certitude que le fief a appartenu à l'évêque de Nevers de 840 à 860, puis fut cédé aux chanoines de l'église Saint-Cyr de Nevers.
Mais la renommée de Guérigny provient des forges nationales de la Chaussade. Héritières des forges royales installées dans la région et exploitant depuis le XVIIe siècle les mines de fer de Poiseux, elles sont devenues établissement de la marine nationale spécialisé dans la fabrication de chaînes et d'ancres pour les navires. C'est d'ailleurs là que furent forgées les ancres « Byers » de 15 tonnes destinées au paquebot France.

APD, M. et Mme Barnaud, 21 rue du Plateau de la Bonne Dame (sortie de Nevers, à 400 m de la voie traditionnelle de Vézelay), accueil avec crédenciale obligatoire, prévenir au moins la veille, tél : 03 86 37 58 27, ou 06 02 24 05 36. Libre participation. Petite cuisine en gestion libre. Petite épicerie de dépannage dans le gîte.
xavier.barnaud@sfr.fr
martine.barnaud@sfr.fr

Messes :
- monastère du Carmel 8h30
- St-Gildard (Espace Bernadette Soubirous) 10h
- Visitation (Monastère) 11 h

LA CATHÉDRALE SAINT-CYR DE NEVERS

Dédiée à saint Cyr et sainte Juliette, cette cathédrale marquée par le temps, offre un panorama varié d'architecture religieuse. En effet, elle possède deux chœurs opposés. L'un, vestige d'un premier édifice, est roman. Il est orné d'une fresque du XIIe siècle représentant le Christ en gloire. L'autre chœur est gothique ainsi que la nef dont le triforium est orné de statues.

Les bombardements de la dernière guerre ont provoqué la disparition des vitraux qui sont maintenant remplacés par des œuvres contemporaines mais, en revanche, ces bombardements avaient permis de retrouver le baptistère du VIe siècle.

Limité par la porte de Croux, le quartier des faïenciers s'est développé à la place de l'ancienne ville médiévale. Il y eut ensuite jusqu'à douze entreprises dont les productions firent la renommée de Nevers. Une très belle collection de ces anciennes faïences nivernaises est aujourd'hui présentée dans les bâtiments de l'ancienne abbaye Notre-Dame transformée en musée municipal Frédéric Blandin.

Le palais ducal à Nevers

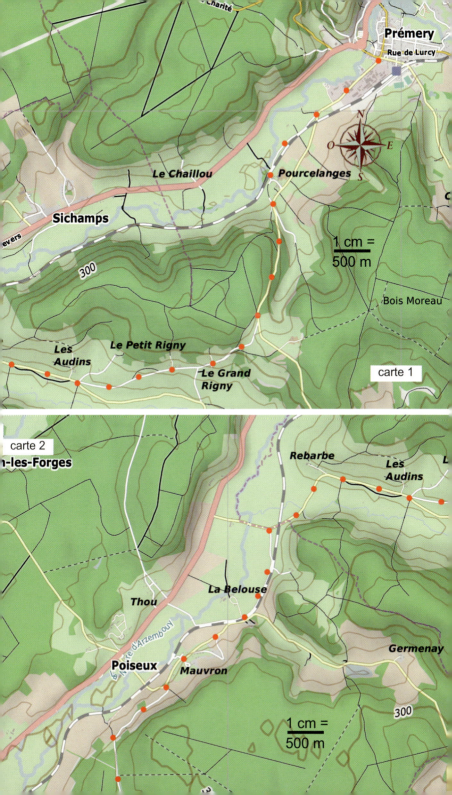

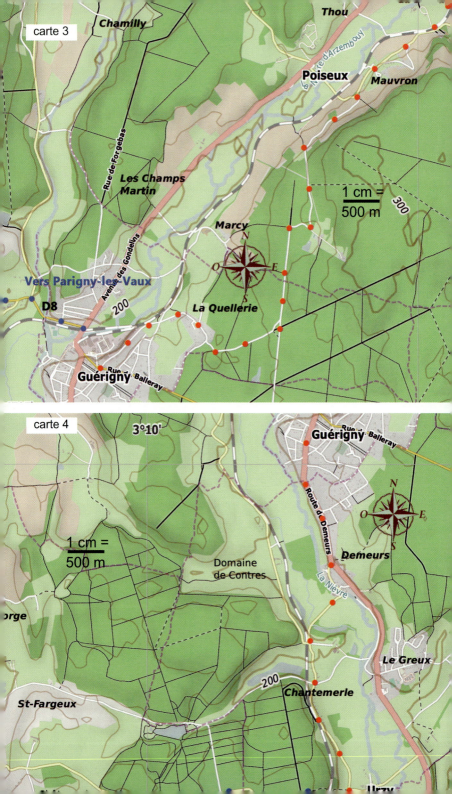

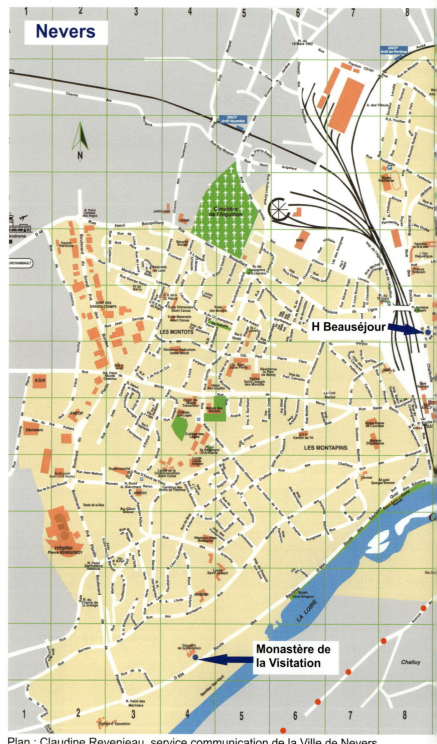

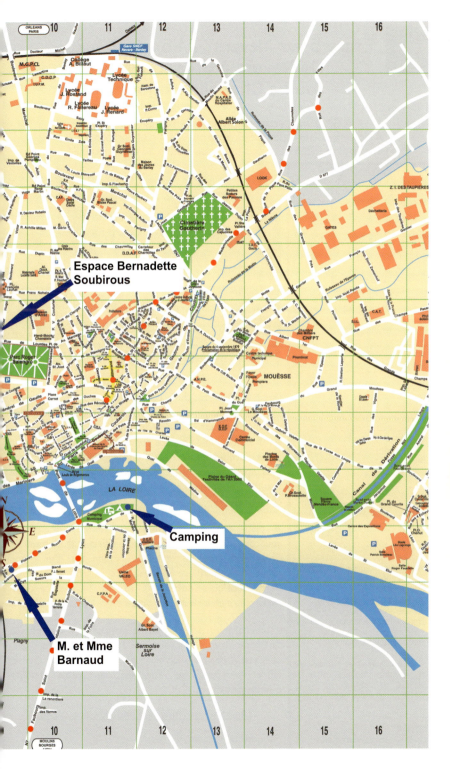

Étape 5 par Nevers 24,5 km 6 h 20
De Nevers à Grossouvre
(ou La Chapelle-Hugon)

À **Gimouille**, vous avez marché 2 h et parcouru 9 km
À **Apremont-sur-Allier**, vous avez marché 4 h et parcouru 16 km
À **Grossouvre** (château), vous avez marché 6 h 20 et parcouru 24,5 km

Gimouille (58470)
Épicerie multiservices, dépôt de pain, plats préparés avec possibilité de manger sur place, ouverte de 7h30 à 13h le lundi, de 7h30 à 20h du mardi au samedi, de 8h à 18h le dimanche (de mars à fin août). Tél : 03 86 60 23 61.

Cuffy (18150)
(lieu-dit Le Guétin)
Restaurant du Pont-Canal, le bourg, tél : 02 48 80 40 76, menus de 14,90€, 24€, 33€ + carte. Fermé le lundi.

HR La Grenouille, lieu-dit La Grenouille, 1 route d'Apremont, tél : 02 48 77 50 50. 13 ch. de 37, 42, 47, 62€. Menu 19,50€ + carte, mais pas de dîner possible le jeudi. Résa souhaitée. Ouverture de l'hôtel 7j/7. lagrenouille18150@orange.fr

Apremont-sur-Allier (18150)
Bar, restaurant, brasserie l'été uniquement.

La Chapelle-Hugon (18150)
GE municipal pour les pèlerins, renseignements (la veille, le matin) par tél : 02 48 74 07 16 (mairie). Nuitée 15€/pers. 6 pl. Cuisine mais courses à prévoir à Nevers. la-chapelle-hugon-mairie@wanadoo.fr

Grossouvre (18600)
Bar-restaurant Le Bistrot. Épicerie et boulangerie, 29 rue Principale (fermée l'été, mais dépôt de pain au Bistrot).

Gîtes au château de Grossouvre, M. et Mme Chevaux, route de Mornay, tél : 02 48 74 09 32. 1/2 P en gîte 40€ pour 1 pers., 50€ pour 2. 1/2 P en ch. double 60€. Ouvert de mi-mars à fin octobre.
chateaudegrossouvre@sfr.fr
veronique.lesches@sfr.fr

Le château de Grossouvre

Dès que l'on a franchi le pont sur la Loire, on retrouve le calme d'un chemin qui évite au maximum le bitume. Cette variante sud suit l'excellent balisage de coquilles jaunes sur fond bleu mis en place par l'association des Amis de Saint-Jacques en Berry. Ce balisage local, à l'évidence très apprécié des marcheurs et des pèlerins, après le lieu-dit La Grenouille, suit le fossé d'alimentation du canal de Berry.

À part quelques inévitables kilomètres de routes goudronnées entre Apremont-sur-Allier et le château de Grossouvre, tout le reste de l'étape est d'un grand calme. Seuls sont parfois bruyants, le long du canal de Berry, quelques batraciens et les hérons cendrés, carnassiers cherchant leur pitance.

L'hébergement proposé par le propriétaire du château de Grossouvre, M. Chevaux, est dans un cadre grandiose, et il serait dommage de manquer cela ! À vous de choisir votre parcours en fonction de votre budget d'hébergement.

Descriptif de l'itinéraire pédestre et cycliste

Pour déjeuner : à prévoir dès Nevers.

Depuis la grande place de l'esplanade du palais des ducs (château dans votre dos), emprunter la rue de la Basilique sur la droite, puis la rue de la Cathédrale à gauche, qui descend en pente douce. Laisser sur la droite le palais de justice. Poursuivre en descendant la rue de la Cathédrale, puis suivre la route qui vire à droite (rue de Loire). Emprunter ensuite sur la gauche le pont sur la Loire.

Après le pont, ne pas suivre le balisage droit devant, mais tourner à droite, par la rue du Plateau-de-la-Bonne-Dame. Au talus, rejoindre la route bitumée à droite par un tout petit chemin, et passer sous la voie ferrée. Quitter Nevers et entrer dans **Challuy** par l'avenue du Stand. À la fourche qui suit, prendre à droite vers La Chaume-des-Pruneaux. Ne pas emprunter le chemin qui part sur la droite après la barrière en métal et rester sur la route bitumée qui s'enfonce en sous-bois. Après 800 m, s'engager à droite par un chemin de terre. Après 1500 m, le chemin se rétrécit et ne permet plus le passage de véhicules. Longer la Loire (sur votre droite) et parcourir 3 km pour laisser ensuite le cimetière sur la droite (point d'eau potable dans le cimetière). Franchir la D976 et prendre en face vers **Gimouille** par la route C1. Passer au-dessus du canal latéral à la Loire.

Laisser l'église du village sur la droite et passer entre la mairie et un calvaire pour suivre ensuite le fléchage vers Sampanges 1 km, et après 10 m, emprunter l'embranchement de droite. Longer le canal latéral à la Loire vers un pont visible à 300 m. Franchir ce pont et après celui-ci, tourner à gauche par le sentier de halage. Parcourir 300 m et passer au-dessus de la Loire par le pont-canal. Après le pont canal du Guétin, tourner à gauche par la route bitumée (D976) sur 600 m (attention, route dangereuse), puis entrer dans le lieu-dit La Grenouille. Franchir de nouveau le canal, tourner à gauche pour emprunter le chemin de halage le long du canal qui rejoint Apremont-sur-Allier à 4,5 km.

À l'église d'**Apremont-sur-Allier** (portail principal dans votre dos), suivre sur votre droite la route bitumée D100 qui remonte (fléchée vers La Guerche, La Chapelle-Hugon, Grossouvre), en suivant le fléchage des Amis de Saint-Jacques en Berry. Après 300 m, laisser le cimetière sur la droite. Pour rejoindre **Grossouvre**, tourner ensuite à gauche par la D76 (fléchage Amis de Saint-Jacques en Berry). Pour poursuivre vers **La Chapelle-Hugon**, poursuivre tout droit sur 7 km.

Pour rejoindre Grossouvre : emprunter à gauche la très belle route forestière et parcourir 7,3 km (malheureusement pas d'autre chemin possible, les propriétaires forestiers n'ont pas donné leur accord pour permettre le passage des pèlerins sur les parcelles privées !). Laisser le lieu-dit Les Coqs à droite, et rejoindre la D78. Vous trouverez l'hébergement pèlerin au château droit devant à ce carrefour. Depuis La Chapelle-Hugon jusqu'à Grossouvre : suivre l'explicatif dans l'étape suivante.

LE CHÂTEAU DE GROSSOUVRE

La grosse tour à vocation défensive est l'élément le plus ancien du château dont l'histoire se confond, dès le XIVe siècle, avec la famille des Grivel, qui y vécut pendant quatre cents ans. C'est en tant que sénéchal et bailli de Louis II duc de Bourbon que Jehan Grivel, qui avait chassé les Anglais du Berry, reçut la maison forte de Grossouvre.

La lignée des Grivel accueillit au château Catherine de Médicis, Charles IX et Henri III. C'est Alexandre Auguste le Prodigue, marquis d'Ourouër, qui, complètement ruiné, dut céder en 1785 ce fief à François Durant, maître des forges, qui s'intéressait aux installations de Trézy.

Ce dernier le revendit à François Grenouillet qui le garda de 1822 à 1833, date à laquelle il devint possession d'Alexandre Aguado, le fastueux marquis de Las Marismas. Le château devint alors le rendez-vous de chasses magnifiques. Les Aguado y reçurent souvent Eugénie de Montijo et l'empereur Napoléon III, dont ils étaient les familiers. En 1868, le château devint pour cinquante ans la propriété des barons de Bastard, très connus à Bourges. En 1918, le nouvel acquéreur Giovanni del Drago en fait une escale où il s'arrête entre deux voyages. Le château change à nouveau de mains à la seconde guerre mondiale et les Fournier-Canard, importants agriculteurs de l'Aisne devenus réfugiés, y habitent à demeure après l'Exode. C'est après la Libération que l'achat en 1948 par la mairie de Lens redonne une nouvelle jeunesse à la propriété transformée en colonie de vacances pour les sept cent cinquante enfants des mineurs. Mis en vente, ce domaine n'est acquis qu'en 1988 par Alexis Basques qui veut le transformer en un vaste complexe touristique et sportif : plan ambitieux mais trop onéreux n'aboutit pas.

Le château prenait triste figure jusqu'à l'arrivée providentielle en 1998 de Jacques Chevaux, qui s'était déjà investi pour sauver plusieurs demeures en perdition.

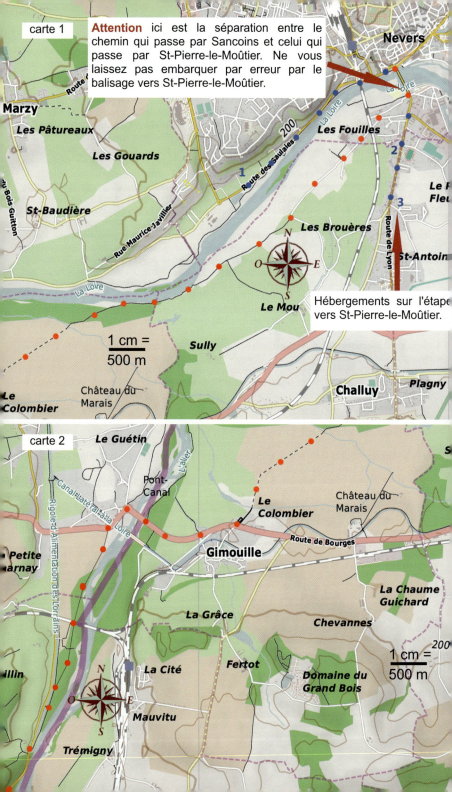

Étape 6 par Nevers 17 km 3 h 40
De Grossouvre (ou La Chapelle-Hugon) à Augy-sur-Aubois

À **Sancoins**, vous avez marché 1 h 35 et parcouru 6,5 km
À **Augy-sur-Aubois**, vous avez marché 3 h 40 et parcouru 17 km

Sancoins (18600)
Tous commerces.

H du Parc, 8 rue Marguerite Audoux, tél : 02 48 74 56 60. Nuitée 40€/pers., PDJ 8€. reboul.traiteur@wanadoo.fr

HR Saint-Joseph, place de la Libération, M. Desrues, tél : 02 48 74 61 21. Chambre double à partir de 58€, 68€ pour 3. PDJ 9€. Menus à partir de 16€, 19€, 29€ + carte. Ouvert toute l'année. hotel.stjoseph107@orange.fr

Gîte communal de dépannage, La Douma, 8 place du Champ de Foire. Renseignements : 06 77 65 89 26 (M. Decreux), ou 02 48 77 52 42 (mairie). Nuitée 17€. Douche, sanitaires, cuisine en gestion libre. Fermé le WE et jours fériés. Arriver sur les lieux avant 17h30.

Messe 11h.

Augy-sur-Aubois (18600)
Bar-restaurant multi-services dans le centre bourg.

RP chez M. et Mme Heinrichs, La Croix, tél : 02 48 74 68 30, ou 09 64 18 54 66. Ouvert de mi-mars à mi-octobre. Nuitée 11€. 12 lits, mais 22 places possibles. Cuisine à disposition, mais dîner possible avec l'hospitalier. On y parle francais, anglais, allemand, néerlandais, flamand et espagnol.

L'église d'Augy-sur-Aubois

L'étape du jour ressemblera comme une sœur jumelle à celle d'hier. C'est le long du canal de Berry dont les rives seront fraîches et ombragées que nous marcherons presque toute la journée.

Augy-sur-Aubois propose un hébergement d'une exceptionnelle qualité. René Heinrichs a inauguré en 2001 un refuge pour les pèlerins sur le même principe que les gîtes espagnols. De mars à octobre se relaient une dizaine de bénévoles hollandais pour être présents à l'arrivée des pèlerins et leur proposer toutes les ressources du refuge : la douche, les dortoirs sous les toits, le calme et l'accueil. Ils connaissent bien l'état d'esprit de votre démarche sportive, spirituelle ou culturelle. Sur la place du village vous trouverez un bar-restaurant multi-services qui pourra vous rafraîchir et vous restaurer. Si vous souhaitez cuisiner au refuge, une petite cuisine vous permettra de préparer vous-même vos repas, mais vous devrez prévoir à l'avance votre ravitaillement à Sancoins.

C'est à Augy-sur-Aubois qu'étaient fabriqués au début du XXe siècle les petits carreaux blancs qui ornaient le métro parisien. La proximité du canal de Berry permettait aisément le transport jusqu'à Paris. C'était l'âge d'or de la vie du village qui comptait 700 habitants. Mais de nos jours la fabrication a cessé et Augy-sur-Aubois est redevenu bien plus calme.

Descriptif de l'itinéraire pédestre et cycliste

Pour déjeuner : supérette et nombreux restaurants à Sancoins.

Au gîte du château du Grossouvre, laisser le château dans votre dos. Aux grilles du château, tourner à gauche pour rejoindre le centre-bourg à 700 m.

Au premier rond-point, poursuivre tout droit et laisser plus loin l'église sur la gauche. Laisser l'entrée principale dans votre dos et poursuivre droit devant vers le chemin de halage du canal de Berry, que vous trouverez sur la gauche après les commerces du bourg, à proximité d'un abribus en béton.

Depuis le canal de Berry de Grossouvre : parcourir 1200 m pour franchir une première écluse. Poursuivre toujours tout droit par le chemin de halage sur 1500 m. À la deuxième écluse, le chemin retrouve une route bitumée. À cette route, tourner à droite pour retrouver le pont à 50 m.

Après le pont, tourner à gauche (fléchage bicolore). Après 2,5 km, arriver à **Sancoins**. Franchir la N76 et poursuivre le long du canal de Berry. À proximité du centre-bourg, virer à gauche vers le cœur de la ville. À l'église de Sancoins (portail principal dans votre dos), descendre la place puis suivre la direction Bourges, Les Grivelles, par la rue Fernand Duruisseau, et laisser plus loin la place du Commerce à gauche.

Franchir le canal de Berry (en eau à partir de Sancoins) et après celui-ci, tourner à gauche (fléchage bicolore visible). Après 300 m, aux deux barrières, poursuivre sur 1500 m. Laisser une première écluse et parcourir à nouveau 1500 m. Au pont de Jouy, changer de rive pour rejoindre le lieu-dit L'Aubois. Après 1700 m, laisser un deuxième lieu-dit, Arnon, sur la droite. À ce lieu-dit, tourner à gauche, franchir le pont et ne plus quitter la route bitumée qui remonte. Après 700 m, laisser une ferme sur votre droite (légèrement sur votre gauche, à l'horizon le clocher de l'église d'Augy-sur-Aubois).

Face au cimetière (calvaire sur la gauche), pour rejoindre le bourg d'**Augy-sur-Aubois**, tourner à gauche. Pour poursuivre vers le refuge pèlerin, continuer tout droit en laissant le cimetière sur votre droite. Le refuge est à 250 m sur votre droite.

De La Chapelle-Hugon à Grossouvre

À l'église de La Chapelle-Hugon que vous laissez sur votre droite, suivre la direction vers la salle Jules Bornet par la route qui descend, et emprunter plus loin le chemin de halage sur la gauche. Parcourir 2 km.

Lorsque l'on retrouve une route bitumée, tourner à gauche par la route qui remonte et après 50 m, emprunter à droite le premier petit chemin discret en sous-bois, qui rejoint Grossouvre à 2 km en une demi-heure de marche (et rejoint aussi directement Sancoins à 7,5 km environ). Suivre ensuite l'explicatif en gras page précédente.

AUGY-SUR-AUBOIS

Le village d'Augy est très ancien. Des traces d'habitations datent de 650 à 600 avant J.-C. Les premiers occupants furent un peuple de forgerons venus d'outre-Rhin, les Bituriges Cubi. Ils s'installèrent dans la vallée de l'Aubois où se trouvaient des minerais de fer. Augy était constitué de multiples hameaux. Par la suite, Augy fut rattaché à l'Aquitaine. Clovis reprit le village en 507 mais à la fin du XIIIe siècle il retourna à l'Aquitaine. Augy devint même anglais pour une courte période. Son appartenance changea ainsi au fil des siècles au gré des invasions et des grandes époques de l'histoire de France. Ainsi Augy dut se rallier à l'église réformée en 1585 et fut en partie saccagé par les catholiques. Le rattachement définitif d'Augy au Berry date de la Révolution…

Il faut souligner qu'Augy posséda une école laïque bien avant les lois de Jules Ferry en 1882. À ce sujet, deux hommes importants, des instituteurs, marquèrent la vie villageoise : Albert François Vacelet et son fils Aristide. Outre l'instruction des petits paysans, ils s'engagèrent dans la vie de leur village (secrétariat de mairie, création d'une bibliothèque rurale, d'un mouvement syndical…).

Au XIXe siècle fut construit le canal de Berry par des bagnards. Puis suivit le chemin de fer. Enfin pour conclure, une anecdote : grâce à la proximité du canal de Berry, Augy fournit au métro parisien un certain nombre de rectangles de faïence blanche, grâce à son kaolin !

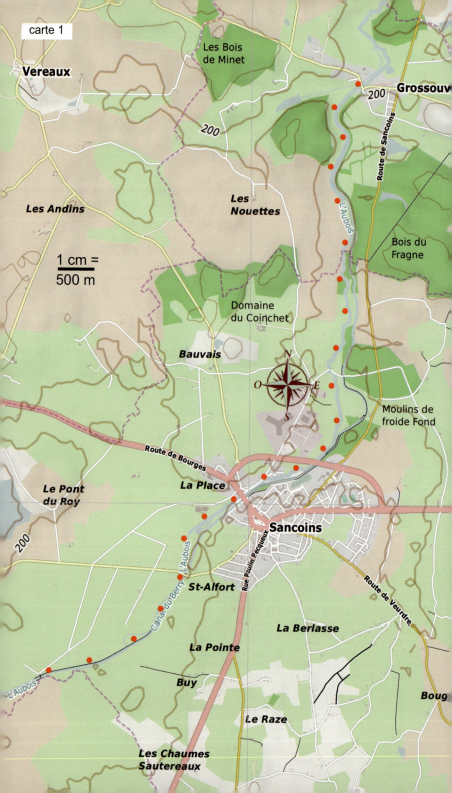

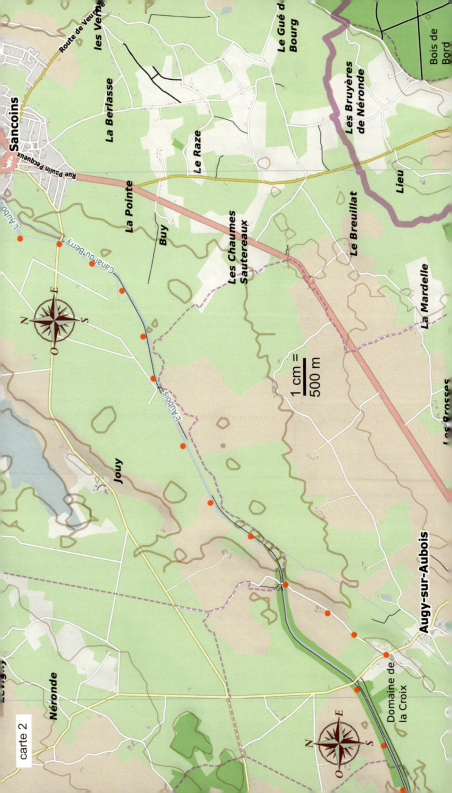

Étape 7 par Nevers   33,5 km   8 h 20
D'Augy-sur-Aubois
à Saint-Amand-Montrond

À **Vernais**, vous avez marché 3 h et parcouru 13,5 km
À **Charenton-du-Cher**, vous avez marché 5 h 30 et parcouru 23,5 km
À **Saint-Amand-Montrond**, vous avez marché 8 h 20 et parcouru 33,5 km

Le canal de Berry

Charenton-du-Cher (18210)
Voir les hébergements dans l'étape 7 sud.

Saint-Amand-Montrond (18200)
Commerces.
Voir les hébergements dans l'étape 7 sud.

Il n'est pas facile de se résigner à quitter de bon matin l'amical refuge Nos Repos, tellement on ressent l'ambiance « espagnole » dans cette belle « auberge du cœur »... mais le chemin nous aspire chaque jour davantage, et il nous faut marcher chaque jour, la condition physique permet maintenant de ne plus passer la moitié de l'après-midi à dormir, épuisé...

Aujourd'hui, après une heure de marche sur de petits chemins de terre, vous rejoindrez le canal de Berry. C'est en le longeant et en profitant de sa fraîcheur que vous allez marcher tranquillement. Vous allez franchir cinq écluses différentes. Si vous savez être discret, vous devriez apercevoir quelques ragondins au travail ou quelques hérons cendrés, redoutables carnassiers tueurs de poissons et d'oisillons ! Si vous le désirez, vous pouvez trouver un hébergement à Charenton-du-Cher après 23,5 km. Mais si vous êtes maintenant sportif poussez donc l'étape jusqu'à Saint-Amand-Montrond.

Descriptif de l'itinéraire pédestre et cycliste

Pour déjeuner : supérette et nombreux restaurants à Charenton-du-Cher.

Départ depuis le refuge « Nos repos », refuge dans le dos. Emprunter la rue qui monte sur votre droite et après 250 m, à l'angle de la dernière maison, tourner à droite par un chemin qui descend fortement. À la fourche, emprunter l'embranchement de gauche qui remonte légèrement et tourne à droite. Après 150 m, à la route bitumée (clôture métallique en face), tourner à droite par la route bitumée qui descend sur 900 m.

Entrer dans le lieu-dit Les Brusques et au carrefour, tourner à droite. Au bout, la route devient un chemin avec une maison isolée à gauche. À la fourche, tourner à droite. Après 300 m, suivre le chemin qui tourne à droite en angle droit puis à gauche 200 m plus loin.

Après 1200 m, le chemin rejoint une route bitumée. Tourner à droite pour rejoindre le canal de Berry à 600 m. Avant le pont devant le canal, tourner à gauche et parcourir 2 km. Attention, après 2 km le chemin vire légèrement sur la droite pour se rapprocher du canal.

Le musée Saint-Vic à Saint-Amand-Montrond

Franchir l'écluse et après celle-ci, tourner à gauche pour rejoindre l'écluse des Presles. Franchir une troisième écluse (écluse de Neuilly) en changeant de rive (laisser le canal côté droit). Rejoindre l'écluse du Rhimbé et changer de rive (canal à gauche) pour rejoindre une cinquième écluse (Le Brot au Chat, fléchage Les Racots, La Font, Capiot à gauche).

Poursuivre tout droit pour rejoindre l'écluse de Fontblisse et continuer le long du chemin de halage du canal de Berry. Franchir la route bitumée au lieu-dit Les Pouzieux, pour poursuivre tout droit sur 1,5 km jusqu'à l'écluse suivante à proximité immédiate du village de **Vernais** (sur la droite). Poursuivre tout droit sur une distance d'environ 900 m, et franchir un pont (Les Couillets sur la gauche) et poursuivre tout droit jusqu'à la D953 qu'il faut franchir. Poursuivre tout droit jusqu'à l'écluse de La Croix-Blanche.

Ne pas quitter le chemin de halage et parcourir de nouveau 900 m jusqu'à **Charenton-du-Cher**, où vous trouverez le centre-bourg sur votre gauche. Laisser la gendarmerie sur la droite et rejoindre le centre-bourg. Pour continuer vers Saint-Amand-Montrond, poursuivre le long du canal de Berry. **Saint-Amand-Montrond** est à 2h45 environ de marche, le long du canal de Berry.

LE CANAL DE BERRY

L'idée du canal de Berry fut évoquée pour la première fois lors des États Généraux de Tours tenus par Louis XI en 1484. Lors des périodes d'assoupissement de la région, au XVIIe siècle, les Sully et autres Colbert reprirent divers projets qui n'aboutirent pas ! Il faut attendre 1780 pour que le duc de Béthune-Charost présente à l'Assemblée Provinciale un Mémoire sur la navigation intérieure du Berry. C'est en 1807, par décret impérial, qu'est décidée la construction du canal de Berry qui est terminé sur toute la longueur de ses trois branches en 1839. C'est une aubaine pour les forges situées à Bourges. Trois branches pour ce canal qui relie Montluçon - Saint-Amand - Marseilles-lès-Aubigny, puis Noyer en passant par Bourges et Vierzon. Une longueur totale de 320 km et une pente de 245 m exigeant 115 écluses, c'est à dire une tous les 3 km... De 1840 à 1860, le trafic sur le canal est multiplié par trois. Mais les difficultés apparaissent assez vite. La largeur des écluses (2,70 m) limite considérablement la taille des péniches qui peuvent les franchir. Certains parlent d'un ingénieur trop économe... Ce n'est pas le seul coupable. En fait, le canal de Berry reçoit uniquement de petits bateaux à fond plat, des péniches appelées des « berrichonnes ». Avec l'accroissement du trafic par le train et la route, le canal, progressivement, se meurt. En 1865, 890 péniches circulent sur le canal pour le transport du grain, du fourrage, du bois de chauffage et du minerai de fer, elles ne sont plus que 165 en 1939 et quelques dizaines après guerre. Un décret de déclassement en date du 1er janvier 1955 est signé de Pierre Mendès-France. Depuis, le canal de Berry a subi de graves outrages, comme son comblement au sud de Bourges pour faire passer une route entrant dans la ville. De l'autre côté, il est laissé à l'abandon. Bourges commence à s'y intéresser... Le charme des promenades le long du canal sont incomparables, mais d'importants travaux de désenvasement et d'amélioration des rives sont nécessaires et particulièrement coûteux.

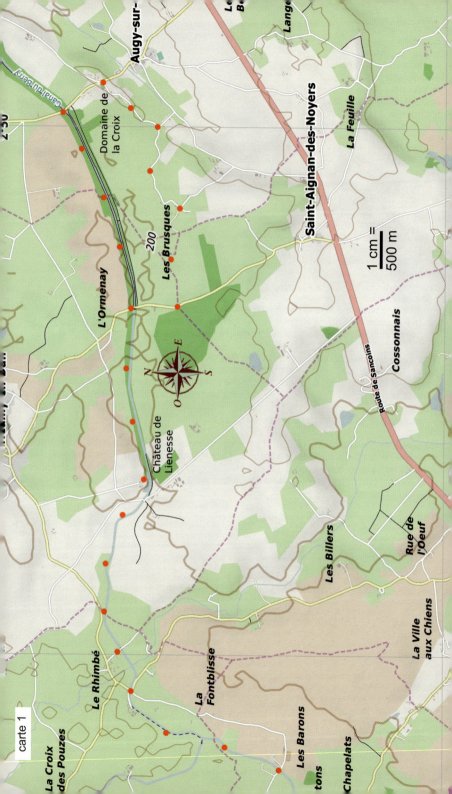

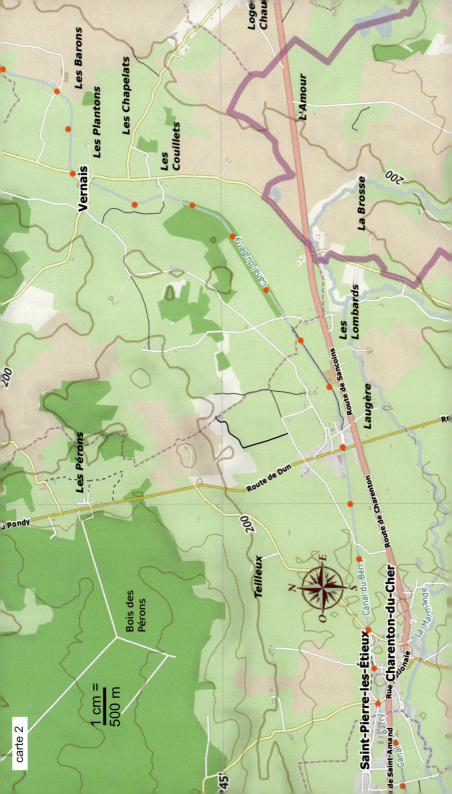

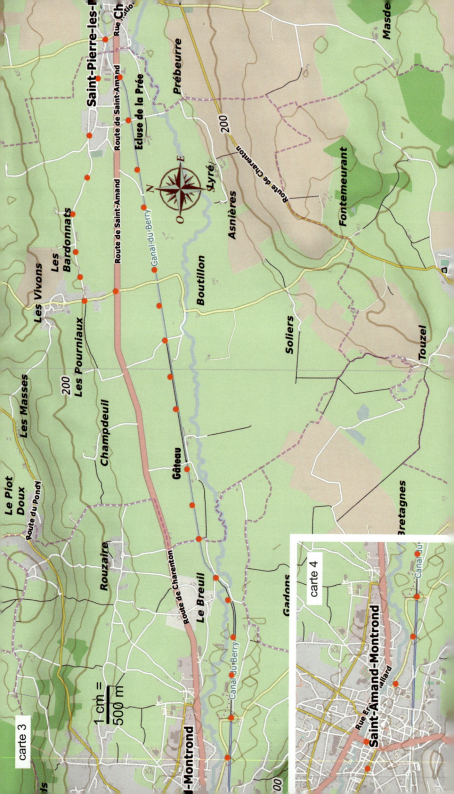

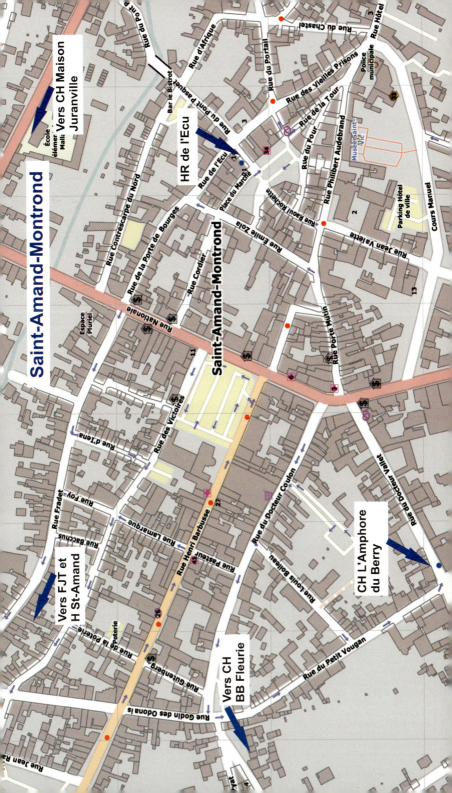

Étape 8 par Nevers   28 km   6 h 30
De Saint-Amand-Montrond au Châtelet

À **Bouzais**, vous avez marché 1 h et parcouru 5,1 km
À **Loye-sur-Arnon**, vous avez marché 3 h 40 et parcouru 16,7 km
À **La Bourgeoisie**, vous avez marché 5 h 50 et parcouru 23,8 km
Au **Châtelet**, vous avez marché 6 h 30 et parcouru 28 km

Orval (18200)
Commerces.

CH La Trolière, Mme Dussert, sur la D925 (points bleus 1), tél : 02 48 96 47 45, ou 06 72 21 59 76. Ch. (grand luxe)+PDJ à partir de 65€ pour 1 pers., et 70€ pour 2. TH 27€ (sauf le mardi) sur résa uniquement. Abris à vélo. Cabinet de massage par un pro. marie-claude.dussert@orange.fr chambresdhoteslatroliere.com
Pour y aller : à Orval, portail principal de l'église dans votre dos, prendre à gauche la rue du Monument, qui se prolonge après 500 m par la route de Lignières. Parcourir 1 km. Au rond-point suivant, poursuivre tout droit en direction de Châteauroux, Lignières (D925). Après 450 m tourner à droite vers La Trolière.

Bouzais (18200)
RP de l'association Voie de Vézelay, tél : 02 48 96 88 79. Nuitée en libre don, dîner 9€. 5 pl., cuisine. Ouvert à 16h. Ouvert du 15/03 au 15/10.

Loye-sur-Arnon (18170)
Auberge de Loye-sur-Arnon, 2 rue des 13 Blés, tél : 02 48 60 67 24 (ouvert tous les midis du lundi au vendredi). Menu du jour 13,50€.

APD, M. et Mme Milleret, Le Grand Planche (sur le chemin), tél : 02 48 60 55 89. 1/2 P 40€. Artiste peintre-sculpteur souvent en déplacement. Mieux vaut prendre contact par courriel, quelques jours avant votre passage. ge.loup@wanadoo.fr

Chambre au gîte de la Place, Mme Floquet, tél : 06 85 06 11 33. Nuitée en caravane en donativo. Camping possible avec votre tente. Cuisine. Ouvert toute l'année. floquet.justine@hotmail.fr
Pour y aller : dans notre explicatif, au carrefour des petites Maisons, prendre à droite et faire 450 m.

L'abbaye de Puyferrand au Châtelet

L'étape du jour d'une distance tout à fait raisonnable est dans la moyenne des précédentes. Rien d'épuisant à parcourir : de petits sentiers qui seraient abandonnés si les pèlerins ne les empruntaient pas de nouveau depuis une vingtaine d'années ! Aujourd'hui ce sont donc 28 petits kilomètres qui vous attendent. Il est possible de déjeuner à Loye-sur-Arnon, presque au milieu de l'étape, mais il faut s'assurer avant que l'auberge est bien ouverte (tél : 02 48 60 67 24, attention peut être fermée le week-end), c'est la seule option possible pour déjeuner sans avoir à porter un repas froid depuis Saint-Amand-Montrond.

On ne croise sur cette étape que quelques tracteurs agricoles et de rares véhicules d'autochtones et c'est donc le calme assuré sur presque la totalité du parcours. À quelques kilomètres avant le centre-bourg du Châtelet, vous pourrez admirer l'ancienne abbaye de Puyferrand et son église Notre-Dame. Fondée par les Seigneurs de Châteauroux, elle appartenait à des chanoines de l'ordre de Saint-Augustin.

Descriptif de l'itinéraire pédestre et cycliste

Pour déjeuner : soit prévoir dès Saint-Amand un repas froid, soit déjeuner au Châtelet (mais alors partir avant 7h).

Marçais (18170)

Hors parcours à 3,2 km, accessible par la D70, route à droite après Le Grand Orme.

Café-épicerie.

CH, M. Regnault de la Mothe, Le Moulin du Pont (points bleus 3), tél : 02 48 96 44 43, ou 06 15 05 43 06. Ch. simple 63€, double 70€. TH (pour les pèlerins uniquement) 22€. Résa préférable. Ouvert toute l'année. bertrand.regnault546@orange.fr
Pour y aller : dans notre explicatif : « Au carrefour du Grand Orme, poursuivre tout droit, en direction de Marçais », ne pas quitter cette D70, parcourir 3,1 km et entrer dans le bourg de Marçais. Laisser l'église à gauche, suivre tout droit vers Morlac-le-Château. Après 350 m, au petit calvaire en pierre, prendre à gauche vers Le Châtelet (D112). Parcourir presque 1,5 km, puis la route descend vers Le Moulin du Pont.

Le Châtelet (18170)

Boulangerie, pharmacie, épicerie, supermarché, bar, restaurant. OT, 27 Grande Rue, tél : 02 48 56 29 35.
www.chateaumeillant-tourisme.fr

Projet de gîte pèlerin pour l'année 2023 (2024 ?), se renseigner en mairie au tél : 02 48 56 21 21.

GE, Mme Thévenin, 54 Grande Rue, tél : 02 48 56 20 82, ou 06 38 84 74 32. Nuitée+PDJ 27€/pers. Cuisine. Casse-croûte sur demande. Ouvert toute l'année. Résa souhaitée.
guy.thevenin0124@orange.fr

GE, M. et Mme François, 2 rue Sainte-Laurette (sortie du bourg vers Châteaumeillant sur le chemin), tél : 02 48 56 38 71, ou 06 32 05 61 08. 6 ch. Nuitée 28€, PDJ 6€. Dîner 18€. Cuisine. Ouvert du 01/03 au 15/11. Résa souhaitée. d.dfrancoi@orange.fr

GE Les Étangs, M. et Mme Barret, La Grande Prahas (point bleu, au nord du bourg), tél : 02 48 56 21 59, ou 06 81 91 24 09. Ch.+PDJ 30€/pers, dîner 15€/pers. Cuisine. Peut aller chercher si vous êtes perdu, mais avec un guide Lepère on ne se perd pas ! Ouvert toute l'année.

Dos à la mairie (Saint-Amand-Montrond), prendre la rue en face, sur 200 m, on laisse à gauche la place principale (place carrée). Grande rue en face, emprunter la route de La Châtre sur 1 km. À la sortie de ville vers La Châtre, laisser l'hôpital à droite pour traverser le pont sur le Cher à 300 m de l'hôpital. Entrer dans **Orval**.

Prendre à gauche au premier carrefour à 300 m, face à la gare (vers La Châtre, Le Châtelet). Passer la voie ferrée. Au giratoire suivant, poursuivre tout droit vers Bouzais. Après moins de 200 m (après la maison de droite qui porte le n°44) tourner à droite (impasse du Lavoir) et immédiatement après, prendre à gauche par le chemin de la Croix du Sault.

Tout droit sur 500 m, laisser le cimetière à droite après 500 m. À 1 km, traversée du pont sur l'autoroute et entrée dans le bois de la Bouchaille. Après 2 km de chemin de terre, prendre une route goudronnée à droite. On est en vue du bourg d'Orcenais à 1 km (vitrail XIXe siècle de saint Jacques dans l'église).

Au carrefour suivant (stop), prendre en face la petite route qui devient ensuite un chemin empierré. Parcourir 1 km. Au carrefour suivant, continuer tout droit en face sur la route et après 700 m, au carrefour, poursuivre tout droit vers l'église de **Bouzais**, refuge pèlerin municipal associatif « Voie de Vézelay ». Continuer tout droit.

Après 300 m, au carrefour, prendre à droite et passer le pont sur la Loubière. Au sortir du pont, devant le cimetière (point d'eau), prendre à droite (rue de la Grenouillère), puis à gauche et suivre la route qui tourne ensuite à gauche. Au carrefour, prendre le C4 à droite vers l'autoroute.

Pont sur l'autoroute A71, poursuivre toujours tout droit. Traverser Les Vernes. Au carrefour de Rateau, poursuivre tout droit. Au carrefour d'Orcenais, La Reuille, poursuivre tout droit. À l'embranchement d'Arcomps, prendre à droite, direction Fonstreux, Charron, Le Champ de Beau.

Charron, Le Champ Rond, l'ancien fief de l'abbaye de Noirlac. Quitter la route pour prendre le chemin (belle allée) à gauche qui se poursuit en chemin herbu à travers la forêt. Parcourir 1,2 km. À une grande fourche (devant un champ), prendre à gauche. Arrivé sur une route, prendre à droite. Au carrefour du Grand Orme, poursuivre tout droit, en direction de Marçais.

Après 100 m, au carrefour, prendre à gauche, direction Le Petit Bonnefond, puis de nouveau à gauche à 50 m pour prendre un chemin empierré et continuer toujours tout droit. Parcourir 1,6 km. Au carrefour à droite, poursuivre tout droit. Au carrefour de La Planche, tourner à gauche (goudron) en angle droit. Au carrefour des Petites Maisons, prendre à gauche en descendant, vers Loye-sur-Arnon à 1,3 km en laissant le cimetière de **Loye-sur-Arnon** à droite.

Dans le bourg (église à droite), sur la D951, traverser pour prendre en face une petite rue, au coin du bar-restaurant.

Pour y aller : dans le bourg du Châtelet, suivre la D112 qui est l'axe principal du bourg, en direction de Marçais (par l'avenue de l'Europe). Faire vos courses dans le supermarché à gauche en sortie du bourg. Parcourir 300 m, et tourner à droite vers La Grande Prahas (panneau) par la route de Vilotte. Faire 500 m et au carrefour (bâtiment à gauche) poursuivre tout droit sur 1,6 km pour entrer dans le hameau.

Reigny (18270)

CH Les Verts Prés, M. et Mme Rabo, Le Breuil Bourgoin (à 3,2 km du parcours, point bleu 4), tél : 06 73 58 91 38. 1/2 P 45€ (pèlerin avec crédenciale), accueil après 16h et sur résa. Vous indiqueront comment retrouver le chemin au départ des Verts Prés. Ouvert toute l'année. lesvertspres@orange.fr stephane.rabo@wanadoo.fr

Pour y aller : dans notre explicatif, « Continuer tout droit assez longtemps puis, dans un carrefour avec une route plus importante », cette route est la D48. À ce carrefour, prendre à gauche. Parcourir 1,1 km. Au carrefour, aller tout droit. Faire 1,6 km jusqu'à un autre carrefour (indiqué vers les Draineurs et Les Bouleaux à droite). Poursuivre tout droit, faire 500 m puis prendre la première à gauche.

Après 100 m, au carrefour, continuer tout droit en passant un petit pont. À 50 m, au carrefour (croix), prendre à droite, direction Étang de Drulon. Parcourir 400 m jusqu'au carrefour de Mézereau pour continuer tout droit.

À l'entrée de la Croix des Bourses, prendre à droite un chemin de terre direction Moulin de Mézereau. Emprunter deux passerelles et sortir à droite d'une clairière avec deux tables de pique-nique. On a une vue sur l'église. Dans une intersection en T, après une montée, prendre à gauche.

À l'intersection suivante, à côté d'une ferme, descendre à gauche. Continuer tout droit assez longtemps puis, dans un carrefour avec une route plus importante, poursuivre tout droit en direction de La Belle Étoile. Dans un fort virage de la route à droite, la quitter pour continuer tout droit dans un chemin herbeux.

Dans une intersection en T, prendre à droite un chemin herbeux, puis arrivé au macadam, prendre à gauche. Dans un carrefour (habitations des deux côtés), poursuivre tout droit par un chemin pierreux. Il entre dans la forêt. À une clairière avec un chêne au milieu, obliquer à droite, de même à la fourche suivante.

À la sortie du bois, continuer entre les deux haies et à l'intersection suivante, descendre un chemin à gauche (10 heures). Traverser le macadam et prendre en face un chemin herbeux qui se dirige vers l'église.

Dans une intersection en T, prendre à droite pour longer le mur de l'église de Puyferrand à votre gauche. Continuer tout droit, puis au stop, poursuivre tout droit dans la rue de Sainte-Laurette puis continuer rue de l'Étoile. Prendre une rue à droite pour monter à l'église du **Châtelet**.

LE CHÂTELET

Ce bourg dont la population dépasse à peine le millier d'habitants tient son nom, bien sûr, d'une fortification construite dès le XIe siècle sur une butte dominant le site de la ville actuelle. Il y avait alors des marécages et des étangs formés par une petite rivière, le Portefeuille. Il ne subsiste que peu de choses de ce château féodal qui, d'après un dessin de 1648, était assez puissant, si ce n'est quelques ruines du mur d'enceinte. Là où était le château est maintenant dessiné un jardin à l'anglaise dont les allées serpentent jusqu'au fond des anciens fossés.

La chapelle Saint-Martial, reconstruite au XIXe siècle, occupe la place d'une chapelle détruite en 1569 par le duc des Deux-Ponts, responsable aussi de la destruction de l'abbaye de Puyferrand.

Le Châtelet possède de belles habitations des XVe et XVIe siècles. Le restaurant le Petit Castel s'enorgueillit de sa tour carrée du XVIe siècle. Centre de poterie artisanale, Le Châtelet est aussi bien connu pour ses épis de faîtage, parfois appelés mélusines. Beaucoup représentent des poules et leurs poussins. Datant du XIXe ou du début du XXe, ces mélusines proviennent souvent des ateliers voisins du village des Archers.

NOTRE-DAME DE PUYFERRAND

Dès le XIIe siècle, quelques documents attestent l'existence de cette abbaye, sans doute fondée par les seigneurs de Déols. En 1539, elle fut confiée à un abbé commandataire qui l'exploita, puis fut dévastée lors des guerres de Religion et les moines la quittèrent. Elle devint alors église paroissiale et la plupart des bâtiments conventuels furent détruits.

La façade avec sa double paire de contreforts saillants est divisée en trois parties. Le portail central de belles dimensions est encadré d'arcades doubles très étroites. Au troisième niveau, trois fenêtres éclairent un peu la nef et les travées latérales. À la croisée du transept, au-dessus de la coupole centrale est construite une tour de faible hauteur, comportant de belles ouvertures géminées. Du côté sud de la nef est accolée une galerie s'ouvrant sur la façade par un portail. Il s'agit de la chapelle Saint-Blaise qui dut servir d'église paroissiale du temps de l'abbaye.

Le chœur est limité à une travée fermée par un mur droit. L'absidiole du transept sud a disparu et un mur percé d'une large baie sépare la nef de la travée centrale. Curieuse disposition sans doute réalisée lorsque la nef devint église paroissiale.

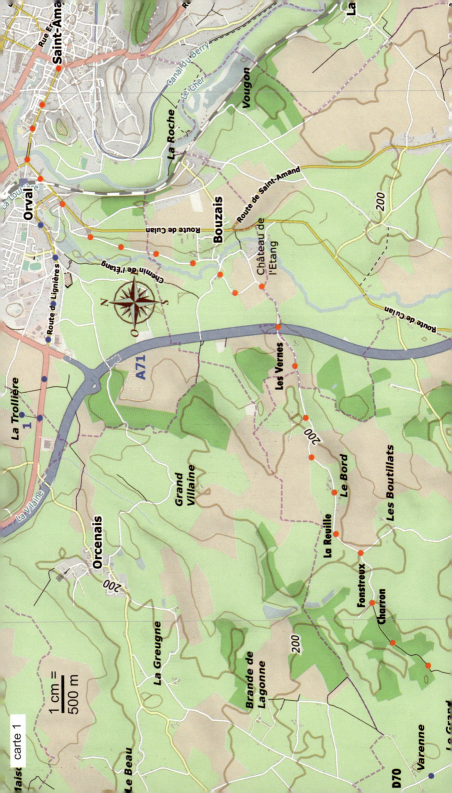

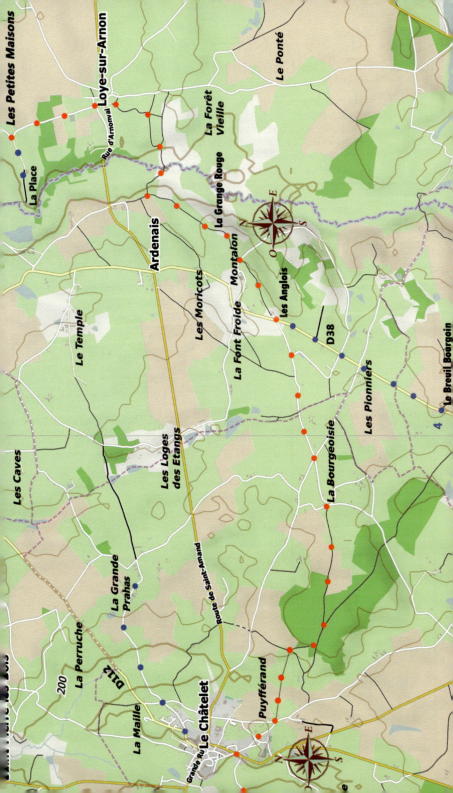

Étape 9 par Nevers   30 km   7 h 30
Du Châtelet à La Châtre

À **Saint-Jeanvrin**, vous avez marché 1 h 30 et parcouru 7 km
À **Châteaumeillant**, vous avez marché 2 h 45 et parcouru 12,5 km
À **Néret**, vous avez marché 3 h 50 et parcouru 16,5 km
À **Montlevicq**, vous avez marché 5 h 30 et parcouru 23,5 km
À **Lacs**, vous avez marché 6 h 50 et parcouru 27,5 km
À **La Châtre**, vous avez marché 7 h 30 et parcouru 30 km

Saint-Jeanvrin (18370)
(sur le chemin, 3 km après Le Châtelet)
CH La Maison du Potier, Thierry François, lieu-dit Les Archers (village de potiers), tél : 02 48 56 30 65, ou 06 83 88 11 91.Tarif spécial pour pèlerins de Saint-Jacques, du lundi au vendredi : nuitée 40 € pour 1 pers., 60€ pour 2 ; le week-end : 60€ pour 1 pers., 70€ pour 2. Dîner possible sur demande 10€, pour les pèlerins uniquement. Résa obligatoire la veille. poteriethierry.francois0787@orange.fr

APD, M. et Mme Rostaing, La Petite Preugne (4 km après Le Châtelet, sur le chemin, points bleus 1), tél : 02 48 61 45 78, ou 06 21 89 84 35. 1/2 P 35€ (tarif pèlerin avec crédenciale). Téléphoner la veille. piromoca@neuf.fr
Pour y aller : dépasser le hameau des Archers, parcourir 800 m et dépasser un petit chemin à droite qui donne accès à une maison isolée. 60 m après, prendre à droite la piste agricole qui monte et qui se dirige vers un grand hangar agricole visible au fond. Le Petite Preugne est le hameau qui est après le hangar. Le lendemain, on récupère le chemin aux Loges.

Châteaumeillant (18370)
Tous commerces. OT, 68 rue de la Libération, tél : 02 48 61 39 89. http://contact71122.wixsite.com/otchateaumeillant

H La Goutte Noire, 21 rue du Château, tél : 02 48 96 98 87, ou 06 81 94 88 59. 1/2 P prix pèlerin 55€. Ch. 62€ pour 1 pers., 79€ pour 2, 1/2 P 64,50€. Le dimanche soir et lundi soir, plateau repas en chambre. Fermé les 3 1e semaines de janvier. lagouttenoire@orange.fr

Petite pause pour goûter des noix en chemin !

La journée d'hier permettait de traîner tout au long du parcours... Celle d'aujourd'hui n'autorisera pas de flâneries touristiques ou pèlerines. Car les deux possibilités d'hébergement se situent soit à Châteaumeillant, soit à La Châtre, et comme les 12,5 km pour rejoindre Châteaumeillant seront bouclés aux alentours de midi, il est sage de poursuivre le parcours vers La Châtre pour la halte du soir.

En sortant de Châteaumeillant, après 20 minutes de marche, 2 km avant Néret, vous entrerez dans l'Indre pour les deux prochaines étapes. Si vous arrivez tôt à La Châtre, prenez un peu de temps pour visiter le musée George Sand.

Les terres de La Châtre se situent sur une zone de frontière naturelle entre les sédiments du Bassin Parisien et les premiers contreforts du Massif Central. Elle fait partie aujourd'hui de la région agricole du Boischaut du Sud, région composée de huit cantons qui sont respectivement : Ardentes, Argenton-sur-Creuse, Aigurande, Éguzon, La Châtre, Neuvy-Saint-Sépulchre, Sainte-Sévère, et Saint-Benoît-du-Sault.

RP, camping de l'Étang Merlin, M. Ageorges, route de Vicq-Exemplet, tél : 02 48 61 31 38, ou 06 45 45 71 15, ou OT : 02 48 61 39 89. 22 pl. Nuitée en ch. 16€. Résa vivement conseillée 48h avant. Ouvert du 01/05 au 30/09. camping@chateaumeillant.fr
Pour y aller : au carrefour central de Châteaumeillant (D70 et D943E), poursuivre direction Beddes (D70) plein nord. Faire 300 m puis prendre à gauche la route de Vicq-Exemplet (D80). Faire 600 m, le camping est après l'étang à gauche.

APD, Mme Nicolet, 2 rue des Fossés, tél : 02 48 61 43 63. Nuitée en mobile home (rue des Remparts) 15€, chauffage en hiver 5€, cuisine en gestion libre. Ouvert d'avril à mi-octobre. jmnicolet@wanadoo.fr

CH, Mme Chabbert, 9 av. Antoine Meillet, tél : 02 48 61 40 64. Ch. simple 35€, double 55€ (PDJ inclus), lit suppl. + 25€. TH sur résa 16€ vin inclus. Ouvert toute l'année. amarene4@gmail.com

CH La Ferme Dubouck, M. Dutrannoit, hameau de Segondet (à 3,8 km au sud, hors carte), tél : 06 47 67 75 00. Ch. 50€ pour 1 pers., 55€ pour 2. TH froide 10€, TH chaude 20€. Accès piscine. Résa préférable. Ouvert toute l'année. duboucq@gmx.fr
Pour y aller : suivre les mêmes explications que pour aller au CH la Filaine. Dans le hameau de Dargout, tourner à droite vers Segondet qui est à 1200 m.

CH La Filaine, M. Loose, La Filaine (à 3,5 km au sud-est de Châteaumeillant, points bleus), tél : 02 48 63 11 14, ou 06 10 08 43 29. Ch. double 45€. Cuisine. Ouvert toute l'année. loose.gerard@orange.fr
Pour y aller : dans notre explicatif pour entrer à Châteaumeillant, vous prenez la rue de l'Église. Au fond de cette rue vous êtes rue St-Genest. Tourner à gauche, faire moins de 50 m et prendre à droite rue de la Gare, poursuivre rue des Garennes puis route de Dargout. Franchir la D943 et poursuivre vers Filaine, Argout (panneau). Faire 1,5 km, entrer à Argout, laisser le lavoir à gauche, poursuivre tout droit vers la Filaine qui sera le prochain lieu-dit sur votre gauche à 900 m.

Descriptif de l'itinéraire pédestre et cycliste

Pour déjeuner : déjeuner ou faire des courses à Châteaumeillant.

Dos à l'église, obliquer à droite et descendre vers la D3. L'emprunter à droite, emprunter un pont et prendre à droite une route goudronnée direction Vieille Forêt. À la fourche (croix), monter à gauche.

Continuer tout droit en passant par des hameaux, puis 50 m après un virage à gauche, dans une intersection en T, prendre à droite pour entrer à Archers. À la fourche (face à une croix, un banc et deux châtaigniers), prendre à gauche direction Saint-Janvrain.

Continuer tout droit durant une heure en ignorant toutes les intersections pour arriver à **Saint-Janvrain.** À l'intersection suivante entre l'église et la mairie, prendre à droite et continuer tout droit pendant une demi-heure. À Sept-Fonds, la route tourne à gauche, la suivre. Arrivé à une intersection en T (30 m après une bouche d'incendie à votre droite), prendre à gauche et continuer tout droit.

Entrer à **Châteaumeillant** par la rue de l'Église, puis tourner à droite dans la rue de la Libération. Passer à côté de l'église et continuer sur cette rue pour obliquer à gauche dans la place Saint-Blaise puis à droite rue Étienne Berger (D943E), direction La Châtre. Continuer tout droit sur cette départementale et après une petite montée, obliquer à droite dans le chemin d'Acre qui descend. Passer le petit ruisseau de La Grange.

À la fourche suivante, prendre à gauche et laisser le domaine d'Acre sur la droite. À la stèle de parachutistes, quitter le macadam pour poursuivre tout droit dans un chemin herbeux. Il serpente entre les champs (sans vous offrir la possibilité de vous tromper) puis prend à droite à côté du cimetière et se dirige vers l'église de **Néret**.

Dans une intersection en T, prendre à droite vers l'église. Arrivé au stop, tourner à droite et 50 m plus loin, prendre une rue à gauche et poursuivre tout droit dans un chemin de terre.

À la fourche, passer à gauche d'une croix flambant neuve. Après 500 m, la piste vire à gauche vers des maisons. Poursuivre tout droit, rester sur le chemin, sans prendre à droite ni à gauche. À la route bitumée poursuivre tout droit.

50 m après un lavoir à votre droite (statue de sainte Solange), prendre à droite sur le macadam. Passer les lieux-dits L'Ajassé, L'Orme Guérin. Au carrefour suivant, poursuivre tout droit pour parcourir 900 m. Sur la D73 fléchée vers Vicq-Exemplet (6 km), poursuivre tout droit vers « Thevet Saint-J. » par la D68.

Après 100 m, entrer dans le lieu-dit des Ormeaux et 100 m après, prendre à gauche une piste qui longe un poulailler. La route vire à droite, on trouve des bancs en bois.

Messe 11 h 15

Néret (36400)

APD, Domaine de La Tremble (points bleus 2), Mme Lamotte, tél : 02 54 31 42 36, ou 06 67 39 56 10. Ch.+PDJ 20€, forfait chauffage l'hiver 5€. Casse-croûte possible 5€. Cuisine en gestion libre, crédenciale obligatoire. Résa obligatoire 24h avant. chantal-lamotte@orange.fr
Pour y aller : suivre la route de La Châtre, depuis l'église faire 700 m. À la borne à incendie, suivre à droite le chemin d'Acre. Parcourir 1,4 km jusqu'à Acre. Laissez ce hameau sur votre gauche, poursuivre tout droit vers Bord. Après 200 m, prendre en face la piste en-sous bois. La Tremble est au bout à 1,7 km.

Lacs (36400)

CH, M. Sénéchal, 6 rue Laisnel de la Salle, tél : 02 54 48 44 97, ou 06 83 54 52 64. Ch. double + PDJ 40€, + 10€/pers. suppl. Cuisine. Dîner à partir de 11€. Ouvert toute l'année. jesenechal@wanadoo.fr

La Châtre (36400)

Tous commerces. OT, 134 rue nationale, tél : 02 54 48 22 64. ot.la-chatre@pactlachatre.com www.pays-george-sand.fr

H du Commerce, 9 pl. du Marché, tél : 02 54 48 00 25. Ch. simple 55€, double 65€, 75€. PDJ 7,50€. Pas de dîner possible mais proche restaurant. Casse-croûte 6€. Ouvert toute l'année. Résa préférable. lecommerce.hotel36@gmail.com

H Notre-Dame**, 4 place Notre-Dame, tél : 02 54 48 01 14. Ch. simple 48€, double 55€. PDJ 7€. Proche restaurant. Ouvert toute l'année. Résa préférable. notre-dame36400@orange.fr

GE, AJ, accueil équestre, Mme Pirot, 13 rue du Moulin Borgnon, tél : 06 63 13 11 45. Nuitée 22€, PDJ 5€. Cuisine. Dîner sur résa 12€. Ouvert d'avril à octobre. Résa souhaitée. pirotjos@orange.fr
Pour y aller : au bas de la rue de Beaufort (obélisque sur la place), prendre à gauche la toute petite rue (plaque n°1 à gauche) et après 20 m, prendre à gauche la rue Saint-Roch qui descend. Parcourir 130 m, puis prendre à droite (panneau Briantes) la rue

Au carrefour de pistes, poursuivre tout droit par la piste qui monte légèrement (piste agricole). À la route bitumée (grosses bornes devant), tourner à gauche. Après 800 m, au carrefour suivant, poursuivre tout droit (panneau indiquant « Sentier de randonnée ») pour passer sous une ligne de moyenne tension, en laissant une borne à incendie rouge à gauche.

Faire 900 m, passer au-dessus d'un tout petit cours d'eau et après 300 m, on retrouve la route bitumée. Poursuivre par une allée bordée de noyers. Tourner ensuite à gauche vers Lacs, le clocher de l'église est visible à l'horizon.

On entre à **Lacs**. À la fourche, prendre en face en direction de l'église. Emprunter à gauche la rue Saint-Martin en face de l'église. À la fourche, prendre à gauche, croiser la rue de la Fontaine et continuer tout droit avec un terrain de sport à votre droite.

Dans une intersection en T, prendre à droite la rue des Églantines. Dans un carrefour, poursuivre tout droit un chemin interdit à tout véhicule, qui devient un chemin de terre. Poursuivre tout droit en frôlant une zone commerciale pour arriver à la D 73, que l'on descend à gauche.

On entre à La Châtre. Arrivé à un rond-point, prendre en face la rue du Maquis où l'église est en ligne de mire, puis traverser l'Indre. Dans une intersection en T, monter à gauche la rue Venôse, passer devant le musée George Sand et continuer tout droit par la rue de Beaufort. Tourner à droite dans la rue des Bœufs pour arriver à l'église de **La Châtre**.

CHÂTEAUMEILLANT

L'église Saint-Genès, bâtie vers 1150 en grès rose de Saulzais, s'inscrit au premier rang des sanctuaires romans du Berry. Il faut remarquer l'ensemble unique des colonnes de l'abside et des six absidioles. Leurs chapiteaux sont sculptés de motifs très variés : personnages, animaux fantastiques, masques, ornements végétaux.

La haute voûte de bois de la nef et du transept remplace l'ancien berceau.

Saint-Genès possède depuis peu un nouveau maître-autel et un montage audiovisuel. De nuit l'édifice est remarquablement mis en valeur par une illumination efficace !

LA CHÂTRE

Dominant la vallée de l'Indre, La Châtre n'a gardé que le donjon comme témoin de son passé et de son origine militaire. Elle fut aux premiers siècles un camp romain (camp se dit « castrum » en latin, ce qui a donné La Châtre).

De ses vieux ponts sur l'Indre, on découvre de pittoresques et vieilles maisons à pans de bois au bord de la rivière.

Dans le donjon est installé le musée local qui regroupe peintures et collections d'objets du Berry, ainsi qu'une importante documentation sur George Sand, dont la propriété de Nohant n'est pas très éloignée.

du Pont aux Laies (qui descend), panneau indicateur de l'AJ. Faire 150 m et tourner à droite rue du Moulin Borgnon, la plaque de rue est sur la maison d'angle.

FJT, Résidence Pasteur, 23 av. George Sand, tél : 02 54 06 98 92, ou 06 48 75 96 27, ou 06 38 31 84 24. Tarif pèlerin avec crédenciale nuitée 22€. Cuisine. Résa obligatoire. residence-pasteur@unhaj.org

RP presbytère paroissial, 9 rue Bellefond, tél : 02 54 48 02 28 (en semaine, 9h-12h et 14h-18h, en dehors de ces horaires, un numéro de téléphone est affiché sur la porte). 9 pl. Confirmer votre arrivée 2 ou 3 jours avant. Messe à 18h du lundi au vendredi, à 11h le dimanche. Nuitée donativo de 10 à 20€ selon vos ressources, ne pas oublier SVP ! Cuisine en gestion libre (réfrigérateur, micro-ondes, plaque chauffante, vaisselle). secretariat.paroisselachatre.boischaut-sud@outlook.fr

C Val Vert en Berry****, M. et Mme Bertrand, la Vicairerie, route de Briantes (à 2 km au sud de La Châtre, le long de l'Indre), tél : 02 54 30 13 51, ou 06 73 16 11 55. Halte randonneurs ou cyclistes à partir de 14€/nuit pour 2 pers. + 1 tente. Location tente avec couchage à partir de 20€/ pers. et /nuit (de mai à septembre). Ouvert toute l'année, Restauration sur place possible, tous les jours (sauf dimanche soir) de juin à septembre. Hors saison, restauration le week-end uniquement. valvertenberry@orange.fr
Pour y aller : dos à la tour médiévale du musée Georges Sand, prendre à droite la rue Venose qui descend. Ne pas la quitter jusqu'à la rue du Maquis à prendre à droite. Franchir les ponts sur la rivière. Après 350 m, au rond-point, prendre à droite vers Briantes, Auberge de Jeunesse (fermée). Faire 1,8 km puis prendre à droite vers Parcours de pêche. Le camping est à moins de 200 m.

Accueil possible (selon disponibilité), Mme Pekny, 31 rue du Maquis. Nuit+PDJ 25€, 1/2 P 35€, pèlerin avec crédenciale uniquement, merci de prévenir la veille au 02 54 31 22 26, ou 06 03 15 41 85.

Messe 11 h

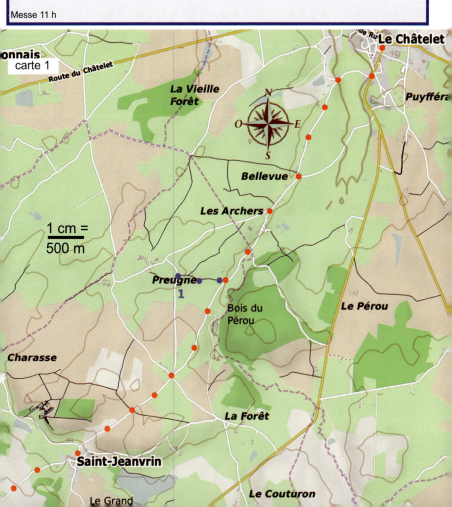

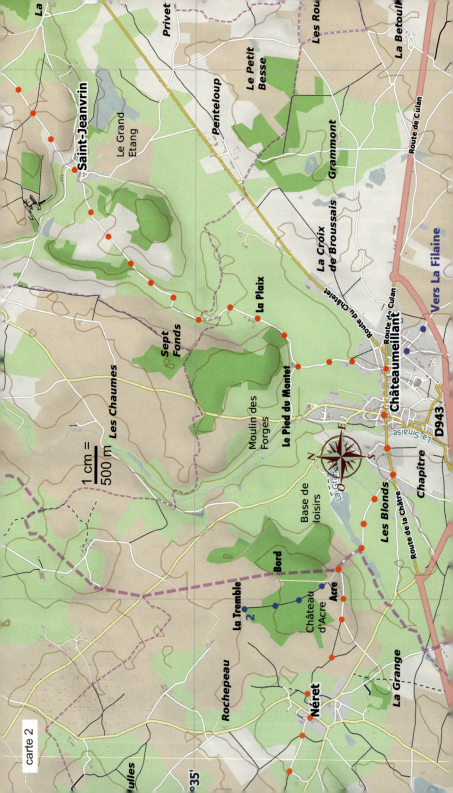

Étape 10 par Nevers 27,5 km 6 h 20
De La Châtre à Cluis

À **Sarzay**, vous avez marché 1 h 40 et parcouru 8 km
À **Varennes**, vous avez marché 3 h et parcouru 13,2 km
À **Neuvy-Saint-Sépulchre**, vous avez marché 3 h 50 et parcouru 18,6 km
À **Cluis**, vous avez marché 6 h et parcouru 27,5 km

Sarzay (36230)
Bar, restaurant.

APD, M. Guy Fourny, Chenil (1 km avant le village), 22 route de La Châtre, tél : 02 54 31 32 76, ou 07 89 20 50 85. Cuisine en gestion libre. Nuitée+PDJ 15€. Ouvert du 15/03 au 15/09. guy.fourny36@gmail.com

GE, C, Le Porteau Enchanteur, Mme Compagnon, Chenil (1 km avant le village), 20 route de La Châtre, tél : 06 12 62 35 38. 3 pl. Nuitée 18€/pers., PDJ 5€, dîner 13,50€. Cuisine. Casse-croûte à partir de 8€. Location de tente 5€. Résa préférable. Ouvert du 15/03 au 15/10. fabiennecompagnon36@gmail.com

CH, M. et Mme Hurbain, 1 rue du Château, tél : 02 54 31 32 25. Nuitée 60€ pour 1 pers., 65€ pour 2. Ne fait pas TH, cuisine en gestion libre (courses à prévoir à La Châtre). Ouvert du 30/03 au 15/10. sarzay@wanadoo.fr

C La Ferme d'Hélice, M. et Mme Sewalt, 25 lieu-dit La Fragne, (points bleus 1), tél : 02 54 31 33 43, ou 06 31 69 04 49. Nuitée en haute saison à partir de 15€, et 5€ en basse saison. Ne fait pas TH. Camping ouvert toute l'année. info@ferme-dhelice.com
Pour y aller : à Sarzay, prendre la direction de Chassignolles par la D41. Parcourir 2,5 km. La Fragne est à gauche.

Neuvy-Saint-Sépulchre (36230)
Commerces.

H La Charrette, 21 place du Champ de Foire, tél : 02 54 30 81 79. Ch. de 40€ à 55€. PDJ 5,50€. Pas de dîner possible le soir, proche restaurants. Hôtel ouvert du mardi au samedi, dimanche et lundi uniquement sur résa. Fermé une semaine en août et en janvier. Résa souhaitée. accueil@lacharrette.fr

Neuvy-Saint-Sépulchre

Voilà, selon nous, l'une des plus belles étapes. Non pas en raison des paysages, même si ceux-ci rappellent l'authenticité de la France des terroirs, mais plutôt grâce aux quelques siècles d'histoire que vous allez parcourir durant l'étape.

Tout d'abord, vous entrerez réellement dans les terres de George Sand, la femme qui osait fumer le cigare en public, à l'époque où seuls les hommes le faisaient. Mais vous passerez aussi à proximité du château de Sarzay, que nous vous conseillons de visiter. C'est un ancien salarié d'EDF, passionné de vieilles pierres, qui l'a totalement restauré sans aucune aide, malgré les jalousies tenaces et les problèmes créés par les Monuments de France... Vous verrez ensuite l'ancienne abbaye de Varenne, ressortie de terre il y a 20 ans grâce à un passionné d'histoire médiévale.

À Neuvy-Saint-Sépulchre, vous visiterez l'église dédiée à l'apôtre saint Jacques le Majeur, et enfin vous arriverez à Cluis avec ses deux villages, Cluis-le-Haut, et Cluis-le-Bas. La journée s'annonce riche en découvertes de toute nature. Partez tôt aujourd'hui car il y a à

GE, M. et Mme Beaufrère, 11 rue M^{al} Foch, tél : 02 54 30 93 48, ou 06 85 33 57 62, ou 06 80 76 93 80. Cuisine. Proche restaurants. Nuitée 12€/pers. Résa conseillée. jeanluc.beaufrere@sfr.fr

C municipal Les Fresnes, route de L'Augère. Hébergement pour pèlerin (avec crédenciale), en chambre 7,50€/pers., 2 pl., tél : 02 54 30 82 51, ou 06 71 56 61 23. Micro-ondes pour réchauffer, proche restaurant. Résa impérative. Ouvert de juin à septembre. campinglesfrenes@orange.fr

Messe 11h

Mouhers (36340)

GE, Mme Thoonsen, hameau de Bonavois, 5 route des Loges, 2 km hors chemin (points bleus 2), tél : 02 54 31 26 60, ou 06 62 02 64 81, ou 06 50 84 39 09. Nuitée 20€, PDJ 5€, ne fait pas TH, cuisine en gestion libre (courses à prévoir à Neuvy). Ouvert toute l'année, résa impérative. isabelle.thoonsen@laposte.net

Pour y aller : dans l'explicatif de chemin, « Au carrefour de Boulimbert », prendre à droite la route qui descend puis qui remonte. Depuis le calvaire du carrefour, parcourir 1,5 km jusqu'au hameau de Bonavois.

Cluis (36340)

Boulangerie, boucherie, épicerie, supérette, pharmacie.

GE, asso RRSJC, 2 rue du Prieuré. Clés chez Mme Ampeau, tél : 02 54 31 23 36, ou 06 63 45 36 26, ou chez Mme Weber, 3 rue Pont Paillard, tél : 02 54 31 22 57, ou 06 65 69 67 86. Nuitée 8€. Crédenciale obligatoire. Cuisine à disposition (les clés sont aussi à l'épicerie face à l'église).

GE La Petite Maison, Mme Douard, 1 rue de la Prison, tél : 06 26 80 76 79, ou 02 54 31 20 35. Nuitée en ch. partagée 30€ pour 1 pers., 50€ pour 2. Cuisine. Ouvert toute l'année. indouard@gmail.com

CH, Terrain Minet, M. et Mme Chaumont-Gorges, 5 rue des Fossés, tél : 06 78 68 41 57. Ch. à partir de 40€ pour 1 pers., 50€ pour 2, 80€ pour 3. Chauffage +5€. Dîner 13€ sur résa. pchaumontgorges@gmail.com

Messe 9h30

parcourir cinq grands siècles d'histoire et aussi, 27,5 petits kilomètres...

Descriptif de l'itinéraire pédestre et cycliste

Pour déjeuner : Neuvy-Saint-Sépulchre est tous commerces.

Église Saint-Germain de La Châtre, portail principal dans le dos. Prendre tout droit jusqu'à la rue Nationale. Passer à gauche de la mairie pour prendre ensuite l'avenue George Sand (gauche) et rejoindre après 200 m la place Jean-Louis Bonceur (fontaine).

On trouve la sous-préfecture légèrement à droite au bout de la place et suivre la direction de Guéret, Aigurande, lycée George Sand, Piscine. Pour aller au plus court (conseillé par temps de pluie ou pour les cyclistes) : laisser la sous-préfecture à droite. Au stop suivant, poursuivre tout droit par l'avenue George Sand.

Après 200 m, tourner à droite (laisser la piscine à gauche) par la rue Frédéric Chopin. Au bout de celle-ci, tourner à gauche par la rue Barbadault. Au cédez le passage, tourner à gauche (maison n° 28 en face) et sortir de La Châtre.

Laisser le stade à gauche et emprunter la rue des Prés-Burat droit devant. Laisser à droite la direction de Montgivray 2 km et emprunter tout droit la route du Colombier. Parcourir 200 m, puis prendre le chemin herbu à droite (gros chêne) et parcourir 800 m. Arrivé sur une route bitumée, au lieu-dit Le Terrier-Jayard, poursuivre tout droit. Après 100 m, au carrefour, poursuivre tout droit et faire 1,2 km.

Au château d'eau, au carrefour, prendre à gauche et tout de suite à droite, chemin Herbu. Après 1 km, au carrefour avec une route goudronnée, aller tout droit sur 100 m. À la ferme à droite, poursuivre tout droit sur le chemin. Après 400 m, au carrefour de chemins, prendre à gauche (chemin de randonnée). Attention suivre le chemin 654 jusqu'à la sortie de Sarzay, avec un balisage blanc et rouge.

Après 1 km, arrivé au hameau du Petit Chenil, prendre à droite et tout de suite à gauche une petite ruelle, traverser sur une passerelle la Couarde pour continuer par le chemin herbu. Après 200 m, arrivé à une petite route, prendre à droite.

Après 400 m, arrivé sur la D51, prendre à gauche et entrer à **Sarzay**. Au carrefour, prendre tout droit. Au centre-bourg, laisser les rues à droite, tout droit. À l'angle du cimetière, juste avant le carrefour D51/D41, prendre le chemin herbu qui descend. Sur la droite (en face, un calvaire), poursuivre par le sentier et parcourir 1,3 km par cette piste (pas de risque d'erreur). Prendre ensuite à droite la passerelle (ou gué) sur la Vauvre. À 50 m, arrivé sur la D51 au Vignonnet (croix), prendre à gauche.

À la sortie du hameau, prendre à droite le balisage bicolore. Arrivé sur le macadam, prendre à droite, puis dans une fourche en haut de la côte, prendre à gauche. Au stop, prendre à gauche. 150 m plus loin, prendre à droite (flèche de Normandie fleur). Avant un léger virage à droite (à côté d'un poteau de ligne moyenne tension), prendre à gauche un chemin de terre. Arrivé sur le macadam à Varennes, prendre à gauche pour traverser le pont.

À la fourche 100 m plus loin, prendre à droite direction Les Traits, continuer tout droit. 300 m plus loin, tourner à gauche à 7 heures (flèche gîte de France). Passer à côté d'une ferme où le chemin devient goudronné. 200 m plus loin, quitter la route pour emprunter à droite un chemin de terre qui monte en entrant sous la végétation. Continuer tout droit (changement de revêtement), puis arrivé sur le macadam, au lieu-dit Les Entes, prendre à droite. Dans une intersection en T, prendre à gauche une route goudronnée qui monte.

Continuer tout droit jusqu'au stop. Prendre à gauche pour arriver en vue de la basilique de **Neuvy-Saint-Sépulchre**. Au carrefour de la D927, franchir cette route et poursuivre en face par la D38 vers Cluis, Aigurande. Avant le carrefour, prendre la rue à droite, direction plan d'eau, centre de loisirs, et longer le plan d'eau de la Bouzanne. Retour sur la D38, poursuivre à droite, tout droit. Après 400 m, avant le carrefour, quitter la D38 pour une petite route à droite (impasse), direction Le Terrier. Passer un petit pont suivi d'un embranchement : prendre à gauche en suivant la route. À la fin du goudron, continuer sur le chemin de terre herbu, en face (difficile après de fortes pluies). Faire 700 m.

Arrivé sur une route (croix), prendre à droite en montant. Au carrefour, continuer à gauche sur la route sur 450 m. Après le panneau Le Grand Vineuil, carrefour (croix), prendre à droite un chemin empierré et poursuivre tout droit. Faire 1500 m. Au carrefour de Boulimbert (croix), prendre à gauche puis, à 50 m, à droite (interdit aux plus de 3,5T) et entrer dans la commune de **Mouhers** (à gauche à 500 m : café-restaurant). Poursuivre tout droit. Au carrefour (croix), poursuivre tout droit (vue sur Mouhers) et faire 600 m. Au carrefour de la D38, prendre à droite. Quitter la D38 pour prendre la route à gauche (5T), direction La Grange, faire 500 m.

Au carrefour (croix), poursuivre tout droit. Au deuxième carrefour (croix), prendre à droite en descendant vers Cluis-Dessous. Faire 400 m. Retour sur la D38 (stop), prendre en face pour passer le pont, monter et entrer dans Cluis-Dessous, faire 400 m. Ruines de la forteresse de Cluis-Dessous. À l'embranchement, tourner à gauche vers la chapelle de Notre-Dame-de-la-Trinité. Faire 500 m (panneau Cluis), emprunter la rue de la Croix de Mission. Au carrefour de la D54, prendre à droite (rue du Château), direction Badecon, Orsennes. L'église de **Cluis** est un peu plus loin.

SARZAY

Imposante forteresse, le château de Sarzay fut construit au XIVe siècle. Il comprenait 38 tours et 3 ponts-levis. La forteresse contint l'invasion anglaise et sortit intacte de la guerre de Cent ans, des guerres de Religion, de la Fronde et de la Révolution. De profondes douves donnent au château un aspect imposant. George Sand y situe son roman *Le Meunier d'Angibault*.

NEUVY-SAINT-SÉPULCHRE

C'est Eudes de Déols qui a construit l'église dédiée à saint Jacques le Majeur au retour de son pèlerinage en Terre Sainte. Circulaire, elle a été bâtie sur le modèle du Saint-Sépulcre de Jérusalem. À cette rotonde est accolée une église composée d'une nef sans transept. L'ensemble a subi au fil du temps de nombreuses dégradations et a été restauré par Viollet-le-Duc en 1850. Étape importante sur le chemin de Saint-Jacques, elle possédait une relique du sang du Christ. En 1808, l'église devint paroissiale sous le vocable de Saint-Étienne. Le « h » de Neuvy-Saint-Sépulchre est intentionnel. Il s'agit d'une tradition fixée par des clercs médiévaux, qui, par une sorte de jeu de mots, établissaient une relation entre le « sépulcre » et l'adjectif latin *pulcher* (beau) pour signifier la splendeur du tombeau du Christ.

CLUIS

Située à la limite des terrains sédimentaires du Bassin Parisien au nord et des contreforts du Massif Central au sud, la campagne est contrastée entre un paysage bocager au sud qui se transforme en paysage céréalier au nord. Autrefois réunies dans la même châtellenie de la famille des Cluys, les deux localités - Cluis-Dessus et Cluis-Dessous - constituent depuis le XIIIe siècle deux bourgs distincts formant de nouveau depuis 1818 une seule commune. La ville conserve les ruines du château féodal datant du XIIe au XVe siècle. La mairie occupe l'ancien château des Montaignac-Gaucourt.

carte 1

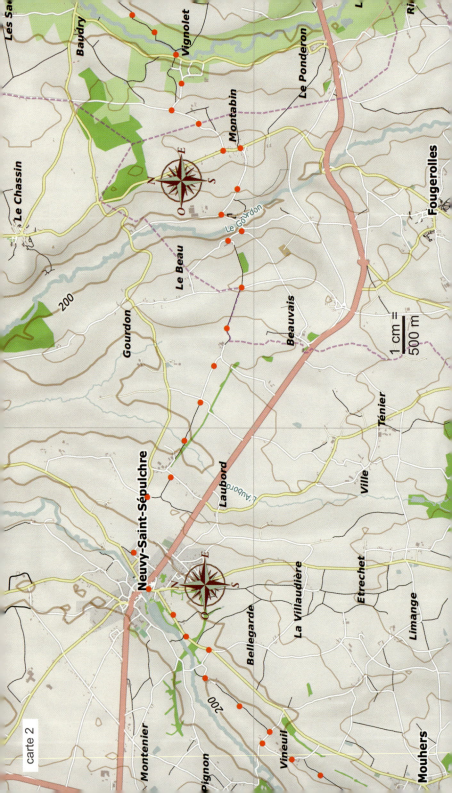

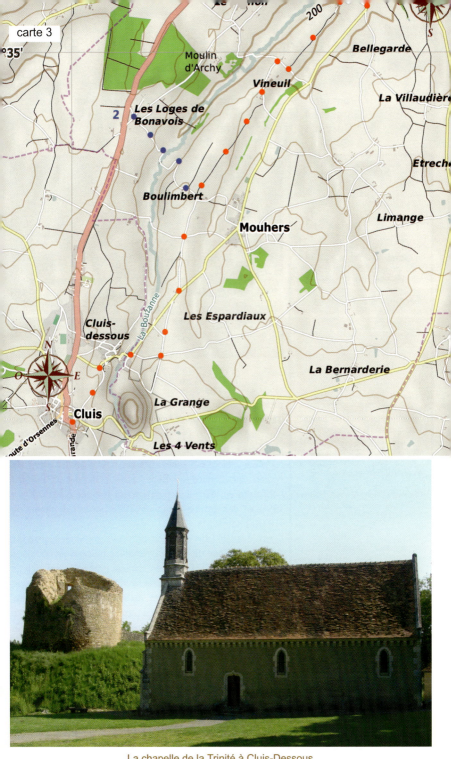

La chapelle de la Trinité à Cluis-Dessous

Étape 11 par Nevers 26,3 km 6 h 30
De Cluis à Éguzon

À **Pommiers**, vous avez marché 1 h 50 et parcouru 8,5 km
À **Gargilesse**, vous avez marché 3 h 30 et parcouru 15,4 km
À **Cuzion**, vous avez marché 4 h 50 et parcouru 20,5 km
À **Éguzon**, vous avez marché 6 h 30 et parcouru 26,3 km

Gargilesse (36190)
Bar, restaurant, supérette, épicerie. OT, tél : 02 54 47 85 06. www.gargilesse.fr office-tourisme.gargilesse@wanadoo.fr,

CH Domaine du Haut Verger, Mme Van Buuren, M. Van Velsen, Le Haut Verger, route du Pin (points bleus 1), tél : 06 42 88 19 73, ou 06 42 88 20 41. 1/2 P à partir de 90€ pour 1 pers., 100€ pour 2.
info@domainelehautverger.nl
Pour y aller : dans le bourg de Gargilesse, suivre la D40 (route du Pré à Pont) direction Argenton. Faire 850 m. Au panneau du hameau du Haut-Verger, les CH sont à gauche à 20 m, par le chemin qui descend.

GE de la ferme du château, Le Bourg, tél : 02 54 47 83 11 (mairie), ou 06 31 86 47 94 (OT). 13 pl. Nuitée 18,50€ (du 01/05 au 30/09), 22,50€ (01/10 au 30/04). Cuisine. Résa impérative. Ouvert toute l'année. mairie.gargilesse-dampierre@wanadoo.fr

HR des Artistes, M. Van Poucke, Le Coteau Fleuri, tél : 02 54 47 84 05, ou 06 87 35 05 88. 1/2 P 80€ pour 1 pers. et à partir de 55€/pers. pour 2. Casse-croûte sur demande. Ouvert du 15/03 au 01/10. Fermé le lundi mais location possible des chambres sans repas. Restaurant au village. info.hoteldesartistes@gmail.com

C La Chaumerette (points bleus 2), tél : 02 54 47 84 22, ou 06 38 24 39 06. Nuitée en tente à partir de 11€, en chalet à partir de 18€/pers. Chalet complet de 2 places 31€ (+6€ de chauffage en automne). Ouvert du 15/03 au 30/10. Résa préférable. camping. chalets.gargilesse@orange.fr
Pour y aller : depuis la mairie de Gargilesse (portail principal dans votre dos), prendre à droite la route qui monte. Dépasser le cimetière et après 450 m,

La Creuse à Éguzon

Nous quitterons aujourd'hui le département de l'Indre pour découvrir la Creuse qui porte bien son nom, car les dénivelés plutôt limités jusqu'à Orsennes deviennent plus importants à l'approche du lac d'Éguzon-Chambon. La Creuse est le moins peuplé des trois départements (Corrèze, Haute-Vienne, Creuse) qui constituaient la région du Limousin. Alors qu'il comptait 278 000 habitants en 1901, la population est tombée à 131 000 en 1990, et des estimations pour 2022 parlent de moins de 110 000 habitants.

C'est avec plaisir que l'on retrouve de vraies grandes forêts. Non pas de petites parcelles boisées de quelques centaines de mètres carrés, comme c'était le cas depuis quelques étapes, mais de grandes et belles forêts de châtaigniers, de feuillus et de résineux. Vous devriez, comme nous l'avons fait, vous autoriser une petite sieste discrète à l'ombre de quelques beaux sapins. Demain nous retrouverons peut-être des pèlerins partis de Vézelay comme vous, mais qui ont préféré l'option nord du chemin par Bourges et Châteauroux.

Descriptif de l'itinéraire pédestre et cycliste

Pour déjeuner : repas froid à prévoir dès Cluis. Aucun ravitaillement sur le parcours.

prendre à la fourche à gauche. Faire 300 m. Au carrefour, poursuivre en face vers le camping.

Cuzion (36190)

R Le Moulin de Châteaubrun, (sur le parcours, 2,5 km après le bourg), tél : 02 54 47 46 40, ou 02 54 47 47 20. 28 pl. Nuitée 13,40€. 10 pl. en chalet à 15€. Cuisine (courses à prévoir à Gargilesse). Résa impérative la veille car personne sur place (hors juillet-août).
syndicat.laceguzon@wanadoo.fr

R, Mme Manceau (non loin du cimetière), tél : 06 38 17 84 96. Nuit (avec votre sac de couchage) +PDJ 20€. 2 ch. de 2 pl. Ne fait pas le dîner. Cuisine en gestion libre. Résa au moins la veille !
christine.manceau9@orange.fr

Éguzon (36270)

Boulangerie, supérette, épicerie, boucherie, bar, restaurant.
OT, 3 rue George Sand, tél : 02 54 47 43 69
www.lavalleedelacreuse.fr

R de La Garenne, 7 rue Yves Choplin, Le Pont des Piles, 30 pl. Tél. aux heures de bureau du lundi au vendredi : 02 54 47 47 20. Résa impérative 24h avant, personne sur place. Nuitée environ 15€. Attention, souvent réservé le week-end. Cuisine en gestion libre. Ouvert toute l'année.
syndicat.laceguzon@wanadoo.fr

R pèlerin de l'Association du refuge St-Jacques, 11 rue George Sand, 4 pl. Accueil et résa à l'OT, tél : 02 54 47 43 69, ou en cas d'absence M. Paul Letourneur au 06 08 01 28 14. Le week-end, clé disponible en boîte à clé, accessible par téléphone. Nuitée 10€ du 15/05 au 15/10, et 12€ du 16/10 au 14/05. Cuisine en gestion libre. accueil@eguzon-val-de-creuse.com
arsjeguzon@gmail.com

CH, M. et Mme Rouet, 7 route du Lac (direction lac d'Éguzon, après la poste), tél : 02 54 47 31 09, ou 06 84 43 21 94. Ne fait pas TH, cuisine à disposition. Nuitée+PDJ 40€ pour 1 pers., 50€ pour 2. Ouvert toute l'année.
rouet@les4a.com

C Vallée de la Creuse, M. Smit, 1 rue Yves Choplin, tél : 02 54 47 44 85. 10€/pers. avec votre

Dos à l'église, prendre à droite la Grande Rue. 50 m plus loin, prendre à gauche la rue des Jardiniers, passer par une place à côté de la belle halle. Prendre à gauche la rue des Parcs, et dans une intersection en T, prendre à droite la rue Berton. 150 m plus loin, obliquer à gauche direction Viaduc. Plus loin, quand le chemin goudronné s'en va à droite, continuer tout droit direction Viaduc.

Suivre encore cette direction à l'intersection suivante (interdiction de circulation). Emprunter le viaduc. 15 m plus loin, descendre à gauche un sentier raide (main courante). Arrivé au macadam, prendre à droite. Dans une intersection en T, 50 m plus loin, prendre à gauche. Traverser un hameau et au stop, prendre à droite. Du départ de l'étape jusqu'à Pommiers, le balisage jacquaire est inexistant !

Arrivé à une chapelle, obliquer à gauche pour prendre la route de Vieux Puits direction Frûlon. À l'intersection suivante, prendre à droite la route du Lavoir (D30E) et continuer tout droit. Franchir un stop pour entrer à **Pommiers**. Arrivé au stop dans le bourg, prendre à gauche (passer devant la mairie). À la première intersection, prendre à droite la D45 direction Gargilesse.

Après une montée, à côté d'une maison, prendre à droite direction Longirard. Continuer sur cette route. Quand elle tourne franchement à gauche, prendre en face un chemin de terre. Continuer tout droit en ignorant une allée à votre droite. Continuer sur ce chemin qui devient herbeux, assez humide, pour arriver à la départementale, que l'on prend à gauche. Dans le premier virage après le pont, descendre à gauche un chemin herbeux marqué « Sentier de Randonnée ».

Poursuivre sur ce joli chemin qui devient empierré. Dans une intersection en T, prendre à gauche et poursuivre tout droit sur le macadam. Poursuivre tout droit en ignorant toutes les intersections pour entrer à **Gargilesse**. Traverser la départementale et poursuivre tout droit en direction de la mairie. Passer devant l'entrée du château. 100 m plus loin, descendre une petite rue direction Mairie, Poste. Emprunter le pont et monter vers la départementale, la prendre à droite sur 20 m, puis monter à gauche une route face à l'entrée du cimetière.

Continuer tout droit en passant un stop, puis dans un léger virage à gauche, continuer tout droit sur un chemin de terre. Arrivé au macadam, prendre à droite (c'est-à-dire continuer tout droit). Dans un virage avec un puits (qui semble être en état de marche), prendre à gauche (garder toujours la même direction), flèche Les Chérons (route du Lac). Tourner à gauche pour entrer aux Chérons. Tout de suite après une boîte aux lettres, prendre à droite, puis continuer tout droit (à 1 heure). Entrer à **Cuzion**.

Arrivé au stop, prendre à gauche et 50 m plus loin à droite. Arrivé à l'église, la longer et continuer tout droit. 200 m plus loin, prendre à droite la rue de la Peuyère. Sur la place (bancs et tables de pique-nique), prendre à gauche

tente (en mai, juin, septembre), 15€ en juillet et août. Petit chalet de 3 pers. à 25€/pers. Ouvert du 01/05 au 30/09.
info@campinglagarenne.eu

C Les Nugiras, route de Messant, hameau de Chambon (points bleus 2, étape 12), tél : 02 54 47 45 22. Nuitée en tente à partir de 9€, en bungalow ou chalet de 4 places de 65€ à 130€. Pour dîner 3 restaurants, snack, bar sur place. Ouvert toute l'année. Résa impérative. nugiras@orange.fr
Pour y aller : à Éguzon, suivre la direction lac, camping, plage de Chambon par la D36. Faire 3,2 km en descendant en lacets.

R de la Base de plein air, Hameau du Chambon (points bleus 2, étape 12), tél : 06 16 58 80 89 (OT). Nuitée à partir de 19€, repas obligatoires, PDJ et/ou déjeuner et/ou dîner. Ouvert toute l'année. Résa impérative. basedepleinair@cc-valleedelacreuse.fr
Pour y aller : mêmes indications que pour le C des Nugiras.

Le barrage à Éguzon

pour descendre un chemin interdit à tout véhicule. Descendre tout droit en ignorant toutes les intersections et en choisissant toujours la pente la plus forte.

On arrive ainsi au bord de la Creuse. Traverser un petit ruisseau et continuer à longer la rivière. Après un petit bâtiment (gîte, camping etc.), continuer tout droit et sortir du camping par un petit sentier peu visible dans l'axe du chemin d'arrivée. Continuer tout droit au plus près de la Creuse sur le chemin qui devient empierré.

Arrivé à la départementale, l'emprunter à droite et emprunter le pont puis prendre à gauche la route qui monte à Éguzon. Après un des virages à gauche, monter à droite un chemin goudronné (sens interdit). Revenu sur la départementale à Éguzonnet, prendre à droite sur 50 m, traverser la route et prendre à gauche la route du Ruisseau. Prendre à droite à côté du panneau de la rue de la Fontaine, puis prendre le premier chemin à gauche en face du n° 7. Il nous ramène sur la départementale. Continuer tout droit pour entrer à **Éguzon** et atteindre son église.

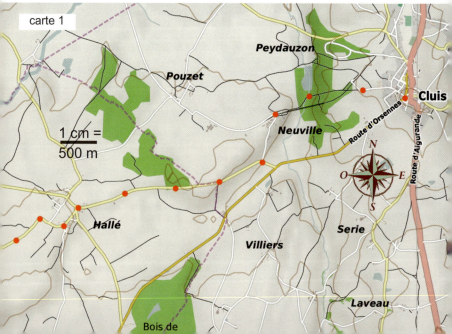

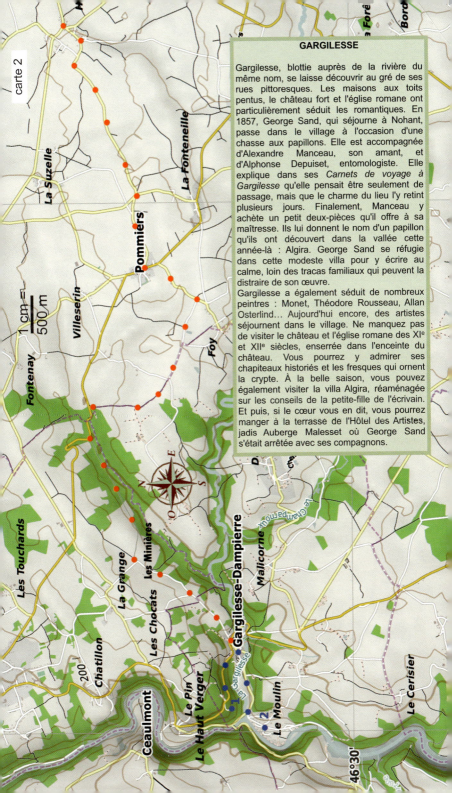

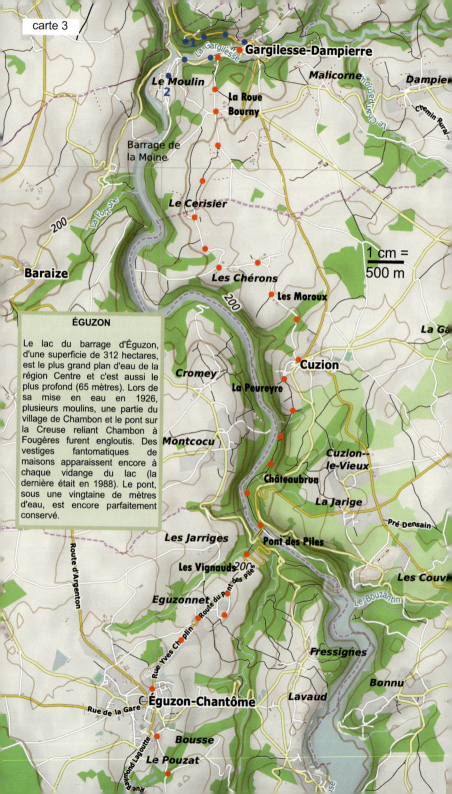

Le Chemin par Nevers

via Saint-Pierre-le-Moûtier

De Vézelay à Saint-Amand
91,3 km

3 étapes

Étape 5 sud   29,3 km   6 h 30
De Nevers à Saint-Pierre-le-Moûtier

À **Challuy**, vous avez marché 1 h et parcouru 4,6 km
À **Magny-Cours**, vous avez marché 3 h et parcouru 14,3 km
À **Saint-Parize-le-Châtel**, vous avez marché 3 h 50 et parcouru 19,1 km
À **Saint-Pierre-le-Moûtiers**, vous avez marché 6 h 30 et parcouru 29,3 km

Sermoise-sur-Loire (58000)
Fasthôtel Nevers, M. Marchal, Le Clos Ry, route de Lyon, D907, (plus proche de Nevers que de Sermoise, points bleus 3), tél : 03 86 37 66 33, ou 07 63 77 01 02. Ch. double 55€ (tarif pèlerin), PDJ 6,50€ (tarif pèlerin). Résa préférable. Proche restaurant, de 13€ à 25€. Ouvert toute l'année. gardenhotel58000@gmail.com
Pour y aller : franchir le pont sur la Loire, suivre plein sud les directions La Guerche, Magny-Cours, par la D907 (très passante). Faire 2,2 km, l'hôtel est sur la gauche.

CH, M. Henry, 24 route de Lyon, (points bleus 2), D907. Tél : 06 58 80 90 42. Ch.+PDJ 40€ pour 1 pers., 50€ pour 2. Ne fait pas TH. Ouvert d'avril à la Toussaint. Résa souhaitée.
Pour y aller : franchir le pont sur la Loire, suivre plein sud les directions La Guerche, Magny-Cours, par la D907 (très passante). Faire 700 m. Le n°24 est à gauche après le stade.

Magny-Cours (58470)
H Le Circuit, 1 rue du Lavoir (N7), Mme Wilmort, tél : 03 86 58 04 88. Ch. à partir de 65€ pour 1 lit, 75€ pour 2 lits, mais bien plus s'il y a une manifestation (course, compétition) sur le circuit voisin. PDJ offert aux pèlerins. Pas de repas, proche restaurant à prix modéré pour ceux qui sont logés à l'hôtel. Ouvert toute l'année. info@hotelducircuit.com

Saint-Parize-le-Châtel (58490)
Boulangerie, restaurant.

GE communal, 6 rue de l'Église, Mme de Riberolles, tél : 06 80 12 32 13 (si possible prévenir la veille). 6 pl. 12€, cuisine en gestion libre. sympa-mairie@wanadoo.fr

G du Rond de Bord, M. Génois, 110 route du Rond de Bord (sur le parcours, 2,5 km après le

La rue des Apprêts à Saint-Pierre-le-Moûtier

C'est une étape assez longue pour un cinquième jour de marche, quasiment à 98% sur de petites routes de campagne, mais heureusement il y a la possibilité de raccourcir l'étape à seulement 19 km puisqu'il y a un gîte d'étape à prix très raisonnable à Saint-Parize-le-Châtel, et que le village permet aussi un petit ravitaillement à la boulangerie ou au restaurant. Les deux étapes suivantes peuvent donc être redécoupées de la façon suivante : Saint-Parize – Le Veurdre, puis Le Veurdre - Valigny, ce qui fait quatre étapes au lieu de trois depuis Nevers pour les pèlerins les moins sportifs.

La sortie de Nevers est comme l'entrée dans l'agglomération hier après-midi, bruyante, dangereuse et polluée puisqu'à proximité de la D907, mais on ne peut pas vraiment faire autrement ! Heureusement, 2 km après le franchissement de la Loire, des petites routes bien plus calmes vont vous permettre de retrouver le

bourg, lieu-dit Le Rond de Bord, au milieu du bois de Bord), tél : 06 73 12 27 52. Nuitée 35€. Cuisine, courses à prévoir à Magny-Cours (plus d'épicerie à St-Parize), épicerie de dépannage sur place. Résa souhaitée.
sylvie.genois@gmail.com

CH La Grange de l'Ouche, Mme Vallet, 12 rue de l'Ouche, tél : 03 86 21 85 97, ou 06 50 71 84 07, ou 06 20 87 09 39. Ch. 70€ pour 1 pers., ou 80€ pour 2. Ne fait pas TH, proche restaurant. Ouvert de novembre à mars.
mariepierre.vallet14@gmail.com

APD, M. et Mme Aurambout, 2 route d'Azy, tél : 07 86 83 10 65. 1 ch. en libre participation aux frais, credencial obligatoire. Pas d'arrivée avant 17h30, svp.
aurambout@hotmail.com

Saint-Pierre-le-Moûtier (58240)

Tous commerces. OT, 2 rue Lieutenant Paul Theurier, tél : 03 86 37 21 25. ot.stpierre-magnycours@orange.fr
https://saintpierremagnycours-tourisme.jimdofree.com

C municipal, rue de Beaudrillon, D272 (à 700 m du centre-bourg, points bleus 2), tél : 03 86 90 19 94, du 15/06 au 15/09. Emplacement avec une tente de 11€ à 15€ (selon période). Accès par carte bancaire uniquement.
Pour y aller : dans le centre-ville, suivre la direction de la N7, Moulin, Chantenay, Imbert. Puis prendre à droite la D272 vers Camping, Gendarmerie, centre de loisir, faire 300m. Le camping est à gauche.

APD chez M. et Mme Blanchet, l'Ardoisière, 2 chemin des Prouzes (point bleus), route de Livry, tél : 06 71 38 94 20. 5 pl. en 2 ch., prévenir avant de venir. Nuitée 28€ pour 1 pers., 46€ pour un couple. Dîner 12€/pers. Lave-linge, sèche-linge, piscine.
am.blanchet@wanadoo.fr
Pour y aller : dans le bourg, suivre la D987A en direction du Veurdre. Faire 1,2 km. Au lieu-dit Les Prouzes (petit carrefour) tourner à gauche. L'Ardoisière est la première maison à gauche, portail blanc (plaque).

GE les Perrières, Mme Haghebaert, 24 rue des Perrières, tél : 06 64 70 95 69, ou

calme et la tranquillité. Vous l'avez sans doute vu… c'est la proximité du circuit Paul Ricard (à Magny-Cours) qui anime de la vie commerciale locale, et s'il existe des hébergements, c'est uniquement à cause du circuit automobile.

Depuis que nous avons quitté Nevers, le paysage a changé. Les grandes forêts de la Nièvre sont bel et bien derrière nous, le relief est maintenant devenu beaucoup plus doux. Demain, après avoir emprunté le pont au-dessus de la rivière pour rejoindre Le Veurdre, vous entrerez pour juste une trentaine de kilomètres dans le troisième département sur les neuf qu'il faudra traverser jusqu'à Saint Jean-Pied-de-Port : c'est l'Allier.

Descriptif de l'itinéraire pédestre et cycliste

Pour déjeuner : supérette et boulangerie à Magny-Cours, et boulangerie à Saint-Parize.

Nevers, départ de l'entrée sud de la cathédrale que vous laissez dans votre dos. En sortant, prendre à gauche la rue de l'abbé Bouthillier, puis à droite la rue de la Cathédrale, en descendant. Traverser la place du Palais (ancien palais épiscopal XVIIIe, à droite). Tourner en bas à droite par la rue de la Loire. Arriver place Mossé, sur le quai prendre le pont sur la Loire, à gauche sur 400 m.

À la sortie du pont, continuer en face sur la N7. Aux feux, poursuivre tout droit, direction Moulins, Saint-Pierre-le-Moûtier. Panneaux de sortie de Nevers et entrée à **Sermoise-sur-Loire** et Challuy. Faire 1 km. Au carrefour (feux), quitter la N7 pour prendre à droite la D149 (rue Louis Bonnet) direction Challuy. Embranchement et place, continuer à gauche et poursuivre toujours tout droit. Parcourir 1200 m.

Au carrefour/rond-point (croix), traverser la D976 et continuer sur la D149 (rue du Pavillon), direction **Challuy**-bourg. Pont sur le canal latéral à la Loire. Carrefour de la D265 (stop) : continuer en face (rue de l'Église), direction Aglan, Saincaize. Challuy, commerces et services. Laisser la rue de la Chapelle à gauche et poursuivre tout droit sur 400 m.

Au lycée agricole (à gauche), poursuivre tout droit. Faire 700 m. Au Vieux Vernay (pigeonnier), faire 700 m, rejoindre le carrefour (Le Vernay) et poursuivre sur la D149, direction Aglan, Saincaize. Entrer dans le hameau de Yopson et faire 500 m. À Aglan, au carrefour, poursuivre tout droit sur la D149, direction Saincaize, Magny-Cours, en descendant.

Faire 1 km. Au carrefour, quitter la D149 pour prendre à gauche, direction Les Noues et faire 1000 m. Au carrefour de Berge, prendre à gauche puis poursuivre vers la droite, sur la route principale, à 50 m. Continuer en laissant un embranchement à gauche (vers Les Pommaies), et faire

06 60 08 64 60. 5 pl. Nuitée 45€ pour 1 pers., 62€ pour 2 (tarif pèlerin avec créanciale). Cuisine. Ouvert toute l'année, à partir de 16h. saneti5877@gmail.com

CH Mme Bernet, 18 av. du Gal de Gaulle, tél : 06 62 69 31 56. Ch. de 46€ à 55€. Dîner 20€. Ouvert toute l'année.
bernet.pascale@neuf.fr

1000 m. Aux Pitiaux, laisser Friot en face et continuer à droite en entrant dans le hameau.

Au carrefour : poursuivre à gauche (C4), direction Loucet. Faire 700 m. Loucet - au carrefour poursuivre tout droit par la rue de Loucet. Au carrefour de la D200 (stop), prendre en face (rue du Pré Morand) vers l'église, jusqu'au carrefour de la place de la Forge : prendre en face la petite rue Saint-Vincent. Arriver à **Magny-Cours**, église Saint-Vincent. Poursuivre par la rue Saint-Vincent.

Traverser et prendre en face la D200. Continuer tout droit en laissant à droite la rue de Champs-de-Magny. Pont sur la déviation. Emprunter la C39 vers dépôt Emmaüs/Circuit automobile. Poursuivre sur cette route qui s'incurve vers la gauche (toutes directions). À l'embranchement à droite, continuer tout droit vers Emmaüs et la déchetterie.

Au carrefour des Saules, laisser une petite route à droite et poursuivre tout droit sur 800 m. Fin du goudron. Prendre en face. Au carrefour, prendre le chemin à droite (vue dominante lointaine sur la plaine de Loire à gauche et sur la plaine de l'Allier à droite. Vue partielle du circuit de Magny-Cours). Passage sous la ligne à haute tension.

Au fond, on oblique à droite, vue lointaine sur le château d'eau des Américains (1914-1918) et sur le château d'eau de Saint-Parize. Au carrefour de chemins (signalétique Domaines et Châteaux), poursuivre à droite. À droite, dépôt municipal. Poursuivre tout droit. Carrefour égravillonné de deux petites routes. Prendre la route des craies à droite. **Saint-Parize-le-Châtel**. Entrer dans le bourg (à gauche, croix en bois). Poursuivre à droite en descendant légèrement. Un peu plus loin, laisser la rue des Poirats à droite et poursuivre tout droit par la rue interdite aux poids lourds.

Prendre à gauche la rue de la Fontaine. Carrefour du lavoir. Poursuivre tout droit et 50 m plus loin, utiliser le chemin herbu à droite en montant vers l'église. Église de Saint-Parize. Repartir par la rue de l'Église. Place du Champ de Foire. Prendre à droite direction Moiry/Magny-Cours par la rue de l'Ouche. Continuer tout droit. Laisser à droite la rue de l'Abattoir. Prendre à gauche la C12 (rue de l'Ouche). Sortie de Saint-Parize (panneau interdit aux plus de 3,5 T). Faire 2 km jusqu'au Rond de Bord et poursuivre en face par la C12. Au carrefour, prendre à droite et continuer tout droit en dépassant les embranchements de Naviot, Autry puis Buy.

Quitter la route. Carrefour. Prendre à gauche la petite route (panneau 9 T). Parcourir 800 m. Moulin à vent restauré, poursuivre tout droit. Moulin des Éventées. Au château d'eau, tout droit. Au carrefour (lieu-dit Saint-Roch), au céder le passage, continuer tout droit sur 500 m. Au carrefour de la D978A, au stop, prendre à droite sous le pont de la D907 puis tout de suite à gauche la D431 (avenue du 8 Mai), direction centre-ville. Au carrefour (croix) de la place de la République, traverser pour prendre à gauche la rue de Paris, direction Moulins, église, puis à droite la rue Nationale. Arriver à **Saint-Pierre-Le-Moûtier**.

SAINT-PIERRE-LE-MOÛTIER

Cette petite ville, que la Nationale 7 évite à peine, a pourtant préservé son calme provincial. Mais elle n'oublie pas son passé prestigieux dont témoignent encore quelques traces du rempart du XVe siècle. Siège d'un bailliage royal depuis le milieu du XIIIe, elle contrôlait toute la région et la vallée de l'Allier.

En 1429, elle fut prise d'assaut par Jeanne d'Arc. En effet, après avoir conduit son roi à Reims, Jeanne reçut mission de nettoyer le comté de Nevers des troupes de brigands et de partisans du duc de Bourgogne. Après cette victoire qui sera la dernière, elle échouera devant La Charité-sur-Loire plus au nord. Ce sera peu de temps avant sa capture à Compiègne.

L'église de Saint-Pierre aurait appartenu à un monastère bénédictin fondé selon la tradition par la reine Brunehaut au VIe siècle ! La construction actuelle est bien sûr plus récente. Son portail nord dont le tympan représente le Christ et les quatre évangélistes est malheureusement assez dégradé. Quelques chapiteaux de la nef sont ornés de scènes pittoresques.

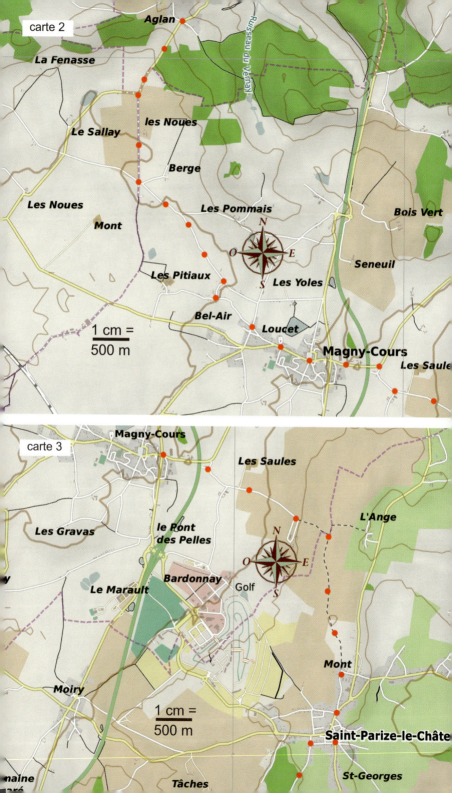

Étape 6 sud   30 km   7 h
De Saint-Pierre-le-Moûtier à Valigny

Au **Veurdre**, vous avez marché 2 h et parcouru 9,5 km
À **Lurcy-Lévis**, vous avez marché 4 h 30 et parcouru 20,6 km
À **Valigny**, vous avez marché 7 h et parcouru 30 km

Le Veurdre (03320)
Boulangerie, boucherie, bar, supérette, pharmacie, bar-journaux.

HR Le Pont Neuf, M. Ducroix, 2 rue du Faubourg de Lorette, tél : 04 70 66 40 12. Ch. à partir de 62€ (réduction de 10% sur présentation de la crédenciale), déjeuner à partir de 16€, et 22€ pour dîner. Fermé de mi-novembre à mi-février.
info@hotel-lepontneuf.com

R municipal, 6 rue des Orfèvres, tél : 06 01 75 06 66, ou 04 70 66 40 67 (mairie). 7 pl., cuisine. Ouvert du 01/04 au 30/10. Nuitée 14€. Ouverture du gîte à partir de 17h (appeler auparavant).

C Saint-Mayeul (bord de la Bieudre), tél : 04 70 66 40 67 (mairie). Ouvert du 01/05 au 15/09. Nuitée 4,50€.
mairie.le.veurdre@wanadoo.fr

Accueil de dépannage possible à l'association la Chavannée, M. Paris, tél : 04 70 66 43 27, ou 06 78 02 49 89, commune de Château-sur-Allier, à 1,5 km du Veurdre (points bleus 1). Repas à prévoir avant de monter sur la colline ! Participation selon votre libre conscience (autour de 10€).
Pour y aller : depuis l'église du Veurdre dans votre dos, suivre la direction de Sancoins, Château-sur-A. Faire 380 m. Au dont-point, suivre tout droit les directions de Lurcy-Lévis, Sancoins. Après 650 m, suivre à droite la direction de Château-sur-Allier 0,4 km par la D13.

Lurcy-Lévis (03320)
Tous commerces.

CH, Mme Marcellin, Le Bois Des nids, 32 rue Jean Jaurès, tél : 06 79 37 57 22. Ch. double + PDJ à partir de 50€. Nuitée en chalet et PDJ 25€ avec sanitaires dans la maison à 40 m. 3 pl. Dîner 12€.
b.b3562@gmail.com

Le Relais de la Forêt à Valigny

Cette étape d'une distance assez longue, tourne nettement le dos à la Nièvre puisque les trois quarts de l'étape sont dans le nord Allier, l'un des douze départements qui composent la région Auvergne-Rhône-Alpes. Aussi bizarre que cela puisse paraître, les paysages sont bien plus ressemblants à ceux de la Nièvre que de l'Auvergne, avec de belles et grandes forêts et sans aucun dénivelé. Vous allez faire une étape et demie en région Auvergne-Rhône-Alpes. Bizarre découpage géographique !

Attention l'étape est assez longue (30 km) et comme Lurcy-Lévis est à plus de 4 heures de marche, il faut soit partir tôt pour se ravitailler en arrivant à Lurcy, soit trouver de quoi manger au Veurdre (entre les deux il n'y a rien du tout pour se ravitailler). Assurez-vous aussi dès le départ de l'étape qu'un hébergement vous attend à Valigny, car si ce n'est pas le cas, il vous faudra soit raccourcir l'étape (20,6 km pour Lurcy-Lévis), soit la rallonger jusqu'à Charenton-du-Cher, mais ce sont alors 16 km de plus qu'il faudra parcourir !

Descriptif de l'itinéraire pédestre et cycliste

Pour déjeuner : supérette et boulangerie au Veurdre et à Lurcy-Lévis.

RP municipal, rue du Capitaine Lafond, tél : 04 70 67 30 40 (mairie ouverte les lundi, mercredi, jeudi, vendredi et pour le week-end appeler le vendredi, mairie fermée le mardi). 4 pl. en une ch. Nuitée 21€. Cuisine. Résa obligatoire. contact@communelurcylevis.fr

C Hameau des Cacherats, M. et Mme Degroux (1,9 km avant le bourg de Valigny, sur le chemin), tél : 04 43 00 60 66, ou 06 85 08 70 43. Nuitée en tente tipi (prix pèlerin avec crédenciale) 18€/pers., avec votre sac de couchage, location draps 5€, PDJ à partir de 7h du matin à 6€. Assiette composée (sur résa) et équilibrée 12€, barbecue possible. Ouvert d'avril à septembre. pdegr03@gmail.com

Valigny (03360)
Épicerie, bar.

HR Le Relais de la Forêt, 9 place de l'Église, tél : 04 70 66 60 33, ou 06 87 75 93 14. Ch. simple 42€, double 48€. 1/2 P 56€ sans boisson. Fermé fin décembre. Menu à partir de 13€. antoine.josette@orange.fr

APD, Au Pré du Paradis, M. et Mme Englebert, 6 chemin de la Platrière, tél : 07 82 49 14 48, ou 04 70 66 63 07. 6 pl. dans 2 ch., dîner et PDJ. Ouvert toute l'année. prevaligny@gmail.com Pour y aller : au lieu-dit Les Cacherats, continuer tout droit sur 100 m.

GE Big Forest, M. et Mme Degroux, 2 chemin du Puits Renard aux Avignons, Les Cacherats (1,9 km avant Valigny mais sur le chemin), tél : 04 43 00 60 66, ou 06 85 08 70 43. 10 pl. Nuitée en tipi à partir de 18€/pers. PDJ 6€. Dîner 12€ sur résa. Cuisine. Ouvert du 15/04 au 15/09. pdegr03@gmail.com www.big-forest-camp.com

Dans l'église Saint-Martin de Lurcy-Lévis

Départ de l'église de Saint-Pierre-le-Moûtier, en laissant le portail principal dans votre dos. Prendre en face de l'église la rue François Dumontel (sens interdit) et continuer tout droit par la rue du Puizat et la rue du Crot Patin.

À l'embranchement, continuer tout droit sur le chemin à droite du lavoir, qui devient ensuite un chemin de terre. Arrivé sur la voie ferrée : prendre en face le petit passage souterrain sous la voie (pont des Ânes). À la sortie du passage, prendre le chemin à gauche. Embranchement : laisser le petit chemin à droite.

Au carrefour, tourner à droite à angle droit, avant le début d'une rangée de peupliers et de trembles. À 50 m, virage à gauche. Embranchement : prendre à droite pour monter ensuite. Faire 700 m. Arrivé sur la D268 : la prendre en face (en laissant une petite route à gauche). Bel-Air, puis Le Poirier Jaune. Au carrefour, quitter la D268 pour prendre la C9 à droite, direction Livry. Faire 1100 m. Arrivé sur la D978a, prendre à gauche. Vous êtes à **Livry** (église). Continuer sur la D978a. À la sortie de Livry, prendre à gauche la C7, direction Taloux, en montant tout droit.

Au carrefour de Bise-Vents, prendre le chemin empierré en retour à droite à travers champs (panorama sur la vallée de l'Allier) et parcourir 700 m. Arrivé sur la D978a (danger), traverser et poursuivre par la petite route en face, direction Chambon. À l'embranchement de Chambon, prendre à gauche à angle droit. À 200 m, le goudron devient un chemin herbu entre les haies, continuer tout droit.

Au carrefour de chemins, prendre à droite en descendant (tout droit au carrefour suivant à 50 m). Arrivé sur la D134, prendre la route à gauche en longeant l'Allier. Faire 900 m. Au carrefour de la D978a, prendre le pont à droite pour traverser l'Allier. Après 500 m et au carrefour, continuer en tournant à gauche sur la D13, toutes directions. Au carrefour, continuer tout droit rue Bichon, direction centre-ville, en quittant la D13.

Au **Veurdre**, à l'église (place Henri Barbusse), prendre en face la rue de Bourbon (sens interdit) et continuer tout droit par la D13 (rue de Bourbon), direction Bourbon-l'Archambault. Au carrefour : prendre à droite (rue du Champ Rousseau), direction Champ Rousseau, Moulin Barras.

Rond-point : continuer tout droit (rue du Champ Rousseau). Faire 1 km. Au carrefour (deux croix), continuer toujours tout droit rue du Champ Rousseau, direction Mésangy. Au carrefour (Le Coudrais), continuer tout droit. Faire 600 m. Dans la descente, prendre le chemin herbu à gauche en montant fortement, direction Mésangy, Moulin d'Affouard. Virage à gauche entre les haies. Virage à droite, puis toujours tout droit. Faire 1300 m.

Au carrefour de Mésangy (croix), prendre le chemin à droite en descendant (juste après le panneau de stop à 80 m). Fontaine de Mésangy. Prendre le bras gauche du chemin (privé en face). Passerelle sur la Bieudre, continuer à gauche sur le chemin en montant (Moulin d'Affouard). Après 400 m, laisser un chemin à droite et continuer tout droit sur 500 m. Laisser embranchement à droite et continuer à gauche sur le chemin empierré.

Au carrefour du Grand Beaumont avec la D294, au stop, prendre à gauche et suivre la route en traversant Le Petit Beaumont sur 600 m. Au carrefour avant le pont, quitter la D294 pour prendre une petite route à droite. Après 800 m, au carrefour (La Vieille Forge), continuer tout droit. Au carrefour de la D1 (stop), prendre la D1 à droite et toujours tout droit. Au carrefour, quitter la D1 pour prendre en face (à droite d'une maison) un chemin herbu entre les haies, tout droit. Traverser une petite route et poursuivre tout droit. Parcourir 500 m. Arriver sur le goudron puis au carrefour des Avignons (croix), prendre à droite.

Avant la mare, reprendre le chemin herbu à gauche entre les haies, toujours tout droit sur 900 m. Arrivé sur la route : prendre tout de suite à gauche (rue de Ferrière) puis tout droit sur 600 m. Au carrefour de la D1 (stop), prendre à droite (rue du Dr Vinatier). À **Lurcy-Lévis**, descendre la place de la Liberté, puis la place de la République et prendre la rue du Capitaine Lafond (sens interdit) pour continuer tout droit. Au carrefour, prendre la D64 à gauche (route de Valigny), direction Valigny, Ainay-le-Château, et passer le pont sur l'Anduise en continuant tout droit. Au carrefour de Breux : tout droit. Laisser l'Étang Neuf à droite. Parcourir 1700 m.

Au carrefour (croix), poursuivre tout droit sur 900 m. Citerne des Fromentaux. Juste avant le carrefour de Bourbin, Les Carrais, quitter la D64 pour prendre un chemin herbu à gauche, entre les haies. Au carrefour des chemins : poursuivre tout droit sur 400 m. À l'embranchement, poursuivre sur le grand chemin à droite en tournant. Prendre un chemin à droite puis à gauche, poursuivre toujours tout droit en montant légèrement. Faire 400 m.

Prendre à droite un chemin herbu. Arrivé sur une route empierrée (maison), prendre à gauche en montant. À 50 m, arrivé sur une route, prendre à gauche. Au carrefour de la Creuzerie, prendre en face, direction La Creuzerie, La Croix Charnay. Après 1 km à l'embranchement de la Croix Charnay, poursuivre à droite (chemin de la Platrière). Au carrefour (Les Boulats), poursuivre tout droit sur 1200 m. Au carrefour (Les Bois Denis), tout droit, faire 600 m. Au carrefour (Les Cacherats), prendre à droite (chemin du Puits Renard aux Avignons), La Croix, puis Le Puits Renard, puis Dardennes à gauche, tout droit. Arrivé sur la D64, prendre à gauche. Vous êtes à **Valigny**.

LA FORÊT DE TRONÇAIS

« Tronçais, forêt remarquable par son étendue et par la qualité de ses bois, est connue comme la plus belle futaie de chênes d'Europe. La journée, les forestiers s'activent pour guider, canaliser, toute la vitalité de la végétation et façonner, génération après génération, ces fûts irréprochables d'où sortiront les fameuses douelles de tonneaux qui font la réputation de Tronçais. La forêt domaniale de Tronçais constitue dans le bocage bourbonnais un massif compact d'une superficie de 10583 ha. Elle occupe une position centrale en France, à proximité de Moulins, Nevers, Montluçon et Bourges. Le relief est peu accusé et le climat est de type continental à forte influence océanique. On ne peut parler de la forêt de Tronçais sans évoquer l'histoire des hommes qui depuis des siècles l'ont patiemment modelée, pour en faire aujourd'hui cette immense cathédrale de verdure où de nombreux admirateurs viennent se promener.

La forêt de Tronçais est réputée pour la qualité des chênes qu'elle produit. Compte tenu de l'étendue du massif, il est évident que la qualité du chêne n'est pas uniforme sur l'ensemble de la forêt, mais est liée aux stations forestières et à l'histoire sylvicole de parcelles. Des cinq étangs vous pourrez faire le tour : un petit sentier suit les détours des rives et vous entraîne dans les lieux les plus sauvages de la forêt. Chacun a son style, chacun a sa particularité, et toujours vous serez émerveillés. Au début du siècle, l'Administration des Eaux et Forêts a réintroduit des cervidés en forêt de Tronçais. Aujourd'hui, la population des grands cervidés s'est largement multipliée et s'est étendue dans le bocage et les forêts avoisinantes. »

source : www.onf.fr

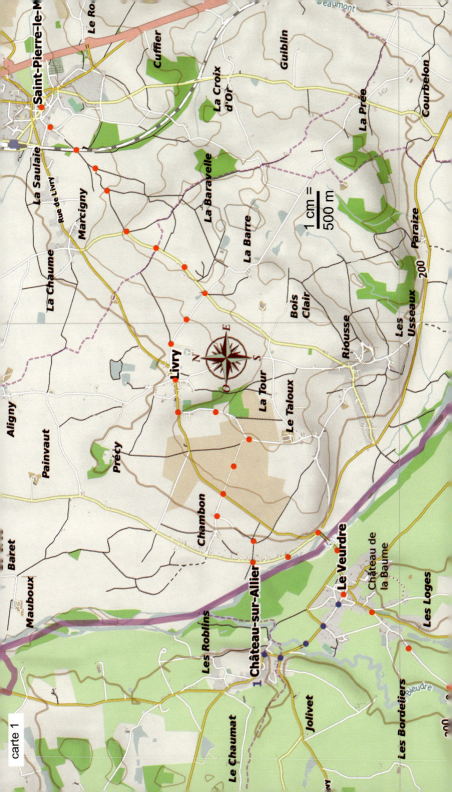

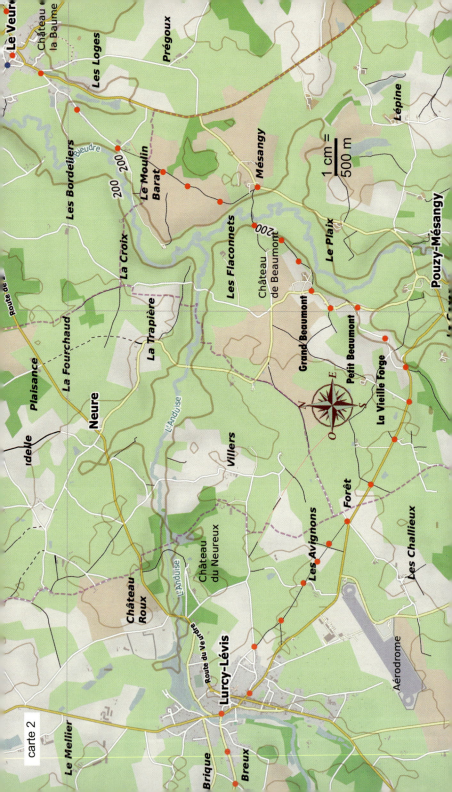

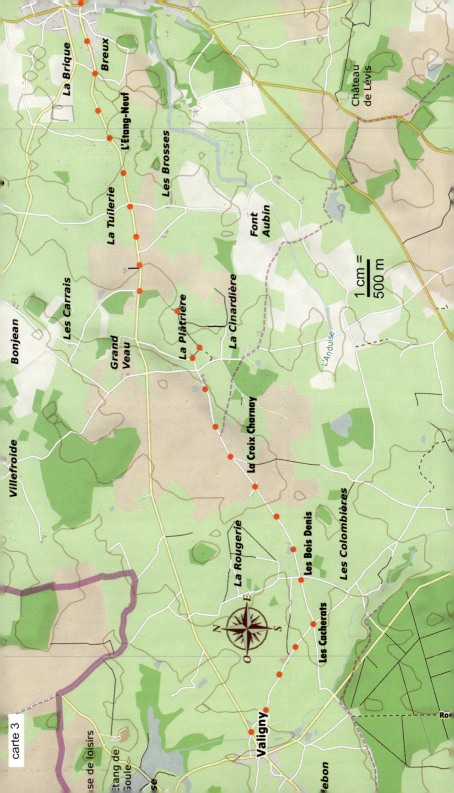

Étape 7 sud   32 km   6 h 50
De Valigny à Saint-Amand-Montrond

À **Bardais**, vous avez marché 1 h et parcouru 4,6 km
À **Ainay-le-Château**, vous avez marché 2 h 20 et parcouru 11,8 km
À **Saint-Pierre-les-Étieux**, vous avez marché 4 h 20 et parcouru 21,5 km
Au **canal de Berry**, vous avez marché 5 h 20 et parcouru 25,7 km
À **Saint-Amand-Montrond**, vous avez marché 6 h 50 et parcouru 32 km

Ainay-le-Château (03360)
Boulangerie, supérette, bar, restaurant, poste, banque, supermaché.

RP de l'association de la Voie de Vézelay, 20ter rue des Récollets, 6 pl., tél : 04 70 29 00 30. Lave-linge, sèche-linge. Ouvert du 15/03 au 15/10, ouverture quotidienne à 16h (prévenir la veille). Dîner possible 9€, si vous avez confirmé votre passage la veille.

Charenton-du-Cher (18210)
Tous commerces.

CH, M. Moreau, Laugère, 3 km avant Charenton-du-Cher, sur le chemin de halage du canal de Berry (points bleus 1), tél : 06 14 90 23 56. Ch. à partir de 60€ pour 1 pers., 70€ pour 2 (PDJ inclus). Ne fait pas TH, proche restaurant.
laugere350@gmail.com
Pour y aller : depuis Ainay-le-Château, suivre la direction du Pondy par la D953. Parcourir 3 km, franchir prudemment la D951 et poursuivre en face vers Laugère à 250 m.

APD, Mme Mativon, 9 rue du Château de la Grave, tél : 02 48 60 82 24, ou 06 50 93 89 61, ou 06 82 83 83 29. 8 pl. Crédenciale impérative (prix pèlerin en ch. collectives) 1/2 P 35€. CH à partir de 71€ pour 1 pers., 81€ pour 2, 91€ pour 3.
mativonisabelle@gmail.com
chantal-mativon@bbox.fr

Messe : 9h30

Saint-Pierre-les-Étieux (18210)
Gîte Club Hippique du Gâteau, Mme Deuquet (le long du canal de Berry, 4,3 km après le village), tél : 02 48 60 75 61, ou 07 87 96 15 74. 2 pl. Ch.+PDJ à partir de 15€/pers., dîner sur résa 10€. Ouvert toute l'année.

L'église Saint-Amand

Aujourd'hui nos pas nous mèneront près de l'une des plus belles forêts de chênes de France. D'une superficie de 10500 hectares, la forêt de Tronçais fut à l'origine des plus beaux navires de « la Royale », et les chutes d'arbres inutilisées pour la construction des navires servaient à la fabrication de tonneaux ou de charbon de bois. Certains arbres ont 400 ans et ont vu passer Henri IV ! Mais seuls ceux qui feront halte pour déjeuner à L'Isle-et-Bardais passeront près des mythiques parcelles.
La forêt de Tronçais est la dernière grande forêt sur le chemin de Saint-Jacques avant celles de la Creuse à proximité du lac d'Éguzon à 120 km de là !
Saint-Amand-Montrond présente le visage d'une petite ville familiale et accueillante que l'autoroute A71 a épargnée en passant 6 km plus au sud, tout en mettant la ville à tout juste 3 heures de Paris ou Lyon, rompant ainsi son isolement. C'est à Saint-Amand-Montrond et ses environs que l'on trouve de nombreux imprimeurs qui garnissent d'ouvrages à succès les rayons des librairies.

CH Le Moulin de Gâteau, Mme Cappello, 289 Moulin de Château (sur le chemin), tél : 06 34 63 01 37. 12 pl. Nuitée en ch. partagée de 15 à 22€. PDJ 6€. Cuisine. Dîner possible sur résa. Nuitée en CH à partir de 65€. Casse-croûte 6€.
marie.cappello@wanadoo.fr

Saint-Amand-Montrond (18200)
Tous commerces. OT, place de la République, tél : 02 48 96 16 86.
www.tourisme-coeurdefrance.com
contact@tourisme-coeurdefrance.com

CH L'Amphore du Berry, Mme Laire, 25 rue du Dr Vallet, tél : 02 48 96 41 18, ou 06 76 56 28 79. Tarif pèlerin : 1/2 P 63€/pers. Ouvert toute l'année. Résa impérative.
contact@amphoreduberry.com
laire.sylvie@laposte.net

H Le Saint-Amand (Sarl Covia), 80 rue Fradet, tél : 02 48 96 09 41, ou 06 31 12 25 59. Ch. à partir de 65€ pour 1 pers. et 80€ pour 2 (mais -10% pour les pèlerins), proche restaurant avec menus à partir de 14€. PDJ en buffet 9€. Ouvert du lundi au samedi soir. Fermé le dimanche sauf si vous avez réservé 48h avant. Ouvert toute l'année.
rolco@orange.fr

C de la Roche*, chemin de la Roche (sur le canal de Berry, mais à 1,3 km hors de la ville), tél : 02 48 96 09 36. Emplacement (tarif pèlerin avec crédenciale) 11€. Possibilité de location de tente à partir de 25€ pour 1 pers., 30€ pour 2. Cuisine, mais courses à prévoir. Ouvert du 01/04 au 30/09
camping-la-roche@wanadoo.fr
www.entreprisefrery.fr/camping-la-roche

FJT, 34 rue de La Brasserie, tél : 02 48 62 01 30 (quartier Le Vernet). 75 pl. Tarif pèlerin sur présentation de la crédenciale, nuitée 25€, PDJ 3,20€ et repas possible pour 9€. 70 pl. Restauration fermée les week-ends et jours fériés. Cuisine en gestion libre. Laverie 4€. Résa fortement conseillée.
fjtsaintamand@hotmail.com

CH BB Fleurie, Mme de Vos, 11 av. Félix Pyat, tél : 02 48 60 80 05, ou 06 45 77 40 19. Nuitée+PDJ (tarif pèlerin avec

Descriptif de l'itinéraire pédestre et cycliste

Pour déjeuner : courses ou repas possibles à Ainay-le-Château.

Valigny, église, carrefour de la D14, traverser et poursuivre en face par la D64 (route d'Ainay), direction Isle-et-Bardais, Ainay-le-Château. Faire 600 m. Face au domaine de Villebon, quitter la D64 pour prendre une petite route à droite à angle droit (chemin du Plaid à Villebon), faire 1 km. Laisser un embranchement à droite (chemin de Chauvet à Carat). Au carrefour, tout droit (chemin du Plaid à Villebon).

Dans le virage, quitter la route pour prendre en face le chemin herbu et continuer toujours tout droit sur 800 m. Laisser un chemin à gauche puis à droite. Au carrefour de chemins (mare à gauche) : tout droit. À l'embranchement, continuer à gauche vers la petite route. Arriver sur la route (Le Rocquet), prendre tout droit en face. Faire 500 m. Au carrefour (stop), prendre à gauche. Au carrefour avec la D64, prendre la D64 à droite. Pont sur un canal d'alimentation abandonné. À **Bardais** (église) continuer sur la D64.

Au carrefour de la D411, poursuivre à droite sur la D64, laisser après 2 km la ferme de Chandon sur la gauche. Après 1200 m, laisser sur la gauche la direction Jeandinet et Bouis. Et après 200 m, prendre la petite route à gauche (gros chêne), panneau Vezien à gauche, direction Pontcharraud. Parcourir 1 km. Au carrefour de routes, prendre à droite, faire 200 m. À la ferme de Pontcharraud, prendre à gauche sur 700 m.

Au carrefour en Y, poursuivre tout droit (donc du côté gauche). Après 800 m, au carrefour, prendre la rue à droite (entrée dans les lotissements d'Ainay). Arrivé sur la D64, prendre à gauche. Panneau d'**Ainay-le-Château** : refuge pèlerin municipal.

Au carrefour de la D953 (place Victor Hugo), prendre en face vers la porte fortifiée et suivre tout droit la rue de l'Horloge, puis à gauche la rue des Maures vers l'église. Repartir par la rue des Maures, puis, à gauche, par la rue du Pont en descendant. Pont sur la Sologne. Au carrefour, prendre à gauche la D28/route de Meaulne, direction Braize, Meaulne.

Au carrefour avec la D550, quitter la D28 pour prendre à droite, direction Le Crochet, Les Brosses, et continuer toujours tout droit. (Limite des départements de l'Allier et du Cher). Au carrefour de chemins : poursuivre tout droit. Les Brosses, poursuivre tout droit. Digue de l'Étang, poursuivre sur la route. Arriver à la ferme du Crochet (panneau voie sans issue), tourner tout de suite à gauche pour prendre un chemin de terre avant les bâtiments et continuer toujours tout droit.

Après un virage à droite, descendre sur la route de la Besace, prendre à gauche et toujours tout droit jusqu'à Charenton. Au carrefour de la D1, prendre à droite le pont

> crédenciale) 45€ pour 1 pers., 70€ pour 2. TH 17,50€. Ouvert toute l'année. www.bbfleurie.com info@bbfleurie.com
>
> CH La Maison Juranville, 6 rue Juranville (centre-ville), tél : 02 48 61 85 07, ou 06 78 68 94 10. Ch. à partir de 60€ pour 1 pers., 65€ pour 2, ne fait pas TH, proche restaurant. Résa préférable. christophe.guigon@wanadoo.fr
>
> Messe 11h

sur la Marmande, par la route de Coust puis la rue du Couvent. À droite rue de la Chapelle : à 10 m, chapelle de Notre-Dame-de-Grâce, narthex de l'ancienne abbaye de Bellevaux (statue miraculeuse de la Vierge). Traverser la D951 pour arriver sur la place de l'église de **Charenton-du-Cher** (commerces et services). Repartir de l'église à droite, par la petite rue de la Cure (sens interdit), puis en prenant à droite la rue Nationale (D951).

Carrefour/place Buret (il est possible de continuer sur la D951 pour aller jusqu'au canal de Berry : on peut alors suivre les berges du canal jusqu'à Saint-Amand, du moins lorsque l'entretien est fait). Traverser pour prendre à droite la D37 (rue d'Arfeuilles), direction Arfeuilles, Meillant. Pont sur le canal de Berry, quitter la D37 pour prendre à gauche la rue de l'Usine (sens interdit) et tout droit. Au carrefour (stop), prendre à droite vers l'église.

À **Saint-Pierre-les-Étieux**, devant l'église, prendre à gauche, direction les Vivons, mairie. Au carrefour (place), tout droit. Au carrefour du cimetière (point d'eau) : toujours tout droit. Au carrefour des Vivons, quitter la route pour prendre le chemin de terre en face au coin du transformateur. Arrivé sur la route, continuer tout droit.

Au carrefour de la D951 (lieu-dit La Ravière, attention : circulation dangereuse), traverser pour prendre en face la petite route décalée à gauche, direction Les Places. Au canal de Berry, emprunter le pont et prendre le chemin à droite le long du canal. À Gâteau, arrivé sur la route, prendre à gauche puis tout de suite à droite. Au Moulin de Gâteau, traverser pour continuer sur le chemin de terre en face. Faire 600 m. Arrivé sur la route : continuer tout droit. Au pont sur la Marmande, poursuivre tout droit. Dans le virage, quitter la route pour suivre l'allée le long du canal. Écluse : continuer tout droit sur la rive gauche du canal.

Arriver sur la route des Fromentaux (à compter de la traversée du canal jusqu'au pont d'Orval sur le Cher, l'itinéraire pèlerin est balisé au sol par la commune, avec des balises associatives à la coquille européenne, scellées dans des îlots de pierre blanche, sur les trottoirs).

Traverser le canal et prendre à gauche la rue des Fromentaux puis, au carrefour (stop) à 50 m, la rue Grenouillère à gauche. Prendre ensuite à droite la petite rue Charlotte (barrée par une chicane), vers l'église de **Saint-Amand**.

AINAY-LE-CHÂTEAU

L'origine de la fondation d'Ainay-le-Château est très imprécise. Un château-fort au Xe siècle et des remparts avec des douves formaient, à cette époque, une ville close avec 24 tours et 4 portes. Par la suite, l'histoire d'Ainay a été jalonnée par la guerre anglaise au cours de laquelle la Châtellenie, qui appartenait aux sires de Bourbon, passa à la famille d'Albret en 1360, puis revint au duc de Bourbon. Elle fut prise durant la Fronde par les troupes du prince de Condé dont la lignée en resta maître jusqu'à la Révolution de 1789. C'est alors que la commune prit le nom d'Ainay-sur-Sologne.

SAINT-AMAND-MONTROND

C'est autour d'un monastère fondé par saint Amand au VIIe siècle que grandit la petite cité. Plus tard au XIe siècle apparaît sur le Mont-Rond un petit château de bois qui domine la rivière de la Marmande. Lors de la guerre de Cent ans, les Anglais pillent et incendient.

Les habitants abandonnent alors le quartier bas et se réfugient derrière les fortifications du Mont-Rond où ils sont vite à l'étroit. L'enceinte fortifiée est agrandie et la ville devient Saint-Amand-Montrond.

La construction du pont sur le Cher favorise le développement du commerce et la ville devient une étape sur le chemin de Saint-Jacques. Elle appartient successivement à Sully puis au duc de Bourbon. Ses remparts seront détruits pendant la Fronde et la forteresse démantelée à partir de 1793.

La révolution industrielle, la construction du canal de Berry et l'arrivée du rail en 1861 donnent un nouvel essor à la ville. Aujourd'hui ce sont les industries du livre, de la chaussure et de l'orfèvrerie qui continuent à l'animer.

L'église Saint-Amand est un édifice roman du XIIe siècle avec un beau portail en plein-cintre. Dans le bas-côté droit, on peu observer un beau Christ aux outrages et une statue de Saint-Roch du XVIe siècle.

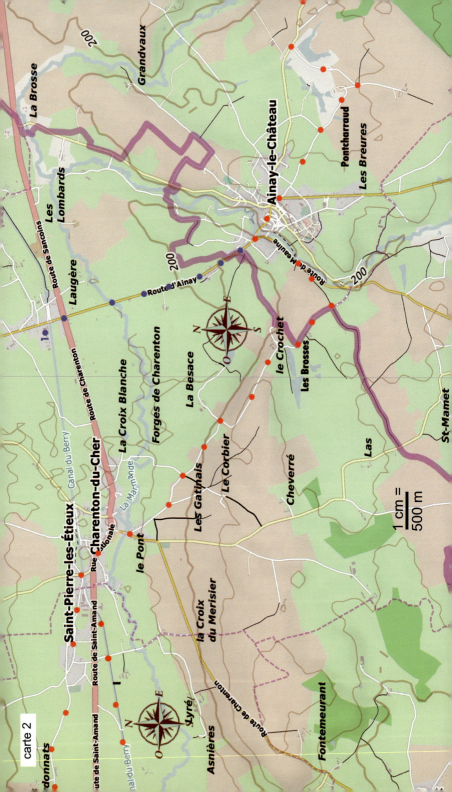

Itinéraire commun

via Limoges, Périgueux,
La Réole, Mont-de-Marsan,
Orthez,
Saint-Jean-Pied-de-Port

D'Éguzon à Saint-Jean-Pied-de-Port
595,4 km (ou jusqu'à 612,5 km,
selon les choix de parcours)

24 étapes

Étape 12   33,5 km   8 h 30
D'Éguzon à La Souterraine

À **Crozant**, vous avez marché 2 h et parcouru 9 km
À **La Chapelle-Baloue**, vous avez marché 3 h 20 et parcouru 15,2 km
À **Saint-Germain-Beaupré**, vous avez marché 5 h 20 et parcouru 23 km
À **Saint-Agnant-de-Versillat**, vous avez marché 7 h et parcouru 28 km
À **La Souterraine**, vous avez marché 8 h 30 et parcouru 33,5 km

Crozant (23160)
Boulangerie, supérette, 4 restaurants.

HR du Lac, Pont de Crozant, à 500 m du bourg, tél : 05 55 89 81 96. Ch. double 70€. 1/2 P 95€ pour 1 pers., 130€ pour 2., PDJ 9€ (servi dès 8h15). Ouvert du 01/04 au 30/09.
info@hoteldulac-crozant.com

C municipal, 11 rue Fontbonne, tél : 05 55 89 80 12 (mairie). Nuitée avec votre tente à partir de 5€. Ouvert 01/05 au 30/09. Résa préférable.
mairie-crozant@wanadoo.fr

RP, ancienne cantine (cuisine à disposition). Clés en mairie, tél : 05 55 89 80 12, ou au bar l'Éclat de Soleil. Nuitée 12€. Crédenciale obligatoire. Ouvert toute l'année.
mairie-crozant@wanadoo.fr

CH Le Relais de la Sédelle, M. Delile, 5 rte de la Pêcherie, tél : 05 55 89 68 14, ou 06 07 59 79 25. Nuitée à partir de 25€ pour 1 pers., 40€ pour 2. Dîner à partir de 15€. Cuisine. Ouvert du 01/05 au 15/09. Résa préférable.
lerelaisdelasedelle@orange.fr

La Chapelle-Baloue (23160)
Épicerie, bar, boulangerie, restaurant.

RP Le Colibri de Compostelle, M. Grasset, 14 rue de la Fontaine, tél : 06 08 73 11 57. Participation libre aux frais (à ne pas oublier !). Cuisine. Ouvert toute l'année.
valentin.grasset.pro@gmail.com

CH Wanderlust Driven, M. Turiaf, 2 rte de Crozant, tél : 05 55 63 59 53, ou 07 60 50 12 68. Nuitée+ PDJ 35€ pour 1 pers., 60€ pour 2, 1/2 P 45€. Cuisine. Peut venir vous chercher sur le chemin à 15 km max. Résa la veille.
wanderlustdriven@gmail.com

Saint-Germain-Beaupré (23160)
R Le Beaupré, 4 Grande Rue,

Ruines de l'ancienne forteresse de Crozant

Il faudra aujourd'hui ne pas musarder en chemin, même si les cinq villages que vous trouverez ne sont guère éloignés les uns des autres de plus d'une heure quarante de marche, ce qui permet donc de se reposer et de se restaurer régulièrement et à volonté. Cette étape est cependant l'une des plus longues que nous proposons dans cet ouvrage.

Crozant, après deux heures de marche, est un petit bourg posé sur un monticule, qui possédait au Moyen-Âge un château dominant la vallée. Plus récemment (en 1893), Armand Guillaumin, peintre impressionniste et compagnon de Paul Cézanne et Vincent Van Gogh, y installa son atelier qui devint plus tard la célèbre école de Crozant. Laissons-le parler de Crozant : « Qu'il existe au monde un pays aussi beau que Crozant, c'est possible, mais un plus beau, je ne puis le croire ! »

À Saint-Agnant-de-Versillat, vous découvrirez avec curiosité une très belle lanterne des morts. Peut-être sera-t-elle le prétexte pour une pause un peu plus longue ?

tél : 05 55 63 10 28. Menu en buffet 13€ le midi et ouvert le soir aux beaux jours. Fermé en août.

CH La Maison sur Le Chemin, Mme Fernandez-Peyre, 5 Grande Rue, tél : 06 30 19 60 25. Nuitée en ch. à 3 lits, SdB commune 25€/pers. Nuitée en ch. double, SdB privative 70€. Camping 15€/nuit. Dîner servi lors de la fermeture du restaurant à 100 m 20€/pers. Cuisine. Ouvert toute l'année sur résa.
mfernandezpeyre@gmail.com

Projet d'un GE municipal de 4 pl. (2022), au-dessus du restaurant, info en mairie, tél : 05 55 63 51 88, ou auprès de M. Martin au 06 50 94 73 09.
mairie.stgermainbeaupre@orange.fr

Saint-Agnant-de-Versillat (23300)
Supérette, boulangerie, charcuterie, restaurant Mellou, tél : 05 55 89 08 75, déjeuner à partir de 14€, attention fermé le lundi, résa fortement conseillée.

La Souterraine (23300)
Commerces. OT, 2 place de la Gare, tél : 05 55 89 23 07
tourisme-la-souterraine@cco23.fr

HR de la Porte Saint-Jean, 2 rue des Bains, tél : 05 55 63 90 00. Ch. double de 58 à 68€. PDJ 10,50€. Menu de 9,90€ à 29 € + carte. Ouvert tous jours.
alaportesaintjean@orange.fr

HR Jinjaud, 4 rue de Limoges, tél : 05 55 63 02 53, ou 06 07 51 31 04. Ch. doubles 45€. Menus à partir de 12 et 15€. PDJ 5,50€. Fermé en janvier.
hotel.jinjaud@wanadoo.fr

GE Le Coucher du Soleil, Mme Moncuit, 33 av. du Pont-Neuf, tél : 05 55 63 34 37, ou 06 85 09 28 75. 1/2 P 34€. Nuitée 15,50€. PDJ 6€ (avec fruits et fromage). Dîner complet 13€ (vin compris). Casse-croûte 6€. Cuisine. 10 pl. Ouvert toute l'année dès 15h.
lecoucherdusoleil@orange.fr

CH Floromel, Mme Chézeau, 9 Le Glais (à 3 km du centre sur la rte de St-Sulpice-les-F., peut venir vous chercher à l'église de La Souterraine, point bleu 1), tél : 05 55 63 79 40, ou 06 85 57 04 38. Ch. à partir de 38€ pour 1 pers., 48€ pour 2, 66€ pour 3. Dîner 20€. floromel23@orange.fr

À La Souterraine, passez sous la célèbre Porte Saint-Jean. Construite au XIIIᵉ siècle, c'est l'une des portes des anciens remparts de la ville. De construction rectangulaire de 20 mètres de haut, elle est flanquée de deux tourelles d'angle en encorbellement du XVᵉ siècle. La Porte Saint-Jean fut une prison jusqu'en 1860. Prenez le temps de parcourir (s'il vous reste encore des forces !) cette ville étonnante, accueillante et familiale.

Descriptif de l'itinéraire pédestre et cycliste

Pour déjeuner : repas froid à prévoir dès Crozant, pas de ravitaillement possible sur le parcours.

Face à l'église, prendre à droite la D913 direction Crozant. Avant d'arriver à la salle des fêtes, descendre à gauche une rue direction Boussuet. Dans la montée (en vue des bâtiments), descendre un chemin forestier à gauche.

Continuer tout droit, traverser à gué un ruisseau et monter. Avant que le chemin tout droit ne descende, monter à gauche en épingle à cheveux. Poursuivre tout droit en traversant un hameau et une route goudronnée, sur un chemin qui devient assez embroussaillé.

Dans une intersection en T, en plein champ, prendre à droite. À l'intersection suivante, 300 m plus loin, tourner à « gauche-droite ». 200 m plus loin, prendre à droite un chemin de terre qui aboutit au macadam. Poursuivre tout droit un long moment pour arriver à **Crozant**.

Aux ruines du château (D72), prendre à droite et monter tout de suite à gauche un sentier assez rude qui se prolonge par un escalier. Arrivé en haut, contourner l'église par la droite et continuer tout droit par la rue principale. Tourner à droite (à la hauteur d'un puits) dans une rue qui se transforme en sentier et oblique à gauche. Arrivé à une toute petite route à gauche, prendre à droite un sentier qui continue à descendre. Arrivé au torrent, le remonter à gauche, puis emprunter un pont à droite.

À la première intersection, prendre à gauche la D72 direction La Chapelle-Baloue. Continuer sur cette route plus d'une heure pour arriver à **La Chapelle-Baloue**. En vue de l'église, la route fait un coude à droite. Monter par un raccourci vers l'église et arrivé au macadam, prendre à gauche. Passer à côté de l'église, puis après le cimetière, tourner à droite (2 h) direction Puyrajas 1,5 km.

Continuer tout droit en ignorant toutes les intersections. Arrivé à une intersection en T devant une ferme, prendre à gauche direction Chézeaupion. À l'intersection suivante, prendre à droite Chézeaupion. 300 m plus loin, à la fourche devant une maison grise à votre droite, prendre à gauche. À l'intersection suivante, poursuivre tout droit c'est-à-dire à gauche. Dans une intersection en T, prendre à droite vers le hameau et continuer tout droit en ignorant toutes les intersections. Traverser un hameau. Arrivé à une intersection en T (château d'eau à votre gauche), descendre à droite.

> **Pour y aller :** dans La Souterraine suivre la direction de St-Sulpice-les-F. par la D912. Faire 3,2 km (route passante !). Le Glais est indiqué (panneau) côté gauche.

CH, Mme Tribolle, 4 rue Haute Saint-Michel (centre-bourg), tél : 05 55 63 72 18, ou 06 49 62 20 03. Nuitée 45€ pour 1 pers., 55€ pour 2 (sauf juillet-août). Ne fait pas TH, restaurant à proximité. Ouvert toute l'année.
martine.tribolle@orange.fr

C**** L'Aquarelle du Limousin, 26 chemin du Cheix, à 2 km du centre-ville (point bleus 2), tél : 05 55 63 59 71. Nuitée de 9 à 16€ (selon la période), bivouacs sur pilotis de 29€ à 42€ la nuit (1 ou 2 pers.). Dîner à partir de 10€. Ouvert toute l'année.
laquarelledulimousin@gmail.com

> **Pour y aller :** depuis l'église, se diriger vers la porte St-Jean que l'on franchit, puis s'engager dans la rue commerçante Hyacinthe Montaudon. Parcourir 350 m. Au carrefour, poursuivre en face avenue de la République. Au rond-point, aller tout droit, jusqu'à un autre rond-point. Poursuivre tout droit vers Dun-le-Palestel (D912A1). Après 150 m, prendre à gauche, le camping est indiqué.

Messe 11h

---

200 m plus loin à votre droite se trouve un lavoir, une table de pique-nique et un point d'eau. 100 m après le lavoir, quitter la départementale qui tourne à droite et monter tout droit un chemin goudronné. Entrer ainsi à **Saint-Germain-Beaupré**. Au stop à côté de l'église, poursuivre tout droit par la Grande Rue. Après être passé devant la poste et la mairie, emprunter à droite la direction du Boucheron.

Poursuivre tout droit une bonne demi-heure sur un agréable chemin de terre. Arrivé sur le macadam, prendre à droite. Arrivé sur une route plus importante (D72), prendre à gauche et entrer à **Saint-Agnant-de-Versillat**.

Avant la mairie, prendre à droite rue de la Place en direction de l'église. Après l'église, prendre à gauche rue Eugène Pezas. Dans une intersection en T, prendre à gauche pour revenir sur la départementale et l'emprunter à droite. Au cimetière, quitter la départementale pour monter fortement le long du mur du cimetière situé à votre droite. Au bout du cimetière, monter un chemin de terre à droite.

Continuer tout droit en croisant un chemin de terre. Arrivé au macadam, prendre à droite et 70 m plus loin, tourner à gauche en direction des Chassagnes. Traverser le hameau des Chassagnes et continuer tout droit, passer un pont et au carrefour, laisser à gauche la route de Bousseresse en poursuivant tout droit. Au carrefour de la rocade, prendre à droite, passer le pont sur la voie ferrée.

Avant le magasin Leclerc, tourner à gauche dans l'avenue Mermoz puis à droite rue Martin Nadaud. Au stop, prendre à gauche le boulevard Mestadier et suivre le marquage au sol (coquilles en bronze) pour atteindre l'église de **La Souterraine**.

CROZANT

Crozant est un village de plus de 600 habitants dominant le confluent de la Creuse et de la Sédelle, en bordure du lac formé par la retenue du barrage d'Éguzon. C'est un site remarquable à bien des égards, étape incontournable sur les routes de Saint-Jacques-de-Compostelle et de George Sand.
Le site a été occupé dès la préhistoire et à l'époque gallo-romaine. C'est à partir du XIIe siècle qu'apparaissent, vraisemblablement, les premières constructions en pierre sur l'éperon, sous l'occupation de Hugues de Lusignan, comte de la Marche, et de son épouse, Isabelle d'Angoulême, veuve du roi d'Angleterre Jean sans Terre. C'est au cours de cette période qu'aurait pu être édifiée la base d'un donjon carré, construction la plus ancienne, suivie d'une double enceinte et de trois tours rondes. C'est au XIIIe siècle que le château de Crozant prend sa forme définitive et devient l'une des plus puissantes forteresses du centre de la France, avec une enceinte extérieure d'un kilomètre de longueur, flanquée de dix tours. Le château lui-même, mesure quelque 450 m de longueur sur 80 m de largeur.

D'après www.ecole-buissonniere.tm.fr

LA SOUTERRAINE

L'importance historique de La Souterraine est liée à sa situation privilégiée au carrefour de deux grands axes : de l'est à l'ouest, la route gauloise de Lyon à Saintes en passant par Montluçon et Poitiers. Et du sud au nord, la voie romaine de Bordeaux à Bourges par Limoges et Argenton. Elle tient son nom d'une ancienne villa romaine, la « Villa Sosteranea » sur laquelle les moines de l'abbaye Saint-Martial-de-Limoges construisirent à leur tour. Dans la crypte de l'église subsistent, selon la légende, quelques vestiges d'un temple dédié à Pluton. Les premiers chrétiens y auraient célébré leur culte.
Du château, situé à l'est de la ville et appartenant au vicomte de Bridiers, on peut encore admirer une majestueuse tour. La ville fut fortifiée en 1170, puis en 1226. Les remparts étaient percés de trois portes dont deux subsistent aujourd'hui.
En 1450, une troisième enceinte d'environ 734 m entourait la ville. Mais l'apparition de la poudre à canon, apte à détruire à distance ces épais remparts, et l'ampleur que prenait la ville découragèrent les habitants d'entretenir les fortifications. Au XVIe siècle, pour protéger les nouveaux quartiers, on creusa des fossés (aujourd'hui comblés) probablement renforcés par des palissades.

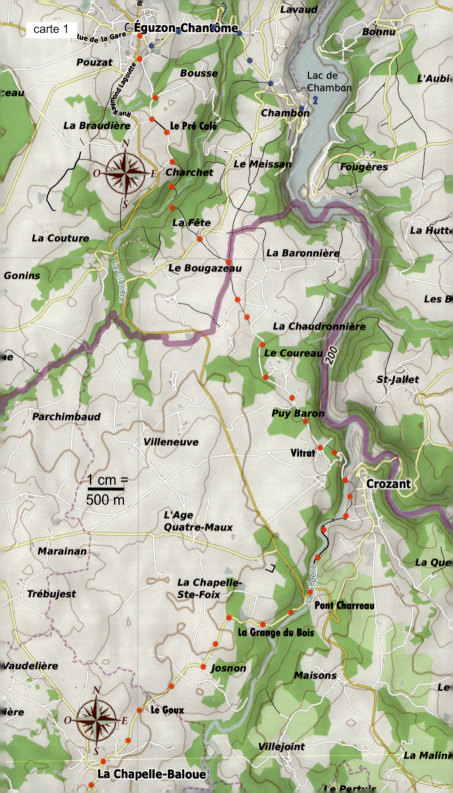

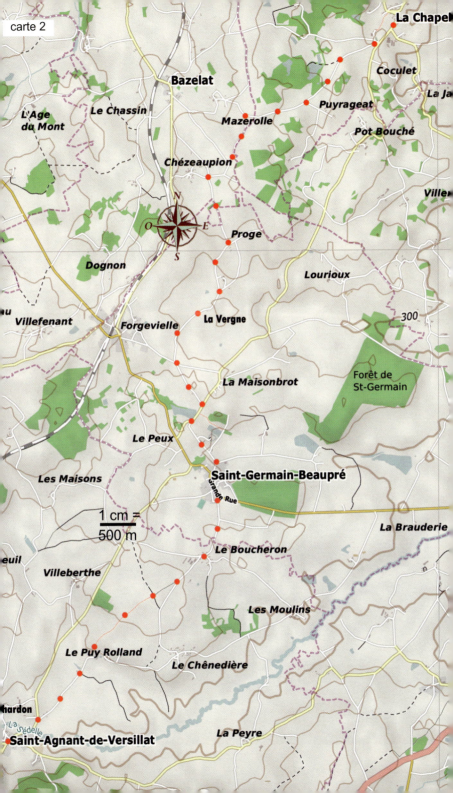

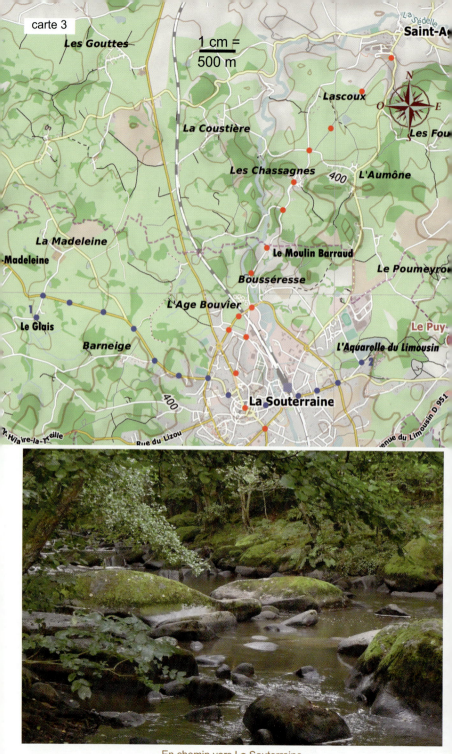

En chemin vers La Souterraine

Éguzon - La Souterraine 172

Étape 13 21,5 km 5 h 30
De La Souterraine à Bénévent-l'Abbaye

À **Sagnemoussouse**, vous avez marché 50 mn et parcouru 4 km
À **Saint-Priest-la-Feuille**, vous avez marché 1 h 35 et parcouru 6,5 km
À **Chamborand**, vous avez marché 3 h 45 et parcouru 14,3 km
À **Bénévent-l'Abbaye**, vous avez marché 5 h 30 et parcouru 21,5 km

Saint-Priest-la-Feuille (23300)
Bar-restaurant des 4 Vents, tél : 05 55 63 48 97, ouvert du lundi au vendredi midi.

CH Chez Marjorie, 4 route de Chamborand, tél : 05 55 63 67 96, ou 06 30 72 71 63. Nuitée+PDJ 25€. Accès cuisine+ 2€. Tarif pèlerin avec crédenciale. Ouvert de mars à octobre. jorytofe@aol.com

Chamborand (23240)
Bar-restaurant, épicerie, poste La Table de Chamborand, M. Laplanche, tél : 05 44 30 38 66. Ouvert tous les jours sauf dimanche.

CH Chez Claire Lesage, 3 hameau de la Chaize (point bleu A), tél : 06 45 11 38 85. Ch. à partir de 65€ pour 1 pers., 75€ pour 2. Dîner 20€ sur resa. Ouvert du 01/03 au 01/11. alexandrepallas23@gmail.com
Pour y aller : dans le bourg, suivre la D10 vers Bénévent-l'Abbaye. Faire 550 m puis après un petit lac à droite, tourner à droite vers La Chaize.

Bénévent-L'Abbaye (23210)
Supérette, boulangerie, boucherie, restaurant. OT, 2 rue de la Fontaine, tél : 05 55 62 68 35. accueil.benevent@destination-ouestcreuse.com

GE La Chouette, Mme Clare Lavinia Soden-Godson, 17 rue du Montlhery, tél : 06 76 79 15 88. 8 pl. en 3 ch. Nuitée en ch. partagée 25€/pers. Nuitée + PDJ 45€ en chambre seule pour 1 pers., 55€ pour 2, draps +5€. Cuisine. Ouvert d'avril à octobre. Ouvert à partir de 14h30 et sur résa. Fermé dimanche soir. accueilchouette@orange.fr

GE, H, CH Les Remparts, M. Allen, 1 rue de la Chicanelle, tél : 06 73 37 45 01. Nuitée 27€ pour 1 pers., 50€ pour 2. Dîner à partir

En chemin vers Bénévent-l'Abbaye

Autant vous le dire tout de suite... c'est aujourd'hui une étape à 90 % sur de petites routes de campagne. Bien sûr, on aurait souhaité plus de «chemins à vaches», sans circulation automobile, mais cela aurait été payé au prix de très nombreux dénivelés, et par de la fatigue supplémentaire, surtout s'il a plu et que la boue colle aux chaussures...
Saint-Priest-la-Feuille, village des Baracats (nom des habitants de Saint-Priest-la-Feuille), a la chance d'avoir une bonne auberge où l'on sert de la cuisine traditionnelle. C'est ce qu'Antoine Blondin résumait très bien par ce propos : « En Limousin, on n'a pas de caviar, mais on a des châtaignes ». Profitez-en ! Mais il ne faut pas y arriver trop tôt, car il n'y a que 1 h 30 de marche pour rejoindre Saint-Priest. Il est aussi astucieux de prévoir dès le départ votre casse-croûte de midi, ou alors juste une collation pour la pause et de déjeuner à Bénévent qui possède suffisamment de bars-restaurants pour faire le bonheur du pèlerin.

de 12€. Cuisine. Casse-croûte 7€. Ouvert toute l'année.
rempartsbenevent@mail.com

CH À La Maison Bénéventine, 20 rue de la Liberté, Mme Courcol, tél : 06 46 80 38 84. 2 ch. Nuitée (tarif pèlerin), 1/2 P 45€/pers. + 5€ si draps, + 5€ si lessive. Jardin, garage à vélos. Ouvert toute l'année.
alamaisonbeneventine23@gmail.com

Messe 11h

Descriptif de l'itinéraire pédestre et cycliste

Pour déjeuner : repas froid à prévoir dès La Souterraine, ou faire des courses à l'arrivée à Bénévent.

De l'église, descendre par la place du marché, passer la porte Saint-Jean et à droite rue Saint-Jacques. Ensuite, rue de Bessereix à gauche. Au carrefour, aller tout droit (ne pas suivre le chemin de randonnée balisé) jusqu'au giratoire.

Continuer en face direction Fursac et à la fourche, obliquer à gauche dans la rue Auguste Coulon, puis tout droit. Passer le pont de chemin de fer. Arriver en butée de la 4 voies, tourner à droite pour emprunter ensuite le tunnel sous la route. À la sortie du tunnel, aller à gauche et au bout à droite sur la D10 direction Saint-Priest-la-Feuille.

Longer la D10 (prudence route passagère) sur un peu moins de 2 km pour atteindre le village de **Sagnemoussouse**. Traverser le village et poursuivre le long de la départementale jusqu'à **Saint-Priest-la-Feuille**.

Après l'église, obliquer à droite toujours sur la D10 direction Chamborand. Au carrefour, ne pas prendre la D74 (Fursac) mais continuer sur la D10. Après 300 m, virer à droite sur la petite route du Bec.

Au carrefour du Bec à gauche, traverser le hameau et à 100 m, tourner à droite sur une petite route (Laisse-Dire) qui fait rapidement place à un chemin empierré. Arriver à une fourche, obliquer à gauche en montant et encore à gauche sur une petite route qui rejoint la D10 ; tourner à droite, emprunter le pont sur la Gartempe.

Après la rivière, carrefour de la Côte, abandonner la départementale pour prendre à droite la petite route qui monte à Puy Beaumas. Laisser une route à gauche puis à la fourche, obliquer à gauche (on retrouve le chemin de randonnée) vers les maisons. Traverser le hameau, le goudron fait place à un chemin empierré. Au carrefour en T, aller à gauche pour retrouver la D10, la suivre à droite sur 100 m, traverser et continuer sur un chemin en descendant. Au carrefour de chemins, aller à droite, passer devant un étang et poursuivre sur ce chemin pour atteindre le cimetière (D49 à gauche).

Au carrefour avec la D4, prendre à droite puis immédiatement à gauche vers l'église de **Chamborand**. Reprendre la D10 à gauche direction Bénévent. Traverser le hameau de Bellivier et poursuivre sur la D10 en laissant les routes à gauche. Emprunter le pont et rejoindre le carrefour de la D48. Aller à gauche puis à droite après 750 m au carrefour de La Toueille. Longer les étangs pour gagner le hameau du Bourale.

Dans le hameau, emprunter le second chemin à gauche. Après 1,5 km, le chemin devient goudronné pour atteindre le hameau de Sauzet. Laisser le chemin de randonnée partir à gauche et continuer tout droit pour rejoindre la D10 qu'il faut prendre par la gauche pour arriver à **Bénévent-l'Abbaye**.

BÉNÉVENT-L'ABBAYE

Étape importante sur le chemin de Saint-Jacques, elle possède une admirable abbatiale. La ville tire son nom de la cité italienne de Benevento au nord-est de Naples, d'où furent transférées au XIIe siècle les reliques de saint Barthélemy. Le monastère connut alors un grand essor et une vaste église fut bâtie en 1120. En 1458, sous l'impulsion du prieur, le monastère fut érigé en abbaye par Rome, la bulle papale accordant aux abbés la crosse et la mitre.

L'église est remarquable par sa large nef, ses collatéraux étroits, ses coupoles et sa lanterne octogonale surmontant le clocher. Un beau portail polylobé rappelle l'influence espagnole sur l'art roman du XIIe siècle, influence qui est évidemment en rapport étroit avec le passage des pèlerins de retour de Compostelle.

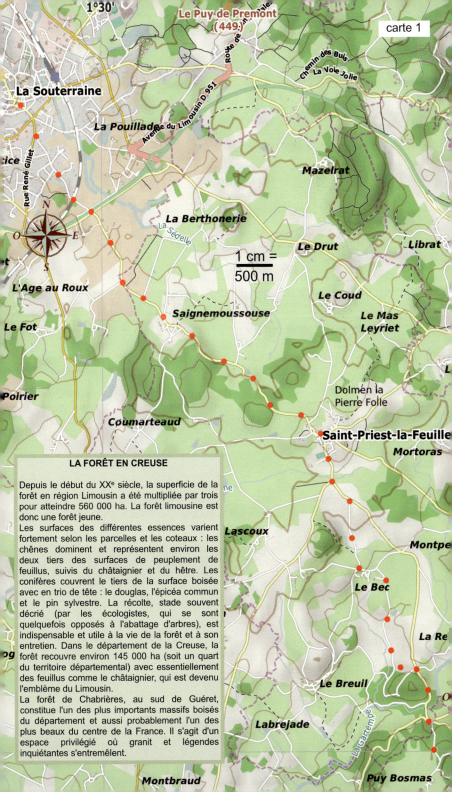

Étape 14   28,5 km   7 h 20
De Bénévent-l'Abbaye aux Billanges

À **Marsac**, vous avez marché 1 h et parcouru 4,8 km
À **Arrènes** vous avez marché 1 h 50 et parcouru 8,7 km
À **Saint-Goussaud**, vous avez marché 3 h et parcouru 12,8 km
À **Châtelus-le-Marcheix**, vous avez marché 4 h 30 et parcouru 18,6 km
Aux **Billanges**, vous avez marché 7 h 20 et parcouru 28,5 km

Marsac (23210)
Supérette, restaurant, bar, boulangerie.

C municipal de l'Ardour, tél : 05 55 62 61 32 (mairie). Nuitée sous tente à partir de 7,50€. Ouvert du 01/05 au 30/09. Permanence d'accueil sur place en juillet-août. marsac.mairie2@orange.fr

GE-Auberge Chez Bernie, Mme Passante, 34-32 av. du Limousin, tél : 06 73 50 37 00. Nuitée de 17€ à 27€ sur présentation de la crédenciale. PDJ 5€. Cuisine. Épicerie de dépannage. Ouvert toute l'année sur résa. bernadette.passante@hotmail.fr

C Labalade, Les Rivailles (points bleus), tél : 05 44 30 07 39, ou 06 55 10 06 30. Hébergement en roulotte ou chambre, dîner végétarien possible, nuitée seule 15€, PDJ 7€, 1/2 P 35€. Feu de camp le soir. Ouvert du 01/04 au 01/11. marsac123@gmail.com
Pour y aller : suivre la D914 direction Laurière. Franchir les rails. Faire 350 m puis prendre à gauche vers Arrènes, St-Goussaud par la D43. Parcourir 1,4 km. Les Rivailles sont à gauche.

Saint-Goussaud (23430)
Restaurant ouvert le week-end seulement.

GE Le Gîte et la main verte, M. Lecocq, 3 La Chateneide (points bleus 3, on retrouve le chemin sans détour le lendemain), tél : 06 60 41 84 49. Peut venir vous chercher si vous peinez dans la côte vers St-Goussaud. Nuitée 15€ (dortoir), repas et PDJ donativo. Sandwich possible sur demande lors de la résa. legite.lamainverte@gmail.com
Pour y aller : dans le bourg, face à la porte d'entrée du restaurant La Lanterne, prendre à gauche (donc ne pas longer l'église), cheminer le long de la route. À

Aux Billanges, la forêt n'est pas loin !

Cette quatorzième étape, où les dénivelés sont incessants, symbolise à elle seule tout le calme et la sérénité d'authentiques petits bourgs isolés en forêt creusoise. C'est le royaume des petits cours d'eau discrets (nous en croiserons plus d'une dizaine sur le parcours), et de la châtaigne, « l'arbre à pain » bien connu des habitants, et surtout du sanglier qui lui aussi en raffole !

À Saint-Goussaud, nous pourrons admirer une très belle lanterne des morts qui n'est certes pas très grande, mais dont l'isolement sur un petit carré d'herbe attire forcément l'attention. La lanterne des morts est un édifice en pierres de forme variable, identique à une petite tour élancée, généralement creux et surmonté d'un pavillon ajouré (d'au moins trois ouvertures) dans lequel, à la nuit tombée, on hissait souvent avec un système de poulies une lampe allumée, supposée servir de guide aux défunts.

Derniers pas en Creuse en fin d'après-midi car aux Billanges, vous serez en Haute-Vienne. Si vous logez « Chez Françoise », vous serez accueillis au mieux par une femme passionnée de céramique et de poteries.

Descriptif de l'itinéraire pédestre et cycliste

Pour déjeuner : repas froid à prévoir dès Bénévent-l'Abbaye.

Le dos au fronton de l'église, prendre à gauche la rue du Marché direction Marsac et continuer sur la D914. 400 m après la sortie de l'agglomération, quitter la départementale à gauche pour un chemin de terre qui longe d'abord la forêt puis y pénètre. Poursuivre sur ce chemin sans intersections. À la sortie de la forêt, arrivé sur le macadam, prendre à gauche. À l'intersection suivante, prendre à droite un chemin goudronné. À la fourche, prendre à droite un chemin qui descend direction Lagémard.

150 m plus loin, descendre à droite un chemin empierré. On sort de la forêt à côté d'un cimetière. Arrivé à une intersection en T, prendre à droite pour arriver au centre de **Marsac** en face de l'église. Prendre à gauche la D914, traverser le bourg, le passage à niveau et un pont. À l'intersection suivante, continuer tout droit. 300 m plus loin, monter à gauche direction Les Rorgues (3,5 T, 40 km/h). Traverser ce hameau tout droit et 250 m après la sortie, descendre à droite un chemin en gravier. Continuer tout droit sur ce chemin. Arrivé sur le macadam, prendre à droite et entrer à **Arrènes**.

Passer à côté de l'église et sortir par la D48 direction Saint-Goussaud. Arrivé au lieu-dit La Ronze, descendre à gauche un chemin goudronné. 150 m plus loin, à la fourche, prendre à droite. Entrer à Abbaye. Dans un virage, prendre à gauche un chemin de terre, puis monter tout droit. Arrivé sur le macadam, prendre à droite et entrer au hameau de Champegaud. Quitter le macadam pour continuer tout droit sur un chemin forestier empierré qui longe une ferme (à votre gauche). Après une montée assez rude, arrivé à une clairière, tourner à droite et tout de suite à gauche en montant toujours.

Arrivé sur le macadam, prendre à gauche pour entrer à **Saint-Goussaud** par la D48. C'est le point le plus haut de la voie de Vézelay. Traverser le bourg, passer à côté de l'église et prendre à gauche la D48 direction Châtelus-le-Marcheix. À l'intersection suivante (direction Les Châtins à droite), quitter le macadam pour descendre un chemin herbeux tout droit.

Continuer à descendre tout droit en ignorant toutes les intersections (y compris une avec un chemin goudronné), puis à la sortie du bois, dans une intersection, poursuivre tout droit sur un chemin goudronné. À l'intersection suivante (croix ancienne, transformateur sur un poteau et une maison à votre droite), poursuivre tout droit sur un chemin bitumé qui devient chemin de gravier, puis de terre.

Arrivé sur le macadam, continuer tout droit sur 120 m puis monter sur un chemin empierré à gauche. Dans un carrefour de chemins forestiers, prendre à gauche direction Châtelus. Arrivé sur le macadam, descendre à droite. Arrivé à une place à **Châtelus-Le-Marcheix**, prendre à droite la D8 direction Les Billanges.

---

une intersection vers Le Châtain, quitter la route pour le sentier tout droit (balisage bleu et jaune). Peu après, à l'intersection en lisière de forêt, quitter le chemin balisé qui va vers la gauche pour prendre le sentier tout droit. Ne plus le quitter pour 10 mn jusqu'à une route. La traverser, prendre le chemin en face un peu vers la droite, le descendre. Au bout, la porte de notre atelier. Contourner notre grosse maison par la droite, et frapper à la porte bleue.

Châtelus-le-Marcheix (23340)

Bibliothèque faisant point information aux pèlerins, 1 rue des Écoliers, tél : 09 63 05 83 14. alcm@wanadoo.fr
Auberge faisant des plats à emporter sur commande, épicerie de dépannage, tél : 05 55 64 07 30.

CH La Pissarelle, Mme Oelsner, La Clute (points bleus 1), tél : 05 55 64 30 58, ou 06 73 00 26 68. Ch. 45€ pour 1 pers, 80€ pour 2. Réduction de 10% aux pèlerins munis de la credenciale. Dîner à partir de 18€. Casse-croûte sur résa 8€. Ouvert toute l'année. lapissarelle@gmail.com
Pour y aller : depuis St-Goussaud, prendre la D48 vers Chatelux-le-Marcheix, puis après 1,2 km, couper la D62, aller tout droit. 150 m après, à la fourche, prendre à droite sur 900 m. Puis suivre La Clupte (la carte indique la Clute) à gauche (à 600 m).

GE Les Marcheurs, M. et Mme Warlop, hameau de Tournaud, (point bleu B), tél : 06 47 30 26 65. Nuitée en ch. partagée 31€ pour 1 pers., 62€ pour 2. PDJ 6€. Dîner 14€. Cuisine. Casse-croûte 9€. warlopn@gmail.com
Pour y aller : voir les explications pour aller aux CH La Pissarelle, mais traverser le hameau de La Clupte par la route qui descend. Sur la D5 au hameau de Vergnauds, tourner à gauche par la route qui descend. Faire 1,2 km et entrer dans Tournaud.

GE communal, 36 rue des Deux Ponts, tél : 05 55 64 30 09, (mairie fermée au public les mardis et jeudis), ou 06 43 19 75 41. 6 pl. en dortoir. Nuitée 10€. Cuisine. Ouvert toute l'année. mairie.chatelus.lemeix@wanadoo.fr

Les Billanges (87340)

R Le Relais des Billanges (bar-restaurant), centre-bourg, tél : 05 55 42 70 81, menus le midi uniquement à 14€ ou plat du jour à 9€. Point poste.

CH Ferme-auberge de la Besse (à 2 km du bourg des Billanges, points bleus 2), Mme Delamare, Besse Haut, tél : 05 55 56 57 76, ou 06 60 27 78 66. Accueil pèlerin dès 14h (en dortoir de 5 pl.), 1/2 P 30€. Prix en CH 45€ pour 1 pers., 65€ pour 2 (PDJ inclus). Casse-croûte sur résa 6€. fermedelabesse@wanadoo.fr
Pour y aller : sur la D29, ne pas suivre à gauche le balisage, prendre à droite sur 1 km. À la fourche en Y, prendre à gauche vers La Besse (panneau).

APD chez Françoise, Mme Villegoureix, Bourg, tél : 05 55 56 85 39 (laisser un message avec vos dates de passage), ou 06 47 03 45 76. Nuitée+PDJ 20€, ou 1/2 P 30€. À côté de l'église du bourg. Ouvert du 01/04 au 30/09. francoisevillegoureix@orange.fr

Après trois quarts d'heure de marche sur cette route, arrivé à un carrefour, prendre à gauche direction Les Billanges, pour continuer une demi-heure. Avant la sortie de la forêt (et avant un virage), quitter la départementale pour descendre à gauche un chemin de terre. Ce chemin se transforme en une route goudronnée et pénètre dans un assez grand hameau.

Peu avant la sortie, prendre à droite (attention vous avez l'impression d'entrer dans une ferme). Face à la maison, tourner à droite et tout de suite à gauche dans un chemin de terre qui monte légèrement. Dans une intersection en T, à proximité d'un pylône de moyenne tension, prendre à gauche un chemin pierreux. À la fourche 100 m plus loin, descendre à droite. Aller tout droit, traverser un ruisseau.

À côté d'une maison et arrivé à une intersection en T avec le macadam (en vue des habitations), monter à gauche. À la fourche suivante, prendre à gauche un chemin de pierres qui pénètre dans la forêt et continue à monter légèrement. 200 m après l'entrée dans la forêt, tourner à droite pour en sortir. À l'intersection suivante, couper le macadam et continuer tout droit sur un chemin herbeux. Arrivé 200 m plus loin sur la D 29, prendre à gauche et entrer aux **Billanges**. Il y a un bon restaurant à votre gauche peu de temps après l'entrée.

LA CHÂTAIGNE

Les châtaigneraies sont nombreuses dans la Creuse et les noms de leurs fruits chantent tout le prix qu'y attachent les paysans : « figarettes », « pélégrines », « bouches rouges », « sardones ». D'une composition exceptionnelle (38 % de glucides dont deux tiers de saccharose), la châtaigne a nourri des dizaines de générations dans la Creuse. La qualité recherchée fut d'abord la facilité d'épluchage. En effet, il est possible d'enlever la peau et la coque de certains fruits en même temps, après cuisson. D'autres variétés de châtaignes présentent d'autres avantages. Les producteurs qui fournissent les confiseurs sélectionnent les arbres qui ne donnent qu'un seul gros fruit par bogue. C'est le secret des marrons glacés ! En revanche, la saveur est la qualité primordiale des marrons vendus prêts à l'emploi. Les fruits sont traités rapidement pendant la période de la récolte, en octobre, novembre et décembre. Épluchés d'abord au feu, ils traversent un four circulaire avant d'être recueillis dans l'eau à soixante degrés par les batteurs qui enlèvent la deuxième peau. Intervient, alors, sur un tapis, le tri manuel des marrons qui seront mis dans des pots de verre et stérilisés. Le terme de « marron » est donc essentiellement qualitatif et celui de « châtaigne » est réservé aux fruits que l'on réduit en farine.

La générosité du châtaignier, surnommé « l'arbre à pain », ne se limite pas à son fruit. Pendant des siècles, les Creusois ont aussi utilisé son bois pour réaliser leurs charpentes et leurs meubles. Aujourd'hui, le marron conserve l'image de l'enracinement dans le terroir. Le plan castanéicole mené depuis 1990 a permis d'entretenir les châtaigneraies et même d'insuffler un nouveau dynamisme à cette culture qui a souffert des maladies au XXe siècle, l'encre et le chancre. Cette initiative n'est pas pour déplaire aux sangliers de Creuse !

LES LANTERNES DES MORTS

Ce sont de curieux monuments à l'origine ancienne que l'on trouve dans une région grossièrement située entre la Sèvre Niortaise, la vallée de la Charente et s'étendant jusqu'aux confins du Limousin. Ces constructions en pierre, situées autrefois dans les cimetières, sont de petites tours hautes de 8 à 15 mètres dont le sommet comporte un lanternon ajouré destiné à accueillir un feu. Le tout est souvent surmonté d'une petite croix. Elles datent pour la plupart du XIIe siècle et sont souvent constituées d'un fût principal creux, formé de quatre ou six piliers et placé sur un soubassement carré de quelques marches.

Les plus importantes possèdent un escalier intérieur permettant l'accès à la plate-forme pour installer un feu tandis que pour d'autres on se contente de hisser la lanterne jusqu'au sommet à l'aide d'une poulie. L'origine et le sens de ces lanternes sont difficiles à cerner. Dans la culture chrétienne, la lumière devait témoigner de la foi en la résurrection.

Beaucoup de ces édifices ont disparu et ceux qui ont été conservés ne sont plus utilisés. Pourtant l'usage d'allumer ce fanal lors d'un décès jusqu'au jour de l'inhumation a parfois été observé jusqu'à la dernière guerre. Ce symbole de la lanterne des morts a d'ailleurs été repris dans le cimetière de la Pierre-Levée, à Poitiers, pour honorer les victimes des deux guerres mondiales.

Étape 15   19,8 km   4 h 50
Des Billanges à Saint-Léonard-de-Noblat

Au **pont du Dognon**, vous avez marché 1 h et parcouru 4,7 km
Au **Châtenet-en-Dognon** vous avez marché 2 h et parcouru 9,1 km
À **Lussac**, vous avez marché 3 h 30 et parcouru 15,9 km
À **Saint-Léonard-de-Noblat**, vous avez marché 4 h 50 et parcouru 19,8 km

St-Laurent-les-Églises (87340)
Bar, épicerie.

R Domaine de la Fontaine, pont du Dognon, tél : 05 55 56 56 11, plats du jour à partir de 7€, menus à partir de 12€, et 25€ le dimanche, soirée à thème le samedi 18€. Page facebook : restaurant Esat pont du Dognon esat.restaurant@arai87.fr

C, 22 route du Pont du Dognon, tél : 05 55 56 57 25, ou 06 75 73 25 30. Nuitée en chalet (avec votre sac de couchage) pour 1 ou 2 pers. 15€/pers. (du 04/04 au 12/06), 20€ du 12/06 au 18/09, puis à nouveau 15€ jusqu'au 30/09. Restaurant en juillet-août, petite épicerie de dépannage. Pas de PDJ. Ouvert de Pâques au 2e samedi d'octobre. contact@aupontdudognon.fr

Le Châtenet-en-Dognon (87400)
Épicerie, boulangerie, bar.

GE, CH (commune de St-Martin Terressus, mais près du Châtenet), M. et Mme Poussin, La Gasnerie (1,9 km avant Le Châtenet, points bleus 1), tél : 05 55 57 11 64, ou 06 84 72 57 30. Nuitée en CH 45€ pour 1 pers., 55€ pour 2, 100€ pour 4. Nuitée en dortoir 28€/pers. Repas du soir 16€. Cuisine. Résa souhaitée au moins la veille. paul.poussin0670@orange.fr
Pour y aller : à Orgnac, en face de la grille du château, prendre à droite, faire 400 m, franchir un carrefour et suivre tout droit vers La Gasnerie (panneau).

St-Léonard-de-Noblat (87400)
Commerces. OT, place du Champ de Mars, tél : 05 55 56 25 06. www.tourisme-noblat.fr tourisme-developpement@ccnoblat.fr

HR Le Relais St-Jacques, 6 bd Adrien Pressemane, tél : 05 55 56 00 25. Ch. à partir de 65€.

Arrivée à Saint-Léonard-de-Noblat

C'est aujourd'hui une toute petite étape et les plus courageux (ou les plus téméraires) pourront prolonger leur pérégrination de quelques kilomètres (un peu plus d'une dizaine) jusqu'à Aureil et son gîte d'étape. Les paysages de Haute-Vienne sont bien moins vallonnés que ceux de la Creuse et les dénivelés fatigants, quelquefois même décourageants, sont désormais derrière vous !

Saint-Léonard est un petit chef-lieu de canton. Il recèle cependant de bien belles choses. Si vous n'arrivez pas trop tard dans l'après-midi (avec moins de 20 km vous devriez arriver vers midi !), levez le nez pour voir la maison des Consuls (XIIIe siècle), les maisons à encorbellement et à pans de bois, et l'ancien hôpital des pèlerins qui témoigne de la halte importante qu'était la ville au Moyen-Âge.

Tous les sept ans, la fête dite des Ostensions rappelle saint Léonard. Invoqué par les prisonniers, très populaire parmi les croisés au Moyen-Âge, il était et est toujours considéré comme « le premier saint de la couronne de France ». Le refuge, bien situé car en centre-bourg, se trouve juste en face de l'église Saint-Léonard où reposent toujours les reliques du saint.

PDJ 9€. Menu à partir de 25€. Fermé le dimanche soir d'octobre à avril. Fermé du 17/02 au 05/03. le.relais.st.jacques@orange.fr

CH, M. et Mme Bigas, 20 rue Jean Jaurès, tél : 05 55 56 19 47. Nuitée de 38€ pour 1 pers. et 49€ pour 2, à 56€ selon la formule avec SDB partagée. Cuisine. Abri vélo. Ouvert du 30/04 au 30/10. francoise.claude.bigas@orange.fr

CH, M. et Mme Jacqueline, Chabant (points bleus 3), tél : 05 55 56 88 95, ou 06 60 95 29 24. Ch. 60€ pour 1 pers., 70€ pour 2 (PDJ inclus, sauf si départ très tôt, +5€/pers.). Ne fait pas TH. Prévoir dîner à réchauffer. Peut venir vous chercher à St-Léonard. chabant@orange.fr
Pour y aller : dans St-Léonard, emprunter la D13 vers Bulajeuf, Peyrat-le-Château. Faire 2 km, Chabant est sur la droite.

CH Le Jardin des Lys, Carole, 3 pl. de la Collégiale, tél : 05 55 56 63 39, ou 06 20 08 78 55. Ch.+PDJ 69€ pour 1 pers., 79€ pour 2. Casse-croûte sur résa. Ouvert toute l'année. le-jardin-des-lys@orange.fr

GE communal, à l'angle de la rue Daniel Lamazière et de la rue Roger Salengro, tél : 05 55 56 25 06 (OT). 12 pl. L'OT ouvert du lundi au samedi (7j/7 en juillet-août), possède le code d'accès et se charge des encaissements. Nuitée 10€. Cuisine. Épicerie de dépannage. Fermé du 15/10 au 15/03. otsi@ccnoblat.fr

C municipal de Beaufort, M. Adamszwski, lieu-dit Beaufort (points bleus 2), tél : 05 55 56 02 79, ou 06 17 12 86 18. Forfait accueil pèlerin 7€ pour 1 pers., 10€ pour 2. Hutte 4 pers. 50€/nuit en semaine, 80€ le week-end. Petite épicerie et plats cuisinés régionaux, plats surgelés, et cuisine pour réchauffer. Ouvert du 30/04 au 30/09. camping@ville-saint-leonard.fr
Pour y aller : suivre la D941 direction Limoges. Prendre à gauche la D39 vers St-Denis des Murs, parcourir 750 m. Laisser le chemin du Ganet à droite puis prendre la rue suivante à droite (chemin de Beaufort). Au fond de la rue, descendre la piste étroite qui descend fortement. Le camping est en face.

Descriptif de l'itinéraire pédestre et cycliste

Pour déjeuner : ravitaillement possible mais pas garanti sur le parcours (boulangerie au Châtenet-en-Dognon), par sécurité il est préférable d'acheter un repas froid à votre hébergeur aux Billanges.

Traverser Les Billanges et continuer sur la D29 durant trois quarts d'heure. Arrivé au stop, prendre à gauche la D5 direction Saint-Léonard-de-Noblat.

Poursuivre sur cette route et emprunter le pont sur le Taurion. 100 m après le pont, monter à gauche un chemin pierreux. À la fourche, monter tout droit.

À proximité des maisons, prendre à droite et tout de suite à gauche un chemin de terre. Arrivé sur la D5, traverser et emprunter en face un chemin de terre gardant la même direction.

Ce chemin devient goudronné à côté d'une ferme. Continuer tout droit puis à côté d'une gentilhommière abandonnée à votre gauche, prendre à gauche. 300 m plus loin, tourner à droite dans un chemin pierreux qui descend.

Continuer tout droit sur ce chemin humide et assez difficile. On en sort à côté de la Croix de Malterie. Continuer en face sur un chemin herbeux pour arriver sur la D5 au centre du **Châtenet-en-Dognon**.

Passer devant l'église en poursuivant sur la D19. Au carrefour, aller à droite sur la D58A et après 300 m, s'engager à gauche vers Lachenaud puis Lourdes.

Déboucher sur une petite route, tourner à gauche (chemin de randonnée) et au carrefour de Montmolas, aller tout droit sur la petite route. Après l'embranchement de Clémensanne sud, dans le virage, quitter la route et le chemin de randonnée pour continuer à gauche dans le chemin. À la sortie du bois, contourner le champ par la gauche (chemin aménagé).

De retour sur le chemin creux, passer l'ancien moulin de Lajoumard, franchir le pont sur la Galamache, ancien moulin de la Roche, poursuivre en remontant jusqu'à l'embranchement de Lussac. Aller à droite pour passer au hameau de Lussac.

Laisser à droite la route du Repaire et prendre à gauche un chemin de terre entre les champs. Continuer tout droit en descendant à travers bois. Au carrefour de chemins, continuer tout droit puis passer la rivière pour revenir sur la D39.

Aller à gauche, et continuer jusqu'à la rue Jagot Lacoussière puis suivre le marquage au sol des coquilles en bronze jusqu'à la collégiale de **Saint-Léonard-de-Noblat**.

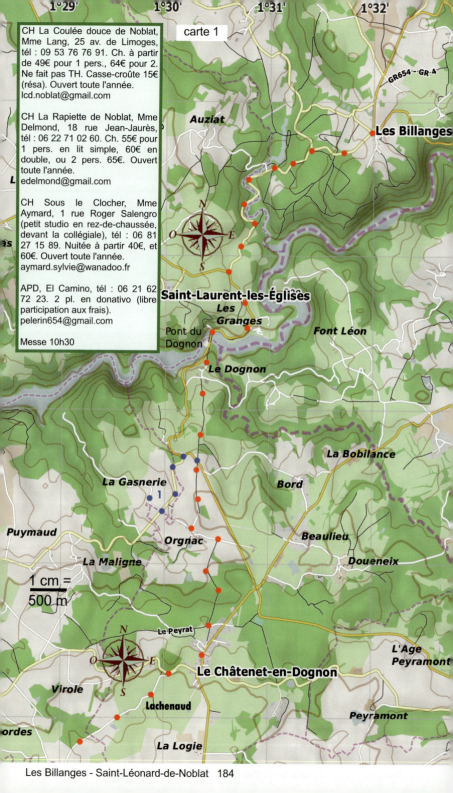

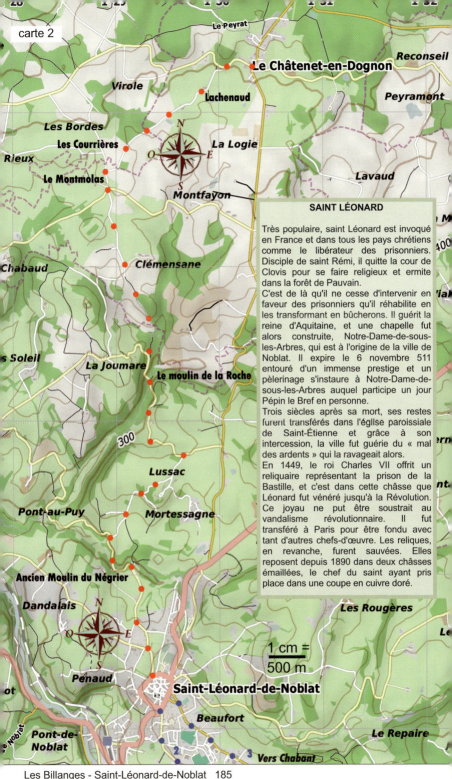

Étape 16   35 km   8 h 30
De Saint-Léonard-de-Noblat à Aixe-sur-Vienne

À **Lafon**, vous avez marché 1 h 30 et parcouru 6,5 km
À **Aureil**, vous avez marché 2 h 20 et parcouru 10,5 km
À **Feytiat**, vous avez marché 3 h 40 et parcouru 16 km
À **Limoges**, vous avez marché 5 h 10 et parcouru 22,5 km
À **Mérignac**, vous avez marché 7 h 40 et parcouru 32 km
À **Aixe-sur-Vienne**, vous avez marché 8 h 30 et parcouru 35 km

Royères (87400)
GE, CH, Mme Boudet, Le Masbareau, 200 m hors chemin (7 km après St-Léonard-de-Noblat, points bleus 1), tél : 05 55 00 28 22, ou 06 10 20 08 39. Ch.+PDJ de 69€ à 89€. Accueil en dortoir (4 pl.) : nuitée 12€, PDJ de 3€ à 7€ (selon la consistance). TH 22€. Ouvert à partir de 17h, pas avant ! anneboudet@masbareau.com
Pour y aller : après le hameau de Lafont, suivre à droite la route qui descend (panneau Masbareau), parcourir 600 m.

Aureil (87220)
GE, père Morin, Montignac à 1,3 km du centre-bourg par la D979 (points bleus 2). 18 lits, tél : 06 09 72 09 58, ou 05 55 48 31 87. 1/2 P 25€ (avec repas à préparer). Cuisine. Résa souhaitée. Fermé d'octobre à mars. pierre.morin2@aliceadsl.fr
Pour y aller : au franchissement de la D979, prendre à droite cette route (attention danger, signalez-vous !) vers Limoges, Feytiat. Faire 850 m puis tourner à droite vers Montignac (panneau).

Messe 9h30

Feytiat (87220)
Supérette, restaurant, boulangerie, boucherie, pharmacie. Bus pour Limoges ligne n°35.

Limoges (87000)
Tous commerces. OT, 12 bd de Fleurus, tél : 05 55 34 46 87.
info@limoges-tourisme.com
www.limoges-tourisme.com

H L'Aiglon, 8 rue du Crucifix, tél : 05 55 77 39 13 (quartier Carnot). Ch. à partir de 50€ pour 1 pers., 55€ pour 2, 65€ pour 3, PDJ 6€. Ouvert toute l'année.
contact@hotellaiglon.fr

Le quartier de la cathédrale à Limoges

Grosse difficulté pour cette journée : l'entrée et la sortie de Limoges. Certains préféreront prendre un bus depuis Aureil ou Feytiat pour rejoindre la cathédrale Saint-Étienne, plutôt que de devoir se frayer un passage (presque héroïquement) dans le bruit et la pollution automobile ! Certains poursuivront malgré tout à pied vers Limoges... De toutes les grosses agglomérations déjà franchies (Nevers, Bourges, Châteauroux) et de leurs abords tristes, interminables avant d'atteindre les vieux quartiers, c'est Limoges qui nous semble la plus enchevêtrée et la plus longue !

Certes, on est loin des chemins tranquilles et bucoliques de la Creuse, mais ces grandes agglomérations ont aussi l'avantage de proposer de bons gîtes confortables, souvent bien gérés par des institutions qui connaissent l'état d'esprit du Chemin et les besoins des pèlerins qui l'empruntent. Elles offrent aussi une multitude de services pour se remettre en condition, que l'on soit marcheur ou cycliste : entretien du linge, des chaussures

H des Beaux-Arts, 28 bd Victor Hugo (centre-ville), tél : 05 55 79 42 20. Ch. 52€ ou 57€. PDJ 7€. Ouvert toute l'année.
les-beaux-arts-hotel@orange.fr

H de Paris (gare SNCF), 5 cours Vergniaud, tél : 05 55 77 56 96. Ch. à partir de 65€. PDJ 9€. Fermé du 15/12 au 15/01. Tarifs moins chers en réservant directement sur le site web.
www.hoteldeparis-limoges.com
hoteldeparis87@orange.fr

AP Foyer d'accueil du Grand Séminaire (arriver avant 16h), 15 rue Eugène Varlin (cathédrale), 7 pl., tél : 05 55 30 39 79. Nuitée 25€. Pas de PDJ. Restauration à proximité. Fermé le week-end.
maisondiocesaine@diocese-limoges.fr

AP, Monastère des Sœurs de saint François d'Assise (arriver à partir de 16h), 1 place de l'Évêché (face à la cathédrale), tél : 05 55 05 02 48. Nuitée 16€. PDJ 2,50€. Cuisine. Ouvert du 01/03 au 30/10. Possibilité de participer aux offices religieux.
soeurs.stfrancoisdassise@orange.fr

CH Chez Marie-Reine, Mme Jouanin, 33 rue Charlemagne, tél : 06 81 87 69 68. Ch. à partir de 45€ pour 1 pers., 48€ pour 2. Cuisine et salle à manger. À 2,5 km au nord du quartier historique de Limoges, mais Mme Jouanin peut aller vous chercher. Ouvert toute l'année.
mariereine.jouanin@wanadoo.fr

Messe : cathédrale 11h

Isle (87170)
APD, M. et Mme Tapie, 64 rue des Bouleaux (7 km après Limoges, 1 km hors chemin), tél : 05 55 05 05 46. 1/2 P 20€. Prévenir au moins la veille de votre passage. ptapie@sfr.fr
Pour y aller : situé à 350 m après le rond-point de La Croix du Thays, à droite par la route de Gigondas, qui devient ensuite sur la gauche la rue des Bouleaux.

HR Le Plaisance, N21, 315 Le pont de l'Aiguille, tél : 05 55 39 02 44. Ch. à partir de 53€ pour 1 pers., 59€ pour 2. PDJ 8€. Dîner 14€. Soirée-étape 69€/pers. Ouvert toute l'année.
www.le-plaisance.fr.
sarlorphee@wanadoo.fr

ou des vélos... L'entrée dans la ville par le pont Saint-Étienne et la plaque posée en 1976 sur le côté gauche du pont nous indique que nous sommes sur le bon chemin. Limoges recèle aussi de bien belles choses à voir : le buste de saint Jacques en la cathédrale Saint-Étienne et les très beaux jardins de l'évêché. Mais certains préféreront poursuivre l'étape vers Aixe-sur-Vienne car il faut bien avancer... et les 23 km parcourus depuis le matin ont été un peu courts pour une journée de marche.

Descriptif de l'itinéraire pédestre et cycliste

Pour déjeuner : Feytiat ou Limoges sont tous commerces.

Cette étape ne décrit pas l'arrêt à Limoges, mais naturellement il est fortement conseillé. Une journée entière de repos ne serait pas de trop pour cette belle ville. Notre tracé choisit un parcours plus court, car il ne nous semble pas raisonnable de visiter une ville chargé d'un sac à dos.

Dos au portail de la collégiale, emprunter (légèrement à gauche) successivement la rue Daniel Lamazière, la rue G. Perrin, le chemin du Pavé, l'avenue du Général de Gaulle. Passer sous le pont du chemin de fer puis franchir la Vienne sur le pont de Noblat. À la sortie du pont, prendre à droite puis à gauche sur la D941 et encore à gauche sur la D65.

Après l'usine de porcelaine, prendre le chemin qui monte à droite (chemin de randonnée) pour rejoindre le hameau de Chigot. Continuer tout droit en abandonnant le chemin de randonnée. Dans le hameau, aller à droite sur une petite route qui fait place à un chemin de terre qui aboutit sur le chemin V2.

Poursuivre à droite, vers le hameau de La Chapelle. Continuer sur cette route pour rejoindre le hameau de Lafont. Rester sur la V2 direction Aureil, passer Les Charrauds et poursuivre jusqu'à la D44a1 en ignorant les différents embranchements. Tourner à gauche sur la départementale. Au carrefour de la D44, traverser et rejoindre l'église d'**Aureil**.

Avant le cimetière, prendre le chemin à gauche vers Bost. Dans le hameau, poursuivre sur le chemin, et remonter sur la D979. Partir à droite et au carrefour de la D44, aller à gauche direction Laubaudie. Traverser le hameau puis à la sortie, tourner à droite dans le chemin caillouteux. Faire 800 m puis tourner à gauche vers Crouseix. À la route, tourner à droite pour entrer dans Crouseix.

Aller à gauche puis à droite sur la D98, passer le pont, longer un étang, le moulin du Châtenet et rester sur la départementale. Après 600 m, obliquer à gauche dans le chemin qui conduit droit à l'église de **Feytiat**. Prendre à droite l'avenue Winston Churchill, puis à gauche avenue Georges Clemenceau. Au giratoire, continuer tout droit avenue Frédéric Legrand. À un nouveau giratoire, prendre à gauche sur la D979.

Aixe-sur-Vienne (87700)

Tous commerces. OT du Val de Vienne, 46 av. du Président Wilson, tél : 05 55 70 19 71. info@ot-valdevienne.com

Hébergement paroissial, rue Rochefroide, tél : 05 55 70 20 74 (presbytère). Nuitée 10€. 6 pl. Cuisine. Credenciale obligatoire. Non chauffé l'hiver, et fermé au moment de l'arrivée du froid, souvent à partir de mi-octobre. paroisse.aixe@wanadoo.fr

CH Le Grand Rieux, Mme Pain, 10 allée du Grand Rieux, tél : 05 55 48 18 03, ou 06 89 31 65 20. Nuitée+PDJ à partir de 26€ pour 1 pers., 39€ pour 2 (tarifs pèlerin : crédenciale obligatoire). Dîner 15€. Ouvert toute l'année. contact@chambres-hotes-limousin.fr

GE la Petite Maison, Mme Saby, 31 rue Jeanne d'Albret, tél : 06 07 05 60 50. 3 pl. Nuitée+PDJ à partir de 25€ pour 1 pers., et 40€ pour 2. Ne fait pas TH. Cuisine. Ouvert toute l'année. lapetitemaisonsaby@gmail.com
Pour y aller : juste après le pont sur la Vienne, tourner à gauche vers Lotissement des Roches Bleues. C'est la rue J. d'Albret, faire 600 m. Le n°31 est à gauche.

CH, Mme Vignaud, 9 rue de la Pouge, tél : 06 74 75 15 05, ou 06 28 05 35 03. Ch. à partir de 50€. Dîner 16€. Ouvert toute l'année.
bernadette.vignaud@gmail.com

C des Grèves*, rue Jean-Claude Papon, tél : 05 55 70 12 98, ou 05 55 70 77 00 (mairie). Nuitée avec votre tente 10€ pour 1 pers., 15€ pour 2. Ouvert du 01/05 au 30/09. camping@mairie-aixesurvienne.fr (cette adresse de courriel n'est active que pendant la période d'ouverture du camping).

Messe : 10h30

Au carrefour de Crézin, aller tout droit ainsi qu'au carrefour de la D55a. Après le giratoire de la ZI, obliquer à droite dans la rue Malinvaud. Au bout de la rue, poursuivre sur le chemin herbu puis remonter la rue Bas Fargeas.

Au bout de la rue, prendre à gauche l'avenue de Lattre de Tassigny, passer sur l'autoroute et suivre les coquilles de bronze au sol en empruntant l'avenue du Sablard. Au second carrefour, après avoir traversé, descendre les escaliers et poursuivre la descente par la voie piétonne.

Franchir la Vienne sur le pont Saint-Étienne et remonter en face la rue du Pont puis à gauche la rue de la Règle. Ainsi, atteindre la place de la cathédrale Saint-Étienne de Limoges. Prendre en face de la cathédrale la rue de la Cathédrale, qui se prolonge par la rue des Petites Maisons. Au bout, prendre à droite l'avenue G. Dumas.

Continuer jusqu'à la place Léon Bétoulle. Emprunter à gauche (11 heures) l'avenue Baudin, passer devant la poste et à l'intersection suivante, obliquer à droite (1 heure) dans l'avenue du Midi. Arrivé place Lazare Carnot, descendre (11 heures) rue Ventenant.

Dans une intersection en T (stop), prendre à droite la rue du Clos Adrien. 50 m plus loin, traverser l'avenue Ernest Ruben. Tourner dans la première à gauche rue Pétiniaud-Beaupeyrat. 50 m plus loin, descendre à gauche (11 heures) rue Pierre et Marie Curie, où l'on retrouve le balisage au sol. Continuer tout droit sur cette rue qui change de nom après l'hôpital pour devenir la rue Bourneville.

Continuer sur le trottoir de gauche, passer devant le CHU (on quitte Limoges et l'on entre à **Isle**). Arrivé au rond-point, emprunter tout droit l'avenue des Bayles. Continuer tout droit sur l'avenue du Château et l'avenue des Basses Vignes.

Dans un rond-point (à la sortie d'Isle), continuer tout droit sur la D74, direction Aixe-sur-Vienne. Au rond-point suivant, continuer tout droit sur la C9 direction Mérignac. Un peu avant d'entrer à Mérignac, en vue d'une aire de pique-nique, emprunter à gauche une allée qui se transforme en rue et rejoint la C9.

Traverser **Mérignac** et prendre à droite la rue du Vignoble qui devient rapidement un chemin de terre. Ignorer le premier chemin de terre venant de gauche. À l'intersection suivante, prendre à gauche un large chemin de terre se dirigeant vers les habitations (élevage d'oies). Passer à côté de la ferme et poursuivre tout droit sur le macadam.

Arrivé sur la N21, prendre à droite, emprunter deux ponts, passer devant la gare. La route tourne à gauche pour traverser la Vienne. Après le pont et le virage, prendre à gauche un escalier puis monter la rue Rochefroide. Poursuivre tout droit par la rue Sadi Carnot pour arriver à l'église d'**Aixe-sur-Vienne**.

LIMOGES

C'est un gué sur la Vienne qui est à l'origine de la ville. Du IVe au IXe siècle, la ville a été celle des abbés de Saint-Martial et des vicomtes de Limoges qui rivalisaient d'autorité. Le monastère abritait les reliques de Martial et devint vite un important lieu de pèlerinage et une étape sur le chemin de Saint-Jacques-de-Compostelle.

De l'abbaye, il ne resterait que la crypte de la cathédrale Saint-Étienne. Le pont en dos d'âne sur la Vienne par lequel les pèlerins quittaient la ville porte aussi le nom de ce saint patron.

Jusqu'en 1745, le 25 juillet, fête de la Saint-Jacques, était férié dans tout le diocèse de Limoges. Au Moyen-Âge, il existait une infirmerie Saint-Jacques ainsi qu'un oratoire dans le quartier des Jacobins.

PAYSAGES DU PARC NATUREL RÉGIONAL PÉRIGORD LIMOUSIN

Vallonnement et mélange de bois, herbages et cultures caractérisent les paysages du Périgord-Limousin. La forêt maille l'espace, couvre les plus hauts sommets, et bien qu'elle n'occupe qu'un tiers de la superficie, elle apparaît dans toute perspective. Il s'agit le plus souvent de taillis, dans lesquels le châtaignier tient une place prédominante. Ancienne pour une majeure partie, la forêt du Périgord-Limousin fut essentiellement utilisée pour la production de bois de feu et la transformation du minerai de fer ; son exploitation et sa valorisation déclinèrent à partir du XIXe siècle. Apparaissent çà et là, parfois en d'importants massifs (Les Cars, Vieillecour / Courbefy), des boisements récents où dominent les résineux.

Le Périgord-Limousin est émaillé d'étangs et drainé par une multitude de cours d'eau découpant des vallées étroites et boisées sur le socle cristallin, larges et ouvertes sur l'assise sédimentaire.

L'espace agricole couvre la moitié de la superficie. Résultant de la persistance de systèmes d'exploitation traditionnels extensifs, et permettant des productions reconnues pour leur qualité (viande bovine limousine, veau sous la mère, agneau...), les terres agricoles accordent une place prépondérante aux herbages et prairies permanentes. Elles occupent les plateaux, les versants peu pentus et les fonds de vallée. L'abandon de ces espaces par l'agriculture constitue l'une des principales menaces qui pèsent sur le Périgord-Limousin.

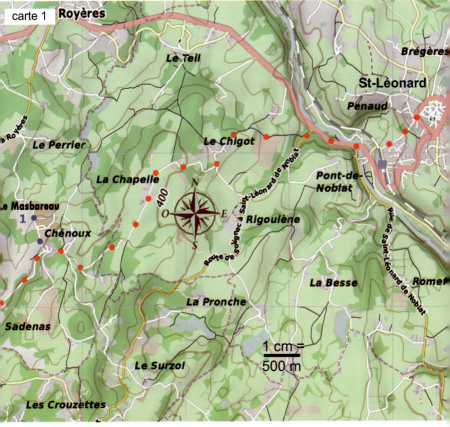

carte 1

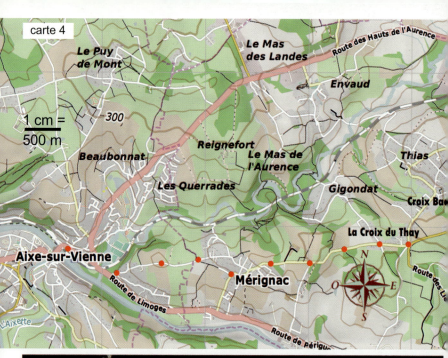

La cathédrale Saint-Étienne de Limoges

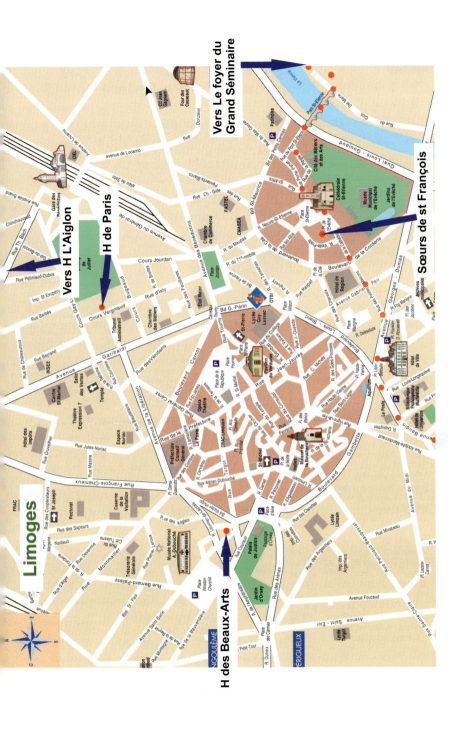

Plan reproduit avec l'aimable autorisation de l'Office du Tourisme de Limoges, tél : 05 55 34 46 87.

Étape 17 26 km ou 24 km 6 h ou 5h
D'Aixe-sur-Vienne
à Châlus ou Bussière-Galant

À **Saint-Martin-le-Vieux**, vous avez marché 2 h et parcouru 9 km
À **Flavignac**, vous avez marché 3 h 20 et parcouru 15 km
Aux **Cars**, vous avez marché 4 h 10 et parcouru 16,5 km
À **Lautrette**, vous avez marché 5 h 20 et parcouru 21 km
À **Châlus** vous avez marché 6 h et parcouru 26 km
Ou à **Bussière-Galant**, vous avez marché 5 h et parcouru 24 km

Saint-Martin-le-Vieux (87700)
CH La Fromagerie, M. et Mme Guindre, hameau de Bord, 900 m après le village, sur le parcours, tél : 05 55 39 19 84, ou 06 24 08 64 22. Nuitée+PDJ 50€ pour 1 pers., 60€ pour 2, 70€ pour 3. Repas 15€. Cuisine. Casse-croûte 7€. Ouvert toute l'année. martine.guindre@sfr.fr

CH Le Four à Pain, M. et Mme Bordas, tél : 05 55 39 12 98, ou 06 75 26 39 62. Ch. 50€ pour 1 pers., 65€ pour 2. Cuisine, mais courses à prévoir à Aixe-sur-Vienne. Ouvert toute l'année. jobordas@orange.fr

Flavignac (87230)
Tous commerces.

GE pèlerin, 9 place St-Fortunat (face à l'église), 4 pl. Tél : 05 55 39 11 14 ou après 17h, 06 81 98 62 16 (camping). Nuitée 10€. Cuisine. Si la mairie est fermée le n° du responsable est sur la porte du refuge.
mairie-flavignac@wanadoo.fr

CH, M. et Mme Viviant-Morel, Mingoux (points bleus 1), tél : 05 55 36 08 62, ou 06 75 89 84 74. Nuitée+PDJ 50€ pour 1 pers., 55€ pour 2, 61€ pour 3. Dîner 13€. Cuisine. À 3 km du bourg par la route vers St-Laurent-sur-Gorre (D59), viennent vous chercher à l'église de Flavignac.
m.f.morel@orange.fr
Pour y aller : depuis le centre-bourg, suivre la direction de Gorre, Sereilhac (D59). Parcourir 1 km, laisser à droite La Faye. Poursuivre sur la D59 sur 700 m et prendre à droite la première route qui descend.

C municipal Saint-Fortunat, tél : 05 55 39 11 14, ou 06 81 98 62 16. Chalets pèlerin à 10€. Ouvert

Arrivée à Châlus

L'étape du jour n'est pas désagréable, même si elle est constituée de petites routes peu passantes, car les distances entre les trois gros bourgs que vous allez traverser ne sont pas importantes. Vous longerez d'abord l'Aixette sur environ 5 km et c'est au carrefour du Breuil (en prenant à gauche) que vous vous en écarterez. Saint-Martin-le-Vieux est à presque 2 heures de marche depuis Aixe-sur-Vienne, mais n'autorise aucun ravitaillement. Pour déjeuner, il faut donc rejoindre le village de Flavignac et sa supérette, sa boulangerie, ou son restaurant (le Saint-Fortunat, tél : 05 55 39 11 10 ou 06 76 41 77 79). Il faut compter ensuite entre 2 h 30 et 3 h de marche pour rejoindre Châlus.

Dans le dernier tiers de l'étape il faudra faire un choix de parcours, car le village des Cars ne possède plus de logements pour pèlerins, et il faut donc poursuivre soit vers Châlus, soit 9,5 km à ajouter aux 16,5 déjà effectués (parcours appelé sur la carte «Chemin balisé». Mais il est aussi possible de couper au plus court par le village de Bussière-Galant (+7,5 km, parcours appelé sur la carte «Chemin au plus court»), d'y passer la nuit et de faire demain 7,8 km pour rejoindre Saint-Pierre-de-

de mai à octobre.
mairie-flavignac@wanadoo.fr

Les Cars (87230)
Épicerie, boulangerie, charcuterie.

Châlus (87230)
Tous commerces.

HR L'Escale Gourmande, 41 av. François Mitterrand, tél : 05 55 78 59 59. « Ch. St Jacques de Compostelle » (douches et WC collectifs) 30€. Autres chambres 37€, 47€, 57€. PDJ 8€. Dîner de 13€ à 18€. 1/2 P 60€ pour 1 pers., 80€ pour 2. Fermé le week-end et une semaine en août. struk.benjamin@orange.fr

CH, M. et Mme Brossard, Les Quatre vents (à 2 km du bourg, points bleus), tél. : 05 87 79 27 16, ou 06 22 66 89 31, ou 06 16 99 85 64. Ch. 67€ pour 1 pers., 82€ pour 2. Ne fait pas TH, cuisine pour réchauffer des plats simples. ets.brossard@wanadoo.fr
Pour y aller : dans le centre-bourg, prendre la D901 vers Bussière-Galant. Faire 1,8 km puis prendre à droite vers les Quatre-Vents par la route qui monte.

HR du Centre, 8 pl. de la Fontaine, M. Greaves, tél : 05 55 78 41 61. Ch.+PDJ à partir de 50€. Studio 2-3 pl. 60€. Menu à partir de 13€ + snacking. Fermé le mardi. hdc87230@gmail.com

CH Firon, M. French, 11 rue du Marché, tél : 05 55 53 06 31. Ch.+PDJ à partir de 30€ pour 1 pers. (prix pèlerin avec crédenciale), 40€ pour 2. Ne fait pas TH, restaurant à proximité. Ouvert toute l'année. ron.french@outlook.com

GE, famille Jonker, Le lac (à environ 2 km au sud de Châlus, sur le chemin), tél : 07 68 17 01 84, ou 06 20 40 88 46, ou 07 69 01 54 05. 1/2 P 35€/pers. 12 pl. Cuisine. Casse-croûte. Ouvert toute l'année. famjonkerlelac@gmail.com

CH, Au fil du temps, Mme Antonaccio, 44 rue Salardine, tél : 06 76 17 25 84. Nuitée 68€ pour 1, et 72€ pour 2. Ne fait pas TH, restaurant à proximité. Cuisine pour réchauffer des plats simples. Ouvert toute l'année. sandrine.antonaccio@mail.com

Frugie, puis encore 4,7 km pour arriver à La Coquille. C'est bien sûr le parcours le plus court mais il n'est pas balisé. Nous vous proposons un explicatif du chemin à suivre pour vous aider.

Châlus est une ville (disons plutôt un gros bourg) bien connue des historiens car c'est là que le roi d'Angleterre Richard Cœur de Lion fut mortellement blessé en 1199, durant le siège du donjon de Châlus Chabrol.

Descriptif de l'itinéraire pédestre et cycliste

Pour déjeuner : Flavignac ou Les Cars permettent de déjeuner (restaurant ou supérettes).

Face au portail de l'église, prendre à droite une ruelle qui la longe, puis tourner à droite dans la D20 (rue Jeanne Pichenaud), en faisant abstraction du balisage jacquaire. Continuer tout droit en passant à côté d'un centre commercial à votre gauche jusqu'à la C203 (direction Mas Neuf) qu'on descend à gauche.

Poursuivre tout droit sur cette agréable route qui longe l'Aixette (et plusieurs moulins) durant trois quarts d'heure pour aboutir à la D110. Prendre à gauche et entrer à Breuil, puis prendre à droite une route direction Mardaloux. Continuer tout droit en ignorant toutes les intersections. Après un virage, passer devant le château de Judie et poursuivre tout droit la descente.

Arrivé à la D17 (après avoir emprunté un pont), prendre à droite. Emprunter le pont sur l'Aixette. Après une montée, arriver à **Saint-Martin-le-Vieux**. Arrivé à l'église, prendre à gauche. À la fourche, prendre à gauche en direction de l'école. On sort de cette localité pour entrer à Bord.

Continuer tout droit. Plus loin, dans une intersection en T, prendre à gauche. Arrivé au stop en face de Lavignac, prendre à droite direction Flavignac. Continuer tout droit sur la D46. À la fourche face à Flavignac (sur la branche droite, panneau d'entrée de l'agglomération), prendre à gauche rue Michelet.

Après l'entrée de **Flavignac** (à côté d'une école à votre droite), prendre à droite en direction de l'église. Place Saint-Fortunat (à côté de l'église), emprunter à gauche la rue Pasteur (sens interdit). Poursuivre tout droit sur la D46 direction Châlus, Les Cars. À la D20, prendre à gauche et continuer jusqu'à l'entrée des **Cars**. Dos à l'entrée latérale de l'église, descendre à droite. Avant un pont, obliquer à droite puis (signe de priorité) monter à droite.

À la sortie de l'agglomération, prendre à gauche une route. Continuer tout droit durant trois quarts d'heure et après avoir traversé Lautrette, après une descente et avant une montée (un étang à votre droite), entrer dans la forêt et monter à gauche. Poursuivre tout droit sur le chemin le mieux marqué en ignorant toutes les intersections. Arrivé à une intersection en T (champ à gauche vu à travers la végétation), descendre à gauche (balisage jaune).

CH La Thibaudière, M et Mme Thibaudeau, lieu-dit La Faye, (900 m avant le centre-bourg), tél : 05 55 78 47 59, ou 06 12 41 54 52. Ch. (prix pèlerin) 45€ pour 1 pers., 55€ pour 2 pers. Ne fait pas TH. Cuisine disponible pour préparer des plats simples. Ouvert toute l'année. orabe@sfr.fr http://chambredhoteschalus.wix.com/lathibaudiere-chalus

Pour y aller : à l'entrée de Châlus, après le parking du supermarché (sur votre gauche), tourner à gauche, faire 500 m. Les CH seront à droite.

Bussière-Galant (87230)
(hors chemin)
Épicerie, boulangerie, supérette.

CH Le Moulin Bâti, M. et Mme Sellet, tél : 05 55 78 87 66, ou 06 89 22 51 79, entre Bussière Ville et Gare, sur la D20, 1 km après le village. 2 ch. de 42€, avec PDJ. Cuisine, courses à prévoir. Ouvert de juin à septembre. bernadette.derive-sellet@orange.fr

Gîte indépendant, terrasse/jardin, Regard d'Ailleurs, Mme Fiévez, 5 allée des Mésanges (à Bussière Gare, 3 km après Bussière-Galant), tél : 06 11 69 79 62. Nuitée 38€ pour 1 pers., 53€ pour 2, 3e pers. possible sur lit de camp 10€. Cuisine équipée, magasin Vival au bourg ou Ets Lascaux face à la gare. Draps, serviettes, produits de toilettes fournis. Résa avant 11h. eveline.fievez@sfr.fr

Dépannage pèlerin chez Bruce Warne, gîte Le Fournial, maison à disposition des pèlerins (2 ch. avec grand lits, cuisine), tél : 05 55 78 88 88, ou 06 08 65 96 56. Peut recevoir des pèlerins, surtout les dimanches, lundis, mercredis et vendredis, et ces jours-là peut les chercher à Châlus (ou autres lieux proches) sur RDV. Possible aussi les mardis, jeudis et samedis, mais prévenir bien à l'avance !

C municipal Hermeline, av. du Plan d'Eau, tél : 05 55 78 86 12. Nuitée avec votre tente 15€. Restauration rapide sur place. contact.espace.hermeline@gmail.com www.espace-hermeline.com

Pour y aller : suivre la D20 vers Bussière-Galant Gare, La Coquille. Faire 1,3 km, le camping sera sur votre droite.

À la sortie de la forêt, arrivé sur le macadam, prendre à droite. 250 m plus loin, lorsque le balisage jaune part à droite, descendre à gauche un chemin herbeux vers un étang. À la fourche suivante (près de l'étang), prendre à droite un chemin boueux qui s'enfonce dans la forêt. Continuer tout droit et après la sortie de la forêt (à côté d'une habitation), poursuivre tout droit sur le macadam.

À l'intersection suivante (plusieurs lignes électriques), obliquer légèrement à gauche et poursuivre sur un chemin herbeux. Arrivé sur le macadam face à une maison, continuer tout droit. 150 m plus loin, dans une patte d'oie (à côté d'une bouche d'incendie), prendre à gauche un chemin en gravier. Passer entre les entrepôts et poursuivre tout droit sur un chemin herbeux creux. Traverser un tout petit ruisseau et continuer tout droit pour arriver à une départementale à emprunter à droite. Entrer à **Châlus**.

Parcours depuis Les Cars vers Bussière-Galant (7,5 km) : Départ de l'église des Cars. Suivre la direction de Châlus, Bussière-Galant par la D15 (panneau). Parcourir 2 km. S'engager ensuite par la D20 à gauche en direction de Bussière-Galant (panneau). Parcourir 5,5 km pour entrer dans **Bussière-Galant**.

Le lendemain : pour poursuivre vers La Coquille (12,7 km) : avant l'église, s'engager à gauche vers Bussière-Galant Gare, La Coquille par la D20 (panneau). Faire 2,2 km. Franchir le pont SNCF à gauche et suivre la direction de La Coquille. Après le pont, suivre à droite la direction de La Coquille, Saint-Pierre-de-Frugie (D20). Parcourir 1,7 km, laisser à gauche la route qui se dirige vers Priest-les-Fougères. Rester sur la D20.

Après 3,4 km, entrer dans **Saint-Pierre-de-Frugie**. Si vous souhaitez y faire halte, le cœur du village est indiqué à droite. Pour poursuivre vers La Coquille, rester sur la D67. Parcourir 2,7 km et rejoindre **Sainte-Marie-de-Frugie**. Ne pas quitter la route qui rejoint **La Coquille** après 2,7 km.

FLAVIGNAC EN LIMOUSIN

Le village est situé au carrefour de très vieux chemins qui, par les lignes de crête, permettent le passage du Limousin au Périgord. On suppose que la région fut peuplée dès la préhistoire et en particulier au néolithique. À l'époque gallo-romaine, la région est habitée et ce serait un certain Flavinius, propriétaire d'une importante villa, qui aurait donné son nom au bourg actuel. Au Xe siècle, le bourg devient le centre d'une vaste circonscription administrative et le lieu de résidence des seigneurs de Flavignac dont la famille s'éteint en 1280. Celle-ci est bien vite supplantée par une nouvelle seigneurie : Les Cars. Sept siècles plus tard, ceux-ci sont encore propriétaires du château de Hautefort et l'un d'entre eux, Guy des Cars, fut un célèbre romancier des années 1940 à 1970. C'est aussi de ce terroir que provient la famille de Loménie, illustre en particulier par le ministre des finances de Louis XVI, le cardinal de Loménie de Brienne. Durant les deux derniers siècles, Flavignac fut réputé pour ses foires aux bestiaux, mais l'exode rural et les pertes humaines de la Grande Guerre ont fortement réduit la population. Aujourd'hui, l'économie communale repose sur l'agriculture, mais le bourg possède aussi un réseau de commerçants et d'artisans. De plus, le lac Saint-Fortunat, mis en eau en 1973) génère de l'activité touristique l'été.

Avant Les Cars

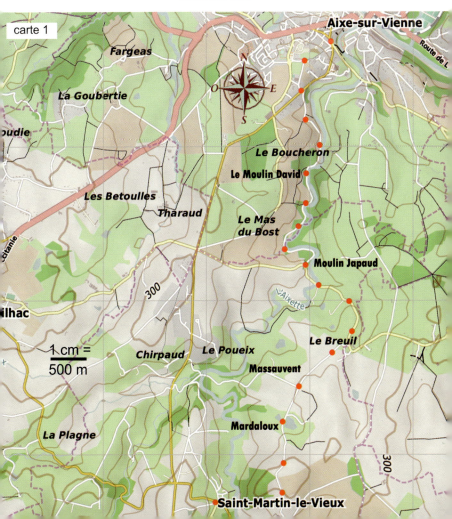
carte 1

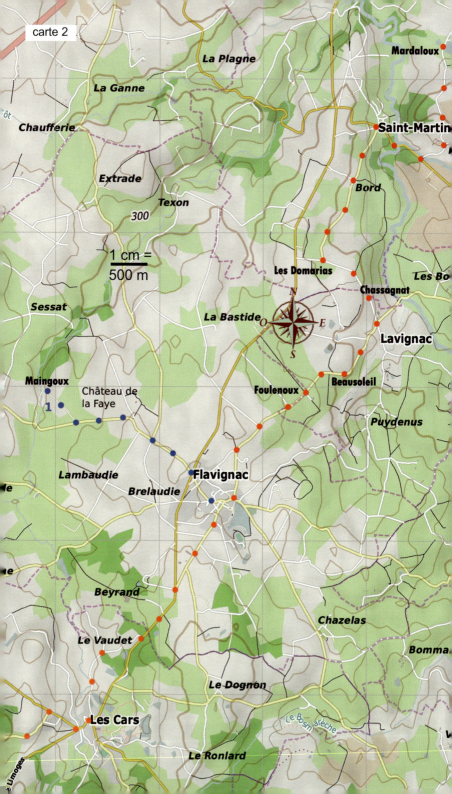

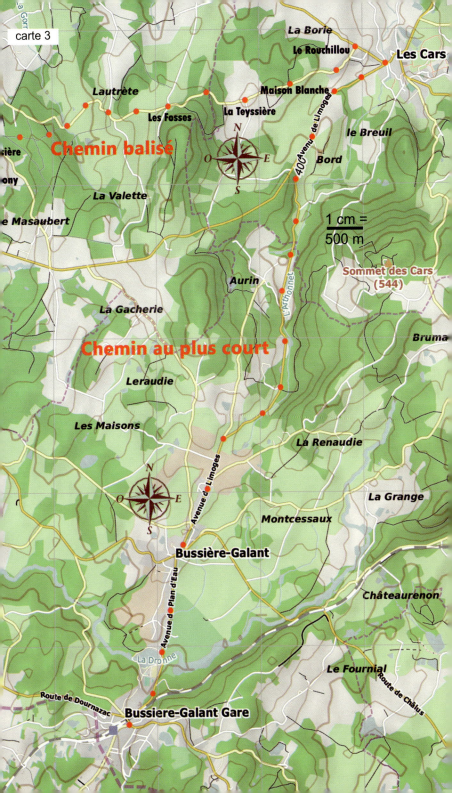

Le château de Châlus

Aixe-sur-Vienne - Châlus   200

Étape 18 16,8 km 6 h 50
De Châlus à La Coquille

Au **Lac**, vous avez marché 30 mn et parcouru 2,2 km
À **Monchaty**, vous avez marché 1 h 20 et parcouru 5,6 km
À **Firbeix**, vous avez marché 2 h et parcouru 7,9 km
À **La Coquille**, vous avez marché 4 h et parcouru 16,8 km

Saint-Pierre-de-Frugie (24540)
Épicerie bio.

HR Saveurs et Valeurs, M. Ducatteeuw, tél : 06 18 83 87 63. Ch. double 45€. PDJ bio 6,90€. Formule pèlerin bio 9,90€. Fermé aux vacances scolaires sauf l'été. yducatte@gmail.com

La Coquille (24450)
Commerces.

HR Les Voyageurs***, 12 rue de la République, tél : 05 53 52 80 13. 13 ch. à partir de 75€ ou 1/2 P (ch. + diner + PDJ, prix pèlerin) 85€/pers. (sauf juillet-août). PDJ 12€. Menu du jour le midi 16€ + carte. Fermé dimanche soir et lundi, ouvert tous les jours en juillet et août.
contact@hotelvoyageurs.fr

R La Coquille, Association des Amis de St-Jacques, tél : 05 53 52 64 25. Nuitée+PDJ 12€. Dîner 8€. Cuisine. Ouvre à partir de 16h. Crédenciale obligatoire. Ouvert du 15/03 au 15/10.

APD, Chez Annie, Rebeyrolie, à 1,3 km du chemin (hors bourg, points bleus 1), tél : 05 53 52 85 64, ou 06 64 67 34 94. Ch.+PDJ, 35€ pour 1 pers., 50€ pour 2 (WC privés, mais SdB partagée), 45€ pour 2 lits séparés. Dîner de dépannage 10€. Cuisine. Résa conseillée au moins la veille.
a.pacaut@orange.fr

Pour y aller : rester sur la N121 direction Thiviers. Prendre à gauche avant la station-service en direction d'une antenne (c'est la rue du 19 Mars 1962). Parcourir 1,3 km et rejoindre le hameau de Rebeyrolie.

APD, Chez Maïté, 13 place St-Jacques-de-Compostelle (place de l'église). Tél : 05 53 52 85 90, ou 06 70 29 67 41. 1/2 P 35€ pour 1 pers., 65€ pour 2 (PDJ inclus). Casse-croûte possible si demandé à l'avance. Fermé 15

Vers La Coquille

L'étape d'aujourd'hui est courte et les plus entraînés enchaîneront avec la suivante pour aller directement à Thiviers, mais il faudra alors quitter Châlus dès l'aube. Cette étape (entre 300 et 400 m d'altitude) est facile, et on arrive pour déjeuner à La Coquille, ce qui allège bien le sac à dos !

Quel beau symbole pour un pèlerin que d'atteindre le bourg de La Coquille... Car tout le village fait allusion au passage des pèlerins de Compostelle sur les bords de la Valouze depuis plus de huit siècles : le blason sur lequel figure la coquille, la place du village qui s'appelle place Saint-Jacques-de-Compostelle, et l'accueil chaleureux des habitants. La Coquille ne compte que 1500 habitants mais tous connaissent les origines du nom de leur village. Vous voilà en Dordogne et en région Aquitaine, dernière région française avant le Pays basque, l'Euskadi.

L'accueil chaleureux de la famille Morain remettait le pèlerin d'aplomb, mais ils ont quitté La Coquille. Heureusement, leur voisine Maïté propose aussi une prestation de qualité.

Descriptif de l'itinéraire pédestre et cycliste

Pour déjeuner : déjeuner sans difficulté à La Coquille.

Départ de la rue Nationale (direction la Tour Maulmont). Prendre à gauche du clocher, puis prendre à droite la rue Salardine. Très vite, tourner à gauche par la rue de l'Europe. Au momument aux morts, poursuivre sur la droite en direction Montron, Dournazac. Au bout, passer sous le

> jours fin juillet. Ouvert à partir de 16 h. maiteclaude@orange.fr
>
> Messe 9h30

pont de chemin de fer et après 500 m, s'engager à gauche vers Les Mettes (vers le sens interdit et la borne incendie visible au loin). Poursuivre dans le chemin creux le plus gauche. Arrivé sur le goudron, continuer tout droit et retrouver le chemin qui conduit au hameau du Lac.

Prendre à gauche puis à droite sur la D64A1 pour aboutir au stop de la D64 sur 200 m et entrer dans le bois à gauche sur le chemin de terre. Passer le pont au-dessus du déversoir et rejoindre le chemin qui longe l'étang de Maison Neuve. Arrivé à Monchaty, suivre le macadam à gauche. 60 m plus loin, dans un virage à droite, quitter la route tout droit pour descendre un chemin pierreux vers la forêt. Après une descente vers un cours d'eau (ne pas suivre le balisage à droite), entrer dans la forêt.

Emprunter un pont et avant une maison, prendre à droite un chemin goudronné qui monte légèrement. Continuer tout droit, passer à côté des pépinières Jouannem à votre gauche et poursuivre sur cette route qui tourne à gauche et descend. On arrive ainsi à la N21 à l'entrée de **Firbeix**. Prendre à droite, continuer sur la N21. Laisser l'église (à votre droite) puis plus loin le cimetière à droite. 500 m après le cimetière, prendre à gauche la route vers Saint-Pierre-de-Frugie.

Dans une intersection, continuer à monter tout droit. Faire 1 km pour passer la voie ferrée. Attention, peu après la voie ferrée, une coquille à gauche posée sur un piquet peut vous induire en erreur… Suivez uniquement notre explicatif et vous ne vous perdrez pas…

Après le passage de la voie ferrée, tourner à droite par le chemin en sous-bois qui longe la voie en laissant cette voie unique à droite. Parcourir 1 km jusqu'à la maison de l'ancien garde-barrière (ici vous êtes au lieu-dit Les Landes). Prendre à gauche sur 50 m puis immédiatement à droite par la route bitumée (attention, une coquille Saint-Jacques se trouve ici devant vous sur un poteau, ne suivez pas ce balisage qui se dirige vers une ruine visible au loin).

Parcourir 600 m sur cette route bitumée et au carrefour en T, tourner à gauche vers un panneau indicateur. Après 200 m, on trouve le panneau « gîte des marcheurs de Saint-Pierre-de-Frugie ». Au carrefour en T, tourner à droite pour entrer ensuite dans le hameau de Verdenille. Avant la dernière maison du bourg, prendre le sentier étroit à gauche qui passe entre deux bâtiments. Après 300 m (virage), tourner à droite (bon balisage local). Pour vous repérer sur un cadran de montre, nous tournons à droite à 5 heures, par le chemin en sous-bois.

Au bitume et au hameau de La Roche, poursuivre tout droit. Au carrefour suivant, tourner à droite par la route qui monte. Après 700 m dans la montée, quitter la route pour s'engager à gauche par le sentier étroit (pour vous repérer, se trouve sur la droite sur la chaussée opposée un rond en béton de 70 à 80 cm). Parcourir 1 km, laisser à droite une étendue d'eau. Après 200 m, tourner à droite (bon balisage local), un panneau de bois indique des directions. Franchir le ruisseau de l'étang de La Roche, par la passerelle.

Contourner une maison par la droite pour remonter par la route bitumée. Vous êtes à Bonhur. Dans la montée et dans le virage, s'engager à gauche par le chemin en forêt. Face à la maison n°21, tourner à gauche. Sur la D21 (ancienne N21), prendre à gauche par les larges trottoirs, **La Coquille** est droit devant à 1,3 km.

N. B. : s'il a plu et que vous souhaitez éviter les sentiers boueux (entre la voie ferrée et La Coquille), vous pouvez suivre les explications suivantes : après le passage de la voie ferrée, poursuivre par l'unique route qui descend en lacets. Après 1,3 km par cette route, au calvaire des Rogations, tourner à droite (le clocher de Saint-Pierre-de-Frugie est visible en face). À Saint-Pierre-de-Frugie, La Coquille est à 5,4 km par la D67, en passant par le village de Sainte-Marie-de-Frugie. Tout le parcours est sur une petite route bitumée, sans boue, sans ornières de tracteurs…

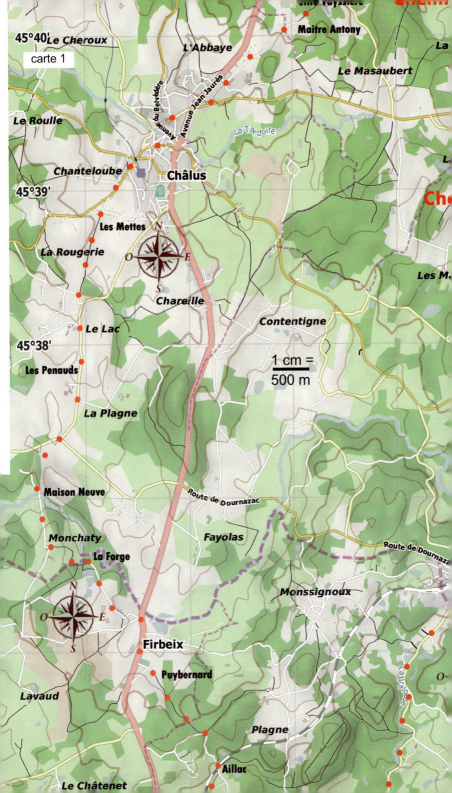

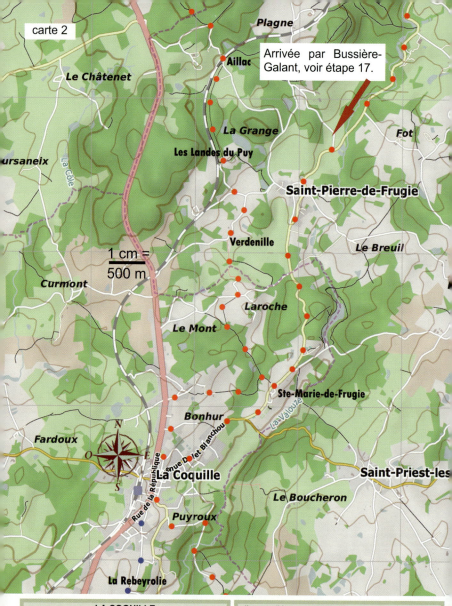

LA COQUILLE

À l'entrée du « Périgord vert », cette commune possède un nom qui évoque le chemin de Compostelle. Ancien relais royal, c'était en effet une ville-étape, notamment pour les pèlerins. Le bourg est aujourd'hui desservi par la D21 et la liaison ferroviaire entre Limoges et Périgueux. Le pays s'étire sur les contreforts cristallins des monts du Limousin, dans un paysage verdoyant de bois de feuillus et de bocages irrigué par plusieurs cours d'eau et étangs : la Côle, à l'ouest, qui alimente l'étang de la Monnerie et le plan d'eau de Mialet, et la Valouse, à l'est, qui alimente l'étang de la Barde.

En chemin, les amoureux de la nature seront peut-être tentés de faire un petit détour pour une pause sur les rives de l'étang de la Barde, où se retrouvent déjà de nombreux pêcheurs. Ils entendront peut-être les coups de bec rapides du pic noir contre les arbres ou verront des hérons cendrés en quête de leur pitance. Arrivé à l'étape, vous pourrez goûter les spécialités régionales périgourdines : foie gras, volaille, truffe... Vous pourrez aussi vous régaler de viande du Limousin que vous venez à peine de quitter. Un repas de fête, mais un terroir si exceptionnel mérite bien quelques écarts !

Étape 19   18,5 km   4 h 50
De La Coquille à Thiviers

À la **D67**, vous avez marché 45 mn et parcouru 3,5 km
À la **D72**, vous avez marché 3 h et parcouru 11,8 km
À **Thiviers**, vous avez marché 4 h 50 et parcouru 18,5 km

Thiviers (24800)
OT, 8 place du M^{al} Foch, tél : 05 53 55 12 50. www.perigord-limousin-tourisme.com
bit.thiviers@perigord-limousin.fr

GE pèlerin et camping Chez Nany, Mme Boissard, tél : 07 83 79 00 42. 1 km avant Thiviers, 2 route des Marimonts, lieu-dit Les Bouilloux (sur le chemin, 2,5 km avant Thiviers sur la commune de Nantheuil). Nuitée 15€, draps et serviettes fournies, PDJ 5€, entrée, plat, dessert 12,50€ plat du jour 10€, omelette 5€. Lave-linge 3€. 7 pl. Ouvert toute l'année. melodie2442@live.fr

CH Les Conches, Mme Cordier, 38 av. de Verdun, tél : 06 86 20 61 92. 6 pl. Nuitée+PDJ 30€/pers. (sur la base de 2 pers. par ch.). Dîner 15 € (résa la veille svp). Cuisine. Ouvert toute l'année. lesconches.thiviers@gmail.com
Pour y aller : au rond-point de la N21, tourner à gauche par la D707, vers Lanouaille et Nantheuil, parcourir 500 m, le n°38 est sur la gauche.

GE du Domaine le Bost, M. et Mme Westra (points bleus 1), tél : 05 53 62 93 69, ou 06 04 16 39 50. Piscine. Nuitée 25€. Dîner 14,50€ (3 plats). Cuisine. PDJ 8,50€. Ouvert du 01/10 au 30/10 et du 01/04 au 01/06 à partir de 16h30. info@domaine-lebost.com
Pour y aller : entrer dans Thiviers par la N21, parcourir 700 m, le quartier du Bost est à droite.

C Le Repaire, tél : 05 53 52 69 75, ou 06 80 95 79 45, lieu-dit Le Repaire, av. de Verdun (1 km hors bourg). Nuitée en bungalow 12€ l'été, 15€ l'hiver. Dîner possible sur place (restauration rapide). PDJ 6€. Casse croûte 8€. Ouvert toute l'année.
contact@camping-le-repaire.fr
Pour y aller : suivre les explications pour se rendre aux CH Les Conches.

Dans les rues de Thiviers

Encore une toute petite étape de 18,5 km aujourd'hui. Les trois dernières journées de marche depuis Aixe-sur-Vienne ont été les bienvenues pour reprendre force et courage. Vous quittez aujourd'hui le parc naturel régional du Périgord Limousin pour la région du Périgord vert. Vous voici dans le Sud-Ouest et dans le dernier tiers du parcours en France. Demain, cela fera trois semaines que vous aurez quitté l'Yonne et la basilique Sainte-Madeleine. Désormais le rythme est bien installé ! Après les débuts difficiles des premières étapes vallonnées du Morvan, vous avalez désormais les distances en quelques heures en ne vous arrêtant plus tous les 5 km pour souffler... En conséquence vous arriverez tôt à l'étape et vous pourrez ainsi profiter pleinement de la ville pour y déjeuner tranquillement. Attention la petite collation de 10 h doit être emportée avec vous dès La Coquille car il n'y a aucun commerce sur

> APD chez M. David Dufond, 13 rue Pierre Bouillon (centre-ville), tél : 06 60 38 17 87. 11 pl. Nuitée 15€/pers. PDJ en donativo. Ne prépare pas de dîner. + 5 € en période de chauffage. Cuisine.
> david.dufond@yahoo.com
> Messe 11h

le parcours. À Thiviers, vous trouverez une ancienne croix de Saint-Jacques qui confirme que vous êtes sur le bon chemin !

Place forte au Moyen-Âge, les origines de la ville seraient en fait beaucoup plus lointaines puisque, légende ou réalité, son nom serait d'origine gauloise. Ville franque au Moyen-Âge, Thiviers eut le droit de battre sa propre monnaie dès le début de la monarchie française. Elle constituait au XIIe siècle l'une des trente-deux villes closes du Périgord.

Descriptif de l'itinéraire pédestre et cycliste

Pour déjeuner : Thiviers est tous commerces.

Depuis l'église, prendre la rue La Boétie en descendant et au bout, tourner à gauche sur la D67 vers Saint-Paul-La-Roche, puis à gauche sur la route du Moulin de Margaud. Au carrefour, prendre à droite, direction le Moulin de Margaud. Monter vers Les Rivailles. Continuer le chemin qui tourne ensuite à droite en montant dans les bois.

Au croisement, prendre le chemin à droite sur le plateau, tout droit à travers bois et champs. Au carrefour de chemins, prendre tout droit le chemin herbu. Continuer tout droit en sous-bois. Arrivé à la **D67**, prendre à gauche, puis au carrefour de la route de La Bussière, aller au milieu sur le chemin de terre entre les champs.

Déboucher sur une route, aller en face dans le chemin des Cupules. Retrouver la route, continuer tout droit. Au carrefour, aller tout droit sur la petite route pour arriver à Pont Fermier. Suivre la route pendant environ 3 km. Au carrefour, aller à gauche pour rejoindre un nouveau carrefour (du Petit Clos).

Aller à droite pour couper la route **D72** et continuer en face dans le chemin pour rejoindre une route goudronnée. Tourner à droite vers le château d'eau, puis au carrefour, prendre à gauche la « route Napoléon » rectiligne en direction de Thiviers.

Avant d'arriver à la N21, tourner dans une petite route à gauche et au carrefour suivant, aller encore à gauche pour rejoindre la D81 au lieu-dit Bouilloux. Au stop, aller à droite. Nouveau carrefour. Continuer tout droit et poursuivre sur l'avenue Eugène Leroy. Au rond-point Saint-Roch, traverser (prudence) pour prendre à gauche la rue du Général Lamy, et la rue Jean Jaurès pour entrer dans **Thiviers**.

THIVIERS

Bâtie sur un puy à 272 m d'altitude, cette petite ville domine un paysage vallonné et verdoyant au creux duquel coulent deux rivières, la Côle et l'Isle. Située au carrefour de grands axes routiers permettant de relier l'océan au Lyonnais, elle assure aussi la transition naturelle entre le Limousin au nord et la grande province d'Aquitaine au sud.

Le nom de la ville serait d'origine gauloise. Du fait de son emplacement stratégique, Thiviers, ville fortifiée, fut souvent convoitée, maintes fois occupée ou détruite, et chaque fois rebâtie au fil de l'Histoire. De ses fortifications, il reste le château de Vaucocour, dont les fondations datent du XIIIe siècle, et l'édifice actuel du XVIe siècle, ainsi que le château de Banceil restauré et transformé en immeuble d'habitation. D'autres forteresses n'ont laissé que des souvenirs, comme La Filolie, Razac et le château de Planneau.

L'église Notre-Dame de style romano-byzantin à l'origine fut maintes fois remaniée à la suite de multiples invasions. Ses coupoles ont disparu, remplacées par une voûte en étoile au XVIe siècle, mais ses chapiteaux magnifiquement sculptés ont subsisté. Son clocher abrite trois cloches dont la plus ancienne, « la Guitterie », lourde de cinq tonnes, est devenue l'emblème de la ville. Elle aurait permis en 1652, lors des guerres de Religion, de donner l'alarme, sauvant ainsi la cité attaquée par surprise. Ajoutons enfin qu'à quelques kilomètres, sur la vieille voie qui mène à Sorges, le lieu-dit Les Jacquiers rappelle le passage des pèlerins.

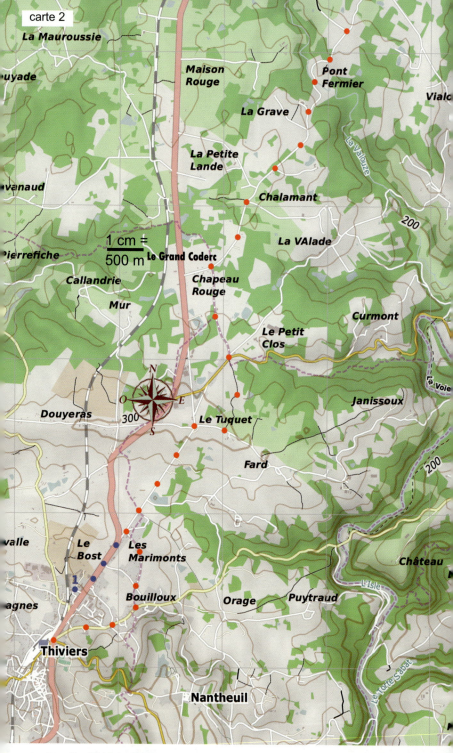

Étape 20 18,2 km 4 h
De Thiviers à Sorges

À **La Servolle**, vous avez marché 1 h et parcouru 4,7 km
À **Lauzélie**, vous avez marché 2 h 20 et parcouru 11,5 km
À **Négrondes**, vous avez marché 2 h 30 et parcouru 12,8 km
À **Sorges**, vous avez marché 4 h et parcouru 18,2 km

Négrondes (24460)
Boulangerie, supérette.

HR Les Arômes, 11 rue Eugène Leroy, tél : 05 53 52 53 58. Ch. à partir de 51€. PDJ 7,50€. 1/2 P à partir de 76€/pers. Ouvert toute l'année. Restaurant fermé le dimanche soir et le lundi midi. Accueil à l'hôtel dès 17h et le dimanche dès 19h et jusqu'à 21h30 maximum. Résa souhaitée. lesaromes24@gmail.com

APD, Mme Therasse, Lauzelie (300 m avant le bourg, sur le chemin), tél : 06 84 17 19 48, ou 06 88 46 23 10. 5 pl. Nuitée+PDJ 25€. Repas possible 15€. Prévenir 24h avant (fermé juillet et août). therasse@wanadoo.fr

Sorges (24420)
Commerces.

CH, M. Pascal Poisson, 255 Chataignarias, 350 m avant le bourg de Sorges, sur le chemin fléché en jaune et en rouge et blanc. Tél : 06 76 48 64 28. 1/2 P (tarif pèlerin) 40€. Ouvert toute l'année. Camping possible. Résa souhaitable. poisson.pascal@yahoo.fr

RP municipal géré par APSJVV, place Roger François (derrière l'église), tél : 05 53 35 31 68, 6 pl. Nuitée en libre don, repas possible 9€. Ouvert dès 16h. Ouvert du 15/3 au 31/10

CH, M. et Mme de Segonzac, La Grangearias (sortie de bourg), tél : 06 61 92 46 48. Nuitée 30€. Dîner 10€. Casse-croûte 5€. Ouvert du 01/04 au 30/10. Résa la veille souhaitée. ml.de-segonzac@orange.fr

APD, M. et Mme Krotoff, La Pautardie, 154 route des Bories, tél : 05 53 04 53 11, ou 06 25 02 56 09. 5 pl. Nuitée+PDJ 20€. Dîner 10€. Résa la veille souhaitée. krotoff24@gmail.com

L'église Saint-Germain de Sorges

Les chemins de cette étape évitent soigneusement la N21, et c'est donc en parfaite sécurité que vous pouvez avancer sur les petites routes de campagne. Attention pour déjeuner, il faut prévoir votre repas dès Thiviers ou tenter votre chance au restaurant à Négronde. Pour l'eau potable il y a partout des lieux- dits et des fermes qui vous dépanneront.

À l'arrivée, Sorges est un petit bourg presque familial, parce qu'on y trouve tous les commerces de proximité, et parce que l'on y trouve aussi la sérénité, le calme et la chaleur des villes du sud. La Maison de la Truffe rappelle que nous sommes en Dordogne, et ce bourg a un petit air de sud-est de la France avec ses larges platanes sous lesquels on trouve l'ombre si précieuse et rafraîchissante, lors des chaudes journées d'été.

Lors de notre dernier passage, une petite broderie visible depuis le parvis de l'église Saint-Germain souhaitait « la paix et la bienvenue aux pèlerins de Saint-Jacques ». Car le village a un petit refuge pèlerin bien agréable. Situé juste derrière l'église, sa position centrale permet aux pèlerins de participer à la vie du bourg. La municipalité a œuvré intelligemment avec la participation des acteurs locaux et associations jacquaires qui ont bien compris qu'un refuge pour les pèlerins et les randonneurs donnait au bourg une perspective d'éternité dans l'histoire des Hommes !

Descriptif de l'itinéraire pédestre et cycliste

Pour déjeuner : à Négrondes ou à Sorges (restaurant et boulangerie).

Depuis l'église, continuer rue Jean Jaurès et ensuite avenue A. Croizat. Au carrefour de la N21, traverser et emprunter le VC2 puis le le VC6 à droite (Corgnac). 100 m après, tourner à droite dans le chemin creux en descendant. Le chemin devient goudronné. Au carrefour, aller tout droit, puis au carrefour suivant en T, à droite (hameau de Nouzet).

Continuer sur cette petite route en descendant, puis traverser le hameau de Montaugout. Arrivé au carrefour de la D76, tourner à gauche, puis à droite 100 m plus loin et à gauche pour passer sous le pont de chemin de fer. Monter dans le chemin de pierre en face. À la route goudronnée, aller à gauche.

Dans le village de **La Servolle**, descendre à gauche dans le chemin qui débouche sur une petite route, aller à gauche puis 150 m plus loin encore à gauche sur une route. La quitter au bout de 250 m pour tourner à droite dans un chemin. Poursuivre tout droit. À Boslalègue, au carrefour, aller tout droit pour rejoindre la « route Napoléon ». Tourner à gauche et la suivre sur 1,5 km puis tourner à droite vers Le Pic.

Traverser le village et au carrefour (calvaire), prendre à droite et tout de suite à gauche dans un chemin dans le bois. Au carrefour, aller à gauche puis tout de suite à droite dans un chemin herbu. Arrivé à **Lauzelie**, aller à gauche puis à droite. Aller à gauche sur la D73. Couper la N21 ; la traverser et aller en face. À **Négrondes**, passer devant l'église pour sortir du village. Au carrefour (calvaire), aller en face vers Chez Thèves, par une route puis un chemin qui tourne ensuite à gauche.

Au carrefour, aller à droite sur le chemin, vers un petit bois ; au bout du chemin, emprunter la route par la gauche. Au carrefour du Pouyet, aller à droite, la route devient chemin. À la sortie d'un bois, après un kilomètre, tourner à gauche en longeant le bois, puis à droite 150 m plus loin à travers champs vers la ferme des Contissoux. Au carrefour, prendre à gauche la route vers Les Palissoux. Continuer, et arrivé sur la D8, aller en face vers **Sorges**, atteindre l'église et le refuge de l'association.

SORGES

Sorges est surtout connue pour son église fortifiée. Maintes fois détruite, elle a été agrandie et remaniée au fil des siècles. L'édifice est composé d'une double nef orientée vers l'est.
La nef principale, romane, remonte aux XIe et XIIe siècles, période où le Périgord a joui d'une longue période de calme favorable à l'édification de ses quelque mille églises romanes. Sans doute moins large à l'origine, la nef aurait été couverte de coupoles en file. Mais si l'une d'entre elles a subsisté, l'existence des deux autres coupoles n'est pas vraiment attestée. Il pouvait aussi bien s'agir d'une voûte ! Avec la Renaissance, les églises furent souvent agrandies au XVIe siècle. Ainsi est apparue la seconde nef constituée à l'origine de trois croisées d'ogives. On peut voir de nos jours les bras cassés de la naissance des arcs. Deux coquilles Saint-Jacques témoignent du rôle de l'église de Sorges, comme étape pour les pèlerins se rendant à Saint-Jacques-de-Compostelle.

LA TRUFFE : LE DIAMANT NOIR !

Sans qu'on puisse le deviner, ce pays possède un trésor appelé parfois « le diamant noir » : ce sont les truffes, ces curieux champignons qui poussent sous terre et dont le prix dépasse celui de l'or ! Pour les récolter au pied de certains chênes, l'homme dispose de collaborateurs à l'odorat efficace : des porcs ou des chiens, spécialement dressés. En plein hiver, il n'est pas rare d'apercevoir un paysan tenant en laisse son cochon préféré qui, le groin à terre, va repérer le point où il faudra creuser...
Le commerce de la truffe est moins florissant qu'il y a cent ans. Certaines années, la production a atteint 1 500 tonnes. Ces dernières années, on ne parle que de quelques dizaines de tonnes ! Aussi cherche-t-on à relancer la production en plantant de nouveaux chênes truffiers.
Joyau de notre gastronomie, la truffe se déguste avec des mets assez neutres pour garder son délicat parfum. Pas d'assaisonnements trop forts, mais plutôt des sauces préparées à l'avance et très légèrement réchauffées avant de servir….

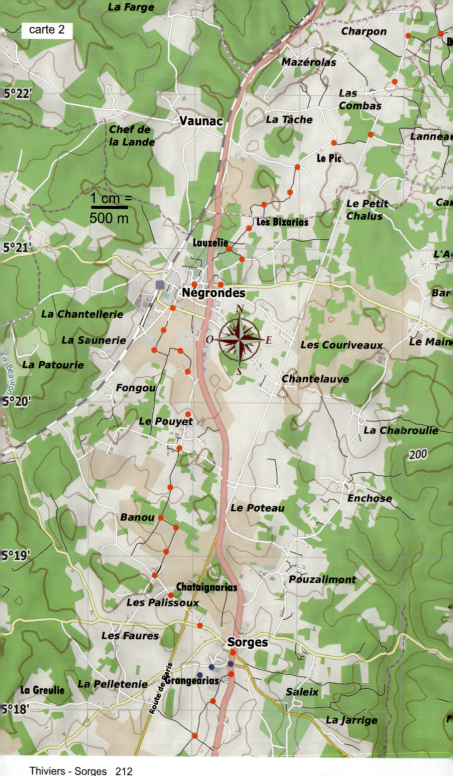

Étape 21   22,8 km   5 h 50
De Sorges à Périgueux

À **Rebeyrie**, vous avez marché 55 mn et parcouru 4,3 km
À **Fonniovas**, vous avez marché 1 h 20 et parcouru 6,2 km
Au **carrefour de Chaumardie**, vous avez marché 4 h et parcouru 16,8 km
Au **rond-point de l'hôpital**, vous avez marché 5 h 20 et parcouru 21,4 km
À **Périgueux**, vous avez marché 5 h 50 et parcouru 22,8 km

Périgueux le matin

Périgueux (24000)
Tous commerces. OTSI, 9 bis pl. du Coderc, tél : 05 53 53 10 63
www.tourisme-perigueux.fr
contact@tourisme-perigueux.fr

HR Le Relax, 44 route de Lyon (commune de Boulazac, mais à 10 mn à pied du centre-ville), tél : 05 53 09 31 28. Ch. à partir de 42€. ½ P à partir 68€. Ouvert toute l'année.   contact@ hotelrestaurant-lerelax.com
Pour y aller : à l'entrée nord (rue Daumesnil) de la cathédrale St-Front, descendre à droite vers la rivière Isle. La franchir par le pont des Barris. Faire 140 m. Après le collège (droite), prendre à gauche rue Pierre Magne (direction Les Barris). Après 300 m, franchir le bd Talleyrant-Périgord, aller tout droit (Mur des Fusillés). Faire 500 m et passer au-dessus des rails. Après 160 m, sur le bd de Lyon, tourner à droite, faire 350 m. L'hôtel est sur le trottoir de gauche.

Chambre chez M. Naitali, rue Blaise Pascal, tél : 06 03 34 36 16. Ch. pour 2 pers. 40€. Ne fait

C'est en pente douce que les chemins vous déposeront au pied de la cathédrale Saint-Front. L'étape d'aujourd'hui est composée à 85 % de petits sentiers de forêt. On pourrait comme hier parcourir l'intégralité de l'étape sur la route Napoléon, mais aux abords de Périgueux la circulation automobile restreint beaucoup l'aspect bucolique et calme du cheminement et certains passages sont même assez dangereux. Le balisage local préfère un peu de tranquillité par les petits bourgs de Rebeyrie et de Fonniovas entre vergers de noyers, châtaigniers sauvages et élevages d'oies du Périgord ! Seule l'arrivée 5 km avant Périgueux ne peut éviter l'asphalte.

Périgueux, au cœur du Périgord blanc, est la dernière ville de plus de 30 000 habitants que vous rencontrerez sur votre parcours. L'arrivée à Périgueux n'est pas désagréable et il faudra se faufiler sans difficulté via Trélissac, avant d'atteindre la cathédrale Saint-Front et ses coupoles byzantines.

Classée au patrimoine mondial de l'Unesco, la cathédrale abrite une chapelle Saint-Jacques. On trouve aussi dans la ville un ancien hôpital Saint-Jacques et un pont du

pas TH. Ouvert toute l'année.
sciaristote@hotmail.fr

RP La Maison du Pèlerin, 83 rue Gambetta (quartier de la gare), tél : 05 53 35 32 72, ou 06 76 92 12 52. 8 pl. Ouvert toute l'année à partir de 15h. Nuitée+ PDJ 15€. Cuisine. Ouvert toute l'année à partir de 15h30. Résa impérative.

APD, Mme Palfreyman, 1 rue de l'Alma, tél : 05 53 05 38 20. 2 pl. 1/2 P 30€, crédenciale obligatoire. Parle anglais, allemand et italien. Résa la veille. Ouvert toute l'année.

APD (maison avec jardin), Mme Bertin, 20 rue Lafayette (quartier de la Mairie), tél : 06 25 22 28 96. 4 pl. Nuitée+PDJ 25€. Dîner 15€. Cuisine. Résa la veille et laisser un message. Garage à vélos. Ouvert toute l'année.

APD, Marie-Joseph, tél : 05 53 53 01 15, ou 06 62 01 19 58. 6 pl. Nuitée 15€. PDJ 5€. 1/2 P 35€. Cuisine. Casse-croûte. Possibilité d'avoir les repas. Résa demandée.
marie-jo.lachal@wanadoo.fr

APD, Mme Faivre, 27 rue des Apprentis, tél : 06 48 30 51 96 (résa uniquement par téléphone). 2 pl. 1/2 P 25€ pour 1 pers., 45€ pour 2. Se trouve sur le chemin de la sortie de Périgueux. Fermé en juillet-août.
marikayou@neuf.fr

APD, Mme Granger, 39 rue des Thermes, tél : 05 53 07 57 69, ou 06 30 19 25 95. Nuitée+PDJ 25€. Dîner 10€. Ouvert toute l'année.
josette.granger@orange.fr

APD, M. Laville, Maison d'hôtes La Glacière, 70 bis rue Lagrange Chancel, tél : 05 24 13 20 33, ou 06 73 20 82 78. Nuitée+PDJ (prix pèlerin) 25€. CH grand confort 80€ pour 2. Cuisine. Ouvert toute l'année. jeanluc.laville@sfr.fr

Messe cathédrale 18h30

Boulazac (24750)
(à 1,6 km de la cathédrale)
APD, Mme de Corn, 51 route d'Atur (D2 vers Atur, à 20 mn de la cathédrale, points bleus 2), tél : 09 52 68 32 18, ou 06 63 99 78 43. Nuitée 15€. Dîner 10€. Prévenir la veille de votre passage.
genevieve.decorn@free.fr

même nom, et même un très beau refuge pour les pèlerins qui se trouve au 83 rue Gambetta où des bénévoles vous accueilleront afin de vous aider au mieux dans votre voyage vers Saint-Jean-Pied-de-Port.

Descriptif de l'itinéraire pédestre et cycliste

Pour déjeuner : soit à prévoir dès le départ de Sorges, soit à Périgueux.

Depuis l'église, rejoindre la N21, aller à droite. Continuer sur l'aire de repos et prendre la petite route à droite qui devient chemin. Passer devant une maison en suivant le chemin à droite. Au carrefour de chemins, aller tout droit et arriver à Bizol. Aller à gauche puis à droite. 150 m plus loin, aller à gauche et suivre cette route qui tourne à 90° pour remonter au village de **Rebeyrie**.

Rester sur la route et à la sortie du village, prendre à gauche dans le chemin empierré. Ignorer les chemins de droite et de gauche pour déboucher sur une route. La prendre à droite et 100 m plus loin, à gauche (puits à balancier remarquable) pour rejoindre le village de **Fonniovas**.

Aller à gauche entre les maisons sur le chemin herbu puis tourner à droite au premier carrefour et toujours tout droit. Le chemin bifurque ensuite à droite pour rejoindre une petite route. Aller à gauche et tout de suite à droite. Au panneau Forêt Domaniale, tourner dans le chemin de gauche et tout droit pour rejoindre une piste forestière DFCI qu'il faut emprunter à gauche. Passer devant la maison forestière et descendre vers la D69.

Au carrefour de la D69, prendre à gauche et tout de suite à droite. À la cabane en bois, prendre le chemin de gauche. Au carrefour en T, à droite et monter droit vers La Croix du Rat en ignorant les chemins à droite et à gauche.

Périgueux, la place Saint-Roch

> Pour y aller : portail principal de la cathédrale St-Front dans votre dos, prendre à droite l'avenue Daumesnil qui descend. Devant la rivière Isle, ne pas passer le pont. Tourner à droite le long du chemin de halage (rivière sur votre gauche). Faire 350 m. Au pont suivant, suivre à gauche les directions de Brives, Bordeaux, Bergerac, et donc franchir le pont sur la rivière. Parcourir 700 m et passer au dessus des voies ferrées. Au rond-point suivant, prendre à droite vers Atur, Le Grand Dague. Faire 400 m jusqu'au n°51, côté gauche.

Traverser la route et continuer dans un chemin. Au carrefour en T, aller à gauche. Au château de Caussade, carrefour, tourner à droite (ne plus suivre le chemin balisé) et suivre ce large chemin qui devient goudronné à partir des maisons puis débouche sur une route. Couper la route et aller à droite puis rapidement s'engager dans un chemin à gauche qui serpente à travers bois. Aller tout droit dans la combe jusqu'au carrefour de Chaumardie.

Aller à droite (prudence, circulation). Laisser la route à droite (chemin de randonnée) et monter au bord de la route au lieu-dit Les Maisons. À la sortie, au carrefour, tourner à gauche puis à droite dans le chemin de terre.

Au lieu-dit La Meynie, aller tout droit jusqu'à la D8. Prendre à gauche en longeant le bas-côté (prudence) et tout droit. Aller toujours tout droit (Intermarché à gauche). Au rond-point de l'hôpital, descendre tout droit. Dépasser la Maison Diocésaine côté gauche dans la descente. En bas de la descente, au giratoire, rester sur le trottoir de gauche pour traverser et en suivant le côté de la place, rejoindre la rue Limogeanne, puis la rue Salinière (piétonnes). **Périgueux**, cathédrale Saint-Front.

SCULPTURES ROMANES À PÉRIGUEUX

L'église Saint-Front est le seul édifice de Périgueux dans lequel des chapiteaux romans ont été conservés. Deux sont encore en place ; d'autres ont été déposés lors des restaurations du XIXe siècle et sont actuellement exposés au musée du Périgord ou dans les galeries du cloître de Saint-Front. Leur étude montre que certains d'entre eux sont très proches des modèles antiques locaux ; d'autres ne reprennent que la structure ou le décor de ces éléments de référence ; d'autres enfin s'en éloignent délibérément et sont plus proches des réalisations romanes de la fin du XIe ou du début du XIIe siècle, telles qu'on les connaît en Poitou ou en Bas-Limousin par exemple.

Ainsi se trouve posé le problème de la datation de ces éléments sculptés. Il est admis que la construction de Saint-Front débute vers 1120 ; pour les chapiteaux « d'allure romane », les comparaisons les plus proches incitent à ne pas dépasser la fin du premier quart du XIIe siècle.

Pour les chapiteaux « antiquisants », les points de repère sont beaucoup plus difficiles à déterminer : sont-ils à l'origine du développement tardif de la sculpture romane à Périgueux ? Sont-ils postérieurs aux chapiteaux « d'allure romane » comme leur place dans l'édifice pourrait le suggérer ? Quoi qu'il en soit, ils sont les témoins d'un retour à l'antique que l'on connaît ailleurs, au cours du XIIe siècle.

Dans la vieille ville de Périgueux

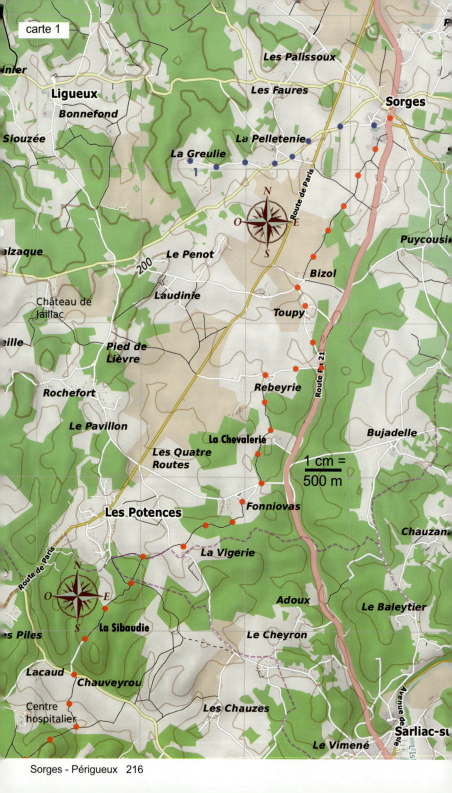

Périgueux

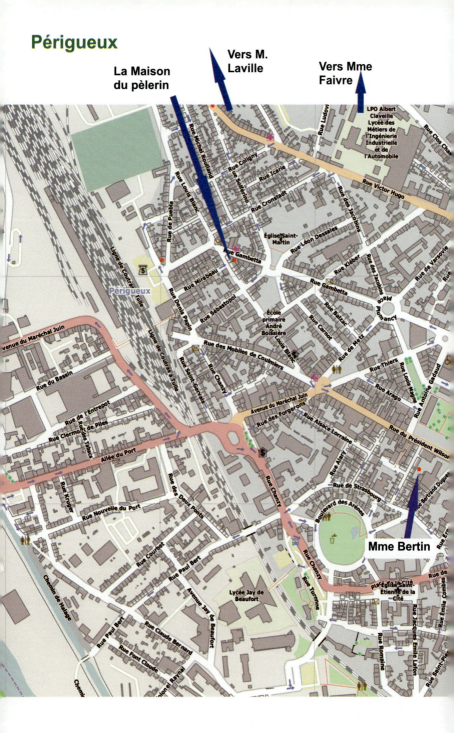

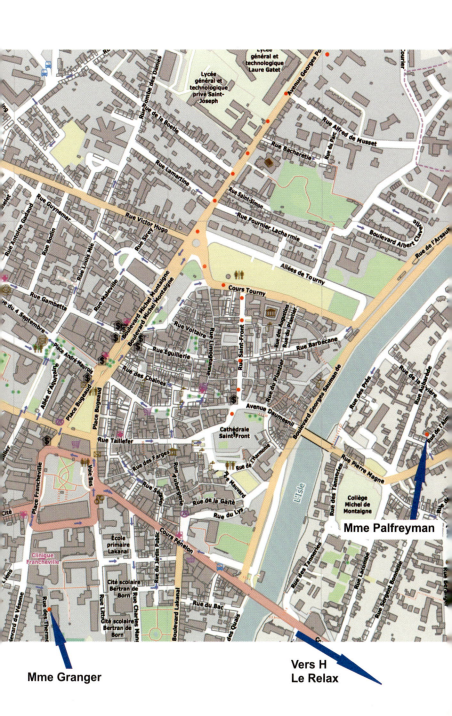

Étape 22   21,5 km   5 h
De Périgueux à Saint-Astier

À **Chancelade**, vous avez marché 1 h 45 et parcouru 6,3 km
Aux **Andrivaux**, vous avez marché 2 h et parcouru 9,3 km
À **Gravelle**, vous avez marché 3 h 30 et parcouru 16,4 km
À **Annesse**, vous avez marché 4 h et parcouru 18,5 km
À **Saint-Astier**, vous avez marché 5 h et parcouru 21,5 km

L'abbaye de Chancelade

Chancelade (24650)
Boulangerie, supérette, restaurant.

Abbaye de Chancelade, accueil chrétien dans une famille pour la nuit, le PDJ et le dîner. Participation de 20€, reversée pour la création d'un gîte au sein de l'abbaye. Participation demandée à la vie de prière de l'abbaye, prière à 17h45 et/ou messe à 18h (messe à 11h dimanche), et/ou vêpres à 19h. Il vous est demandé de ne pas transmettre les coordonnées de ceux qui accueillent. Prévenir à l'avance (minimum 48h) par courriel la communauté à contact@abbaye-chancelade.com

H de la Beauronne, 4 route de Ribérac à Chancelade, tél : 05 53 08 42 91. Ch. à partir de 46€ pour 1 pers., 51€ pour 2. PDJ 8€ Restauration 18€. Ouvert toute l'année de 6h à 22h. hoteldelabeauronne@gmail.com

Razac-sur-L'Isle (24430)
(800 m hors chemin, de l'autre côté de l'Isle)

L'étape d'aujourd'hui est courte, et dans sa première moitié quasiment tout le temps en forêt. Pour les sportifs ou ceux qui partent tôt, il est possible de déjeuner à l'arrivée à Saint-Astier sans avoir à porter le repas de midi. Une petite pause à la boulangerie de Chancelade permet de poser le sac à dos au pied de l'abbaye. Il ne s'agit pas d'une abbaye délaissée, abandonnée, elle abrite encore une communauté chrétienne. La visite se fera donc sur la pointe des chaussures de marche... sans faire de bruit pour respecter la communauté qui y vit toute l'année.

Petit retour en arrière : la pierre de Chancelade est blanche, de meilleure qualité que celle des carrières de Périgueux, qui est gris bleuté. Elle a servi à la construction de plusieurs édifices religieux de la région. Avec l'arrivée du chemin de fer au milieu du XIXe siècle, la pierre de Chancelade s'exporta dans tout le sud-ouest de la France pour bâtir des ouvrages d'art ferroviaire : maisonnettes, ponts, viaducs, édifices publics, gares. Le pont de Pierre de Bordeaux compte des pilastres en

Boulangerie, épicerie, pharmacie.

GE Le Grand Labat, M. Constant, tél : 05 53 03 92 10, ou 06 20 38 88 07 (2,6 km hors bourg, points bleus 3). 7 pl. Cuisine, courses à prévoir à Razac en passant. Nuitée 50€ pour 1 pers., 60€ pour 2. Ouvert toute l'année.
Pour y aller : au lieu-dit Gravelle, tourner à gauche vers Razac-sur-l'Isle, franchir la rivière puis les voies ferrées. Sur la D6089, tourner à droite sur 50 m et suivre la direction de Coursac, centre-bourg à gauche. Laisser l'église à droite et prendre à gauche l'allée des Platanes (fléchée Coursac 6). Laisser le cimetière à gauche. Faire 800 m. Au carrefour (borne à incendie à droite), tourner à droite rue du 19 Mars 1962. Faire 350 m. Au carrefour, tourner à gauche (rue de Guitard). Faire 800 m, laisser Guitard à gauche. Poursuivre sur moins de 500 m. Dans le virage, prendre la 2e à droite.

Saint-Astier (24110)
Tous commerces. OT intercommunal, 1 rue de la Fontaine, tél : 05 53 54 13 85. tourisme@ccivs.fr

CH Les Rives de l'Isle, Mme Schembri, 14 rue du Dr Numa Gadaud (bourg). Résa souhaitée, tél : 05 53 54 62 12, ou 06 16 19 60 29. 25€ pour 1 pers., puis à partir de 2 : 15€/pers (+5€ si PDJ à partir de 7h30). Ne fait pas TH. lesrivesdelisle@gmail.com
Pour y aller : franchir l'Isle direction Montançaix. Juste après le pont, tourner à droite (D43) vers Vergt, Mussidan. Après 400 m, passer sous les voies ferrées et tourner immédiatement après à gauche. Le quartier du Roudier est à 600 m.

APD, Mme Rathier, 31 chemin des Marcassins, hameau de L'Éperon (à mi-chemin entre Razac et St-Astier, points bleus 2), tél : 05 53 04 93 14, ou 06 78 78 15 29. 6 pl. 1/2 P 35€. Fermé en juillet-août.
rathierc@club-internet.fr
Pour y aller : à Annesse, ne pas franchir l'Isle, entrer dans le bourg, laisser l'église à gauche. 200 m après, tourner à gauche par la rue de l'Isle (route 30 km/h, interdite + de 2 m). Faire 600 m. Sur la D3, tourner à gauche (attention, danger), faire 250 m et

pierre de Chancelade. En 1885, l'exploitation de la pierre est à son apogée : les carrières sont exploitées par les sociétés Himbert et Chaigneau. Des champignonnières ont été installées dans une partie des anciennes carrières, aujourd'hui abandonnées. La pierre est encore extraite à de rares occasions : de nos jours, ce sont plutôt les artistes qui la convoitent.

Dans la deuxième partie du parcours à partir d'Annesse-et-Beaulieu, c'est de la plaine et le chemin se trouve sur la rive gauche.

La fin d'étape se fait sur la voie verte qui est à la fois calme et sécurisée mais aussi bien plus courte que l'ancien parcours. Il faut le souligner car c'est l'excellent travail de l'association locale qui permet aux pèlerins de gagner plus d'une heure de marche sur le parcours ! Si vous faites halte au château de Puyferrat (2 km après le bourg de Saint-Astier), prévoir de faire vos courses dans le village à Saint-Astier en passant.

Descriptif de l'itinéraire pédestre et cycliste

Pour déjeuner : prévoir dès le départ de Périgueux ou se ravitailler à Saint-Astier.

De la cathédrale, revenir au giratoire, prendre la rue Victor Hugo sur 800 m. Prendre à droite la rue Lagrange-Chancel. Au bout à gauche, rejoindre la rue Pierre Semard, la suivre par la droite sur 150 m, puis la couper pour passer sous le pont.

Aller à droite, chemin Feutres de Toulon, et poursuivre jusqu'au rond-point. Traverser et emprunter le passage protégé en montant le long de la rivière.

Au feu, aller à gauche puis à droite rue Pierre de Brantôme. Au bout à droite, à un nouveau rond-point, rester à gauche et rejoindre un troisième rond-point (golf). Traverser pour aller en face vers l'abbaye de Chancelade. En haut de la place de l'Abbaye, aller à gauche dans le chemin balisé. Couper la route et prendre rue des Maines. En haut de la place, prendre la petite rue à droite.

Au carrefour, aller à gauche et au suivant, aller en face, chemin des Gérauds. Au carrefour, aller rue Manet puis à gauche chemin des Pruniers. À la route, aller à gauche et à 50 m, au carrefour, aller tout droit vers Terrassonie (abandonner le chemin balisé).

Au carrefour, prendre en face le chemin de Terrassonnie, passer deux carrefours en allant tout droit pour rejoindre Les Andrivaux (petite route tranquille). Aux **Andrivaux**, emprunter le chemin de la Commanderie, puis des Templiers. Traverser le village en montant raide. À la sortie, parcourir environ 300 m et tourner à gauche dans le franchir la petite bande d'herbe à droite pour marcher sur la route sécurisée menant à L'Éperon.

HR Le Central, 34 place de la République, tél : 05 53 09 21 19, ou 06 86 26 92 72. Ch. à partir de 50€. PDJ 6€. Repas à partir de 14€. Ouvert toute l'année. michel.durand2@9online.fr

CH Bazillou, Chez Zillou, 9 rue Benjamin Moloïse, tél : 05 53 09 34 39, ou 06 67 91 46 64. Nuitée+PDJ 30€ pour 1 pers., 35€ pour couple partageant le même lit. Possibilité de partager le dîner sur demande (libre don). jeanpierre.bazillou@sfr.fr

Tente pèlerin au camping Le Pontet, tél : 05 53 54 14 22. Nuitée avec votre tente 14€. Restauration rapide à proximité. Ouvert du 15/04 au 30/09. mail.lepontet@gmail.com www.camping-le-pontet.com

CH La Fabrique, Mme Limoges-Benoist, 23 rue Courbet, tél : 06 28 72 42 80. Ch. à partir de 61€ pour 1 ou 2 pers. Ne fait pas TH. Cuisine. Ouvert toute l'année. www.lafabrique-perigord.fr m.limoges@orange.fr

Le château de Puyferrat à Saint-Astier

chemin en sous-bois (carrefour de sentiers balisés). Suivre le chemin balisé à travers bois puis le quitter (attention).

Monter à droite à 90° et ensuite redescendre vers la D710. La couper, faire 50 m à gauche, s'engager à droite dans le chemin de Pracoulier. À la route, aller à gauche sur 1 km puis la quitter en prenant un chemin à droite pour monter au hameau. Dans le hameau des Fieux, à droite et à gauche entre les maisons, poursuivre en face dans le chemin qui descend. À la route, aller à gauche vers Gravelle.

100 m avant le rond-point, aller à droite, couper la D3. Aller en face, la route longe la rivière puis le canal. Au pont, aller tout droit dans le chemin. À la centrale électrique d'**Annesse**, prendre à gauche et franchir l'Isle par la passerelle. Suivre la voie verte qui tourne à gauche puis à droite (attention, ne pas aller tout droit en direction de Montanceix).

Dépasser Le Perrier puis le Lac Bleu et longer la rivière jusqu'au canal. Suivre le canal, puis au niveau de la route goudronnée (D43), prendre à droite en direction du camping puis de la ville de Saint-Astier après avoir franchi le pont sur l'Isle.

Vous êtes à **Saint-Astier**, le refuge de Puyferrat est à 2 km, sur le parcours de l'étape suivante.

L'ABBAYE DE CHANCELADE

Située tout près de Périgueux, dans le vallon de la Beauronne, l'abbaye de Chancelade ne peut laisser indifférent. Belle harmonie entre l'architecture romane et le calme du cadre. C'est au XIIe siècle que l'abbaye prend son essor à partir d'un petit ermitage. Grâce à quelques privilèges obtenus du pape, elle devient un important centre spirituel et les constructions s'élèvent, y compris une enceinte fortifiée, aujourd'hui disparue. Mais les outrages du temps, les révoltes et les guerres endommagent gravement l'ensemble. Les guerres de Religion ajoutent au désastre. Pourtant un deuxième élan vient au XVIIe sous l'influence d'un énergique père abbé. À nouveau Chancelade devient un grand centre spirituel jusqu'à la Révolution. On visite aujourd'hui une partie des constructions destinées autrefois à l'activité « économique » de l'abbaye, le cellier à la belle voûte en plein cintre, les anciennes écuries et le moulin où une roue à aubes tourne encore sous l'action des eaux de la Beauronne. D'autres constructions datant du XVIIe et du XVIIIe siècles, le logis des Bourdeilles et le logis de l'abbé, ne sont pas ouverts à la visite.

L'abbatiale, devenue église du village, présente une façade romane rythmée par les arcatures. La tour-clocher, à la croisée du transept, est ornée elle aussi de belles ouvertures romanes. À l'intérieur, la nef sans bas-côtés et aux fenêtres hautes est d'heureuse proportion. Dans le chœur reconstruit au XVIIe siècle, il faut voir le Christ aux outrages longtemps attribué à de La Tour. Juste à côté de l'église, la chapelle Saint-Jean du XIIe siècle possède une abside à contreforts plats d'une grande élégance.

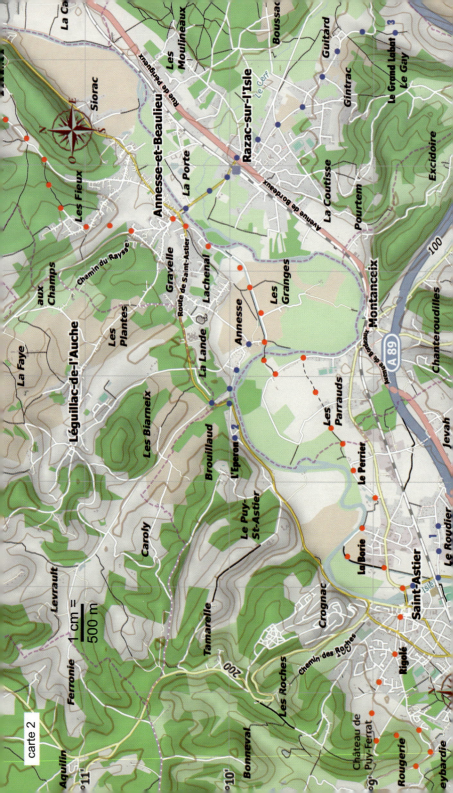

Étape 23   25,5 km   5 h 50
De Saint-Astier à Mussidan

À **Chassaing**, vous avez marché 1 h 20 et parcouru 6 km
À **Planèze**, vous avez marché 2 h et parcouru 9,6 km
Aux **Faures**, vous avez marché 3 h 55 et parcouru 17,6 km
À **Saint-Front-de-Pradoux**, vous avez marché 4 h 50 et parcouru 23 km
À **Mussidan**, vous avez marché 5 h 50 et parcouru 25,5 km

(hors bourg de Saint-Astier)
GE Le Château de Puyferrat, à 2 km du bourg, sur le parcours, tél : 06 83 47 53 98. Nuitée 21€, cuisine (prévoir courses à St-Astier).
chateaupuyferrat@orange.fr

Neuvic-sur-L'Isle (24190)
(hors chemin)
Commerces. OT du Pays de Neuvic, 2 place de la Mairie, tél : 05 53 81 52 11
tourisme.neuvic@ccivs.fr

GE pèlerin Au château de Neuvic, M. Vanacker (en sortie du bourg), tél : 05 53 80 86 72, ou 06 36 83 85 52. Nuitée 20€ (dortoir). Dîner 20€. PDJ 8,50€. Plateau repas 17€. Fermé en février.
eicn.chateau24@outlook.fr

C Le Plein-Air Neuvicois, Planèze, tél : 05 53 81 50 77, ou 06 51 12 80 22. Forfait 1 pers. avec votre tente de 7€ à 12€. Ouvert de fin mai à mi-septembre.
pleinairneuvic@gmail.com

Douzillac (24190)
(hors parcours)
CH, Mme Leeman, Niautouneix (points bleus 2), tél : 05 53 81 59 01, ou 06 72 34 48 55. Nuitée 20€. TH possible sur demande. Casse-croûte possible sur commande. Ouvert du 01/05 au 30/09.   lareignas@orange.fr
Pour y aller : depuis le bourg de Douzillac, descendre vers la D3 (route Douzillac – St-Louis-en-l'Isle), qui est de l'autre côté du village dans le vallon. Sur cette D3, poursuivre tout droit vers Les Niautouneix. Passer les voies ferrées. Suivre sur la gauche puis encore à gauche.

APD, M. et Mme Batcock, Leybardie (points bleus 1), tél : 05 53 82 46 60, ou 00 44 786 63 12 967, ou 00 44 791 30 58 684 (n° de portable anglais).

Saint-Louis-en-l'Isle

Après la belle balade d'hier dans la forêt, l'étape du jour est comme le prolongement de celle d'hier, c'est dans la vallée le long de l'Isle que vous marcherez aujourd'hui, en laissant la rivière, que l'on peut apercevoir, sur la gauche en contrebas du vallon.
L'itinéraire est peu urbanisé, d'un calme de cathédrale… et de nombreux petits bourgs se succèdent tout le long de l'Isle. Au terme de l'étape, Mussidan. Traversée par les vallées de l'Isle et de la Crempse, la petite ville est enserrée dans les vastes forêts que sont la « Double » et le « Landais » ; elle jouit d'un climat océanique tempéré et agréable. Mussidan, dont l'origine est fort ancienne, devrait son nom à deux mots d'origine celtique, « muce » qui veut dire cachette (ou souterrain) et « dun » qui signifie éminence ou noblesse, ce qui pourrait laisser supposer que l'endroit était connu de la noblesse qui venait s'y réfugier lors des périodes dangereuses.

Descriptif de l'itinéraire pédestre et cycliste

Pour déjeuner : restaurants et commerces à Saint-Front-de-Pradoux et à Mussidan.

Depuis le portail principal de l'église (petite place), prendre en face la rue Jules Guesde, rue Maréchal Foch, à droite la

Nuitée+PDJ 20€ pour 1 pers., 30€ pour 2. Dîner possible 13€. 8 pl. Cuisine. Fermé en août. Résa souhaitée.
engcentre@aol.com

Pour y aller : depuis le bourg de Douzillac, laisser l'église à gauche, poursuivre la route qui descend. Après 250 m, franchir un 1er carrefour, puis un 2e. Moins de 100 m après, à la fourche, prendre l'embranchement de gauche qui descend. Sur la D3, tourner à droite (vers St-Louis) et après 70 m, prendre encore à droite vers Leybardie.

GE, Mme Tavernier, 4 rue Grimoard, tél : 05 53 82 94 37, ou 06 37 09 05 12. 5 pl. Nuitée (dortoir) + PDJ 20€. Dîner possible 10€. Cuisine. Ouvert toute l'année.
kripa.tavernier@wanadoo.fr

Sourzac (24400)
(500 m hors parcours)

APD, M. Laurière, hameau de Parouty, 1,5 km hors chemin (points bleus 3), tél : 05 53 82 41 92 (heure des repas), ou 07 87 52 14 62. 9 pl. Nuitée+PDJ 20€. Cuisine. Ouvert d'avril à fin septembre. Petite épicerie de dépannage, possibilité d'œufs frais bio, fruit du verger. Prévenir la veille au moins.

Pour y aller : depuis St-Louis-en-l'Isle, prendre la D3 direction Sourzac. Faire 1 km, franchir l'Isle. Sur la route, à côté de l'église, monter les marches à côté du restaurant à droite. Au point haut, prendre à gauche la route goudronnée qui monte. À la borne à incendie, tourner à droite (panneau gîte pèlerin). Possibilité de rejoindre Mussidan le lendemain sans repasser au-dessus de l'Isle par la route royale, demander à M. Laurière.

Saint-Front-de-Pradoux (24400)
Bar, boulangerie, charcuterie.

Mussidan (24400)
OT, 2 place de la République, tél : 05 53 81 73 87.
www.tourisme-isleperigord.com
ot.mussidan@gmail.com

GE municipal, 8 place Victor Hugo, tél : 05 53 81 04 07 (résa en mairie : ouverte du lundi au vendredi et samedi matin). 6 pl. Nuitée 11€. Possibilité de PDJ sur place. Cuisine. Salle de séjour. Résa impérative. Ouvert à

rue Amiral Courbet, puis au rond-point la deuxième rue à gauche, la rue Maréchal Leclerc en montée. Emprunter ensuite la deuxième à droite, rue Eugène Leroy et prendre le chemin à gauche qui conduit au château de Puyferrat (refuge pèlerin). Prendre le chemin balisé derrière le château et rejoindre la route. Aller à droite puis à gauche vers Davalant. Avant le hameau, tourner dans le chemin à gauche.

À Rougerie, prendre à droite puis monter jusqu'au croisement de routes, puis à droite et ensuite à gauche dans le chemin vers Les Brousses. Traverser le hameau pour reprendre le chemin derrière les maisons, prendre à gauche et descendre la piste sur 600 m puis prendre à droite et remonter la piste sur 200 m. Au croisement de pistes, prendre à gauche vers **Chassaing**, prendre à gauche en descendant la D41 sur 100 m, prendre le chemin à droite et le suivre le long de la lisière.

À Guibaudie, couper la route et aller en face le long d'une maison, le chemin conduit à travers bois au lieu-dit Treillou. Traverser la ferme et remonter sur la D41E2, aller en face et traverser le village de Saumonie. À la sortie, prendre le deuxième chemin à gauche et faire 1 km à travers prés. À l'entrée d'un bois, opter pour le chemin de gauche et rejoindre **Planèze**.

Dans le bourg, prendre à gauche, puis la première à droite, pour traverser le village. Aller tout droit sur cette route en montant, au bout d'un km on retrouve le chemin balisé, continuer vers Puy de Pont, traverser et à la sortie à gauche pour couper ensuite la D48. Aller en face vers Jaumarie puis suivre le chemin balisé sur le DFCI. Le chemin débouche sur une route, aller à gauche. Après 1 km, prendre le chemin de droite DFCI, faire 700 m, nouvelle route.

La suivre sur 150 m, au carrefour à gauche (quitter le chemin balisé, en le suivant possibilité de rejoindre Douzillac à 1 km). 150 m plus loin, aller à droite sur 100 m puis prendre le chemin de gauche en descendant vers Les Faures. À droite et à gauche dans le village dans un petit chemin. Au carrefour en T (DFCI), prendre à gauche pour rejoindre une route.

Aller en face sur un nouveau chemin (DFCI). Au carrefour à 400 m, aller à gauche puis à droite et ne plus quitter le DFCI jusqu'au carrefour de routes. Aller à gauche, rejoindre la D3. Prendre à gauche et à droite après le passage à niveau pour traverser **Saint-Louis-en-l'Isle** (Sourzac, à 1 km, lieu historique de passage des pèlerins).

À l'église, tourner à droite vers l'hôpital. Suivre ensuite la voie verte qui longe la voie de chemin de fer puis la rivière pour rejoindre **Saint-Front-de-Pradoux**. Poursuivre sur la voie verte, traverser la D709. La voie verte tourne à gauche au lieu-dit Tendou pour aller tout droit. Au camping, prendre à gauche la départementale pour franchir le pont et rejoindre **Mussidan**.

partir de 16h et du 15/03 au 15/10.   mairie@mussidan.fr

CH, M. et Mme Simon, 5 rue des Arzens, tél : 06 31 97 21 76, ou 05 53 82 42 99. Chambre à partir de 50€. Cuisine. Ne fait pas TH. Ouvert toute l'année.
christian.simon5@club-internet.fr

Messe 11h

MUSSIDAN

Vieille bourgade à l'allure médiévale, préservée par son calme et sa personnalité, Mussidan se situe dans le Périgord, au confluent de l'Isle et de la Crempse. Dans l'altière bastide de Beauregard se succèdent châteaux et maisons fortes, imposantes maisons de maîtres, forges, vieilles églises et ruines pittoresques. La rivière Isle, voie de communication entre Bordeaux et Périgueux, est actuellement en restauration. Elle permettra de faire revivre la batellerie traditionnelle. Le musée des arts et traditions populaires du Périgord vous replongera dans les belles habitations du XIIIe siècle. Des objets domestiques, outils agricoles, et autres collections variées éveilleront votre curiosité.

carte 1

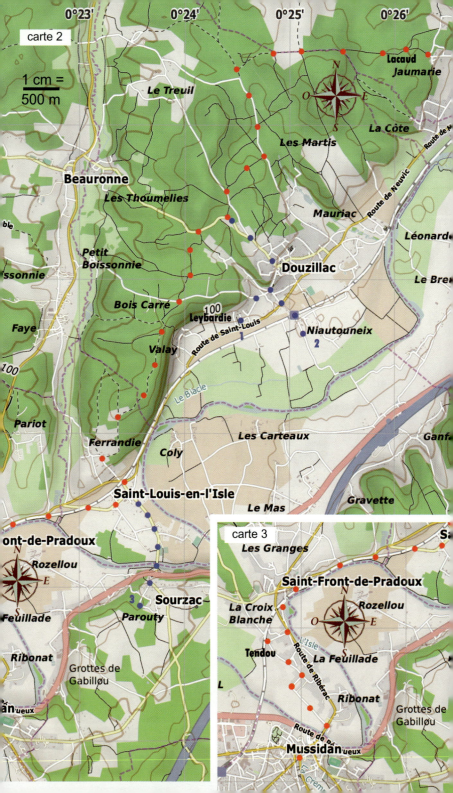

Étape 24 33 km 7 h 10
De Mussidan à Sainte-Foy-la-Grande

À **Saint-Géry**, vous avez marché 1 h 50 et parcouru 8,9 km
À **La Gratade**, vous avez marché 2 h 50 et parcouru 13 km
À **Monfaucon**, vous avez marché 5 h et parcouru 22,8 km
À **Port-Sainte-Foy-et-Ponchapt**, vous avez marché 6 h 30 et parcouru 30 km
À **Sainte-Foy-la-Grande**, vous avez marché 7 h 10 et parcouru 33 km

Sainte-Foy-la-Grande

Saint-Géry (24130)
Bar (restauration rapide).

APD, M. et Mme Villaud, hameau La Gratade (sur le chemin, 4 km après St-Géry), tél : 05 53 58 69 27. 5 pl. Nuitée 16€. PDJ 4€. Dîner sur résa 12€. Cuisine. Ouvert de 01/03 au 30/11. regis.villaud@orange.fr

Monfaucon (24130)
CH, Mme Leclercq, La Cabane, 46 rte de Damet (sur le chemin), tél : 05 53 24 85 52, ou 06 85 75 16 47. Ch. pour 3 pers. 55€ + 10€/pers. suppl. PDJ 5€. Casse-croûte en dépannage sur commande. Ouvert toute l'année. nath271162@gmail.com

C de l'Étang de Bazange****, Monfaucon, tél : 05 53 24 64 79. Petite cabane-tente bivouac à partir de 20,95€ pour 1 pers., 30,90€ pour 2. Ouvert 30/04 au 30/09.
camping-bazange@orange.fr

Le Fleix (24130)
Commerces.

Port-Ste-Foy-et-Ponchapt (33220)
(côté Dordogne)
RP paroissial, 7 rue Jacques Jasmin, tél : Colette, 07 57 50 15 52, ou Françoise 06 37 58 04 40,

Départ de Dordogne de bon matin et arrivée en Gironde en fin d'après-midi, juste après le franchissement de la Dordogne… Vous traverserez une multitude de petits hameaux d'à peine plus de 250 habitants et il sera plus prudent de prévoir dès le départ de quoi grignoter. En effet, avant Saint-Géry, on ne trouve ni épicerie ni petit restaurant de campagne.

Il vous faudra choisir aujourd'hui entre le calme du long itinéraire des pèlerins à pied et le parcours plus court de la piste cyclable (mais le parcours à pied est tout de même le plus bucolique et le moins monotone, nous vous le recommandons fortement !).

Depuis quelques étapes, le paysage devient plus doux et les dénivelés moins importants. Bientôt, avant d'arriver à Sainte-Foy, vous trouverez les premiers plants de vignes qui produisent des vins appréciés aux noms évocateurs. Il y a le Rosette, vin blanc à la robe légèrement paillée, le blanc sec de Montravel, et le Pécharmant… Pour être raisonnable, nous n'en goûterons qu'un seul accompagné de pommes de terre sarladaises à une bonne table de Sainte-Foy-la Grande en soirée, mais à notre retour nous compléterons les dégustations !

Descriptif de l'itinéraire pédestre et cycliste

Pour déjeuner : attention aucun ravitaillement possible en chemin, prévoir dès le départ de quoi vous restaurer à midi.

ou Reine 06 29 97 84 72. 8 pl. Nuitée de 12 à 14€ (dortoir). Cuisine. Crédenciale obligatoire. Ouvert du 01/04 au 31/10, de 16h à 18h pour l'accueil des pèlerins. Pas de résa possible.

GE, M. de la Moynerie, 37 rue Élisée Reclus, tél : 05 53 27 15 04, ou 06 46 41 78 97, ou 06 13 22 75 12. 4 pl. Nuitée+PDJ 20€. Dîner possible 13€. Cuisine. Pas de mail. Ouvert toute l'année sur résa.

GE, Château Puy-Servain-Calabre, M. et Mme Hecquet, tél : 06 70 12 94 15, ou 06 85 42 02 20, ou 05 53 24 77 27 (heures de bureau). 6 pl. Nuitée+PDJ 20€. Dîner 10€ sur résa. Cuisine. Résa souhaitée au moins la veille. Sur le parcours peu après l'antenne télévision (7 km avant Ste-Foy-la-Grande). cd.hecquet@wanadoo.fr

Sainte-Foy-la-Grande (33220)
(rive gauche de la Dordogne)
Tous commerces. OT, 102 rue de la République, tél : 05 57 46 03 00. tourisme@paysfoyen.fr www.tourisme-dordogne-paysfoyen.com/

HR de la Gare, 36 av. de la Gare, Mme Foussac, tél : 05 57 46 59 84, ou 06 46 73 72 33. Ch. simple+PDJ à partir de 45€, double à partir de 49€ + 10€ pour 1 lit suppl. PDJ 6,90€. Repas sur résa 15€ et sur présentation de ce guide. 1/2 P 70€. hoteldelagare33220@gmail.com

H Le Victor Hugo, 101 rue Victor Hugo, tél : 05 57 41 35 43. Ch. à partir de 59€ pour 1 pers., 66€ pour 2 pers. PDJ 7,90€. Menus à partir de 14€. levictorhugo33@orange.fr

H Grand Hôtel, 117 rue de la République, tél : 05 57 46 00 08. 14 chambres de 62€ à 74€ pour 1 ou 2 pers. PDJ 7,50€. Pas de dîner, mais restaurants dans la ville. Ouvert toute l'année. contact@grandhotel-sainte-foy.com

CH Château Laroque (commune de St-Antoine-de-Breuil), M. et Mme de la Bardonnie vous accueillent sur leur propriété viticole. Viennent chercher les pèlerins à Ste-Foy-la-Grande devant le Crédit agricole (à 10 mn sur demande), tél : 05 53 24

Départ de l'église, portail principal dans votre dos, prendre à gauche la rue Saint-Agnan, couper la route de Bergerac et monter la petite rue en face. Au bout, prendre à gauche rue Beaupuy, puis la rue des anciens d'AFN. Au carrefour, aller à droite rue de Séguinou en montant. Faire 1,9 km.

Prendre un chemin à droite qui rejoint une petite route. L'emprunter à gauche. Passer devant la ferme de Cumy, la route devient piste DFCI. Au carrefour, aller à droite et, au suivant, à gauche. La piste fait place au goudron. Faire 1,5 km. À la route, prendre à gauche, passer sous l'autoroute et poursuivre. Passer le pont puis tourner à droite dans le hameau des Jaunies. Dans le virage, poursuivre dans le chemin sur 2,5 km et rejoindre la D20. Aller à gauche et tout de suite à droite.

Saint-Géry, église, direction Les Roches. Au carrefour de la D20, traverser, prendre en face la C3, passer à La Caty (ferme-auberge), continuer tout droit. À **La Gratade** (refuge à 500 m), poursuivre tout droit jusqu'à la D13 qu'il faut traverser. Aller à gauche puis tout de suite à droite pour rejoindre le village.

Au Fraisse, à l'église, continuer tout droit sur la C202. Au carrefour de la D20, monter à gauche (prudence). Après 500 m, au carrefour, aller à droite puis à gauche direction Cap Blanc (chêne du pèlerin). Continuer sur cette route toujours tout droit, passer devant un camping puis arriver au village de **Monfaucon**. Après l'église, tourner à droite et immédiatement à gauche. Faire 1 km et descendre à gauche sur chemin vicinal. Passer le pont, puis rejoindre le carrefour de Virolle.

Dans le village, prendre à droite (chemin de randonnée). Traverser le hameau de Moncazeau avant de couper la D32 pour monter en face dans le chemin DFCI. Au carrefour de chemins de randonnée, aller tout droit (ne plus quitter le chemin balisé jusqu'à Port-Sainte-Foy). Au Cap de Fer, poursuivre sur le goudron pendant 500 m et au carrefour, prendre la route à droite sur 1 km. Puis tourner à 90° à gauche dans un chemin herbu. Monter au moulin de la Rouquette (ruine).

Au carrefour, aller à gauche le long des vignes et au bout à droite en descendant. Passer devant une maison et bifurquer à gauche pour rejoindre la route. Aller à droite et monter au hameau du Briat. Dans ce hameau, au carrefour, aller tout droit sur 350 m et dans le virage, descendre en face dans le chemin herbu et à travers les vignes. Rejoindre le moulin de La Feraille (ruine, point de vue). Dans ce hameau, continuer le chemin avec prudence. Descente raide et dangereuse pour rejoindre la route D20. Traverser en allant à gauche puis à droite.

À la Dordogne, tourner à droite et longer la rivière, passer sous le pont et remonter vers l'église (refuge à côté). Vous êtes à **Port-Sainte-Foy**, traversez la Dordogne et vous serez à **Sainte-Foy-la-Grande**.

81 43, ou 06 86 55 40 00. Nuitée+PDJ 40€/pers. Repas simple familial sur demande 15€/pers.
laroquevigneron@gmail.com

Messe 11 h

Pineuilh (33220)

GE, Mme Duboscq, 7 rue de Chury (très légèrement hors chemin, à 1 km au sud de Ste-Foy, points bleus 1), tél : 05 57 46 16 54, ou 06 08 40 04 96. Nuitée 15€. Dîner+ PDJ en libre don. Possibilité d'aller chercher les pèlerins dès leur arrivée à Sainte-Foy.

Pour y aller : depuis Ste-Foy, suivre la direction de Duras par la D708, par l'avenue de la Résistance. Franchir les voies ferrées. Faire 800 m, puis tourner à gauche rue de Chury.

C de la Bastide***, 2 Tuilerie, tél : 05 57 46 13 84. Commune de Pineuilh à 500 m de Ste-Foy. Emplacement à partir de 11€.
contact@camping-bastide.com

PORT-SAINTE-FOY

C'est la création de la bastide de Sainte-Foy en Agenais par Alphonse de Poitiers, frère du roi saint Louis, qui a donné naissance à Port-Sainte-Foy, sur la rive droite de la Dordogne. De remarquables mosaïques gallo-romaines trouvées au Canet montrent cependant une implantation ancienne sur ce site.

À l'époque de la batellerie sur la Dordogne, ce port connut une grande activité. On naviguait sur la « rivière espérance » à bord de gabarres chargées de bois, chêne ou châtaignier, de barriques de vin et de tous les produits du haut pays, en descendant le courant. Mais l'arrivée du rail modifie l'économie de la vallée, devenue zone d'activité commerciale et de résidence. Sur les coteaux, l'agriculture est essentiellement dédiée à la viticulture.

SAINTE-FOY-LA-GRANDE

Bastide du XIIIe siècle à quelques pas au sud de la Dordogne, la ville offre une multitude de vieilles rues et de places. Sainte Foy, vierge et martyre en Gaule, naquit dans la bourgade en 290, d'un riche père romain. Confiée à une nourrice, elle fut baptisée en cachette par Caprais, évêque d'Agen. En 303, l'empereur romain Dioclétien commence les persécutions contre les chrétiens. Selon la légende, ce serait le père de Foy qui la dénonça aux autorités romaines. Arrêtée, elle fut flagellée, torturée et passée sur une grille au-dessus d'un grand brasier, mais n'apostasia pas.

Au IXe siècle, l'abbaye de Conques risquait d'être abandonnée au profit de celle de Figeac, d'accès plus facile dans la vallée. Un moine de Conques, Arinisdus, comprit vite que sans relique d'un grand saint, l'abbaye de Conques allait péricliter. Il se rendit donc à Agen et rapporta les reliques de sainte Foy.

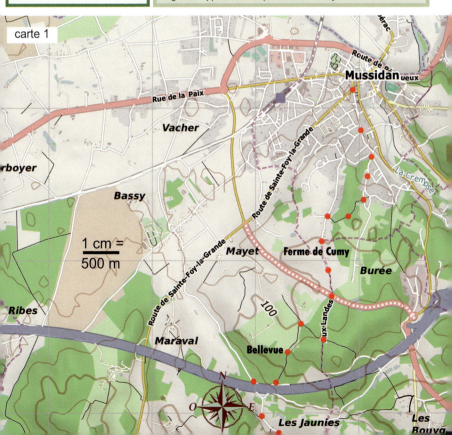

carte 1

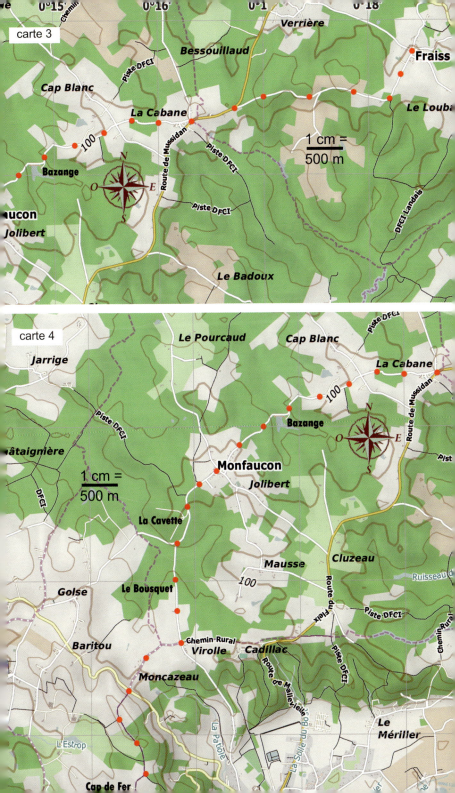

Étape 25   28,7 km   6 h 50
De Sainte-Foy-la-Grande à Saint-Ferme

À **Appelles**, vous avez marché 1 h et parcouru 5,1 km
À **Saint-Quentin-Caplong**, vous avez marché 2 h 40 et parcouru 12,4 km
À **Pellegrue**, vous avez marché 4 h 50 et parcouru 20,8 km
À **Saint-Ferme**, vous avez marché 6 h 50 et parcouru 28,7 km

Les Lèves-et-Thoumeyragues (33220)
Commerces.

APD pour pèlerin à l'esprit œcuménique, Mme Horrocks, 117 chemin des Bouhets (points bleus 1), tél : 05 57 41 36 01. 2 pl. Nuitée, dîner et PDJ 25€. Ouvert toute l'année.
Pour y aller : au panneau indiquant Gensac à 11 km (à droite), quitter le balisage et poursuivre tout droit. Au cédez le passage (D672, mais pas indiquée) poursuivre tout droit. Faites 800 m puis tourner à gauche vers Les Bouhets (panneau).

Saint-Quentin-de-Caplong (33220)
CH, M. et Mme Deniau, Le Moulin de Taillade (sur le chemin), tél : 05 64 34 00 03, ou 06 11 84 41 43. Ch. simple à partir de 40€, ou chambre couple 60€, lit suppl. 10€. Dîner 10€/pers. PDJ 5€. Cuisine. Ouvert toute l'année. ndeniau@ovh.fr

Pellegrue (33790)
Épicerie au bar-dépôt de pain bar-restaurant. Intermarché. Bar Chez Mireille, tél : 05 56 61 30 11.

RP, 21 av. de la République, tél : 05 56 61 37 80 (OT), ou 05 56 61 30 21 (mairie), ou Mme le maire au 06 08 93 48 44, ou 05 56 61 30 11 (le week-end, allez Chez Mireille). Clé avec digicode. Nuitée 10€, credenciale obligatoire. 6 pl. Cuisine. Résa préférable, et obligatoire pour les samedi, dimanche et lundi.

Saint-Ferme (33580)
Boulangerie-épicerie ouverte le matin.

RP de l'association Voie de Vézelay, tél : 05 56 61 07 49, ou appeler la mairie ouverte les lundi matin, mercredi après-midi

Les Lèves-et-Thoumeyragues

C'est bel et bien l'abbaye de Saint-Ferme qui sera le but et l'attraction de la journée, et il serait sage d'arriver tôt à la halte afin de profiter du calme et de la sérénité des lieux. Inutile de vous décrire l'endroit et les pierres qui composent l'imposant couvent des bénédictins... Sachez juste que certaines pierres ont presque mille ans, et que l'endroit était déjà un lieu d'hébergement pour les pèlerins au Moyen-Age.

Le chaud soleil d'Aquitaine nous oblige maintenant à limiter les heures de marche durant l'après-midi. Il y a peu de possibilité d'hébergement à Saint-Ferme et ceux qui ont du courage et un peu de temps pourront pousser quelques kilomètres plus loin vers Monségur, distant d'un peu plus d'une heure de marche.

Descriptif de l'itinéraire pédestre et cycliste

Attention si le refuge de Saint-Ferme ne peut pas assurer le dîner, il est impératif de prévoir le dîner, ainsi que le petit déjeuner du lendemain avant votre départ. Cependant il est encore possible de se ravitailler aux épiceries et supérettes, de Pellegrue (toutes fermées le dimanche).

Traverser la Dordogne par la D20 sur le pont Michel de Montaigne, au milieu duquel un panneau Voie de Vézelay indique Compostelle 1100 km. Continuer par l'allée M. de Montaigne qui débouche sur la rue Ithier Gorin (D130) avec à gauche le centre-ville (Mairie, Office de Tourisme, église).

> jeudi après-midi, samedi matin, ou Mme le maire au 06 85 87 71 60. 6 pl. Libre participation. Dîner 9€, pas de cuisine. Lave-linge et sèche-linge. Ouvert à partir de 16 h et ouvert du 15/03 au 30/10.

Tourner à droite, la rue devient avenue du Maréchal Leclerc devant le cimetière et aboutit à un carrefour avec la D936-E6 (Castillon - La-Bataille - Bergerac), feu tricolore. Suivre cette avenue (D672) direction La Réole sud-ouest (bas-côté large et stabilisé). Passer sous la voie ferrée puis sous la rocade, sortir de Pineuilh, traverser le hameau Le Chantier.

Entrer dans Saint-André et Appelles, la route vire à gauche dans le Pont de Beauze. Continuer à suivre la D672 direction sud-est, en laissant après la mairie, sur la droite, la D130-E7 (direction Eynesse), puis la D130 (direction Gensac, Pujols). Attention, le bas-côté est étroit, et la route passante. Entrer dans le hameau des Caris, quitter la D672 pour prendre à droite un chemin gravillonné qui monte (impasse). Poursuivre le chemin qui devient herbeux, au sommet prendre la petite courbe vers la gauche pour redescendre puis virage à droite. Grimper au hameau du petit Montet où le chemin devient goudronné. Virage à droite, poursuivre sur le chemin sinueux entre les villas (laisser les différents chemins sur la droite), puis entre le vignoble et les vergers.

Suivre le chemin bitumé à droite vers Saint-Quentin-de-Caplong (panneau jacquaire). Église d'**Appelles**, entourée de son cimetière. Suivre une courbe vers la gauche (direction ouest). Point de vue superbe sur la Dordogne et les coteaux de la rive droite. Le chemin bute sur la D130-E8 (calvaire en bois et propriété viticole château du prieuré d'Appelles). Prendre à gauche plein sud. Au carrefour suivant, bifurquer à droite sur la D18 (vers Gensac).

Au stop, prendre à gauche (D18, vers Gensac et Pujols), continuer sur cet axe pendant 550 m. Après le passage de la rivière, quitter la D18 et tourner à gauche sur la D235 vers Lèves-et-Thoumeyragues plein sud. Suivre sur 900 m cette petite route située au fond du vallon de la Gravouse, longeant la rivière située à gauche. Si vous allez au village des Lèves à 2 km, continuer tout droit sur cette petite route. Prendre la première route à droite, en direction de La Bonnetie et des Saurins ; montée sinueuse (30 m de dénivelé), peu de visibilité pour entrer dans le hameau Bonnetie Basse. Poursuivre sur cette petite route.

À l'intersection (panneau de chemin de randonnée), monter en face plein ouest à travers les vignes en direction du hameau de Bonnetie Haute, traverser la cour de ferme, prendre le chemin de terre et après 20 m, bifurquer à gauche, en longeant la ligne électrique. Poursuivre sur cet axe, passer sous la ligne électrique. Traverser un chemin goudronné perpendiculaire. Le chemin devient empierré, laisser à droite le pylône de la ligne haute tension. Puis le chemin retrouve son caractère spongieux pour traverser un bosquet.

Longer par la gauche un vignoble, puis des habitations avant d'arriver sur une petite route goudronnée menant à Vergnet, Les Saurins et le château Cateau Lagrange ; garder cet axe sud-ouest sur 50 m. À l'intersection avec la D128, obliquer à gauche vers La Taillade ; laisser à droite La Tour Rouge, Monlar et Belair. Poursuivre sur la D128 qui prend la direction sud-ouest. Au stop, au calvaire, continuer à droite dans la même direction (Saint-Quentin-de-Caplong 1 km) avec la flèche de l'église de Saint-Quentin en ligne de mire. Laisser La Taillade à gauche.

Avant le village de **Saint-Quentin-de-Caplong**, tourner à gauche en direction des Foucauds et Saint-Pierre. Descendre ce chemin goudronné jusqu'à son extrémité pour buter sur la D128-E9. Dans la descente, le chemin balisé fait un petit détour en bifurquant sur la droite aux Foucauds. Au stop, bifurquer à gauche, traverser le ruisseau, laisser Le Breuil à gauche avant de remonter dans Caplong.

Arrivée devant l'église de **Caplong**, poursuivre sur la D128 sur 200 m. Au calvaire en pierre avec croix latine, ici, la route venant des Lèves rejoint l'itinéraire jacquaire, prendre à droite, pour un raccourci, la petite route qui descend vers Le Tertre, La Roque et Massugas en abandonnant le chemin balisé qui fait un détour dans les vignes. Laisser Le Tertre à droite. Avant la peupleraie et le petit pont, bifurquer à droite sur un chemin goudronné se dirigeant vers le nord-ouest. Longer le ruisseau la Soulège, le traverser, grimper le coteau en longeant des fermes (à gauche puis à droite).

Au premier carrefour, abandonner la direction de Courret Sud, pour remonter à gauche en quittant le bocage vers un paysage de vignobles. Suivre cette voie étroite, sinueuse, qui s'infléchit vers le sud-ouest. Laisser à gauche Le Grand Plantier. Au stop, prendre en face (direction Vignobles Cardarelli, Château Pierron). Laisser à droite le hameau Lieumenant, puis à gauche les Vignobles Cardarelli avec leurs énormes cuves inox et continuer tout droit. Au céder le passage, continuer tout droit en direction de Château Cazette que vous laissez à droite. Laisser à gauche Chazelle.

Au stop, abandonner la direction de Massugas pour descendre à gauche (panneau jacquaire indiquant Pellegrue à 3 km). Laisser à gauche Cutour, puis à droite Cansac. Panneau d'entrée dans **Pellegrue**. À l'intersection avec la D16-E1 (direction Gensac, Castillon), prendre en face pour monter la rue de la Poste jusqu'à son terme : rue du Vallon à prendre à gauche. Passer devant l'église, la contourner, puis tourner à droite. Prendre la rue du Champ d'Eymet à gauche, direction parfaitement indiquée par un panneau du Chemin de Compostelle, longer le cimetière puis tourner à droite, belle descente.

Quitter la route et prendre à gauche le chemin (double balisage : coquille + chemin de randonnée). Pont sur un ruisseau, puis montée entre bois et vignes. Le chemin se transforme en route. Au carrefour en T, poursuivre à droite. Quitter la route pour prendre à gauche un chemin dans les vignes. Pénétrer dans un petit bois pour en sortir sur une petite route. Prendre à gauche vers le hameau de La Vergne. Au carrefour avec la D139, prendre à droite. Au carrefour avec la D127, continuer tout droit sur une trentaine de mètres. Avant de prendre à gauche selon l'indication du panneau jacquaire, ne manquez pas la visite de l'ancienne abbaye bénédictine de **Saint-Ferme**, terme de l'étape.

carte 1

1 cm = 500 m

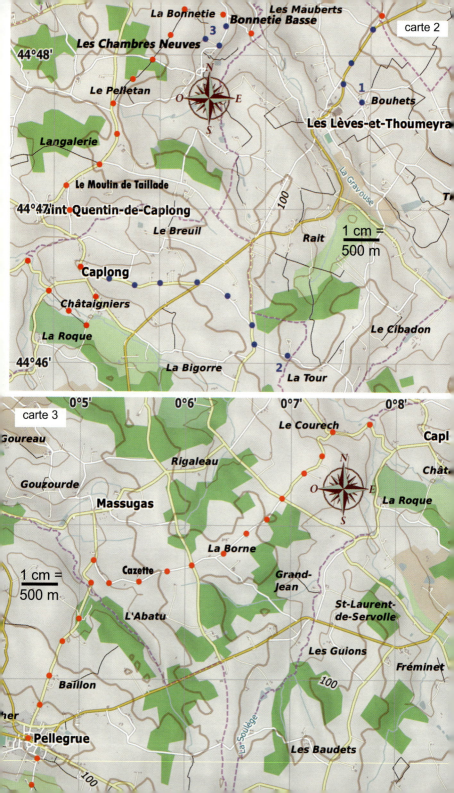

SAINT-FERME

Petit village aux maisons rassemblées autour de son ancienne abbatiale, Saint-Ferme, à l'écart des grands itinéraires touristiques au milieu des collines de l'Entre-Deux-Mers, mérite une halte. Au plaisir de découvrir son impressionnante abbatiale s'ajoutera la douceur d'un paysage de vignobles et la qualité d'accueil de ses habitants. Le site est ancien et a fait l'objet de recherches archéologiques au cours desquelles on a découvert un trésor de monnaies gallo-romaines. Mais c'est la construction aux XIe et XIIe siècles d'une abbaye bénédictine massive et fortifiée qui est à l'origine de l'actuelle agglomération.

L'ABBATIALE DE SAINT-FERME

L'église du village est l'abbatiale d'un couvent fondé par les bénédictins sans doute avant le XIe siècle. Mais les plus anciennes parties encore visibles datent du XIIe siècle. Fortifiée pendant la guerre de Cent ans, l'abbaye rayonne sur la contrée et héberge les pèlerins de Compostelle.

L'abbatiale a bien souffert des guerres de Religion, mais le chevet a été assez bien conservé et des travaux de réaménagement et de restauration se sont poursuivis jusqu'au XVIIe siècle. À l'intérieur, la nef et les bras du transept sont voûtés en berceau, tandis que l'abside et les deux absidioles latérales forment des culs-de-four. La décoration sculptée est particulièrement intéressante. On peut identifier sur les chapiteaux historiés les scènes de l'Ancien et du Nouveau Testament, ainsi que tout le bestiaire symbolique. À voir en particulier sur le pilier droit de l'absidiole nord, le remarquable David et Goliath. Les bâtiments conventuels sont assez bien conservés. On peut voir « l'oustal » c'est à dire l'hôtellerie des pèlerins de Saint-Jacques, la salle capitulaire et celle où l'abbé rendait ses sentences qui est ornée d'une fresque du XVIIe siècle, évoquant la justice. D'autres salles sont encore ouvertes à la visite. Dans l'une d'elles est conservé le trésor de monnaies gallo-romaines. Une partie des anciens bâtiments conventuels abrite aujourd'hui la mairie dans une belle cour avec puits et tourelle, attenante à l'église.

Étape 26 20 km 5 h
De Saint-Ferme à La Réole

À la **D230**, vous avez marché 50 mn et parcouru 4 km
À **Coutures**, vous avez marché 1 h 30 et parcouru 6,5 km
À **Roquebrune**, vous avez marché 2 h 10 et parcouru 9,4 km
À **Saint-Hilaire-de-La-Noaille**, vous avez marché 3 h 10 et parcouru 14 km
À **La Réole**, vous avez marché 5 h et parcouru 20 km

Coutures (33580)
CH, Mme Bazzani, La Grange de Mamie, 1 Les Brandards (points bleu 1), tél : 06 70 30 65 77. Dortoir de 4 lits doubles en box séparé, 30€. Possibilité de ch. particulière. Dîner 15€. PDJ 5€. Casse-croûte possible sur résa. Résa possible le matin pour l'après-midi. Ouvert toute l'année. lagrangedemamie@yahoo.fr
Pour y aller : à Coutures (bourg) prendre la D15 direction Neuffons, Mesterrieux, sur 450 m.

Monségur (33580)
(hors chemin)
Commerces. OT, 3 rue Porte de La Réole, tél : 05 56 61 39 44. monsegur@entredeuxmers.com

HR Les Tilleuls, 2 place des Tilleuls, tél : 05 56 61 81 95. Ch. à partir de 35€, 40€, 60€. 1/2 P : la chambre +15€. Menu 14€ le midi. Résa fortement conseillée. Ouvert toute l'année. nelly.tallet@wanadoo.fr

C L'Etoile du Drot, 10 rue du Stade, tél : 05 56 61 67 54. Emplacement à partir de 8€ et petite caravane si mauvais temps 15€, location de mobile home 25€ pour un couple et 30€ pour 3. +5€/pers. suppl. Restauration rapide sur place. Ouvert toute l'année pour les mobile homes et en saison du 01/04 au 15/10. sarletoiledudrot@gmail.com

CH Côté Vallon, Mme Marie-Jo Dehaye, 67 rue Porte de la Réole, tél : 06 62 08 42 38. Ch. 50€ pour 1 pers., + 10€/pers. suppl. PDJ 5€. Ne fait pas TH, proche restaurant. Ouvert toute l'année. mjdehaye@hotmail.com

Saint-Hilaire-de-la-noaille (33190)
CH, M. et Mme Tallet, 2 la Peyrière (points bleus 2), tél : 06 30 44 38 71, ou 05 56 61 05 93. 1/2 P 30€. Viennent vous chercher

Le pont sur la Garonne à La Réole

L'étape d'aujourd'hui est courte, peut-être même trop, et il est possible de la prolonger vers Puybarban (+ 1h20) ou Pondaurat (+ 2h) où l'on trouve des hébergements jacquaires. Il faudra tout de même anticiper le dîner soit en appelant l'hébergeur pour s'assurer qu'il peut vous recevoir et faire un repas, soit en faisant des courses à La Réole avant de reprendre la route. Si vous décidez de faire le détour de 50 mn de marche hors chemin vers Monségur pour votre ravitaillement, les remparts ombragés de l'ancienne ville fortifiée permettront la pause déjeuner. Mais il ne faut pas s'attarder (sauf si vous y faites halte pour la nuit) car il reste 14 à 15 km pour rejoindre la halte du soir.

La Réole est une petite ville à taille humaine. Sa devise est : « Ville Regula, duché d'Aquitaine ». Vous pouvez visiter, si le cœur vous en dit, le château des Quat'Sos (1224), le prieuré des Bénédictins... Comme l'étape est courte, profitez-en pour déambuler et visiter cette belle ville.

sur demande à l'église de La Réole.
gitelapeyriere@orange.fr
www.gite-la-peyriere.fr
Pour y aller : au carrefour dans St-Hilaire, prendre à droite la D129. Faire 700 m puis prendre la 2e à droite.

Saint-Sève (33190)

APD, M. et Mme Lafon, 1 Bourdil (points bleus 3), tél : 05 56 61 27 84, ou 06 23 31 18 06. 1/2 P 30€ avec PDJ. Casse-croûte sur demande. Viennent vous chercher à La Réole ou St-Hilaire sur demande téléphonique. Ouvert toute l'année.
chantalbeziade33@gmail.com
Pour y aller : à St-Hilaire, rester sur la D7668 vers La Réole. Faire 1,2 km puis prendre à droite vers Mares, par la voie sans issue (pour les véhicules). Aux maisons de Mares, poursuivre par la piste agricole bien marquée sur 400 m. Puis tourner à droite, la route descend sur 260 m, Bourdil est à droite (panneau).

La Réole (33190)

OT, 52 rue André Bénac, tél : 05 56 61 13 55.
lareole@entredeuxmers.com

CH, Mme Latapye, 66 rue du Martouret, tél : 05 56 61 04 81, ou 06 71 64 64 61. Ch. simple 45€, double 50€, suite 55€ (PDJ inclus pour les pèlerins). Ne fait pas TH. Cuisine. Ouvert toute l'année.
jacqueline.latapye@orange.fr

Chaîne d'accueil chrétienne (qui redirige les pèlerins vers des particuliers), contacter Mme Dubouilh au 05 56 25 80 06 ou Mme Lacaux au 05 56 71 41 56, ou le presbytère au 05 56 61 01 94 (le matin), ou l'OT au 05 56 61 13 55. Prévenir au moins 24h avant, au risque de trouver porte close. Crédenciale obligatoire. Dans les familles où vous êtes reçu, participer aux frais afin de maintenir viable ce réseau d'accueil fraternel.

CH L'éveil en chemin, M. Gallion, 1034, rue de Lanauze, lieu-dit Fallot (commune de Ste-Bazeille, hors carte), tél : 06 07 40 89 43. Ch.+PDJ 35€ pour 1 pers., 45€ pour 2 (sur résa., pèlerins avec crédenciale). Cuisine en gestion libre. Petite épicerie de dépannage. Maison située à 15 mn en voiture du chemin ; M. Gallion peut venir récupérer les

Descriptif de l'itinéraire pédestre et cycliste

Pour déjeuner : soit faire le détour par Monségur et acheter de quoi déjeuner, soit aller directement à La Réole. Pas de ravitaillement sur le parcours.

Dos au portail de l'abbaye, descendre l'escalier et prendre à gauche la D16. 1 km après, à une fourche, prendre à droite la D126 direction Coutures.

À **Coutures**, longer l'église Saint-Cibard et le cimetière. Reprendre à droite la D126 et passer le pont sur le Dropt. En face, les ruines du château de Caze qui dominent le vallon de l'Andouille et la vallée du Dropt. Tourner à droite sur la D668 et la suivre sur une trentaine de mètres. Ici on retrouve la variante du chemin de randonnée 654 venant de Monségur.

Dès le passage du pont sur l'Andouille, prendre une petite route à gauche. 500 m plus loin, au carrefour, prendre à droite en laissant le chemin balisé en face. (Marcher à reculons ! la vue sur le chateau de Caze est grandiose!) Monter 500 m et tourner à gauche, on retrouve le chemin balisé qui a fait un détour dans les vignes. Poursuivre la montée jusqu'à l'église de **Roquebrune**.

Arrivé dans une intersection en T à Roquebrune (l'église à votre droite), prendre à gauche. Continuer tout droit même quand la route devient un sens interdit. Arrivé à la D668, la traverser, prendre à gauche et tout de suite descendre à droite une route goudronnée (balisage jacquaire européen « Saint-Hilaire-de-la-Noaille 3,2 km »).

Poursuivre tout droit durant trois quarts d'heure pour rentrer à Saint-Hilaire-de-la-Noaille. À l'intersection, ne tenez pas compte d'un panneau « Saint-Sève 2,3 km » avec coquille qui vous indique d'aller à droite, mais prendre en face direction Mongauzy.

Emprunter un pont, puis monter. 200 m plus loin, la D129 tourne à gauche - suivez-là. À l'intersection suivante avec la D668, la traverser et prendre en face la D129 direction **Mongauzy**. Elle monte à droite vers le cimetière et l'église.

Les longer en les ayant à votre droite et au premier carrefour, prendre à droite pour rester sur la D129 (chemin de randonnée 654). 150 m avant les habitations (un transformateur sur le poteau), descendre à droite direction Courtieux, Au Villote.

Après la bifurcation vers La Charbonnière (à votre droite), dans une descente, prendre à droite (en face de la bouche d'incendie à votre gauche) un chemin qui pénètre dans la forêt. Après une montée, passer à côté d'un pylône (à votre gauche).

Arrivé au macadam, continuer tout droit. Dans une intersection en T, descendre à gauche. À l'intersection suivante, prendre à droite le chemin de la Tour n°31 (balisage bicolore).

pèlerins en ville et les ramener au même endroit le lendemain.
edmondgallion@gmail.com

C Le Rouergue, tél : 05 56 61 10 11 (mairie), ou 06 20 31 98 12 (le responsable). Nuitée avec votre tente à partir de 7,10€. Ouvert de fin avril à septembre.
campinglerouergue@lareole.fr

CH, Les Messauts, M. et Mme Leterrier, Pardiac (2,8 km hors parcours, après La Réole, points bleus 4), tél : 06 25 02 33 84. Ch. 35€ pour 1 pers., 50€ pour 2. Dîner 12€, casse-croûte 8€. Piscine. Ouvert toute l'année. Résa souhaitée.
domainelesmessauts33@gmail.com

Pour y aller : passer le pont sur la Garonne, puis prendre à droite vers Auros. Après moins de 500 m laisser à droite la direction de Floudes. Rester sur la D12. Faire 2,5 km, puis tourner à gauche vers Pardiac, Les Messauts. Les CH sont sur la gauche à moins de 250 m.

Messe 11h

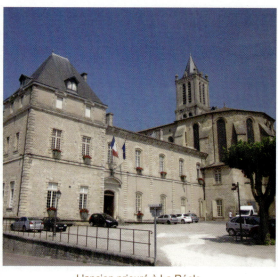

L'ancien prieuré à La Réole

Plus loin, tourner à droite dans un chemin goudronné qui descend vers une maison. Juste avant d'arriver à celle-ci, prendre à gauche en soulevant une barrière pour passer dans un pré.

Traverser ce pré, puis obliquer à gauche et longer le talus et la clôture à votre gauche. Passer sous la clôture électrique et continuer tout droit dans un chemin creux. Arrivé sur le macadam, prendre à droite à côté d'une habitation puis à l'intersection suivante (bouche d'incendie à votre droite), continuer tout droit rue du Mirail à La Réole.

Au feu tricolore (ruines de fortifications à votre gauche), traverser et poursuivre tout droit dans la rue Marcel Durieux en sens interdit. Arrivé à la place de la Libération, la traverser pour prendre en face la rue piétonne Armand Caduc qui vous conduit à la place Albert Rigoulet et à l'église de **La Réole**.

LA RÉOLE

C'est une charte octroyée par l'évêque de Bazas qui donne naissance en 977 à un prieuré. Celui-ci, édifié sur le site d'une villa gallo-romaine, est à l'origine de la ville et de son nom : regula, la règle bénédictine. Placée sur un promontoire des plateaux de l'Entre-deux-Mers, en bord de Garonne, elle constitue après fortification un site défensif de premier ordre.

Le développement de La Réole vint d'abord de la richesse du prieuré, puis de celle de ses bourgeois qui obtinrent des privilèges du pouvoir royal, notamment dès le XIIe siècle celui de construire un hôtel de ville pour y réunir la jurade. Plus tard, ils furent assez habiles pour tirer parti des affrontements entre les rois de France et d'Angleterre qui cherchaient à s'emparer de ce site stratégique.

Au XVIIIe siècle, les bénédictins reconstruisirent le prieuré et firent appel aux meilleurs artisans de la région, en particulier des ferronniers renommés alors dans toute l'Aquitaine, et dont on peut encore admirer le travail dans les anciens bâtiments conventuels, aujourd'hui devenus la mairie.

L'église Saint-Pierre, ancienne église du monastère, a connu bien des vicissitudes : elle fut détruite, mutilée puis restaurée. L'ensemble est achevé par la tribune d'orgue construite en 1770. Celle-ci mesure 54 mètres de long et 17 mètres de large. Avec celle de la cathédrale de Bordeaux, sa nef est de beaucoup la plus large de tout le département de la Gironde.

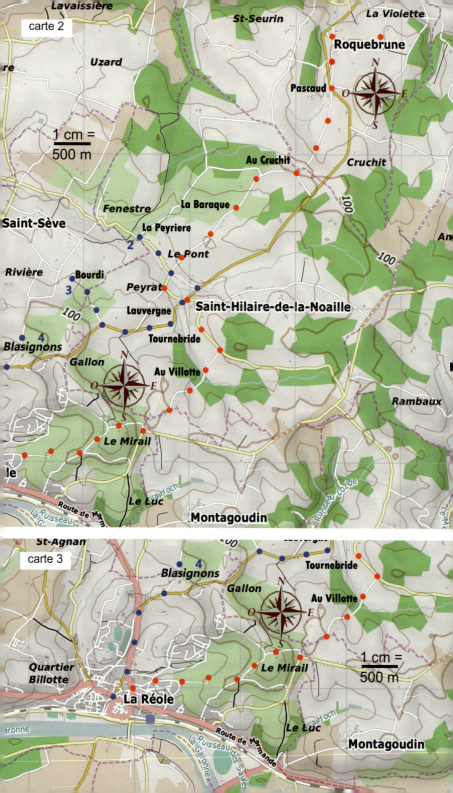

Étape 27 27,2 km ou 36,8 km 6 h ou 8 h
De La Réole à Bazas

OPTION COURTE (points verts)
À **Puybarban**, 1h20 et 5,2 km
À **Pondaurat**, 2h et 8,7 km
À **Savignac**, 2h40 et 10,9 km
À **Auros**, 3h30 et 15,9 km
À **Bazas**, 6h et 27,2 km

OPTION LONGUE (points rouges)
À **Bassanne**, 1h30 et 6,2 km
À **Pondaurat**, 2h et 9,1 km
À **Savignac**, 2h50 et 13,1 km
À **Auros**, 4h30 et 20,4 km
À **Brouqueyrany**, 5h30 et 25 km
À **Bazas**, 8 h et 36,8 km

Bassanne (33190)
GE municipal, Moulin de Piis, tél : 06 64 17 33 17 (Mme Cots), ou 05 56 61 05 52, ou 06 60 81 32 55 (M. et Mme Loubé), ou 05 56 61 14 15, ou 06 73 05 89 16 (Mme Debiasi), ou 06 89 43 88 72 (Agnès), ou mairie 05 56 71 06 36. 6 pl. Nuitée 10€. Cuisine, courses à prévoir à La Réole. Résa demandée la veille. Crédenciale obligatoire. Ouvert du 01/04 au 30/10.

Pondaurat (33190)
APD, M. et Mme Jamain, hameau de La Blanche, place de la Mairie, tél : 05 56 71 53 70, ou 06 89 40 49 95. 1/2 P 25€/pers. 6 pl. Résa souhaitée.

GE municipal Ancienne commanderie St-Antoine, ancien presbytère, géré par l'association Acsap. 6 pl. Nuitée avec crédenciale 13€. Cuisine. Infos en mairie au 05 56 61 07 38, ou 06 40 92 39 76. Épicerie de dépannage. Ouvert du 01/04 au 31/10.
acsap.pondaurat@gmail.com

CH La Dorépontaise, M. Lissalde, Les Turons (point bleus 1), tél : 05 56 71 49 72, ou 07 71 64 51 17. Nuitée+PDJ (en roulotte) 50€/pers. Dîner 20€. Casse-croûte sur demande. Ouvert toute l'année sauf juillet-août. contact@ladorepontaise.com
Pour y aller : suivre la D12 vers Puybarban. Faire 750 m et peu après avoir laissé à gauche les hameaux de La Brette, Roy, St-Martin (panneau), faire 70 m et tourner à droite. Parcourir moins de 500 m et suivre la route en face vers le château d'eau (panneau Les Turons).

Savignac (33124)
Épicerie.

La cathédrale de Bazas

Après le pont suspendu sur la Garonne, le chemin reste plat et aride. À Pondaurat, on devine les premières plantations de pins qui annoncent la forêt landaise. À Auros, on est déjà en pleine forêt des Landes, mais toujours dans le département de la Gironde.

C'est une journée de mise en condition car cette forêt va vous aspirer par sa magie, ses mystères et ses nombreuses légendes, pour les quatre prochaines étapes. Attention : à Auros, pensez à remplir de nouveau votre gourde car il reste encore 2h30 de marche avant Bazas et les quelques maisons posées çà et là ne permettent pas toujours de se ravitailler aisément car elles ne sont bien souvent que des résidences secondaires ! Bazas est une petite bourgade de 4 500 habitants qui possède tous les commerces utiles aux pèlerins, mais aussi et surtout une bien belle cathédrale Saint-Jean-Baptiste qu'il faut visiter.

Cette petite ville du sud du département de la Gironde organise chaque année en février, et depuis plus de 700 ans, la fête des bœufs gras. Vous êtes sur les

Auros (33124)

Tous commerces.

Accueil chrétien à l'abbaye Ste-Marie du Rivet, sœur Blandine (4 km au nord du bourg, points bleus 2), tél : 05 56 65 05 33 (de préférence entre 10h 12h ou 15h et 17h sinon laisser un message en donnant votre numéro de téléphone). 40 pl. 1/2 P de 25€ à 30€/pers., selon vos ressources. Vêpres à 17h45, laudes et messe à 7h30-8h. Ouvert toute l'année.
accueil.rivet@wanadoo.fr
abbayesaintemariedurivet.com
Pour y aller : suivre la D10 direction Langon. Parcourir 2 km. Tourner à droite vers l'abbaye du Rivet (panneau). L'abbaye est à 1,4 km au bout de la route.

Messe 10h30

Brouqueyran (33124)

GE, Château du Mirail, Le Château, M. et Mme de Lambert, tél : 05 56 65 50 67, ou 06 36 76 77 02. 6 pl. 1/2 P 50€. Ouvert toute l'année.
lambertdesgrangescharlotte@orange.fr

Lados (33124)

APD, M. et Mme de Montalier, Pruera (1,5 km hors chemin, points bleus 3), tél : 05 56 65 49 75, ou 06 83 51 16 92. 2 pl. 1/2 P 40€/pers. Nuitée+PDJ 33€/pers. Ouvert toute l'année.
carrique.m@wanadoo.fr
carriquedemontalier.m@orange.fr
Pour y aller : départ de la chapelle, portail principal dans votre dos. Prendre à droite la route qui descend. Faire 800 m et rejoindre la D12. Faire 1,4 km et s'engager à gauche vers Pruera (panneau). Faire 400 m.

Bazas (33430)

Tous commerces. OT, 1 place de la Cathédrale, tél : 05 56 25 25 84. tourisme-sud-gironde.com
bazas@tourisme-sud-gironde.com

CH, Château Saint-Vincent, M. et Mme Dumortier, 1 rue Arnaud de Pins, tél : 05 56 25 12 20, ou 06 76 82 01 33, ou 06 73 40 78 71. Ch.+PDJ 45€ pour 1 pers., de 60 à 70€ pour 2. TH sur résa 29€/pers. Assiette du pèlerin 20€. Nuitée en dortoir à partir de 25€/pers. Cuisine. Résa conseillée.
georgesetsabinedumortier@wanadoo.fr

terres de la race dont on dit qu'elle est la reine des viandes : la blonde d'Aquitaine ! On les promène au son du fifre et du tambour dans les rues. L'histoire remonte à 1283. À cette époque, le roi d'Angleterre est aussi duc d'Aquitaine. Dans le cadre du partage des pouvoirs avec l'évêque, le duc Édouard Ier décrète que chaque année, le 24 juin, à l'occasion de la Saint-Jean, les bouchers de Bazas devront offrir au clergé un taureau. En échange, les bouchers se voient octroyer le droit de promener leurs bœufs dans les rues pour le jeudi gras, en invitant les habitants à venir festoyer joyeusement. Si vous passez en septembre, vous pourrez participer à la fête de la palombe haute en couleurs ! Vous êtes sur une terre de traditions !

Descriptif de l'itinéraire pédestre et cycliste : option courte

Attention nous présentons dans cette étape deux parcours différents. Le premier est le plus ancien mais aussi le plus court (24 km), il était en place entre 2005 et 2016, mais il a été jugé comme étant «trop sur la route». Le deuxième mis en place en 2016 (presque 37 km) permet de limiter le bitume mais il est plus long de 50%, et vous fera arriver à Bazas après 18h. Adieu visite de la ville... Adieu cathédrale... ! À vous de choisir.
Pour déjeuner : courses possibles à Savignac et Auros (supérette).

Face à la porte de l'église, prendre à gauche, entrer dans le parking de la mairie, le traverser en diagonale à gauche. Admirer le point de vue avant de descendre les 121 marches de l'escalier qui passe au-dessus de la voie ferrée. Arrivé à la place du Commerce face à la Garonne, prendre à gauche et emprunter le pont suspendu.

Avant de quitter le pont : 60 m avant le carrefour en T, descendre l'escalier marqué chemin n°654 à droite et marcher sur la digue pour sortir de La Réole sur la D12 qui tourne à gauche. Tourner tout de suite à droite vers Floudès et Barie sur la D226. À Floudès, tourner à gauche vers Bassanne, passer devant l'église. 80 m plus loin, appuyer à droite en suivant le balisage jacquaire européen.

Au carrefour suivant, appuyer à gauche le long d'une ligne électrique en laissant, sur la droite, filer le balisage jacquaire européen. Au carrefour suivant, aller tout droit. Devant, on aperçoit le clocher de Puybarban. À l'approche de Puybarban, face à une ferme, et à l'intersection en T, prendre à gauche. Dans l'intersection en T suivante, prendre à droite. 100 m après, prendre à gauche, et traverser le pont. À la sortie du pont, tourner à droite et tout de suite à gauche pour emprunter le chemin très raide en sens interdit. Arriver à l'église de **Puybarban**.

En haut de ce chemin, tourner à droite en laissant l'église derrière pour suivre la route qui tourne à gauche puis à droite vers le cimetière annexe. Juste avant le cimetière,

GE municipal, résa auprès de l'OT au 05 56 25 25 84. De mi-juin à mi-septembre, du lundi au samedi de 9h à 12h30 et de 14h à 18h. Dimanche et jours fériés de 14h30 à 18h. De mi-septembre à mi-juin, du mardi au samedi de 9h à 12h30 et de 14h à 17h30. Ouvert le lundi pendant les vacances scolaires. 4 pl. Nuitée 10€. Cuisine. Résa préférable 24h avant votre passage.
bazas@tourisme-sud-gironde.com

Réseau d'accueil en famille : attention, prévenir au moins 24/48h à l'avance, détenir un carnet de pèlerin (crédenciale), et participer aux frais. Les noms des pèlerins sont demandés lors de la résa téléphonique. Lors du rappel, noter le nom de la famille d'accueil. Le contact et l'accueil se font sur le parvis de la cathédrale. Merci de respecter ces conditions afin de ne pas décourager les bénévoles. Joindre M. et Mme Lauras, tél : 06 37 60 07 69, ou M. et Mme Larché, tél : 05 56 25 97 76, ou le 06 42 85 05 69.

H Le Rodin, 1 allée St-Sauveur, Mme Davis, tél : 06 25 28 33 60, ou 05 56 25 57 88. Ch. à partir de 70€. PDJ 8€
www.lerodinbazas.fr
contact@lerodinbazas.fr
fenella.davis@yahoo.com

HR Domaine de Fompeyre, route de Mont-de-Marsan, tél : 05 56 25 98 00. Ch. à partir de 79€ pour 2. PDJ buffet 11€. Dîner à partir de 26€. Ouvert toute l'année.
domaine-de-fompeyre.com
reservation@domaine-de-fompeyre.com

C Le Paradis, tél : 05 56 65 13 17. Hors saison estivale (juillet-août) possibilité de dormir avec votre tente. Ouvert du 12 /05 au 10/09. contact@capfun.com
www.capfun.com

Messe 11h

tourner à gauche, 30 m avant la sortie de l'agglomération, et longer le cimetière en le laissant à droite. Plus loin, dans une intersection, continuer tout droit en laissant une église en retrait à gauche. Continuer tout droit jusqu'à l'intersection suivante. Au panneau céder le passage, tourner à droite pour emprunter la D12, et poursuivre tout droit vers Pondaurat.

Arriver dans **Pondaurat**. L'école est à droite, en face, une fontaine d'eau potable : tenir le balancier en haut pour faire couler l'eau. Traverser le village. À la statue de la Vierge, sur la gauche, descendre admirer l'intérieur de la belle église Saint-Antoine restaurée et en principe toujours ouverte.

Puis passer sur le pont médiéval, et revenir à droite vers la D12, reprendre à gauche vers Savignac. Au centre de **Savignac** à droite, petit magasin d'alimentation PROXI ouvert tous les jours sauf le mercredi. Au carrefour en T, tourner à gauche vers l'église romane puis continuer à droite face à l'église en suivant le balisage jacquaire européen. À la fourche prendre à gauche, suivre le balisage et, à l'intersection suivante, prendre à droite une petite route goudronnée direction Cadillac en laissant filer tout droit le balisage jacquaire européen.

La route tourne à gauche, et après avoir dépassé quelques maisons de chaque côté de la route, tourner à droite à l'intersection suivante. Arrivé sur la D12, prendre à gauche, celle-ci rejoint la D15 au stop. Continuer, entrer dans **Auros**. Aller jusqu'au carrefour en T. Tourner à droite, arrivé devant l'église tourner à gauche vers le gîte pèlerin en face du château. Descendre la route Vieille Côte qui rejoint la D12 que l'on prend à droite.

Après une demi-heure, prendre à gauche la D125 direction Lados, et face à la borne kilométrique 34, descendre à droite la petite route goudronnée. Continuer et passer devant le syndicat des eaux du Bazadais, jusqu'au carrefour en T (D110, panneau Menauton). Panneau Stop, ici tourner à droite. Parcourir 2 km jusqu'à rejoindre la D9. Tourner à droite vers Bazas 4 km.

Continuer tout droit sur cette départementale jusqu'au rond-point en entrant dans Bazas. Suivre Bazas centre. 30 m plus loin, descendre à gauche la rue Saint-Antoine en sens interdit. En bas sur la gauche, longer la chapelle de l'hôpital de Bazas. Puis remonter la rue Marcel Martin très raide et pavée. Traverser le cours du Maréchal Joffre puis monter par la porte du Gisquet pour prendre la première à droite rue Arnaud de Pontac, qui mène à la cathédrale de **Bazas**.

Descriptif de l'itinéraire pédestre et cycliste balisé : option longue

Départ de l'église de la Réole, longer le parc puis le lycée et descendre les escaliers pour rejoindre les quais de Garonne et le pont du Rouergue. Traverser la Garonne (plaque signalant la voie). Escalier à droite, descendre et suivre la digue. Jonction avec la D12. Quitter la digue. Balise jacquaire, indication Moulin de Piis. Prendre à droite. À **Floudès**, tourner à gauche direction Bassanne. À l'église, continuer tout droit, ignorer les chemins à gauche. Au carrefour en T, prendre à droite et entrer dans **Bassanne**.

Au rond-point, prendre à gauche la D226-E1, direction Puybarban. Passage sur le canal. Fontaine d'eau à gauche, avant le pont. Jonction avec la D224, continuer tout droit en direction de Pondaurat. Jonction avec la D225 : suivre la petite route jusqu'à Pondaurat. Au carrefour en T (fontaine d'eau potable), prendre la D12 à droite, en direction d'Auros.

À **Pondaurat**, après le pont, prendre à gauche et suivre le balisage jacquaire. Prendre à droite, direction Bardasse, panneau jacquaire. Passer sur le pont autoroutier. Au panneau de lieu-dit Espagnoulet, prendre à droite. 300 m plus loin, au lieu-dit Hum, quitter la route dans un virage à angle droit pour continuer tout droit sur le chemin herbeux. Au château de Bonnegarde, prendre à gauche jusqu'au carrefour en T avec la D9. Prendre à droite.

À **Savignac**, tourner à gauche et monter vers l'église, suivre le balisage jacquaire. Continuer sur cette petite route. Au lieu-dit Le Juge, quitter la petite route pour monter à droite sur le côteau, sentier en sous-bois. Sortir du bois (balisage jacquaire). Lieu-dit Haubet. Prendre à gauche. Petite route goudronnée. Lieu-dit Canteloup. Lieu-dit Mussac. Jonction D15. Au carrefour en T, prendre à gauche.

À **Auros**, contourner l'église par la droite et suivre la petite route. Juste avant le cimetière (point d'eau en entrant, à gauche du portail), descendre le chemin de terre à gauche, longer la palombière. Petit pont sur le Beuve. Zone inondée par temps de grosse pluie. Si c'est le cas, éviter la zone inondée en suivant le ruisseau à gauche jusqu'à la route. Petite route. Au lieu-dit Le Parc, tourner à gauche. Au carrefour en T, tourner à gauche. Balisage jacquaire, suivre la petite route. Au premier croisement, suivre à droite (champs de noisetiers). Vous êtes à **Brouqueyran**.

De l'église rejoindre à 200 m la départementale, tourner à droite. Tourner à droite pour rejoindre le lac et le contourner par la droite (balisage). Rejoindre la passerelle à gauche. Au bout de la passerelle, retour sur le sentier à suivre au bord du lac. Zone inondée par temps de grosse pluie. Tourner à droite et monter. Passage devant une palombière. Passage devant les couloirs de la palombière. Lieu-dit La Borde. Route goudronnée.

Lieu-dit La Mongie. Suivre la route. Au croisement, tourner à gauche (porte-flèches balisage chemin n°654 et jacquaire). Lieu-dit La Niac. Tourner à droite sur une petite route, puis tourner à gauche. Jonction D123. Sur une petite route, tourner à droite. Lieu-dit Lagardère. Tourner à gauche (suivre panneau Voie Verte). Au lieu-dit La Serre, prendre à gauche la piste cyclable. À la jonction de la D655, tourner à gauche en direction de la cathédrale de Bazas. Traverser la D655. Rue Pallas vers la cathédrale de **Bazas**.

BAZAS

Bazas fut le siège d'un évêché avant le Ve siècle. Pourtant la ville perd peu à peu de son importance et même, en 1926, son rôle de sous-préfecture. La cathédrale dont la première pierre a été posée en 1233 reste un témoignage de ce passé prestigieux. L'intérieur a été saccagé pendant les guerres de Religion, puis restauré à l'identique par l'évêque Arnaud Pontac, qui avait réussi à obtenir des huguenots que soit préservé le triple portail. Celui du centre est consacré au Jugement dernier, celui du nord, à saint Pierre et le portail sud à la Vierge. Le mobilier fut à nouveau anéanti à la Révolution, mais remplacé lors du Concordat de 1801... en pillant les églises voisines...

UNE GRANDE CATASTROPHE : L'INCENDIE DE LA FORÊT DES LANDES

En 1949, « Bordeaux vit neiger des cendres au milieu de l'après-midi... Il se mit à faire nuit... » La forêt brûlait. Le bilan fut tragique : près de 390 000 hectares en fumée en une seule année et surtout 82 sauveteurs morts pour combattre les incendies. Sans doute le boisement intensif et dense, l'exode rural dont il a été l'une des causes, le manque d'entretien dû aux années de guerre et l'évolution de l'économie vers d'autres sources de richesses que la forêt, expliquent l'ampleur des grands incendies des années 1940. Pour éviter le retour d'une telle catastrophe, on mit en place un système efficace de prévention et de lutte, la Défense Forestière Contre l'Incendie (D.F.C.I). On créa tout un réseau de voies coupe-feu, dont beaucoup furent gravillonnées et bitumées. Ainsi rendait-on plus facile aux pompiers l'accès à la forêt. On créa aussi un système d'alerte, formé de guetteurs surveillant la forêt à partir de grandes tours en bois. On inventa une nouvelle forme d'agriculture dont les immenses champs devaient jouer un rôle de pare-feu. Ces systèmes s'avérèrent efficaces. Les incendies de forêt n'ont pas disparu, mais depuis on n'a plus vu de catastrophes aussi importantes.

Amis randonneurs et pèlerins, la forêt nous accueille, respectons-la et observons les règles de sécurité (pas de feux, et pas de papiers ni de déchets après le pique-nique, laissés en forêt).

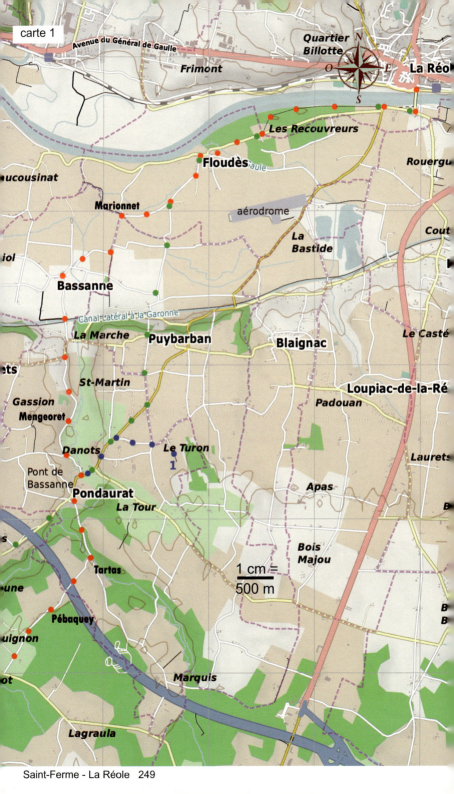

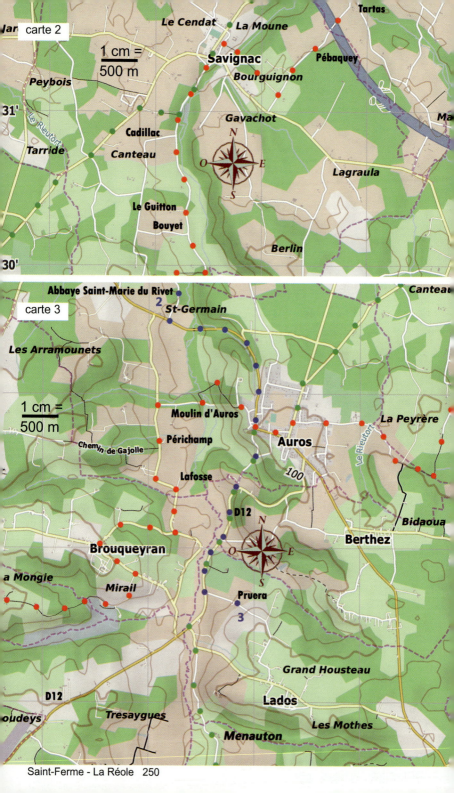

Étape 28   17,3 km   3 h 30
De Bazas à Captieux

Au **pont sur l'A65**, vous avez marché 1 h 40 mn et parcouru 7,3 km
Au **2ᵉ carrefour du Londeix**, vous avez marché 2 h 40 et parcouru 13,7 km
À **Captieux**, vous avez marché 3 h 30 et parcouru 17,3 km

Cudos (33430)
(hors chemin)
Épicerie, dépôt de pain.

GE, Mme Coq-Parlarieu, hameau de Talos, tél : 06 14 75 08 75. 1/2 P 40€/pers. Casse-croûte sur commande. Ouvert toute l'année. eliane.coqparlarieu@laposte.net

CH L'Esprit du Cercle, M. et Mme Labat, bourg sud, tél : 07 68 51 16 62. Ch. à partir 55€ pour 1 pers., 62€ pour 2. Dîner 14€. Ouvert 15/02 au 15/11. lespritducercle@free.fr

Bernos-Beaulac (33430)
Restaurant, bar.

APD, M. et Mme Meric, Moulin de l'Auvergne, 3 km hors bourg (points bleus 1), tél : 05 56 25 44 96, ou 06 42 91 70 71. 5 pl. 1/2 P 35€/pers. Viennent vous chercher à l'église. claire.meric7@orange.fr
Pour y aller : après avoir franchi le pont sur l'A65, ne pas tourner à gauche, mais aller tout droit sur 800 m jusqu'à la N524. Tourner ensuite à gauche vers Bazas, faire 250 m. Tourner ensuite à droite vers Bernos-Bourg, Pompéjac. Faire 1,3 km. Au croisement (calvaire en face), aller tout droit en laissant le calvaire à droite. Faire 280 m. À la fourche suivante (encore un calvaire), prendre la branche de droite. Faire 700 m puis tourner à gauche vers les écuries du Libert que vous laisserez sur votre gauche. Faire moins de 400 m, franchir un carrefour, aller en face. Faire 550 m. Au panneau indiquant Poucet à droite, tourner à gauche. Parcourir 1,2 km.

Gîte de Bacourey, Mme Labat, chemin de Bacourey (points bleus 2), tél : 06 83 04 84 25. 30 pl. Cuisine. Ch. pour 2 sans cuisine 40€, +10€ avec cuisine. Location possible toute l'année sauf week-ends et en juillet-août. gitedebacourey@orange.fr
Pour y aller : après avoir franchi

En chemin vers Captieux

Captieux vient du latin Caput Silvarium, ce qui veut dire «tête de la forêt», et il est vrai que son implantation à l'angle est de la forêt des Landes en fait une sorte de tête de pont bien placée pour entreprendre la traversée des Landes. C'est un petit bourg de 1 500 habitants qui constitue une étape importante pour les pèlerins en route vers Saint-Jean-Pied-de-Port.

On y trouve en effet tous les commerces et facilement le gîte et le couvert avant de se lancer dans une zone assez inhospitalière, presque 50 km sans refuges et assez peu de ravitaillement, car les refuges seront assez éloignés les uns des autres. Le soleil chauffe, les cigales chantent quasiment du lever au coucher du soleil, la forêt développe ses arômes multiples, les petits cours d'eau serpentent discrètement sous une végétation luxuriante, les fougères abondent en sous-bois. Les Landes de Gascogne offrent un vrai spectacle à celui qui sait s'arrêter quelques instants. Il est vrai que l'ancien tracé de la voie de chemin de fer apporte aussi un peu de monotonie, mais permet d'aller au plus court...

Descriptif de l'itinéraire pédestre et cycliste

Pour déjeuner : à Captieux.
L'itinéraire balisé actuel emprunte l'ancienne voie de chemin de fer, 90% de votre étape se passera dessus, prévoyez un plein d'eau. Si les rails ont disparu, les ponts et les anciennes gares ont gardé leur charme d'antan.

Dos à la cathédrale, traverser la place en longeant l'office du tourisme, prendre à gauche la rue Saint-Martin le pont sur l'A65, ne pas tourner à gauche, mais aller tout droit sur 800 m jusqu'à la N524. Tourner à gauche vers Bazas, faire 250 m, puis tourner à droite vers Bernos-Bourg, Pompéjac. Faire 1,3 km. Au croisement (calvaire en face), tourner à gauche (panneau gîte de Bacourey). Faire 330 m.

Lerm-et-Musset (33840)
(hors chemin)
Épicerie, bar, poste.

Captieux (33840)
Boulangerie, épicerie, pharmacie, supérette.

CH Maison Mathieu, Le Londeix, Mme de Montbron (4 km avant Captieux, sur le parcours), tél : 06 07 45 39 31, ou 06 08 53 88 84. Nuitée+PDJ 20€. Cuisine (prévoir courses à Bernos-Beaulac). Fermé du 31/10 au 01/04. info@londeix.com

CH Courrègelongue, M. de Montbron, tél : 06 66 89 22 56. Ch.+PDJ 65€ pour 1 pers., 75€ pour 2. TH offerte aux pèlerins. Situé sur le tracé de l'ancienne voie ferrée. Ouvert toute l'année. remidemontbron@orange.fr londeix.com

RP, place du 8 Mai 1945, tél : 05 56 65 60 31 (mairie fermée le mardi après-midi). 6 pl. Cuisine. Crédenciale exigée. Ouvert du 01/04 au 30/10. accueil@captieux.fr

GE Aydistos, Mme Delcros, 16 rue de la Gare, tél : 06 87 53 74 29. De 4 à 6 pl. Nuitée+PDJ 15€. Dîner 15€. Cuisine. Ouvert toute l'année. em-manu-elile@orange.fr

GE (gîte de séjour en juillet-août) Le Gîte du Gaille, lieu-dit Le Gaille, M. Gaggioli, tél : 07 66 29 73 27. Nuitée 60€ pour 1 à 4 pers. Repas à prévoir mais dîner possible mais pas obligatoire à 10€. contact@legitedugaille.com
Pour y aller : depuis Captieux: prendre la route de Giscos direction A65. Après la sortie de Captieux, la maison est à droite à 500 m environ, dans une haie de lauriers-cerises.

CH Villa Capsylvaine, M. et Mme Laurain, 35 route de Lucmau, lieu-dit Cabardos, tél : 06 32 13 76 79. Ch. pour 2 à partir de 70€. TH sur résa 25€/pers.

(coquilles en bronze au sol). Poursuivre rue du Pont des Arches en suivant les poteaux porteurs du logo jacquaire. Couper la D932-E9 et prendre en face l'avenue Franck Cazenave en direction du gymnase et du collège Ausone. Dépasser le gymnase. Carrefour avec l'ancienne voie ferrée : le balisage du Conseil départemental vous invite à l'emprunter à gauche (panneaux indicateurs et poteaux bleus avec logo jacquaire).

Obstacle : l'ancienne voie est coupée, absence de pont, un passage balisé sur la droite permet de descendre pour franchir un filet d'eau et de remonter tout de suite après (très glissant par temps de pluie, mais présence d'une rampe en bois par sécurité). Au carrefour avec la N524, traverser avec prudence, continuer en face.

Recroiser la N524 (danger), la traverser en diagonale avec prudence pour suivre les poteaux de l'autre côté de la route. Croisement (panneaux indicateurs), continuer en face. Croisement, continuer en face. Obstacle : l'ancienne voie est coupée, absence de pont, un passage balisé sur la gauche permet de descendre en contrebas et de remonter tout de suite après (très glissant par temps de pluie, mais présence d'une rampe en bois).

Pont au dessus de l'autoroute **A65**, dès la sortie du pont tourner à gauche puis virage à droite. Obstacle : l'ancienne voie est coupée, absence de pont, un passage balisé sur la gauche permet de descendre en contrebas et de remonter tout de suite après (très glissant par temps de pluie, mais présence d'une rampe en bois). Quelques mètres plus loin, pont sur le Ciron. Au carrefour avec la N524, traverser avec prudence pour continuer en face. Au premier carrefour du Londeix, chemin à gauche. Au **deuxième carrefour du Londeix**, chemin à gauche.

Au carrefour avec la N524 (danger), suivre la voie de stationnement et traverser la nationale après avoir dépassé l'écureuil en bois, suivre en face l'ancienne voie ferrée, balisée de poteaux bleus. Arriver et poursuivre sur une route gravillonnée. Dans le virage à angle droit, continuer en face sur le chemin. Prendre à droite le petit chemin de terre en direction des bâtiments, laisser la gare de Captieux à gauche puis tourner à droite vers le clocher de l'église que l'on aperçoit. Église et mairie de **Captieux**.

La chapelle de Beaulac

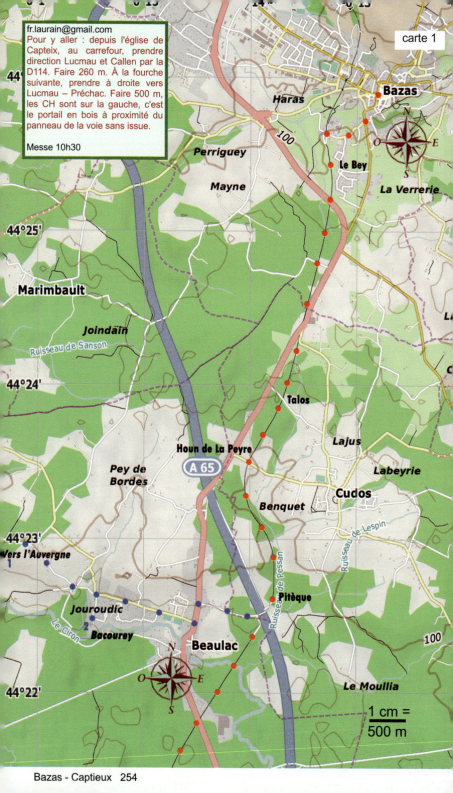

Amis pèlerins, quand vous entrerez dans les Landes (étape n° 29), vous aborderez un long chemin de calme et de solitude et cette marche dans une nature plate, sablonneuse, immense et silencieuse où la vie semble suspendue, vous amènera jusqu'à Mont-de-Marsan, prélude d'un environnement totalement différent, vallonné et bocager.

Ne craignez pas cette marche au nord du département, dans la Haute Lande, espace de liberté. Installez-vous dans ces journées de réflexion solitaire, avancez entre les pins, sous les frondaisons des belles forêts-galeries, rafraîchissez-vous des cours d'eau transparente sur fond de sable blond, écoutez la profondeur du silence.

Le sud du département, après le franchissement de l'Adour, plus habité, tout en rondeurs, où la vue porte loin, vous paraîtra certainement plus rassurant. Vous avancerez vers les Pyrénées que vous pourrez apercevoir par temps clair, muraille qu'il vous faudra franchir pour rejoindre l'Espagne.

Tout au long de votre chemin vous découvrirez de jolies chapelles et églises ; l'art roman est largement représenté ; l'abbaye de Saint-Sever est inscrite au patrimoine mondial de l'UNESCO, et la richesse architecturale de cette cité mérite, sans aucun doute, que vous y consacriez un arrêt.

Notre région est vulnérable au feu ; soyez vigilants. Attention aux palombières que vous trouverez en forêt ; à la saison de la chasse, du 1er octobre au 20 novembre, soyez discrets lorsque vous vous en approchez. La chasse à la palombe est, par ici, « une religion » ; respectez-la quelles que soient vos convictions.

La Société Landaise des Amis de Saint-Jacques assure, en partenariat avec le Conseil Général des Landes, le balisage des voies jacquaires traversant le département. Grâce à son action auprès des municipalités, elle a pu mettre en place un refuge tous les 15 kilomètres environ, sur la voie de Vézelay. Dans ces refuges peu onéreux, voire gratuits, réservés exclusivement aux pèlerins, l'accueil est assuré en partie par d'anciens pèlerins qui sont en mesure de vous donner toutes les informations nécessaires afin de vous permettre la traversée du département dans les meilleures conditions possibles. La tradition d'hospitalité est bien vivante chez nous et vous vous sentirez, sans doute, bien accueillis tout au long de votre route.

Amis pèlerins, soyez les bienvenus sur nos chemins. Nous souhaitons, par notre investissement à votre service, vous soutenir dans l'effort qui est le vôtre et participer, à notre humble mesure, à votre belle aventure qu'est cette pérégrination vers Saint-Jacques-de-Compostelle. Ultréïa !

La Société landaise des amis de Saint-Jacques et d'études compostellanes des Landes

Étape 29   35 km   7 h 20
De Captieux à Roquefort-de-Marsan

À **Bourriot-Bergonce**, vous avez marché 4 h 50 et parcouru 21 km
À **Vialotte**, vous avez marché 6 h et parcouru 25 km
Au **pont de La Moulasse**, vous avez marché 6 h et parcouru 26,2 km
À **Roquefort-de-Marsan**, vous avez marché 7 h 20 et parcouru 35 km

9 km après la ville, au lieu-dit Le Billon, hébergement pèlerin chez M. et Mme Tresseras, tél : 06 02 27 88 62. 6 pl., nuitée (dortoir)+ PDJ 25€/pers, 45€ en ch. double. Ne fait pas TH, mais petite épicerie. Résa la veille. Accueil chevaux possible.
clairefort1@gmail.com
Pour y aller : voir points bleus sur la carte.

Bourriot-Bergonce (40120)
CH, GE, Mme Cart-Lamy, La Maillade, à 500 m de l'église du bourg, route de Retjons, tél : 05 58 93 39 63, ou 06 26 99 24 04. Nuitée en CH 55€ pour 1 pers. 60€ pour 2. Nuitée en GE 20€/pers. Camping 8€/pers. 1/2 P 15€/pers. Résa 48h à l'avance. Accueil à partir de 16h.
la-maillade@wanadoo.fr

RP association amis de St-Jacques des Landes. M. Loubère (points bleus sur la carte, vers l'église St-Médard, à 25 km de Captieux et à 3 km au sud de Bourriot), tél : 06 07 09 57 62, ou 06 30 34 67 20, ou l'hospitalier au 06 47 05 71 88. 8 places (2x2 + 1x4 places). Cuisine en gestion libre ou repas préparé par les hospitaliers. Épicerie de dépannage. Crédenciale obligatoire. Donativo.
Pour le lendemain : reprendre la D379 vers Bourriot-Bergonce sur 1,3 km. À l'intersection avec l'ancienne voie ferrée, tourner à gauche et continuer tout droit pour retrouver le chemin Captieux-Roquefort.

Retjons (40120)
(2 km légèrement hors chemin)
Restaurant auberge Marsaou.

GE pèlerin, Le Bourg (points bleus 1), Mme Nadau, tél : 06 08 85 91 60. Nuitée+PDJ 15€. Cuisine mais dîner à prévoir à Captieux ou Bourriot, ou dîner à l'auberge à 13,50€. 4 pl. Ouvert toute l'année, résa préférable.
Pour y aller : 1,8 km après avoir

Les remparts de Roquefort-de-Marsan

La totalité de la journée de marche se déroule au milieu des pins et des chênes tauzins. La forêt des Landes de Gascogne occupe 40 % de la superficie des trois départements des Landes, de la Gironde, et du Lot-et-Garonne. Elle constitue un bloc vert homogène, de 200 km du nord au sud et 140 km d'est en ouest. D'un premier abord, on pourrait penser qu'il ne se passe pas grand-chose dans cette immense étendue verte, la plus grande de France. Mais il n'en est rien, car la forêt réclame beaucoup de monde aux métiers divers pour son entretien et son exploitation. Vous aurez davantage de chances de rencontrer un forestier venant faire un élagage, une coupe claire ou une éclaircie, que de surprendre un animal sauvage. La forêt des Landes vit et fait vivre un pan entier de l'économie locale.

À l'arrivée à Roquefort-de-Marsan (ou Roquefort-des-Landes), vous trouverez le refuge sur les anciens remparts, derrière l'église Notre-Dame-de-l'Assomption, et dominant la Douze mais aussi le refuge dans l'ancienne école Sainte-Élisabeth. Petits et calmes, ils vous offriront un vrai repos, avant de replonger demain dans le bruit et la frénésie consumériste d'une ville de 32 000 habitants !

Descriptif de l'itinéraire pédestre et cycliste

Pour déjeuner : prévoir le déjeuner dès votre départ de Captieux, car il n'y a aucun ravitaillement sur le parcours.

Départ de l'église de Captieux, prendre direction Maillas N624. Faire 650 m. Tourner à droite devant l'ancienne maison de garde-barrière n°41 et suivre toujours tout droit cette piste (ancienne voie ferrée). On traverse une piste Le Billon. Arrivé sur une route bitumée, tourner à gauche. Après avoir traversé l'autoroute par un pont supérieur, tourner à droite et suivre la piste qui longe l'autoroute.

Entrée dans les Landes. Au panneau Voie de Vézelay, prendre la piste de gauche (ancienne voie ferrée). Attention, arrivé sur une route bitumée, la suivre à droite pendant 300 m. En abordant le grand hangar de Saus-de-Bas, prendre la route à gauche avant le transformateur.

Passer devant l'exploitation agricole de La Plante, 500 m plus loin devant celle du grand Loucaucous puis encore 500 m et c'est l'élevage avicole du Petit Loucaucous. La route fait alors une courbe prononcée vers la droite. Attention dans cette courbe, quitter la route par la gauche pour une piste sablonneuse s'enfonçant dans les pins vers le sud. 400 m plus loin, aborder l'airial du Petit Bétera.

Vous êtes sur une propriété privée, soyez aussi discret et aimable que vous le souhaiteriez si on traversait votre jardin. Dès les maisons passées, prendre à droite la piste qui vous conduit à quelques pas au ruisseau du Pouchiou. 50 m après le ruisseau, prendre la piste vers la gauche, chemin du Pouchiou. Suivez cette piste sud sud-est, après avoir longé un élevage avicole.

Déboucher sur la D24. Tourner à gauche pour atteindre le village de **Bourriot**. Église de Bourriot, prendre à droite la D224 direction Retjons. 200 m après, tourner à gauche (CD379) direction Saint-Gor. Après une descente sur 500 m, vous traversez le ruisseau de Lugaut. Après le ruisseau, la route remonte sur 400 m. Attention ! En haut de la montée : dépassé la chapelle de Lugaut, lorsque vous retrouvez la route bitumée (ancienne maison du garde-barrière à gauche), tourner à droite, faire 680 m, passer au-dessus de l'A65. Parcourir 1,3 km sans quitter cette route, Retjons est au bout.

- Pour aller à l'église de **Vialotte**, continuer tout droit sur 2 km.
- Pour aller à Roquefort, quitter la route pour prendre à droite une piste sablonneuse. Elle vous conduit en 1 km à une patte d'oie : prendre le chemin de gauche (sud-est). Maison sur la droite. Au carrefour : prendre à droite la piste, ancienne voie ferrée. Passer sur le pont enjambant le ruisseau de Lugaut.

Arriver à un carrefour important très bien marqué. Trois directions s'offrent à vous. Tout droit : Roquefort. À gauche : la modeste chapelle, écrin d'un trésor pictural, vaut l'effort de quelques pas supplémentaires (clé à la mairie de Retjons). À droite à 2,2 km : le village de Retjons (variante). Prendre la direction Roquefort et suivre le ballast. Passer sur le ruisseau du Retjons au pont dit La Moulasse. Passer devant l'ancienne gare de Retjons. Juste après les habitations, traverser une route bitumée et continuer tout droit sur cette piste.

Franchir le ruisseau du Ribarrouy, continuer tout droit. Arrivé à une route bitumée, prendre en face légèrement à gauche vers Lagune-de-Nabias. Prendre à droite la piste herbeuse. Arrivé à une route bitumée, la suivre sur 20 m et prendre la piste à gauche avant la maisonnette de garde-barrière. Prendre la piste à gauche. Prendre la piste à droite (en face, hangar désaffecté). Prendre la piste à gauche. Après la base nautique, à une route bitumée (pavillon en face), tourner à droite. Tourner à gauche et juste après, prendre la piste à droite.

Arriver sur la D932. Au stop, tourner à gauche et 50 m après, tourner à gauche chemin de Coupet. Franchir la passerelle sur le ruisseau l'Estampon. Après une remontée, arriver à l'entrée de **Roquefort** place Georges Lapios. Descendre tout droit la rue Portelang. Vous êtes rue Gambetta devant l'église.

Épicerie-bar en face du gîte (fermé le lundi).

Roquefort-des-Landes (40120)
Tous commerces.

HR Le Colombier*, 105 rue Porte Lerang, tél : 05 58 45 50 57. Ch. de 43€ à 55€ selon le confort. PDJ 7,50€. 1/2 P 55€. Menus à partir de 9,50, 11,50, 13, 28€ + carte. Ouvert toute l'année. popnath@laposte.net

RP municipal, esplanade des Remparts. 4 lits, WC, douches, mais pas de cuisine. Les clés sont au café de la Paix. Accès gratuit. Crédenciale obligatoire.

RP, Association des amis de St-Jacques des Landes, impasse de l'abbé Besselere, tél : 06 72 95 33 47, ou 06 47 05 68 03. Accueil hospitalier. 8 pl. Cuisine. Clés au café de la Paix. Libre don. Crédencial obligatoire. Pas de résa à l'avance.

Messe 10h30

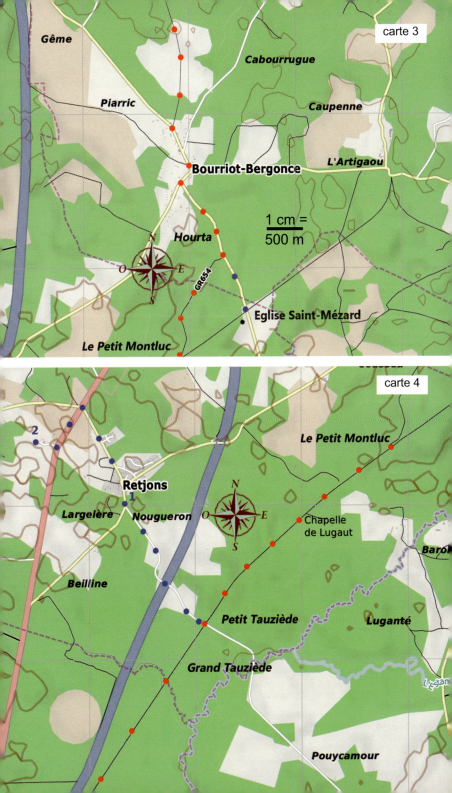

ROQUEFORT-DE-MARSAN

Roquefort fut autrefois une bastide fortifiée, comme le rappellent ses anciens remparts et ses tours des XIIe et XIVe siècles. Son église fondée au XIe siècle subit au long des siècles de nombreuses transformations. Au XVIe siècle, elle fut remaniée en forteresse à cause des guerres de Religion. Elle est pourvue d'un clocher-tour et rehaussée d'un grenier où une garnison pouvait se tenir le cas échéant. La nef gothique a été agrandie aux dépens du cloître. Le portail orné est marqué aux armes de Roquefort (trois étoiles et trois rocs).

Roquefort est traversé par la rue Croharé, dite autrefois « petite rue ». À droite était le prieuré des bénédictins venus de l'abbaye de Saint-Sever vers le XIe siècle. Ils avaient bâti là une église romane basse et sombre qu'ils remplacèrent par l'actuelle église gothique. L'édifice suivant abritait le co-seigneur. D'abord modeste, sa demeure fut restaurée et mise au goût du jour au cours du XVe siècle. En témoigne le portail, vestige de la rénovation.

RETJONS

Ici se trouve la borne des 1000 km jusqu'à Saint-Jacques-de-Compostelle. Non loin de là se dresse la chapelle de Lugaut, où les pèlerins avaient pris l'habitude de se recueillir.

Le site actuel de Lugaut, paisible et reposant, fait oublier qu'il était autrefois isolé, dans une région désertique et calamiteuse. Depuis la plantation du massif des Landes au XIXe siècle, la petite chapelle Sainte-Marie se trouve nichée au milieu des bois. Elle cache derrière son clocher-mur un ensemble exceptionnel de fresques du XIIIe siècle. L'édifice et ses dîmes furent donnés par Amanieu d'Albret aux hospitaliers de Jérusalem. Au-dessus de la scène qui commémore ce don sont illustrés des thèmes moralisateurs : le joueur de viole et la femme qui jongle figurent le péché de luxure ; les deux hommes qui se battent, la discorde ; le chameau, l'obéissance.

Étape 30   27,5 km   6 h 20
De Roquefort-de-Marsan à Mont-de-Marsan

À **Bostens**, vous avez marché 1 h 40 et parcouru 8 km
À **Gaillères**, vous avez marché 2 h 30 et parcouru 11 km
À **Bougue**, vous avez marché 4 h 10 et parcouru 18 km
À **Mont-de-Marsan**, vous avez marché 6 h 20 et parcouru 27,5 km

Mont-de-Marsan

Bostens (40090)
Halte pèlerin sous le porche de l'église.

RP des 9 Fontaines, Mme Duguet, chemin du Sabia, lieu-dit Larousse (points bleus 1), tél : 06 89 52 12 46. Nuitée (dortoir de 6 pl.) et PDJ en participation libre mais impérative. Dîner 12€ (sur résa 24h avant). Cuisine. Ouvert du 01/03 au 31/10. Résa impérative.
ape9fontaines@gmail.com
Pour y aller : 110 m après le carrefour de la route de Pouydessaux, prendre un chemin à droite (panneau bleu « Site des 9 fontaines ») sur 1,7 km, suivre le balisage de coquilles.

Gaillères (40090)
CH, HR, Au Cœur des Landes, le Bourg, 26 route de Marsan, tél : 05 58 93 69 48, ou 06 16 40 08 97. Ch. à partir de 40€ pour 1 pers., 50€ pour 2. Petite épicerie sur place. Dîner possible à partir de 14€. Relais poste.
contact@aucoeurdeslandes.fr

CH, Mme Dorisse, 1616 route de Bougue (sur le parcours 1,5 km après le bourg), tél : 06 3 74 62 91. Cuisine. Nuitée+PDJ 38€ pour 1 pers., 60€ pour 2. TH sur résa l'avant-veille. Ouvert du 01/04 au 30/06.
louisiane_dorrisse@hotmail.fr

Comme hier, c'est encore au milieu de la forêt qu'il faudra marcher aujourd'hui. S'éloignant de la D932 qu'il vaut mieux laisser aux cyclistes, le chemin ne quittera pas les petites routes via Bostens, Gaillères et Bougue. Peu après Bougue, vous suivrez l'ancienne ligne de chemin de fer qui est maintenant une voie verte, piste cyclable calme et sûre, puis après 9,5 km en pente douce à quelque distance du Midou, vous entrerez dans Mont-de-Marsan, la dernière très grande ville que vous traverserez.

Autrefois il n'y avait aucun refuge à Mont-de-Marsan, mais l'association locale a eu la bonne idée (et sans doute aussi les financements) de prévoir un refuge rue de Lesbazeilles. À Mont-de-Marsan, si vous n'êtes pas trop fatigué, il est impératif de visiter la ville médiévale, avec les vestiges de fortifications et de maisons en pierre coquillière, certaines reliées entre elles par des passages couverts. Il faut aussi déambuler dans le quartier du port et marcher dans les ruelles en pente douce conduisant vers les quais.

Descriptif de l'itinéraire pédestre et cycliste

Pour déjeuner : possibilité à Gaillères à l'hôtel-restaurant Au Cœur des Landes, assurez-vous qu'il est bien ouvert au 05 58 93 69 48, ou au 06 16 40 08 97. Sinon, café et restaurants à Bougue.

Départ devant le gîte municipal des pèlerins de Roquefort-de-Marsan, revenir au portail de l'église en empruntant

Ch. chez l'habitant, Compostelle la voie de Vézelay, Chez Christelle et Jérôme, 176 route de Bougue (centre-bourg), tél : 06 82 29 15 24. 1/2 P 30€/pers. 2 pl. Caravane à disposition. christelle.beaumont@hotmail.fr

Bougue (40090)

Bar Le Petit Marsan, tél. : 05 58 52 93 08, fermé le lundi après-midi. Restaurant du Grand Mégnos, tél : 05 58 52 98 68, fermé le mercredi. Plat du jour à 10€, menu à partir de 12,50€.

GE communal, clés au bar Le Petit Marsan, tél : 05 58 52 93 08, ou mairie, tél : 05 58 52 92 13. 6 pl. Cuisine. Nuitée 10€. mairie@bougue.fr

Mont-de-Marsan (40000)

Tous commerces. OT, 1 place Charles de Gaulle, tél : 05 58 05 87 37 www.visitmontdemarsan.fr accueil@visitmontdemarsan.fr

HR de la Gare, 229 av. du 34e Régiment d'Infanterie, tél : 05 58 06 24 36, ou 06 19 84 54 52. Ch. à partir de 50€ pour 1 pers. et 55€ pour 2. PDJ 6€. Menus et plat du jour de 11€ à 12,50€. Ouvert toute l'année. hoteldelagare0710@orange.fr

CH, Mme Vidal, 135 rue Bize, (quartier nord), tél : 06 08 58 66 65. 1/2 P 30€/pers. Nuitée seule 20€. 2 places en 1 ch. Cuisine. muche40@gmail.com

RP associatif, 2 rue Augustin Lesbazeilles, tél : 06 47 05 68 39 (n° de l'hospitalier). 14 lits. Tarif libre donativo, local à vélo. Crédenciale obligatoire. Pas de résa possible. Ouvert du 15/02 au 30/11.
compostelle40@laposte.net
www.compostelle-landes.org

Saint-Pierre-du-Mont (40280)

H Eco Chic, 222 chemin de Lubert, rocade sud Mont-de-Marsan, tél : 05 58 51 85 19. Nuitée à partir de 45€. PDJ 6€, 1/2 P 65€. Ouvert toute l'année. hotelecochic@gmail.com
Pour y aller : dans notre explicatif en sortie de Mont-de-Marsan, lorsque nous indiquons de tourner à droite vers St-Pierre-du-Mont par la D321 (au rond-point), poursuivre tout droit vers toutes directions et après 100 m, tourner à gauche par la rue

dans l'ancien mur des remparts le petit escalier de pierre. On traverse le jardin en empruntant le porche de l'église. À partir du beau portail en fer forgé, prendre à droite la rue Hubert Crohare pour arriver en quelques pas à la place des Cagots. De là, descendre vers le pont sur la Douze dit « pont gothique ».

À partir du pont, on découvre un beau point de vue, à droite, sur une tour de l'ancien château. Remonter ensuite la rue Penecadet sur une centaine de mètres jusqu'au grand virage sur la droite. Arrivé à une patte d'oie, prendre à gauche direction Pau/Tarbes/Villeneuve. Entrer à Sarbazan (D932). 100 m après, prendre à droite le chemin de Bostens. Au croisement suivant, aller tout droit direction Mont-de-Marsan/Lucbardez, passer sur le pont et tourner à droite direction Lucbardez.

Au stop, prendre la route à gauche toujours direction Lucbardez. 800 m après, prendre à gauche la C101 vers la D934. 50 m après, prendre le chemin à droite dans une forêt de pins. Au bout de ce chemin, retrouver le macadam à hauteur d'une maison à votre droite. Continuer tout droit.

On découvre bientôt les maisons de Corbleu. En arrivant sur la route bitumée, continuer droit devant (sud) pour arriver à l'église de **Corbleu**. Passer devant le cimetière. À cet endroit, une source est réputée guérir les maux de dents. Descendre vers le petit pont en négligeant la route à droite. Continuer en montant. À présent, suivre la même route jusqu'à Gallières. Au carrefour du Garroua, continuer tout droit dans les pins. Au carrefour avec la route de Pouydesseaux, continuer tout droit direction Bostens. Église qu'il faut absolument visiter ! Demandez la clé a la maison d'en face.

Dans **Bostens**, continuer tout droit en direction de Gaillères. 800 m après Bostens, trouver un crucifix à gauche dans l'alignement et de très beaux et vieux chênes en bordure de route. En poursuivant la route vers Gaillères on approche de la grande route de Mont-de-Marsan à Houeilles (D933) en quittant les bois pour des cultures.

Carrefour avec la D933. Attention ! Prendre la grande route sur la gauche mais tourner aussitôt à droite en direction de Gaillères. Face à l'église de **Gaillères**, on observe sur le mur de l'église une plaquette de balisage du chemin. Au-dessus de cette plaquette, le vitrail représente notre saint préféré du moment. Continuer par la route à droite puis à gauche en direction de Bougue en s'orientant vers le château d'eau.

Par l'itinéraire le plus court : sans aucune difficulté on continue plein sud en direction de Bougue. On veillera à ne pas bifurquer sur la droite en direction de Saint-Avit. Passer sur le pont de l'autoroute puis emprunter le pont sur le Midou. Arriver dans **Bougue** en descente. Au carrefour avec la route de Mont-de-Marsan, près du lavoir, prendre à gauche pour arriver sur l'esplanade entre la salle des fêtes et l'église. S'adresser au bar-épicerie-tabac pour avoir accès au gîte.

> Chemin de Lubet, l'hôtel est à moins de 200 m sur la gauche.
>
> Messe La Madeleine 10h30

Départ de la place du village de Bougue. Prendre la direction de La Glorieuse (D388 - borne Michelin). Après avoir suivi la route sur 500 m environ, on arrive à un carrefour avec une piste cyclable (maison de garde-barrière à gauche). Prendre à droite cette piste que l'on devra suivre jusqu'à Mont-de-Marsan sans se préoccuper des carrefours que l'on rencontre tout le long de cette piste. Marcher à gauche, car on n'entend pas arriver les cyclistes derrière soi.

Après avoir suivi cette piste sur 2,8 km, rencontrer un carrefour qui vous indique à droite la direction de Beaussiet et à gauche la direction de Mazerolles. Continuer toujours tout droit. Passer sous la rocade qui se situe à 1,2 km. On arrive à un nouveau carrefour qui indique la direction de Saint-Médard à gauche. Continuer toujours tout droit et vous arrivez dans les environs de Mont-de-Marsan avec des villas de chaque côté de la piste.

Après avoir passé deux nouveaux carrefours qui desservent les villas de ce lotissement, on atteint un nouveau carrefour qui croise avec l'avenue de Lacrouts. De ce carrefour, on aperçoit le clocher de l'église romane de Saint-Médard. Continuer toujours sur cette piste. Arriver à un carrefour avec des feux tricolores (boulevard du Chemin Creux), tourner à droite pour traverser le boulevard que vous longiez jusque-là (boulevard Alingsas) puis continuer tout droit par le boulevard Jean Larrieux jusqu'à l'avenue Éloi Ducom que vous empruntez par la gauche.

Marcher en direction du centre-ville de **Mont-de-Marsan**. Aux feux tricolores, prendre la rue qui se trouve légèrement à votre droite, la rue Lesbazeilles. Les clés sont à l'épicerie 8 à 8, 101 rue de la Croix Blanche.

Les arènes à Mont-de-Marsan

MONT-DE-MARSAN

Les origines de Mont-de-Marsan sont mal connues. Son nom même surprend puisque d'une part, la ville est située dans une vallée au confluent de deux rivières, le Midou et la Douze et que d'autre part, on dispose d'une abondance d'hypothèses pour expliquer « Marsan ». Les uns affirment que ce nom vient du dieu Mars en l'honneur duquel un temple aurait été dressé à l'époque romaine. Le pays se serait alors appelé « Martianensis ». D'autres racontent que c'est un certain Martius, un gallo-romain influent, qui aurait fondé la ville ; un autre encore pense que c'est Charlemagne... Beaucoup enfin disent que c'est le vicomte de Marsan, Pierre de Lobaner, qui érigea la ville en 1133 pour en faire le port fluvial de sa vicomté. L'histoire se fait alors moins hésitante et l'on sait que la ville regroupa les populations de Saint-Jean-d'Août et de Saint-Pierre-du-Mont. C'est de là que vient la clef, habituel attribut de l'apôtre Pierre, qui figure sur les armoiries de la ville formées de deux clefs.

Le commerce fit la prospérité de Mont-de-Marsan par où transitaient les céréales et le vin d'Armagnac, qui descendaient vers Bayonne par la Midouze et l'Adour, alors qu'en échange arrivaient du sel, des draps et des fromages de Hollande.

Les bateliers formaient alors à Saint-Pierre-du-Mont de riches confréries. Mais là, comme ailleurs, les guerres de Religion entraînèrent malheurs et démolitions. L'activité diminua, la ville s'assoupit un peu. Il fallut finalement qu'elle devienne préfecture pour retrouver une animation liée à ses nouvelles fonctions administratives au début du XIXe siècle.

Étape 31   34 km   7 h 30
De Mont-de-Marsan à Hagetmau

À **Benquet**, vous avez marché 1 h 30 et parcouru 7 km
À **Saint-Sever**, vous avez marché 4 h 15 et parcouru 19 km
À **Audignon**, vous avez marché 5 h 30 et parcouru 24,8 km
À **Horsarrieu**, vous avez marché 6 h 40 et parcouru 29,9 km
À **Hagetmau**, vous avez marché 7 h 30 et parcouru 34 km

Haut-Mauco (40280)
(Sortie de Mont-de-Marsan à 2 km de la rocade et à 5 km du centre-ville, sur la variante décrite dans le guide).

APD M. Jean-Marie Clet, 151 chemin rural de Sitton, sur la petite route D933S (points bleus 2), tél : 06 74 80 39 60, ou 05 58 75 34 93. Donativo.
jm.clet@wanadoo.fr

Benquet (40280)
Poste, bar-restaurant.

Saint-Sever (40500)
Commerces. OT, place du Tour de Sol, tél : 05 58 76 34 64
tourisme.saintsever@chalossetursan.fr

HR Lafayette, 38 rue Lafayette, tél : 05 58 76 02 68. Ch. à partir 39€, double 46€, 1/2 P 49€. PDJ 7,50€. Dîner de 13,50€ à 17€. Casse-croûte sur résa. Ouvert toute l'année. lafayette@neuf.fr

HR Les Arceaux, 23 rue des Arceaux (derrière l'église abbatiale), tél : 05 58 76 03 43. Ch. simple 42€, double 52€, 1/2 P de 48€ à 51€/pers. PDJ 6,50€. Menu à partir de 11€. Fermé fin août.
hotelarceaux@gmail.com

RP, La Halte Jacquaire, rue Antonin Cloche, OT tél : 05 58 76 34 64. Si l'OT est fermé un n° de téléphone figure sur la porte de l'OT et du refuge. Nuitée 13€. 12 pl. Crédenciale obligatoire. Pas de résa. Ouvert à partir de 14h. Fermé fin juin.
contact@landes-chalosse.com

C Les Rives de l'Adour, av. René Crabos, tél : 05 58 76 04 60, ou 05 58 44 27 13. Ouvert du 10/04 au 02/11.
camping.deladour@orange.fr
campingparadisrivesdeladour@alphacamping.fr

Le cloître de l'abbaye de Saint-Sever

Journée calme aujourd'hui au rythme sans surprise dans votre marche vers les rives de l'Adour. Au long de la route, de petites villes offrent un ravitaillement facile. Profitant de l'occasion, nous dégusterons une grosse salade landaise à la table des Jacobins de Saint-Sever. Cette ville, près de l'Adour, était une étape importante pour les pèlerins du Moyen-Âge. Une monumentale abbaye bénédictine le rappelle. Çà et là, les maisons capcazalières, sortes de maisons fortes, ou d'anciens châteaux témoignent de la richesse d'antan. C'est aujourd'hui le domaine des volailles qui vivent en liberté, des oies et des canards que l'on engraisse pour faire du foie gras.

L'abbaye des Jacobins, qui possède une chapelle Saint-Jacques, offre la tentation d'arrêter ici l'étape du jour, car tout a été organisé pour faciliter la halte des pèlerins, mais 13 km depuis Mont-de-Marsan sont bien trop peu. Il est temps de quitter la morne plaine landaise pour entrer dans les coteaux du pays de Chalosse. Le relief du chemin via Audignon et Horsarrieu remonte peu à peu. Le Béarn vallonné n'est maintenant plus très loin.

GE, Mme Boursange, 1049 chemin de Crampot (à 2,7 km du bourg), tél : 07 67 06 12 36, ou 05 58 46 06 68. 4 pl. Nuitée CH à 16€/pers. Possibilité de PDJ à 6€. Cuisine en gestion libre. Viennent vous chercher après contact téléphonique. Ne fait pas TH. Ouvert toute l'année. chriscath63@gmail.com
Pour y aller : depuis le cimetière de St-Sever, entrée principale dans votre dos, prendre à gauche avenue du Gal de Gaulle. Parcourir 500 m. Au rond-point, s'engager à droite vers Crampot (panneau). Faire 550 m et passer au-dessus de la D935 (rocade de St-Sever). Laisser le sens interdit à droite faire 1,1 km pour arriver aux CH qui seront à gauche.

Messe abbatiale 10h30

Eyres-Moncube (40500)
GE Yourte, M. Laborde, 100 chemin des Agnères, Labourdette (points bleus 4), tél : 06 13 49 37 73. Libre don à partir de 10€. Ne fait pas TH. Cuisine disponible, courses à prévoir à St-Sever. Ouvert toute l'année. labor2jeanmarc@gmail.com
Pour y aller : dans l'explicatif de chemin, là où est indiqué de prendre « la route à gauche direction Horsarrieu / Hagetmau (D 78) », parcourir 500 m puis prendre à gauche la petite route en direction de Dumes 2,8 km (panneau). Ne pas quitter cette petite route jusqu'au bourg de Dumes. Traverser le bourg pour aller vers la D933. Sur cette D933 tourner à droite (prudence, route dangereuse), faire 500 m puis prendre la première route à gauche, le hameau de Labourdette est à 1 km.

Hagetmau (40700)
Commerces.

CH, M. et Mme Bats, 56 chemin de Busqueton, tél : 06 50 40 54 38. Ch. simple 49€, double 59€, triple 74€. Ne fait pas TH mais cuisine à disposition. Ouvert toute l'année. pbbats@gmail.com
Pour y aller : à la sortie de ville au croisement de la D357 direction Labastide Chalosse.

RP, 143 rue St-Girons (se présenter à l'accueil piscine de la Cité Verte), tél : 05 58 79 79 79. Cuisine. 7 pl. Nuitée à payer à la piscine 8,50€. Pas de résa

Descriptif de l'itinéraire pédestre et cycliste

Pour déjeuner : courses possibles ou restaurants à Saint-Sever.

Dos à l'église Sainte-Madeleine, prendre à gauche et traverser la place de l'Abbé Bordes. Emprunter à droite la rue Robert Wierick puis franchir la grande place et passer à gauche sur le pont au-dessus du Midou. À la mairie, emprunter tout droit la rue Léon Gambetta qui monte vers le rond-point Jean Jaurès. Prendre la direction Pau - Tarbes - Grenade-sur-l'Adour par la D624. Vous êtes toujours dans les environs de la ville et sur cette route rectiligne et avec un peu de dénivellation.

Au carrefour (on aperçoit à 100 m un rond-point) qui vous indique à droite la direction de Saint-Pierre-du-Mont D321, prendre cette route à droite. 150 m après, prendre une autre route à gauche (panneau indiquant Lareigne, prendre cette direction). Passer sous une rocade, continuer toujours sur cette route.

Après être passé à côté de deux maisons à gauche puis d'une maison à droite, arriver en fin de route. Continuer tout droit par un chemin caillouteux, puis par la piste qui entre dans une forêt de pins. Au bout de 600 m, tomber sur une piste transversale. Tourner à droite et attention à 250 m, prendre la première piste à gauche.

Marcher toujours dans une forêt de pins. On est maintenant sur une route bitumée. Tourner à gauche et suivre cette route toujours tout droit. Au carrefour, continuer tout droit. Entrer à **Benquet**. Passer devant une pharmacie puis devant l'église. Continuer toujours tout droit. À la sortie du village, passer devant les écoles et prendre un virage. Au rond-point, tourner à gauche en direction de Saint-Maurice. À 900 m, à un carrefour (route de Loustaou), continuer tout droit.

300 m plus loin, passer devant l'église de Saint-Christau. À 1,3 km, à un autre carrefour (route du Catalan), continuer direction Saint-Sever. 700 m plus loin et à un nouveau carrefour (chemin de Parroc), continuer toujours direction Saint-Sever. À un carrefour (chemin du Coye), continuer toujours tout droit. Enfin après 700 m, arriver à un autre carrefour (chemin de Laouzère). Attention, tourner à droite en direction du chemin de Laouzère.

Continuer sur cette petite route goudronnée et au bout de 400 m, prendre la piste en terre en face. Piste que vous suivrez sur 2 km environ pour tomber sur une piste transversale et caillouteuse.

Prendre cette piste à gauche qui conduit à une route bitumée (maisons). Tourner à droite sur une petite route bitumée à emprunter syur 1,5 km environ et à 200 m du rond-point que l'on aperçoit, prendre à gauche le chemin balisé qui conduit à une nouvelle route à prendre par la droite. Traverser la D924 (prudence) pour arriver à **Sainte-Eulalie** que l'on atteint au bout de 150 m.

possible. Ouvert du 15/03 au 31/10 laciteverte@hagetmau.fr

H La Crémaillère, 616 av. de la Trace (point bleu A, étape suivante), tél : 05 58 79 31 93, ch. à partir de 55€ pour 1 pers., 65€ pour 2. PDJ 8€. 1/2 P 71€/pers. Ouvert toute l'année. bourdieu.gerard@wanadoo.fr

Pour y aller : dans l'explicatif pour quitter Hagetmau (étape suivante), quand nous indiquons de tourner à gauche par la route de Labastide/Chalosse, faire 550 m. À la maison n°661 à gauche (plaque), prendre à droite, faire presque 700 m et sur la D933a, l'hôtel est en face sur la gauche.

Messe 11h

À Sainte-Eulalie, passer devant l'église et s'engager en direction des terrasses de Sainte-Eulalie ; suivre cette route parallèle à la rivière, passer sous un pont de chemin de fer pour arriver au pont qui enjambe l'Adour. À partir du pont, des coquilles de bronze scellées au sol vous guident dans la traversée de Saint-Sever.

Passer sur le pont pour arriver à un carrefour situé dans le virage au pied de la côte. Passer le virage, à 300 m tourner à gauche direction côte de Brille. Au sommet de la côte, arriver dans **Saint-Sever**. Continuer tout droit direction Abbatiale X^e. Arrivé à l'abbatiale (en face se trouve l'Office de Tourisme), prendre à gauche rue des Arceaux et continuer tout droit rue du Général Lamarque pour arriver au cloître des Jacobins où se trouve le refuge.

Du cloître des Jacobins, continuer par la rue du Général Lamarque puis la rue de la Guimmerie. À la fin de cette rue, tourner à droite pour arriver au carrefour route de Montaut (feux tricolores). Prendre à droite boulevard de l'Espérance. Après avoir parcouru 100 m, prendre à gauche vers la salle omnisport/Laloubère et suivre le chemin de Laburthe. 900 m après, prendre à gauche le chemin de Laboye (chemin cailloutteux, château d'eau sur la droite) pour arriver 1300 m plus loin sur une route transversale, le chemin du Barthe.

Tourner à droite et 300 m plus loin, arriver à un nouveau carrefour où il faut prendre à gauche direction « chemin de Pugnerette ». Suivre toujours cette route et atteindre le pont qui enjambe le ruisseau de Gabas. Franchir le pont du Gabas. La route goudronnée va plein sud et laisse à droite un beau moulin puis une station de pompage.

La route va toujours plein sud, traverse le ruisseau qu'elle longe depuis le moulin. 100 m après, quitter la voie à droite pour traverser la voie ferrée à droite et prendre immédiatement le chemin à gauche en longeant la voie. Le chemin est goudronné au début mais attention, il faut le quitter à hauteur de la première maison pour emprunter le chemin de terre qui redescend le long de la voie ferrée. Le chemin passe bientôt près du pont de pierre de la voie ferrée, longe le ruisseau (le Laudron), puis le traverse juste à l'entrée d'**Audignon**.

Au débouché sur la route D21, place Compostelle, dos à l'église, prendre à droite, passer devant la mairie et continuer sur la D21 en direction d'Horsarrieu (route de Doazit). À la sortie d'Audignon, prendre la route à gauche direction Horsarrieu / Hagetmau (D 78). Au sommet de la côte, au niveau d'un crucifix, tourner à gauche en direction du chemin du Camps par une petite route qui redescend vers la voie ferrée.

Traverser cette voie ferrée en passant sous le pont ferroviaire. La petite route remonte alors jusqu'à un carrefour orné d'un crucifix. Continuer tout droit pour repasser sous la voie ferrée. La route se poursuit en descente légère. On découvre Horsarrieu sur la hauteur en face. Dans la pente au carrefour, aller tout droit, toujours en montant et en empruntant le sens interdit. Déboucher près de l'église du village. Traverser **Horsarrieu** tout droit par la rue Saint-Blaise en allant vers la D78. Cette route conduit à l'entrée d'Hagetmau. Au passage on rencontrera au lieu-dit Lespitaou le crucifix monolithique le plus ancien des Landes. Arriver au rond-point routier à l'entrée d'Hagetmau. Deux possibilités se présentent :

1) Pour le pèlerin fatigué, qui souhaite faire des achats, ou qui cherche un gîte : continuer tout droit en direction du centre-ville. La rue principale traverse la ville de façon presque rectiligne (rue Gambetta qui vous dépose devant l'église). Cette traversée n'est pas balisée mais le pèlerin retrouvera les marques du chemin à la sortie de la ville lorsque la D933 traverse la rivière du Louts.

2) pour le pèlerin qui souhaite se promener et visiter en particulier la crypte Saint-Girons, le marquage continue en prenant la direction d'Orthez. Attention : 100 m après le rond-point,

tourner à gauche (Ets Capdevielle). La route descend en direction de la crypte Saint-Girons. En abordant la route marquée d'un stop, le pèlerin qui souhaite visiter la crypte doit tourner à droite pour la rejoindre. Elle se situe à environ 150 m. Après la visite, il faudra revenir à ce stop pour reprendre le balisage. Continuer tout droit en direction du centre-ville. La rue principale traverse la ville de façon presque rectiligne (rue Gambetta qui vous dépose devant l'église).

<u>Proposition de variante entre Mont-de-Marsan et Saint-Sever, pour l'hébergement au lieu-dit Haut-Mauco :</u>

À l'église Sainte-Madeleine, emprunter la rue Robert Wlérick puis franchir la grande place et passer au-dessus du Midou. À la mairie, prendre tout droit la rue Léon Gambetta qui monte, puis emprunter l'avenue Sadi Carnot. Au rond-point suivant, emprunter l'avenue Kennedy (direction Pau et Tarbes). À la place (rond-point), prendre à droite direction Saint-Pierre-de-Mont - Saint-Sever - Orthez. Après 300 m, franchir la voie ferrée. Parcourir 1,9 km tout droit, sans quitter l'avenue de Saint-Sever, pour passer sous la rocade de Mont-de-Marsan.

Ici vous êtes au milieu des échangeurs d'accès de la rocade sud, ce n'est pas dangereux, si vous êtes vigilant et prudent, mais les paysages sont sans intérêt. S'engager ensuite à droite vers la zone industrielle de Saint-Pierre-de-Mont, fléchée aussi Déchetterie intercommunale et centre technique de la Cam. Faire donc 300 m sur la droite et tourner immédiatement à gauche vers « Aire des gens du voyage ». Vous voilà sur une petite route sans danger qui laisse la grand-route D933 sur la gauche. Parcourir 2,2 km jusqu'au rond-point. Prendre la troisième route à droite (à l'exact opposé de l'endroit où vous êtes).

Après l'embranchement vers Saint-Sever, Hagetmau, Orthez par la D933S, laisser la D933 maintenant sur votre droite. Parcourir 1,8 km jusqu'à un autre rond-point. Prendre de l'autre côté de ce rond-point la route en direction du complexe Maïsadour pour laisser cette fois-ci la D933 sur votre gauche. Parcourir 1,4 km, laisser la coopérative Maïsadour à droite.

Alors que vous arrivez à un troisième rond-point, visible à gauche à 30 m, virer à droite sur 30 m, tourner à gauche pour laisser la D933 à gauche à nouveau. Faire 1,3 km, la route vire en angle droit à droite. Attention, après ce virage à droite, ne pas prendre la première route à gauche (sinon vous devriez marcher le long de la voie de TGV), mais poursuivre sur 1 km avec un passage en sous-bois. Après ces 1 km, tourner à gauche pour se rapprocher à nouveau de la D933 que l'on finit par atteindre après 1,7 km, en laissant à gauche l'aire stationnement des Baraquettes.

Au rond-point suivant, poursuivre à droite direction Bas-Mauco. Après 3,5 km, arriver dans le village de Pere. Au rond-point (chapelle en face), poursuivre tout droit par l'avenue du Général de Gaulle. Franchir l'Adour, poursuivre ensuite à droite vers le centre-ville. Dans la montée avant un grand bâtiment à gauche, prendre à gauche et après 350 m, vous êtes à Saint-Sever. Sur le boulevard, tourner à gauche vers le centre-ville de **Saint-Sever**.

Les arènes à Saint-Sever

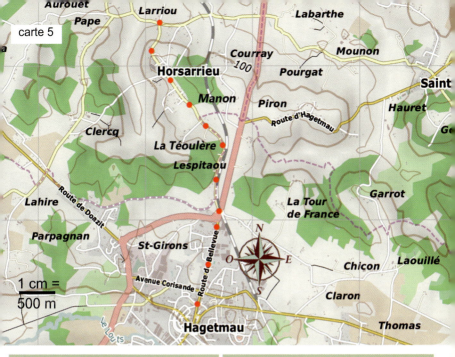

SAINT-SEVER

L'abbaye

La fondation d'une abbaye près du site antique de Morlanne qui domine la vallée de l'Adour est à la fois un acte politique et religieux des comtes de Gascogne pour asseoir leur autorité. C'est en 988 que le comte Guillaume Sanche décida d'édifier un monastère sur la tombe de Severus envoyé par le Pape au IVe siècle pour évangéliser la région et martyrisé par les Vandales.
Entre plaine landaise et Pyrénées, nombre d'édifices religieux témoignent du renouveau de l'Église de Gascogne médiévale. Pour les pèlerins de Saint-Jacques, les centres hospitaliers comme Saint-Sever étaient appréciés après la traversée des Landes et avant le passage du col de Roncevaux.
Saint-Sever connut un rayonnement exceptionnel sous l'abbatiat de Grégoire de Montener, venu de Cluny, de 1028 à 1072. L'église fut modifiée par des maîtres-d'œuvre et des sculpteurs novateurs. Un atelier d'enluminure de l'abbaye aurait réalisé le manuscrit de l'Apocalypse de Saint-Sever, conservé à la Bibliothèque Nationale. Au cours du XIIe siècle, l'église fut en grande partie achevée et ornée de mosaïques et de chapiteaux dont il reste quelques témoins.
La guerre de Cent ans et les guerres de Religion entraînent d'importantes destructions. Au XVIIe siècle, la congrégation de Saint-Maur restaure le monastère : l'élévation de l'abside ainsi que le cloître et les bâtiments conventuels datent de cette période. Après la Révolution, l'abbatiale devint église paroissiale. D'importants travaux furent réalisés par les monuments historiques au début du XXe siècle. L'orgue abrite un buffet en bois sculpté de Dom Bedos et une partie instrumentale d'Aristide Cavaillé Coll.

Le couvent des Jacobins

Le couvent des Jacobins (congrégation de Saint-Dominique) fut fondé vers 1280 au revers des remparts du XIIe siècle, puis vite englobé dans la nouvelle enceinte. Les occupations diverses des locaux depuis la Révolution ont entraîné d'importantes déprédations. La ville de Saint-Sever s'emploie à restaurer cet ensemble.

HAGETMAU

Une abbaye bénédictine aurait été construite sur les lieux du martyre de saint Girons, disciple de saint Sever (en 409). Elle fut transformée en collégiale au XIVe siècle. Détruite pendant les guerres de Religion, il ne subsiste que la crypte. La voûte repose sur 8 colonnes engagées et sur 4 colonnes centrales. Les colonnes centrales sont en marbre de Campan. Elles marquent les angles d'un rectangle dans lequel devait certainement s'inscrire le tombeau de saint Girons qui a disparu dans la tourmente de 1569. Ces belles colonnes de marbre proviennent de villas gallo-romaines de la région. Les 14 chapiteaux à tailloirs sont très variés. Motifs végétaux et scènes de l'Ancien et du Nouveau Testament y sont représentés. Ce sont les plus beaux chapiteaux historiés du département.

Texte publié avec l'aimable autorisation des amis de Saint-Jacques dans les Landes

Étape 32 29,8 km 6 h 50
D'Hagetmau à Orthez

À **Labastide-Chalosse**, vous avez marché 1 h 20 et parcouru 6 km
À **Argelos**, vous avez marché 2 h 10 et parcouru 10 km
À **Beyries**, vous avez marché 2 h 30 et parcouru 11,8 km
À **Sault-de-Navailles**, vous avez marché 3 h 10 et parcouru 14 km
À **Orthez**, vous avez marché 6 h 50 et parcouru 29,8 km

Castaignos-Souslens (40700)
CH Mme Hourcade, 538 route de Souslens, tél : 06 75 94 12 74. 1/2 P à partir de 50€ pour 1 pers. et 80€ pour 2. Ouvert du 15/04 au 30/11.
chantal64410@gmail.com

Beyries (40700)
RP municipal, Mme Breillot, place de la Mairie, tél : 05 58 79 05 23, ou 05 58 79 04 69 (mairie), ou 06 73 51 36 11. Cuisine. 7 pl. Petite épicerie de dépannage. Participation financière laissée à votre libre conscience. Ouvert de mars à novembre.
mairie.beyries@wanadoo.fr

Sault-de-Navailles (64700)
Commerces.

Orthez (64300)
OT Coeur de Béarn, 1 rue Jacobins, tél : 05 59 12 30 40.
https://www.coeurdebearn.com
contact@coeurdebearn.com

Chambres, Le Relais des Arts, M. et Mme Hébrant, Laqueyre, 929 chemin de Laqueyre (sur le chemin 2 km avant Orthez), tél : 09 53 39 72 34, ou 06 77 48 15 75. Nuitée+PDJ 25€/pers., dîner 17€. 1/2 P 42€. Cuisine en gestion libre (donc courses à prévoir à Sault-de-Navailles).
steven.hebrant@free.fr

CH Côté Cour, Mme Marie-Christine Petriat, 40 rue Aristide Briand, tél : 06 20 39 45 16. Ch. simple 50€, double 55€ (tarif pèlerin). Ne fait pas TH, proche restaurant. Ouvert toute l'année.
mc.petriat@gmail.com

RP, Hôtel de la Lune, 14 rue de l'Horloge. Clés à l'OT d'Orthez, tél : 05 59 21 93 49. Hors horaires d'ouverture de l'OT, les clés sont à retirer au Corral Café. Nuitée 15€ (2 dortoirs). 6 pl.

Sault-de-Navailles

C'est une certitude au départ de votre journée, vous êtes encore dans les Landes pour environ 17 à 18 km, mais le paysage n'a plus rien de landais. C'est une succession de petits vallons qui vont rythmer l'étape d'aujourd'hui. Il faut franchir les luys, petits cours d'eaux discrets.

Vous croiserez le Luy de France peu avant Castaignos-Souslens, encore dans le département des Landes, puis le Luy de Béarn à Sault-de-Navailles, dans les Pyrénées-Atlantiques, pour rejoindre ensuite Orthez sur les rives du Gave de Pau. Ce sont maintenant les Pyrénées-Atlantiques que vous allez découvrir pendant quatre étapes. Vous êtes dans le Béarn des gaves et Orthez en est la ville principale. C'est un carrefour de communication et de commerce entre le piémont pyrénéen et les riches terres agricoles du pays de Chalosse. La ville est située sur le Gave de Pau qui prend sa source dans le cirque de Gavarnie et coule plus au nord que le Gave d'Oloron qui, lui, prend naissance à Oloron-Sainte-Marie.

Il faudrait presque pouvoir s'arrêter une journée entière pour visiter Orthez. Le pèlerin y découvrira une

Cuisine. Ouvert à partir de 14h. Ouvert du 01/03 au 30/11.
contact@coeurdebearn.com

APD, Mme Bosquet, 65 rue Moncade, tél : 06 08 77 79 98. 7 pl. Cuisine. Nuitée+PDJ 35€. Dîner 15€. 8 pl. Fermé en août. Résa souhaitée par mail 48h avant votre passage.
bosquet-p@wanadoo.fr

H Terminus, 14 rue St-Gilles, tél : 05 59 69 02 07. Ch. pour 1 pers. de 27€ à 32€. Ch. double de 27€ à 42€. PDJ 5 €. Dîner 12,50€. 1/2 P 42€. Ouvert toute l'année.
hotel.terminus.orthez@hotmail.com

H Labat, 7-9 rue Xavier Darget, tél : 06 41 42 07 06. Ch. pour 1 pers. 44€ et double de 49€ à 64€. PDJ 6€. Nuitée en dortoir pèlerin 15€. Ouvert toute l'année.
claude.bernard@cliniquelabat.fr

Messe St-Pierre 10h30

multitude de toits typiques en tuiles Picon, les vestiges de remparts médiévaux, l'église Saint-Pierre avec son chœur gothique méridional et sa nef languedocienne, la tour Moncade et les maisons médiévales, les gentilhommières de la Renaissance, ainsi que la maison royale de Jeanne d'Albret, sans oublier de goûter au célèbre vin local : le jurançon…

Descriptif de l'itinéraire pédestre et cycliste

Pour déjeuner : tous commerces à Sault-de-Navailles.

Dos à l'église, descendre sur votre gauche la rue Pascal Duprat, puis la rue Gambetta. Au rond-point, continuer à descendre par la droite la rue Charles Domercq. Continuer sur la D933 en montée légère jusqu'en haut de la côte et là, prendre la petite route à gauche (chemin de Lafargue). 300 m plus loin, elle croise la D357, route de Labastide-Chalosse. Prendre cette départementale à droite.

À partir de ce croisement et jusqu'à Argelos, on emprunte la D357 sur une grande partie de l'itinéraire sauf pour prendre le raccourci à Labastide-Chalosse. Continuer tout droit, passer devant une belle statue de saint Michel et entrer dans **Labastide-Chalosse**. On aperçoit bientôt le clocher de son église.

Église de Labastide. Attention, 200 m après l'église, prendre le chemin à gauche, sinueux, en descente prononcée qui rejoint en 400 m à travers bois une petite route. Prendre cette route à droite pour retrouver la D357 sur la gauche direction Argelos. La route continue en fond de vallée ; forêt à gauche, cultures à droite, jusqu'au pont sur le Luy de France.

Pont du Luy de France. Emprunter ce pont. La route longe un ruisseau affluent du Luy. Laisser à gauche la route de Poudens, continuer sur la D357 qui longe le ruisseau. Attention : une route balisée en jaune part bientôt sur la droite. Ne pas s'y engager mais continuer sur la D357 qui monte à présent, de plus en plus raide et sinueuse. Sur la hauteur, un carrefour avec un crucifix central. Continuer sur la droite pour entrer dans Argelos. Continuer jusqu'à la mairie.

Mairie d'**Argelos**. Attention, devant la mairie, prendre la petite route ombragée à droite en descente. Arrivé en fond de vallée, la route remonte fermement en forêt jusqu'au carrefour avec la route de Souslens. Prendre cette route à gauche jusqu'au panneau d'entrée d'agglomération de Beyries, sur un carrefour avec un calvaire. Carrefour d'entrée dans **Beyries**. Deux solutions se présentent au pèlerin :

1) Pèlerin pressé : prendre à droite au calvaire et suivre le balisage pour rallier au plus direct Sault-de-Navailles.

2) Pèlerin souhaitant être hébergé au gîte municipal de Beyries ou tout simplement visiter la charmante chapelle du village : rejoindre la mairie à 300 m de là en continuant tout droit. Pour reprendre le chemin balisé, il faudra revenir à ce carrefour.

Pour continuer vers Sault-de-Navailles, prendre à droite (sud-ouest) au niveau du calvaire puis 50 m plus loin, tourner à gauche direction Lahitte.

La petite route de crête s'avance entre des maisons dispersées dont le château de Beyries. Par temps favorable, les Pyrénées décorent le fond du tableau. Attention, 200 m après le château, ne pas suivre la route mais prendre le chemin de pierres blanches qui file tout droit et descend en forêt jusqu'à une petite route goudronnée (chemin du Moulin). Prendre la route à droite en empruntant le petit pont. L'entrée à Sault-de-Navailles est à 300 m.

Traverser **Sault-de-Navailles**. Emprunter un pont, au premier rond-point, continuer tout droit, au deuxième rond-point, encore tout droit (panneau Sallespisse / Orthez). Au hameau de Sallespisse, à la hauteur du calvaire, prendre à droite la rue qui monte.

Face à l'église, prendre la rue qui monte, 600 m après, on laisse un calvaire sur la droite. Après 500 m, continuer sur cette route (ne pas prendre la direction de Bonnut). Au carrefour en fourche, prendre à droite en direction de « Lieutenent Raoul ».

Au deuxième carrefour, prendre tout droit la rue qui monte. 200 m après, prendre le chemin de pierre qui redescend en virage. Après 1,5 km on retrouve une piste bitumée. Laisser une maison isolée sur la droite. Au carrefour, prendre tout droit puis arriver à Orthez. Laisser la tour Moncade sur la droite, descendre la rue Moncade, et arrivé face à l'office du tourisme, prendre à droite la rue des Jacobins qui vous mène devant l'église d'**Orthez**.

Le pont sur le gave de Pau à Orthez

ORTHEZ

Le monument le plus ancien et le plus célèbre d'Orthez est sans nul doute le pont qui permettait aux pèlerins de Compostelle de franchir le Gave de Pau. Construit au XIIIe siècle par Gaston VII Moncade, il est modifié et embelli plus tard par Gaston Phébus qui en fait un magnifique ouvrage avec ses arches inégales et sa tour centrale. Les guerres de Religion endeuillent le Béarn en 1569, et en représailles, les protestants jettent depuis le pont dans le Gave les prêtres prisonniers. En 1814, le pont résiste aux canons de Napoléon commandés par le Maréchal Soult qui voulait défendre sa retraite devant Wellington. Lors de sa dernière rénovation, la tour fut dotée de son toit en forme de chapeau.

Dominant la ville, la tour Moncade témoigne fièrement de ce que fut le château Moncade. C'est avec l'argent reçu du roi d'Angleterre en 1242 que Gaston VII Moncade le fit construire. Protégé par un fossé maçonné et trois rangées de remparts, il était composé d'un corps de logis accolé au donjon de deux étages. Gaston Phébus lui ajouta trois étages supplémentaires et en fit le siège de sa cour. Pendant les guerres de Religion, le château fut brûlé et pillé. À la Révolution, il fut vendu à des entrepreneurs de démolition. C'est au maire d'Orthez, Raymond Planté, que revint le mérite d'avoir sauvé les derniers vestiges. Entre Pâques et la Toussaint, les visiteurs peuvent découvrir du haut du donjon (33 mètres) une magnifique vue sur la ville, ses toits de tuiles picon, et les environs de la chaîne des Pyrénées.

QU'EST-CE QU'UN GAVE ?

C'est un nom générique donné aux torrents (grands ou petits), situés au Béarn et en Bigorre, sur le territoire des Pyrénées-Atlantiques et des Hautes-Pyrénées. Le Gave de Pau (également appelé Grand Gave), les recueille presque tous et est le principal affluent de l'Adour.

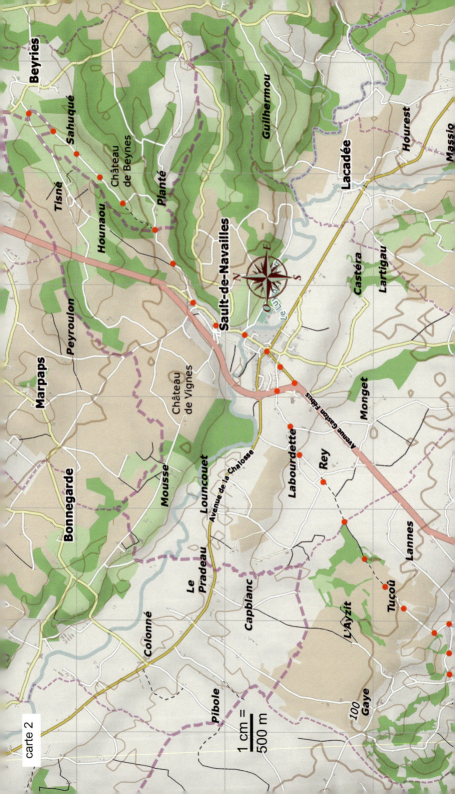

Étape 33 20,1 km 5 h
D'Orthez à Sauveterre-de-Béarn

À **Sainte-Suzanne**, vous avez marché 45 mn et parcouru 3,5 km
À **Lanneplaà** vous avez marché 1 h 10 et parcouru 5,8 km
À **L'Hôpital-d'Orion**, vous avez marché 2 h 10 et parcouru 10,5 km
À **Burgaronne**, vous avez marché 3 h 45 et parcouru 17,1 km
À **Sauveterre-de-Béarn**, vous avez marché 5 h et parcouru 20,1 km

Sainte-Suzanne (64300)
(4,5 km après Orthez)

CH, La Ferme Acoucoula, 975 chemin du Pontet (à 2,4 km du centre-bourg de Ste-Suzanne, points bleus 1), tél : 05 59 65 28 11, ou 06 22 83 03 87. Ch. 45€ pour 1 pers., 50€ pour 2. Dîner 13,50€. Ouvert toute l'année. Peut aller vous chercher à Orthez. Résa souhaitée.
acoucoula@gmail.com
Pour y aller : au carrefour avant l'église de Ste-Suzanne, à la fourche, suivre la direction de la CD23 (panneau). Faire 800 m. Dans le hameau de Carsuza, rester sur cette route (panneau Sauveterre-de-Béarn) et rejoindre (chemin du Pontet) après 200 m la D23. Sur cette route, tourner à droite, parcourir moins de 100 m, puis tourner à gauche (panneau Acoucoula). Le hameau est à 450 m.

L'Hôpital-d'Orion (64270)
Aucun commerce.

CH, Mme Faurie, résidence Trescoigt, route de Montestrucq, tél : 05 59 69 32 08, ou 06 89 31 70 22. Nuitée+PDJ 24€/pers. Cuisine, courses à prévoir à Orthez. Ne fait pas TH. Ouvert du 15/04 au 30/10.

Orion (64390)
RP Les Étoiles d'Orion, Mme Dufrêne, 66 chemin de Menan (points bleus 2), tél : 05 59 09 36 69, ou 06 32 03 21 16. Ch. en dortoir+PDJ 20€. Dîner 7€. Cuisine, courses à prévoir à Orthez. Accueil à partir de 16h. Ouvert toute l'année.
dufrene.cecile64@orange.fr
Pour y aller : à L'Hôpital-d'Orion, laisser l'église à gauche, puis prendre à gauche la route D23 vers Orion, Orriule. Après 25 m, quitter cette route pour vous engager à gauche et laisser le

Rencontre à L'Hôpital-d'Orion

C'est le sac plein de victuailles que vous quitterez Orthez, car aujourd'hui il n'y a ni commerce ni petites auberges de campagne pour déjeuner paisiblement. Vous déciderez sans doute de profiter du calme de L'Hôpital-d'Orion, de l'église et de la statue du pèlerin de Saint-Jacques pour une pause discrète. Le contraste entre l'étape d'hier et celle d'aujourd'hui est saisissant. Hier, la proximité de la route départementale permettait de ne jamais trop s'écarter des villages aux nombreuses facilités. Aujourd'hui, c'est le calme de la campagne, des petites exploitations agricoles et des quelques troupeaux de vaches béarnaises curieuses.
Sauveterre, aux portes de la Basse-Navarre, vient du latin médiéval « terra salva », qui veut dire : « terre sauve », c'est-à-dire affranchie du système féodal, et dont la population échappait ainsi à l'autorité d'un seigneur. Certains territoires au Moyen-Âge bénéficiaient ainsi de traitements de faveur. On ne sait pas si les pèlerins s'estimaient sauvés en parvenant jusqu'à Sauveterre, car il leur restait encore à franchir la Navarre espagnole, dont Aimery Picaud ne dit pas du bien dans son récit le Codex Calixtinus. Écoutez plutôt

petit puits à votre droite. Très vite la route est remplacée par un chemin de terre qui monte à flanc de colline en forêt. Aux maisons du hameau de Beigbéder, on retrouve une route bitumée. Le hameau de Menan est à 350 m.

Laas (64390)

GE La Tortue, M. et Mme Philippe, bourg (face à l'église), (8 km hors du parcours, hors carte), tél : 06 34 48 68 33, ou 06 20 11 89 77, ou 06 34 48 68 33. 4 pl. Nuitée 16€. PDJ 6€. 1/2 P 39€. Cuisine. Vienne vous chercher à Andrein ou à Sauveterre (mais notre parcours ne passe pas par Andrain, car c'est plus long !). Ouvert du 01/04 au 30/11.
evelyne.philippe64@orange.fr
Pour y aller : pas d'explicatif pour vous guider, 8 km c'est 1h30 de marche à ajouter à l'étape. M. et Mme Philippe peuvent venir vous chercher en voiture.

Sauveterre-de-Béarn (64390)
Commerces. OT.

CH du Saumon, Mme Sarthou, 533 quartier de la Gare (à 1 km du bourg vers St-Palais, après le pont sur le gave), tél : 05 59 38 53 20, ou 06 76 38 30 06. 10 pl. 1/2 P 50€ (crédenciale obligatoire). Casse-croûte sur demande 5€. Accueil à partir de 15h. Ouvert du 15/04 au 24/11. Viennent vous chercher à l'église ou à l'OT.

CH Le pont de la Légende, M. Melville, 1 rue du Pont de la Légende, tél : 05 59 38 91 76, ou 06 47 87 49 51. Ch. double de 60€ à 110€ pour 4 pers. Dîner possible mais pas obligatoire, se renseigner. Restaurant dans le village. Pas de cuisine. contact@chambresdupontdelalegende.com paulm4589@gmail.com

C du Gave, tél : 05 59 38 53 30, ou 06 13 03 58 98, ou 06 23 97 95 73. Ouvert du 15/03 au 30/10. contact@campingdugave.fr

Messe 9h30, 11h

ce qu'il écrit à propos des Navarrais : « C'est un peuple barbare différent de tous les peuples et par ses coutumes et par sa race, plein de méchanceté, noir de couleur, laid de visage, débauché, pervers, perfide, déloyal, corrompu, voluptueux, ivrogne, expert en toutes violences, féroce et sauvage, malhonnête et faux, impie et rude, cruel et querelleur, inapte à tout bon sentiment, dressé à tous les vices et iniquités. »

Pour le plaisir, lisez Aimery Picaud, mais surtout, ne l'écoutez pas, les temps ont bien changé !

Descriptif de l'itinéraire pédestre et cycliste

Pour déjeuner : courses à prévoir dès Orthez ou déjeuner à Sauveterre-de-Béarn à l'arrivée.

Départ depuis le Vieux Pont d'Orthez que vous franchissez. De l'autre côté dans la rue pavée, remonter vers la rue Gaston Planté. Sur cette rue, tourner à gauche. Laisser très vite un calvaire à gauche et poursuivre sur la droite vers Sauveterre – Navarrenx par la rue des Frères Reclus. Parcourir 650 m et juste avant de passer sous l'autoroute A64, s'engager à droite, pour avoir sur votre gauche l'A64. Faire 1200 m jusqu'au lieu-dit Laslannes.

La route laisse place à une large piste qui descend sur 600 m. À la route bitumée, poursuivre tout droit sur 200 m. Au stop, tourner à gauche puis passer plus loin sous l'A64. Entrer à **Sainte-Suzanne**. Poursuivre sur l'axe principal du village qui prend plein sud, franchir le ruisseau du Làa.

Se diriger vers l'église (beau vitrail de Saint-Jacques à l'intérieur) que vous laisserez ensuite à droite. Ne pas quitter cette petite route sur 2 km (calvaire à votre gauche, rue La Carrere) pour entrer ensuite dans **Lanneplaà**.

Dans le bourg, prendre à gauche vers Orthez, Sauveterre, par la D267. Parcourir 250 m. À la fourche suivante (cimetière au milieu), prendre l'embranchement de droite qui est indiqué Chemin de Saint-Jacques. Après 160 m (un corps de ferme sur votre gauche), prendre encore à droite par le chemin de Lascabanne qui descend.

Faire 650 m (une route part à droite), poursuivre la descente à gauche (ferme de Camdeborde), vers le point bas, le ruisseau de Cassou. La route remonte ensuite, passe devant la maison Lascabanne. Poursuivre par la piste forestière, franchir la première barrière en bois et poursuivre sur 450 m le long de la clôture d'un herbage.

À la deuxième barrière en bois, tourner à gauche jusqu'au hameau de Trescoigt. La route descend vers la D23 (route d'Orthez à Sauveterre). Franchir la D23 et poursuivre en face. Parcourir 200 m, puis prendre à droite (panneau sens interdit). C'est la route qui va directement à **L'Hôpital-d'Orion**. Faire 1,2 km et dans le bourg, sur la D266, tourner à gauche vers l'église. Saint Jacques (statue) qui vous protège est sur votre droite.

Passer le pont sur le Saleys. Laisser après le pont une statue sur la droite (Vierge Marie), rester sur la D266 (ici nous faisons une infidélité au balisage local, ne pas tourner sur la gauche, il est plus court de rester sur la route, vous retrouverez le chemin de randonnée dans 1 km) qui monte et faire 1700 m depuis l'église. Sur la D30 (indication vers Salies 6 km à droite), poursuivre tout droit vers Orion, Navarrenx.

Parcourir moins de 200 m et aux premiers bâtiments à droite (scierie), prendre le sentier qui descend, qui passe le petit ruisseau Hourcabé par un pont, puis qui remonte. Faire 430 m et retrouver la route bitumée. Poursuivre tout droit par la petite route qui descend (plaque Chemin de Lambezat) jusqu'aux bâtiments de l'ancienne ferme de Lambezat. Poursuivre dans l'herbage, franchir le ruisseau de Lasgoubères. Poursuivre en face par le chemin qui monte fortement en forêt.

À un petit carrefour en forêt, poursuivre la montée par la gauche. Parcourir 450 m jusqu'à retrouver la route bitumée. C'est la D23. Ici vous avez le choix de suivre le chemin n°655 (c'est plus long, 5,9 km), ou de suivre nos explications (c'est plus court, 3,9 km, et surtout plus simple). Sur cette D23, tourner à droite, parcourir 350 m, et laisser sur la gauche la direction d'Andrain.

Rester sur la D23, parcourir 1,1 km pour rejoindre l'église de Burgaronne. Laisser l'église sur votre droite. Rester encore sur la D23. Parcourir 2,8 km et entrer dans **Sauveterre-de-Béarn**.

Sauveterre-de-Béarn

LA LÉGENDE DU PONT

Cette légende vient du fond de la mémoire des paysans béarnais, elle se racontait le soir à la veillée. Il y avait autrefois une souveraine du Béarn, l'infante Léofas, plus connue sous le nom de Sancie, veuve de Gaston V qui subit à Sauveterre dans le Gave « le jugement de Dieu par l'eau ». En 1170, son mari Gaston V, comte de Béarn, était mort sans héritier. Or, sa femme attendait alors un enfant. Celui-ci naquit difforme et mourut aussitôt. La malignité publique se donna libre cours et Sancie fut accusée d'avoir tué son enfant. Le roi de Navarre, Sanche, frère de Sancie, estima que la princesse ne pourrait être justifiée qu'en étant soumise à l'épreuve de l'eau. Le jugement de Dieu eut lieu en présence de trois mille personnes groupées aux abords du pont. Pieds et poings liés, l'accusée fut jetée dans le Gave. Le peuple attendait, angoissé, que la souveraine fût engloutie.

Il n'en fut rien. Sancie remonta à la surface et le courant la porta doucement vers la berge « à trois portées de flèches du pont ». Sancie était donc innocente et fut acclamée par la foule soulagée et transportée de joie. En reconnaissance à la Vierge Marie qu'elle avait implorée, la Reine Sancie broda elle-même un riche manteau qu'elle envoya à Notre-Dame-de-Rocamadour.

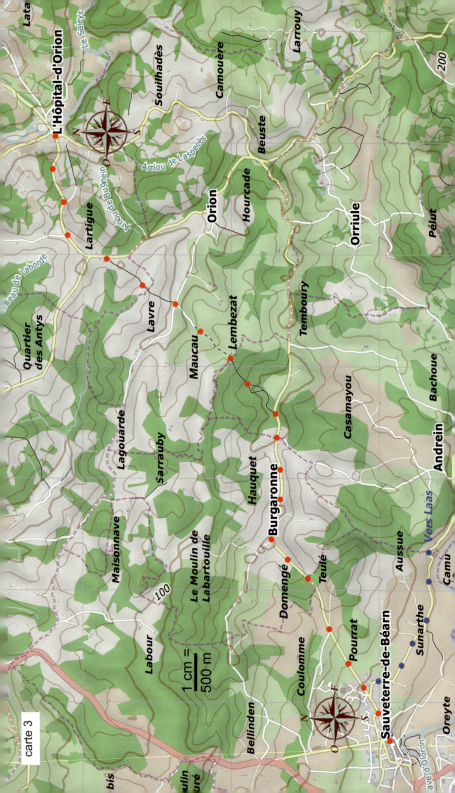

Étape 34   24 km   6 h
De Sauveterre-de-Béarn à Ostabat

À **Guinarthe-Parenties**, vous avez marché 40 mn et parcouru 2,5 km
À **Osserain-Rivareyte**, vous avez marché 55 mn et parcouru 4 km
À **Saint-Palais**, vous avez marché 3 h 10 et parcouru 13,5 km
À la **chapelle d'Harambeltz**, vous avez marché 4 h 55 et parcouru 20 km
À **Ostabat**, vous avez marché 6 h et parcouru 24 km

Guinarthe (64390)
APD, M. et Mme Bigné-Pouyau, 70 route du Pouyaou, D933, tél : 06 08 74 12 77. 1/2 P 33€. Nuitée+PDJ 23€. Nuitée seule 19€. Cuisine. Casse-croûte possible. Ouvert du 01/03 au 30/11. nadine.pouyau@wanadoo.fr

Saint-Gladie (64390)
(hors parcours à 1,2 km)
GE Le Bain des Oies, M. et Mme Bertrand, 8 rue de l'Église (points bleus 1), tél : 05 59 09 30 55, ou 06 32 15 42 80. Ch. 25€. PDJ 5€. 1/2 P 36€. Cuisine. Ouvert toute l'année.
noelbertrandpuyau1@orange.fr
Pour y aller : dans le hameau de Guinarthe, prendre à gauche par la D274 vers St-Gladie, Foyer Rural. Parcourir 700 m. Au carrefour, poursuivre tout droit. Faire 450 m. Franchir la D23. Le clocher de St-Gladie est en face.

Osserain (64390)
GE, Villa Mon Rêve, M. Souroste, lieu-dit Osserain, rue de l'Église, tél : 05 59 38 55 67, ou 06 08 47 24 99. 4 pl. En GE : Nuitée+PDJ 25€. Dîner 15€. 1/2 P 40€, nuitée+PDJ 21€. Cuisine. Ouvert du 01/03 au 30/11. pascal.souroste@orange.fr

CH La Maison Hourcade, Mme Duee, 114 route de la Navarre, tél : 06 86 74 10 24. Nuitée, dîner +PDJ 38€/pers. Ouvert du 15/02 au 15/12.

Saint-Palais (64120)
Commerces. OT, 14 place Charles de Gaulle, tél : 05 59 65 71 78. www.en-pays-basque.fr saintpalais@otpaysbasque.com

HR du Midi, place du Foirail, tél : 05 59 65 70 64. Ch. à partir de 65€. PDJ 8€. Dîner à partir de 24€. Fermé aux congés scolaires de février, dernière semaine d'août et à la Toussaint. hotmidi@sfr.fr

La stèle de Gibraltar près d'Ostabat

Quelque 3 km après Sauveterre-de-Béarn, peu après le Saison, vous entrerez en Pays basque dans l'une des trois provinces de la partie française que sont la Soule, le Labourd et la Basse-Navarre. L'ensemble, avec les quatre provinces espagnoles, forme l'Euskal Herria, le Pays basque.

Si vous voulez raccourcir l'étape, arrêtez-vous au refuge Bideak. Ce lieu, il n'y a pas si longtemps, abritait encore une petite communauté religieuse. Lorsque les frères franciscains ont quitté les lieux, des bénévoles (principalement d'anciens pèlerins) ont décidé que cette maison devait vivre et perpétuer la tradition d'accueil des pèlerins.

Ostabat n'a rien d'une grande ville, c'est même plutôt un tout petit village, et c'est à quelques encablures du bourg que vous trouverez la stèle de Gibraltar. Érigée en 1964, elle marque l'endroit symbolique où les trois chemins (Paris, Vézelay, Le Puy) se rejoignent. Attention, Gibraltar n'a rien à voir avec l'enclave britannique au sud de l'Espagne…! Le nom Gibraltar vient d'une déformation basque du mot Chibaltarem, façon basque un peu particulière de prononcer le nom d'un sanctuaire voisin Salvatorem situé à Saint-Sauveur.

CH, M. et Mme Escondeur, Maison Etchecougnenia, chemin Esquilamborde à 800 m avant l'entrée de la ville, D933 (commune d'Aiciritz, points bleus 2), tél : 05 59 65 65 54, ou 06 16 09 17 57. Ch. pèlerin 1/2 P 45€. Cuisine. Ouvert toute l'année. Viennent vous chercher devant le château de Camou ou à Garris. arnaud.escondeur@orange.fr
Pour y aller : place de la mairie de St-Palais, aller vers le pont pour franchir la Bidouze. Faire 550 m sur l'av. Frédéric de St-Jayme, puis prendre à gauche vers le centre hospitalier - collège. Après 100 m, tourner à droite.

RP Bideak (ancien refuge des Franciscains), 2 impasse du Prieuré, tél: 05 59 65 90 77. 16 pl. en dortoir, 11 pl. en ch. Nuitée+PDJ 9€ en dortoir, 14€ en ch. Cuisine. Ouvert du 01/04 au 15/10, de 14h à 22h. caminopa@hotmail.com

CH Soretana, M. Duployé, 2 av. Frédéric de St-Jayme, tél : 06 10 10 73 97, ou 09 73 67 88 27. 10 pl. Nuitée+PDJ 24€ pour 1 pers., 48€ pour 2. Dîner 12€ sur résa. Ouvert toute l'année. lduploye@hotmail.fr

Messe 9h, 11h.

Ostabat (64120)
Épicerie-boulangerie-bar (fermée le jeudi et le dimanche après-midi).

GE Etchetoa, Harambeltz, juste à côté de la chapelle St-Nicolas, 4 km avant le centre du village d'Ostabat, tél : 07 66 02 40 10 (Marie). Nuitée en ch. de 2 ou 3 à 14€. PDJ 5€. Dîner 15€. marie.etchetoa@laposte.net

GE Maison Ospitalia, M. Etchepareborde (entrée du village), tél : 05 59 37 83 17 (heure repas), ou 06 10 04 65 75. Nuitée 15€ (dortoir). Résa par téléphone ou par écrit avec des arrhes, et places restantes pour les 1ers arrivés. Ouvert du 01/04 au 31/10.

Auberge Ametzanea, M. et Mme Arbeletche, tél : 05 59 37 85 03, ou 05 59 37 81 56. Une seule formule possible : 1/2 P 38€/pers. SDB et WC communs aux 3 ch. Dîner 14€. PDJ 5€. Fermé le dimanche. Ouvert du 15/04 au

Descriptif de l'itinéraire pédestre et cycliste

Pour déjeuner : obligation de déjeuner à Saint-Palais ou se de ravitailler à Saint-Palais pour déjeuner plus loin. Sinon bar, restaurant, épicerie (à l'ouverture incertaine) à Ostabat.

À l'église Saint-André (portail principal dans votre dos), prendre la rue tous commerces (rue Léon Bérard). Au bout de cette rue, tourner à gauche par la route qui descend vers le Gave. Au rond-point, tourner à droite et suivre les directions Saint-Palais, Saint-Jean-Pied-de-Port, Mauléon, Oloron. Franchir ensuite le Gave d'Oloron.

À un deuxième rond-point, suivre le fléchage Pampelune, Guinarthe, Saint-Palais, Saint-Jean-Pied-de-Port par la D933. Entrer dans **Guinarthe**. Franchir la rivière du Saison, faire 250 m et au calvaire en bois sur la droite, tourner à droite et entrer dans Osserain – Rivareyte. Traverser le village pour aller au hameau de Saint-Elix.

Prendre le chemin bitumé sur la gauche, puis après 200 m, s'engager à droite la une piste qui se dirige vers la forêt. Au carrefour à 3 branches, prendre le chemin qui est le plus à gauche le long d'un ruisseau, et plus loin monter la piste. Après 800 m, trouver la borne de Pausasac. Sur la route bitumée (D134, pas de panneau), tourner à gauche, parcourir 1,6 km (soit 15 à 17 mn de marche) et entrer dans le hameau de Sussaute.

Dépasser le hameau en restant sur l'axe principal tout droit, et s'engager ensuite sur la gauche par une route qui descend (fléchage vers Ostabat). Faire 700 m, et s'engager ensuite sur la droite par la piste agricole qui débouche sur le hameau de Copaenia.

Prendre le chemin bitumé à droite qui après 260 m retrouve la route bitumée. Prendre à gauche et descendre. Après 600 m, à la fourche de la ferme d'Errecaldia, prendre à droite, après 1 km vous êtes dans le hameau de Suhast. Dépasser l'église sur la gauche (chapelle de l'Assomption) et au carrefour suivant (calvaire), s'engager à gauche par la route de Larramendia.

Parcourir moins de 600 m et prendre à droite une petite route qui descend et qui passe devant la maison Jauberria. Après 800 m vous êtes sur la route D29. La prendre à gauche sur 60 m et la quitter par la droite (route interdite aux + de 3,5T). Après moins de 100 m, retrouver le tracé de l'ancienne voie ferrée. L'emprunter à gauche, c'est une voie verte. Franchir la Bidouze sur le pont métallique.

Après 800 m (bloc de pierres) à la hauteur des premiers bâtiments, hameau de Lemerens, prendre à gauche et après moins de 200 m, retrouver la D29. Sur cette route plus importante, tourner à droite vers **Saint-Palais**, dont le centre-ville est à moins de 1 km.

Faire 400 m sur cette D29, et à la fourche suivante, prendre à gauche la rue de la Douze qui débouche après

30/10.
danielantxo@wanadoo.fr

GE, CH, Gaineko Etxea (sur le chemin, 1 km après le village), Mme Eyharts, tél : 05 59 37 81 10, ou 06 72 73 78 56. En CH de 2 pers. en 1/2 P de 48€ à 55€. 1/2 P 38€, 39€, 42€, 44€, 51€ selon confort (dortoir ou ch.). lucie.eyharts@wanadoo.fr

GE Aire Ona, Mme Irigoin, tél : 06 33 65 77 15. 12 pl. Nuitée de 15€ à 20€ selon confort. PDJ 5€. Cuisine. Ouvert du 15/04 au 15/10. gite.aire-ona@live.fr

500 m sur la place des Allées. Poursuivre en face par la rue du palais de Justice, faire 400 m et tomber sur la D933. Le refuge Bideak est à gauche.

Si vous ne faites pas halte au refuge, poursuivre tout droit par l'avenue de Navarre direction Sauveterre. Après 200 m, tourner à droite rue Mont-Saint-Sauveur. Au carrefour en T, virer à gauche et 200 m plus loin, monter à droite un chemin bétonné. Le chemin monte dans les bois et vire à gauche au niveau de deux barrières successives.

Rester sur la crête en lisière d'un bois et atteindre un sommet (statues). Descendre par le chemin en bordure du pré, entre deux clôtures, jusqu'à la petite route. Tourner à droite et rejoindre un carrefour. Virer à gauche pour atteindre la stèle de Gibraltar, au lieu-dit Hiriburia. 20 m plus loin on retrouve le balisage du chemin de Saint-Jacques venant du Puy-en-Velay. Suivre ensuite sur la droite le fléchage Chapelle de Soyarce 2 km. Depuis la chapelle de Soyarce, que vous laisserez à votre droite, après quelques mètres, tourner à droite en descendant. Poursuivre le chemin tout droit puis remonter.

Après la stèle, à 40 m, sortir du chemin en tournant à droite et continuer sur le monticule. Vous retrouverez un chemin : descendre tout droit, jusqu'à la route bitumée qui mène à la **chapelle d'Harambeltz**. Continuer en descente sur 60 m et laisser la route goudronnée pour emprunter le chemin indiqué par le panneau jacquaire Ostabat 50 mn. Bifurquer à gauche, en laissant un chemin à votre droite. Suivre le sentier tout droit qui descend.

Franchir le petit ru. Continuer tout droit puis tourner à droite en montant. Au rond-point, tourner à droite. Au carrefour, tourner à gauche pour emprunter la route de cailloux indiquée par une borne jacquaire. Descendre jusqu'au carrefour suivant. Au carrefour, tourner à gauche et descendre sur 60 m. Tourner à droite, franchir le ruisseau et poursuivre en montant. Continuer tout droit sur la route en laissant un chemin sur votre gauche. Au carrefour, poursuivre tout droit. Au carrefour suivant, continuer tout droit, en descente. À la stèle, vous pouvez prendre à gauche l'ancien chemin de pèlerinage (difficilement praticable), ou bien continuer tout droit, jusqu'à l'église d'**Ostabat**.

SAINT-PALAIS

Saint-Palais, c'est un riant chef-lieu de canton rural du Pays basque, traversé par deux jolies rivières poissonneuses, la Bidouze, et son affluent la Joyeuse. La ville porte le nom de Pelage, étudiant martyrisé à Cordoue en 926.
Comme Saint-Jean-Pied-de-Port, la ville fut capitale de la Basse-Navarre. Son blason porte les armes pleines de l'ancien royaume de Navarre. L'émeraude serait celle du turban de Mohammed El Nacer, battu à la fameuse bataille de Navas de Tolosa, en 1212, par les trois rois chrétiens, dont tout particulièrement Sanche VII, dit le Fort, roi de Navarre, tandis que les chaînes seraient celles qui entouraient la tente du calife almohade.

Saint-Palais est un point important du Chemin de Saint-Jacques. Selon le *Guide du pèlerin* du XIIe siècle, trois routes convergeaient autour de la colline Saint-Sauveur de Saint-Palais et fusionnaient au carrefour de Gibraltar, près du bois d'Ostabat. Ce point est matérialisé sur le terrain par une célèbre stèle discoïdale.

C'est là qu'a lieu chaque année le festival de la « force basque », où se disputent, entre équipes de colosses venus défendre leur village, le tir à la corde, le lever de pierres, des épreuves de bûcheronnage et bien d'autres encore…

OSTABAT

Tous les chemins de Saint-Jacques descendent vers Ostabat, l'« *Hostavallam* » d'Aimery Picaud. Autrefois, plus de quinze hôtelleries et deux hôpitaux accueillaient les pèlerins. Le nom d'Ostabat évoque d'ailleurs l'auberge basque l'« ostatu ». Aujourd'hui, les vénérables maisons du quartier Irizola conservent des noms rappelant le pèlerinage : « Putzutegia » qui veut dire la maison du puits, Beleisia, la maison du pèlerin.

Près du vieil hôpital Saint-Antoine, la fontaine Beilanako offre toujours ses eaux bénéfiques aux yeux fatigués. Vous pouvez aussi vous reposer sous les chênes et châtaigniers du bois d'Ostabat. Les amateurs de vieilles pierres ne manqueront pas de remarquer dans un hameau quatre maisons massives aux linteaux intéressants. L'un d'eux annonce fièrement : « Maison bâtie en 984, rebâtie par Arnaud d'Etchebet et Jeanne Auchiel, maître et maîtresse - 1786 ».

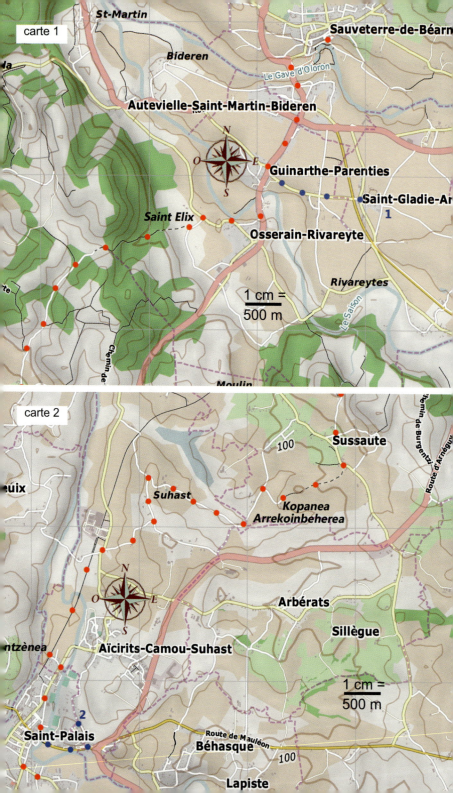

Étape 35 22,9 km 5 h 50
D'Ostabat à Saint-Jean-Pied-de-Port

À **Larcevaux**, vous avez marché 50 mn et parcouru 3,5 km
À **Gamarthe**, vous avez marché 2 h 10 et parcouru 10,1 km
À **Saint-Jean-le-Vieux**, vous avez marché 3 h 45 et parcouru 18,7 km
À **Saint-Jean-Pied-de-Port**, vous avez marché 5 h 50 et parcouru 22,9 km

Larceveau (64120)
HR L'Espallet**, bourg, tél : 05 59 37 81 91. Ch. à partir de 42€. PDJ 8€. Dîner à partir de 14€. 1/2 P 55€ pour 1 pers., 98€ pour 2. Casse-croûte. Ouvert toute l'année. hergaray@wanadoo.fr

Lacarre (64220)
CH Maison Carakotchia, J.-Cl. Sempé (points bleus 1, attention route passante), tél : 06 80 15 71 25. Nuitée en caravane 3 places 15€/pers. (sans draps, ni PDJ, ni serviette), draps +5€, dîner 15€, PDJ 6€. xokoan@wanadoo.fr

Saint-Jean-Pied-de-Port (64220)
Tous commerces. OT, 14 place Charles de Gaulle, tél : 05 59 37 03 57. saintjeanpieddeport@otpaysbasque.com www.en-pays-basque.fr

Accueil (infos) des pèlerins de St-Jacques, 39 rue de la Citadelle, tél : 05 59 37 05 09.

H Itzalpea**, Mme Suarez, 5 place du Trinquet, tél : 05 59 37 03 66. Ch. à partir de 59€ pour 1 pers., 89€ pour 2. PDJ 10€. Accueil dès 14h. Ouvert toute l'année. itzalpea@wanadoo.fr

GE municipal, Association des Amis de la Vieille Navarre, 55 rue de la Citadelle, tél : 06 17 10 31 89. Nuitée dortoir 10€ (1 seule nuit), PDJ offert, possibilité de réchauffer des aliments. Sans résa. Ouvert toute l'année dès 14h aux pèlerins à pied avec crédenciale portant leur sac (sauf problème de santé).

GE pèlerin Le Chemin vers l'Étoile, M. Viotte, 21 rue d'Espagne, tél : 05 59 37 20 71, ou 06 70 20 82 13. Nuitée en dortoir 18/19€, et 21/22€ en ch. de 2. PDJ 5€. Dîner 12€ à partir de 10 pers. Ouvert toute l'année. eric.viotte@gmail.com www.pelerinage-saint-jacques-compostelle.com

La rue de la Citadelle à Saint-Jean-Pied-de-Port

Cette dernière journée ne ressemblera pas du tout aux précédentes. En effet depuis la stèle de Gibraltar, vous croiserez une multitude de marcheurs et de pèlerins venus des six coins de France. Alors que les rencontres étaient rares, elles deviennent maintenant beaucoup plus fréquentes. Ne tardez pas à rejoindre Saint-Jean-Pied-de-Port. D'une part, parce qu'il faut visiter la vieille citadelle de Vauban et la prison des Évêques, mais aussi parce que le gîte du 55 rue de la Citadelle n'est malheureusement pas suffisamment grand pour accueillir parfois tous les pèlerins. Si vous choisissez cet hébergement, il vous faudra d'abord passer au bureau d'accueil du n°39 de la même rue pour y faire tamponner votre passeport et régler la participation financière. Le soir, avec des amis rencontrés ce dernier jour, profitez de votre soirée et réfléchissez.

Demain il faudra faire un choix ! Rentrer à la maison avec forcément un peu de mélancolie, ou poursuivre le Chemin. Sachez que votre démarche, quelle que soit votre motivation, est respectable, et le Chemin doit rester un moyen et non un but, c'est aussi une ouverture vers les autres et vers la culture de notre beau pays façonné par les siècles d'histoire passés. Cette culture est précieuse, il faut la préserver. Bonne route si vous poursuivez le chemin en Espagne ! Ultreia !

GE paroissial Kaserna, 43 rue d'Espagne, tél : 05 59 37 65 17 (résa la veille uniquement). Nuitée+PDJ en libre participation autour de 20€ selon vos moyens. Gîte pour les pèlerins à pied portant leur sac (sauf problème de santé), et en possession de leur crédenciale, sans transport de sac par des tiers. Délivrance de credenciale pour les pèlerins hébergés au gîte. Ouvert à partir de 15h. Ouvert du 01/04 au 30/10.

GE Beilari, Joseph et Jacqueline, 40 rue de la Citadelle, tél : 05 59 37 24 68. Chambres de 3 et 4 lits. 1/2 P 40€. Casse-croûte 5€. Ouvert du 15/03 au 30/10.
info@beilari.info
beilari.aterpea@gmail.com

GE La Vita E Bella, Mme Giardini, 4 place du Trinquet, tél : 07 68 23 40 07, ou 06 07 75 51 03. Nuitée en dortoir+PDJ 15,50€. Nuitée en ch. double 39€. PDJ 4€. Dîner 12€ ou 15€. Casse-croûte sur demande 6€. Ouvert à partir de 14h30. Ouvert du 01/03 au 15/11.
patrizia.giardini67@gmail.com

GE Ultreïa, M. Dréano, 8 rue la Citadelle, tél : 06 80 88 46 22. Nuitée+PDJ en dortoir 22€. Ch. double (SDB) 69€. Ch. à 2 lits 56€. 15 pl. Pas de TH, proche restaurant. Cuisine. Ouvert du 25/03 au 15/10.
gite.ultreia@vertesmontagnes.fr

GE Azkorria, M. et Mme Bigot, 50 rue de la Citadelle, tél : 05 59 37 00 53, ou 06 21 16 94 76. 14 pl. Nuitée en dortoir + PDJ 28€. Ch. double (+PDJ) 80€. Ne fait pas TH, proche restaurant. Ouvert à partir de 15h. Ouvert du 01/03 au 15/10.   sarl.azkorria@orange.fr

GE Compostella, 6 route d'Arnéguy, tél : 06 21 37 18 31. Nuitée en dortoir 13€, en ch. de 2-3 lits 18€. Cuisine. PDJ 5€. Ouvert du 01/03 au 31/10.

GE Zuharpeta, Mme Guéraçague, 5 rue Zuharpeta, tél : 05 59 37 35 88, ou 06 21 30 03 05. Nuitée 18€/pers. en dortoir, en ch. 48€ pour 2 pers. Dîner 14€. PDJ 6€. Ouvert du 01/03 au 31/10.
gitezuharpeta@laposte.net

GE Le Lièvre et La Tortue, Cat et Manu Peregrino, 30 rue de la Citadelle, tél : 06 63 62 92 35. 14 pl. Nuitée en ch. partagée 20€

Descriptif de l'itinéraire pédestre et cycliste

Pour déjeuner : ravitaillement possible à Sain-Jean-le-Vieux, ou Saint-Jean qui est tous commerces.

Depuis le parvis de l'église, prendre la ruelle à droite, puis tourner encore à droite, sur la route départementale. Continuer sur 90 m puis tourner à droite en quittant la route départementale par la toute petite route. Au carrefour, continuer tout droit.

Poursuivre tout droit en montant sur un chemin de cailloux. Franchir la clôture. Au carrefour, continuer tout droit. Poursuivre tout droit sur le chemin bitumé. Au calvaire de la D933, tourner à droite. Continuer sur 400 m puis tourner à droite pour prendre une petite route de pierres.

Le chemin empierré se transforme plus loin en route. Tourner à droite sur la route par la montée. Continuer en dépassant la route sur votre droite. Au carrefour, tourner à droite puis prendre immédiatement à gauche le chemin indiqué par le panneau jacquaire. Continuer par le chemin qui descend. Au hameau, tourner à droite.

Traverser le petit cours d'eau à gué et emprunter le chemin de terre qui remonte. Tourner à gauche sur la route qui redescend et à 70 m, prendre à droite le chemin qui remonte. Franchir la clôture et continuer tout droit sur la route. Au premier carrefour, poursuivre tout droit, puis au deuxième, tourner à gauche (panneau) par le chemin qui descend. Prendre à gauche le chemin de terre. Franchir le ruisseau puis passer la barrière. Longer le cours d'eau jusqu'à la barrière suivante.

À Utxiat, continuer tout droit, le long de la route départementale. Prendre la route à droite puis tourner à gauche pour suivre un chemin de terre qui monte. Franchir la clôture et continuer sur le chemin, le long de la route départementale située en contrebas. Passer le ruisseau et la clôture. Emprunter à nouveau la D933, en prenant à droite. Au niveau de la croix de Galzetaburu, tourner à gauche sur la D522.

Tourner à gauche pour reprendre la D933 à Mongelos. À la sortie du hameau, emprunter la première route à gauche. Au carrefour, tourner à droite. Au carrefour suivant, après 800 m, poursuivre tout droit pour rejoindre un troisième carrefour où vous tournerez à gauche.

Franchir la barrière métallique. Au carrefour en Y, tourner à droite. Au carrefour suivant, continuer tout droit jusqu'à la D933. Prendre la D933 en tournant à gauche. Poursuivre tout droit sur 2,5 km. Arriver à la chapelle Saint-Blaise. Poursuivre tout droit jusqu'au carrefour de la D120.

Au carrefour, continuer tout droit jusqu'à l'église de **Saint-Jean-le-Vieux**. Continuer tout droit sur la D933. Prendre la direction de La Magdeleine en tournant à gauche. À l'embranchement suivant, tourner à droite.

(pas de lits superposés), ch. double avec SDB privative 55€. 1/2 P 39€. PDJ 5€. Dîner 14€. Casse-croûte 6€. Ouvert du 15/03 au 31/10.
gite.lelievreetlatortue@gmail.com

GE Izaxulo, M. Fernandez, 2 av. Renaud, tél : 05 24 34 19 00, ou 06 84 33 12 05. 18 pl. Nuitée en dortoir à partir de 19€, 25€/pers. et 75€ en ch. individuelle. PDJ 5€. Cuisine. Ouvert du 01/04 au 30/10. josefernandez58@sfr.fr

GE Makila, M. Eyherabide, 35 rue de la Citadelle, tél : 06 63 10 13 46. 14 pl. Nuitée en ch. partagée + PDJ à partir de 25€. Ne fait pas TH. Ouvert du 05/03 au 20/10. pantxoe@gmail.com

CH, Mme Paris, 35 av. Renaud (gare SNCF), tél : 05 59 37 01 47, ou 06 89 40 00 74. Ch.+ PDJ 43€ pour 1 pers., 50€ pour 2. Ne fait pas TH, proche restaurant. Ouvert du 01/04 au 15/10. chambresgarazi@gmail.com

GE Zazpiak-Bat, M. Lopépé, 13 bis route du M^{al} Harispe (à 800 m du centre, route Napoléon), tél : 06 75 78 36 23. 17 pl. Nuitée+ PDJ 25€. 1/2 P 38€. Accueil dès 15h30. Ouvert toute l'année. giteguill.lopepe@gmail.com

GE Antton, Mme Arantxa, route vers St-Michel, tél : 06 65 19 50 73. 15 pl. 1/2 P de 37 à 40€/pers. Casse-croûte. Ouvert à partir de 16h. Ouvert du 01/04 au 15/10. compostelle@gite-antton.fr

C Plaza Berri, av. du Fronton, tél : 05 59 37 11 19, ou 05 59 37 00 92 (mairie), forfait emplacement +nuitée pour 2 pers. 11€/jour, électricité 3,50€. Ouvert du 03/04 au 31/10.
contact@saintjeanpieddeport.fr

Messe 8h30, 11h

Tourner à droite en direction de La Magdeleine. Depuis La Magdeleine, continuer tout droit après avoir traversé le Laurhibar. Poursuivre tout droit jusqu'à **Saint-Jean-Pied-de-Port**.

SAINT-JEAN-PIED-DE-PORT

Située sur la voie romaine Bordeaux - Astorga, grande voie de passage vers la péninsule ibérique, la petite ville de Saint-Jean-Pied-de-Port vit passer au cours de son histoire beaucoup d'armées conquérantes. Ce furent d'abord les Romains, puis les Germains et les Wisigoths, mais surtout Charlemagne et son armée en 778. L'intérêt était grand de pouvoir en prendre le contrôle, aussi changea-t-elle souvent de mains. On peut citer Ferdinand le Catholique, Charles Quint, le Maréchal Soult. Tous passèrent à Saint-Jean-Pied-de-Port, avant d'aller guerroyer de l'autre côté des Pyrénées.
En 1680, Louis XIV ordonna à Vauban, son fidèle architecte militaire, de renforcer le dispositif de défense de la ville afin d'en faire une place-forte redoutée. En 1814, lors du conflit qui opposa les Français aux Hispano-Portugais, la ville ne céda pas, et le conflit fut stoppé avant que la citadelle ne déposât les armes ! Au XIXe siècle, durant la guerre civile espagnole, la citadelle servit à protéger de nombreux enfants basques fuyant les combats.

LES FORTERESSES DE VAUBAN

Vauban est l'homme des fortifications. On disait de lui alors qu'il sillonnait la France et suivait en même temps des dizaines de projets d'architecture militaire : « Ville assiégée par Vauban, ville prise, ville défendue par Vauban, ville imprenable ». Et cela a été vrai tant que les progrès de l'artillerie n'ont pas changé les choses. Notre paysage français, ce « pré carré » cher à Louis XIV, doit beaucoup au savoir-faire exceptionnel de ce génial architecte militaire. Il est présent tout au long de nos frontières, de Lille à Mont-Louis (Pyrénées-Orientales), de Briançon à Cherbourg.
Au long de ses 44 ans comme commissaire des fortifications, il développa des systèmes de plus en plus évolués. Mais les principes de base subsistent : un tracé permettant des tirs de flanquement tout au long de l'enceinte, une organisation bastionnée et adaptée au terrain, des ouvrages extérieurs à la place pour retarder et menacer les assaillants. Ses constructions se reconnaissent au premier coup d'œil !
Si l'œuvre est admirable, son auteur ne l'est pas moins. Écoutons plutôt ce qu'écrit de lui Saint-Simon, mémorialiste à la dent si dure : « Petit gentilhomme de Bourgogne tout au plus, mais peut-être le plus honnête et le plus vertueux de ce siècle, le plus vrai et le plus modeste ».
Ses nombreuses publications touchaient à des sujets divers : l'organisation de l'armée, la philosophie, la politique, l'économie, la navigation, les colonies, etc. Il est l'auteur des *Pensées d'un homme qui n'avait pas grand chose à faire*… Un parfait « honnête homme » selon le sens que l'on donnait à cette expression au XVIIe siècle !

Ostabat - Saint-Jean-Pied-de-Port

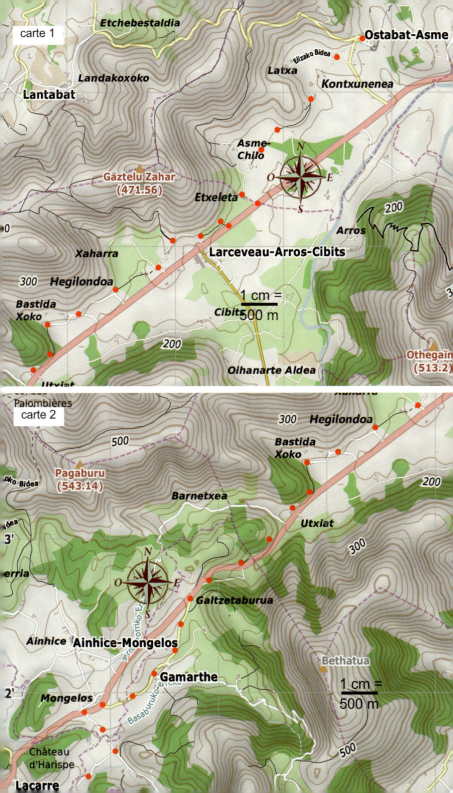

FICHE DE CONSTATATION

Vous avez constaté que le chemin peut, par endroits, ne pas être fléché ou que les balises ont été arrachées ou dégradées. Ou que nos explications ne sont plus cohérentes avec le balisage local.

Faites-le nous savoir, nous traiterons le problème grâce à la visite d'un de nos pèlerins-marcheurs, et nous transmettrons vos informations à l'association locale concernée, afin qu'elle puisse régler rapidement le problème.

Chemin : le chemin de Vézelay

étape n°...

Commune (en étant le plus précis possible) :

Hameau, lieu-dit :

Date de votre passage :

Constatation :

VISIOS CONSEIL GRATUITES !

Exclusif !

François LEPERE, responsable des de la SAS LEPERE EDITIONS organise des visio-conférences d'aide aux pèlerins.

Ayant parcouru 3 fois la voie de Vézelay à pied et à vélo en 2009, 2014 et 2019, il propose une aide au voyage pour la préparation de votre projet de pèlerinage ou randonnée.

Ces visios conférences gratuites sont réservées à ceux qui possèdent le guide Lepère de la voie de Vézelay, édition 2022-2023. Avant le début de la réunion, un mot de passe sera demandé pour vérification que vous êtes bien en possession du guide Lepère, le guide officiel des marcheurs.

Inscrivez-vous par e-mail en écrivant à lepereeditions@aol.com

Vous recevrez une proposition de date de rendez vous.

Ces visios conseil sont organisées 2 fois par mois, d'octobre à mai, et gratuitement. Suite à votre inscription plusieurs dates vous seront proposées. L'une en soirée pour les actifs, l'autre en journée pour les retraités.

Ces visios conseil ne sont pas une réunion d'anciens pèlerins qui souhaiteraient raconter leur chemin. Il est obligatoire d'être équipé d'une webcam. Il vous est demandé de préparer vos questions à l'avance. Ces visios conseils sont réalisées avec le logiciel Zoom, un lien de connexion sous la forme d'une clé d'accès numérique vous sera envoyé 48 h avant l'heure du RDV. Assurez-vous préalablement d'avoir téléchargé le logiciel Zoom sur https://www.zoom.us et de l'avoir essayé auparavant avec vos proches.

En cas de non fonctionnement ou de non maîtrise du logiciel Zoom, les éditions Lepère ne pourront pas assurer la maintenance technique de votre connexion informatique.

Le chemin ne finit jamais vers Compostelle !

Retrouvez tous nos guides dans notre boutique et recevez-les en 48 heures :
www.lepere-editions.com

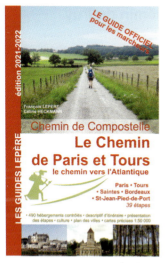

Le Chemin de Tours

Paris - Orléans - Tours - Poitiers - Saintes - Bordeaux - Dax - St-Jean-Pied-de-Port

Ce guide vous propose de partir de la tour Saint-Jacques à Paris, pour un voyage de 900 km jusqu'à Saint-Jean-Pied-de-Port, au pied des Pyrénées.

Conseils pratiques, itinéraires précis, cartes topographiques, hébergements, plan des grandes villes, notices culturelles et historiques.

21€ + *port 5€*

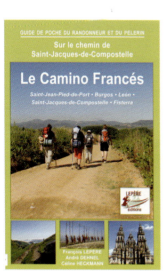

Le Camino Francés

St-Jean-Pied-de-Port - Burgos - Leon - St-Jacques-de-Compostelle

Ce guide pratique vous accompagnera sur le *Camino Francés*, le plus cosmopolite et le plus emprunté des chemins espagnols vers Compostelle.

Conseils pratiques, itinéraires précis, cartes topographiques, hébergements, plan des grandes villes, notices culturelles et historiques.

19€ + *port 5€*

Pour les commandes par courrier :
Lepère éditions
14 rue Saint-Pierre
27270 Grand-Camp
FRANCE

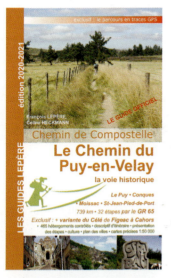

Le Chemin du Puy

Le Puy - Conques - Moissac -
St-Jean-Pied-de-Port + variante du Célé

Ce guide pratique vous accompagnera sur le chemin du Puy (ou *Via podiensis*), le plus ancien et le plus célèbre des quatre chemins historiques français vers Compostelle.

Conseils pratiques, itinéraires précis, cartes 1:50 000, hébergements, plan des grandes villes, notices culturelles et historiques.

22€ + *port 6€*

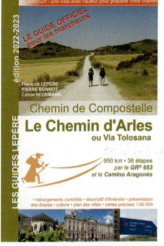

Le Chemin d'Arles

Arles - Toulouse - col du Somport
Puente la Reina

La voie d'Arles est le plusméridional des quatre chemins historiques français vers Compostelle. Ce guide vous propose ensuite de continuer par le *Camino Aragonés* avant de rallier le *Camino Francés* à Puente la Reina.

Conseils pratiques, itinéraires précis, cartes 1:50 000, hébergements, plan des grandes villes, notices culturelles et historiques.

20€ + *port 5€*